Hommerich Der Einstieg in den Anwaltsberuf

Der Einstieg in den Anwaltsberuf

Eine empirische Untersuchung der beruflichen Situation von Rechtsanwältinnen und Rechtsanwälten

Mit einem Leitfaden für Gründer von Anwaltskanzleien

Von
Prof. Dr. Christoph Hommerich, Bergisch Gladbach

Zitiervorschlag:
Hommerich, Der Einstieg in den Anwaltsberuf, S. 1

Copyright 2001 by Deutscher Anwaltverlag, Bonn
Satz und Druck: Richarz Publikations-Service GmbH, St. Augustin
Titelgestaltung: D sign Agentur für visuelle Kommunikation, Peter Korn-Hornung, Solingen

Die Deutsche Bibliothek – CIP-Einheitsaufnahme

Hommerich, Christoph:
Der Einstieg in den Anwaltsberuf: eine empirische Untersuchung der beruflichen Situation von Rechtsanwältinnen und Rechtsanwälten; mit einem Leitfaden für Gründer von Anwaltskanzleien / von Christoph Hommerich. – Bonn: Dt. Anwaltverl., 2001
ISBN 3-8240-0502-6

Inhaltsverzeichnis

Teil 1: Zusammenfassung der wichtigsten Ergebnisse der Untersuchung ... 11

A. Wichtigste Ergebnisse der Untersuchung ... 11
    I. Die Situation am Anwaltsmarkt ... 11
    II. Die empirische Analyse der Berufssituation junger Anwälte ... 11
    III. Charakteristika junger Rechtsanwältinnen und Rechtsanwälte ... 12
    IV. Einstieg in den Anwaltsberuf ... 13
    V. Die Gründung einer Kanzlei ... 13
    VI. Wirtschaftliche Situation von Kanzleigründern ... 17
    VII. Die berufliche Situation angestellter Anwälte und freier Mitarbeiter ... 19
    VIII. Berufszufriedenheit in der jungen Anwaltschaft ... 21
B. Strukturwandel der Anwaltschaft ... 22
    I. Wandel in der inneren Struktur der Anwaltschaft ... 26
    II. Die Anwaltschaft unter verstärktem Wettbewerbsdruck ... 27
C. Das Projekt »Berufseinstieg junger Rechtsanwältinnen und Rechtsanwälte« ... 30
D. Generelle Charakteristika junger Rechtsanwältinnen und Rechtsanwälte ... 31
    I. Arbeitslosigkeit ... 31
        1. Arbeitslose Juristen ... 31
        2. Arbeitslosigkeit unter Rechtsanwälten ... 36
    II. Arten der Berufsausübung junger Anwälte ... 37
    III. Geschlechtsspezifische Differenzen ... 40
    IV. Regionale Verteilung der jungen Anwaltschaft ... 41
    V. Studienabschlüsse ... 42
    VI. Auslands- und Berufserfahrungen während der juristischen Ausbildung ... 45
E. Die Phase des Übergangs in den Beruf ... 47
    I. Berufliche Prioritäten bei Abschluss des Studiums ... 48
    II. Realisierung der beruflichen Vorstellungen ... 51
    III. Die Bewerbungsphase ... 52
        1. Zeitpunkt der Bewerbungsbemühungen und Bewerbungsstrategien ... 53
        2. Determinanten des Bewerbungserfolgs ... 56
    IV. Einstieg in die Anwaltstätigkeit ... 57
F. Die berufliche Situation junger Rechtsanwältinnen und Rechtsanwälte ... 59
    I. Die Gründer neuer Kanzleien ... 60
        1. Inanspruchnahme von Gründungsberatung ... 62
        2. Die Wahl der Organisationsform ... 65
        3. Standort neu gegründeter Kanzleien ... 66
        4. Größe neu gegründeter Kanzleien ... 69

Inhaltsverzeichnis

5. Standortbewertung	70
6. Gründungsfinanzierung	72
a) Finanzieller Aufwand bei Neugründung einer Kanzlei	73
b) Art der Finanzierung	75
7. Erstausstattung neu gegründeter Kanzleien	76
8. Die Höhe der Investitionen bei Neugründung	77
a) Einsatz und Nutzung von Computern	82
b) Internet in Anwaltskanzleien	86
c) Nutzung von Fachliteratur	88
d) Personalstruktur neu gegründeter Kanzleien	89
9. Strategische Kanzleiausrichtung	93
a) Forensische oder beratende Ausrichtung	94
b) Fachliche Schwerpunktsetzung in neu gegründeten Kanzleien	95
c) Spezialist versus Generalist	97
d) Ausrichtung auf spezielle Mandantengruppen	99
10. Mandantenakquisition	100
11. Die wirtschaftliche Situation der Gründer neuer Anwaltskanzleien	105
a) Umsätze neu gegründeter Kanzleien	106
aa) Determinanten des wirtschaftlichen Erfolges junger Anwälte	108
(1) Fachliche Kompetenz	110
(2) Gründungsinvestitionen	110
(3) Mandantenstruktur	112
(4) Kooperation mit benachbarten Beraterberufen	113
(5) Beratende oder forensische Ausrichtung	113
(6) Zielgruppenausrichtung	115
(7) Spezialisierung	116
(8) Standort	117
(9) Zusammenfassung	119
bb) Charakteristische Merkmale erfolgreicher Kanzleien	119
b) Kostenanalyse	123
aa) Kostenquote und (absolute) Höhe der Kosten in neu gegründeten Kanzleien	123
bb) Soziale Sicherung junger Gründer	127
c) Gewinn in neu gegründeten Kanzleien	128
aa) Exkurs: Vergleich der Ergebnisse mit den bundesweiten Ergebnissen der »STAR-Analyse«	132
bb) Lebensunterhalt durch die Anwaltstätigkeit in eigener Kanzlei	135
d) Die spezielle wirtschaftliche Situation der Gründerinnen	137
II. Übernahme von Einzelkanzleien	143
III. Einsteiger in Sozietäten	144
IV. Die wirtschaftliche Situation der Einsteiger in Sozietäten	145

Inhaltsverzeichnis

V. Typische Gründungsprobleme 146
VI. Die berufliche Situation angestellter Anwälte und freier Mitarbeiter 148
   1. Generelle Charakteristika der angestellten Anwälte und freien Mitarbeiter 149
   2. Motive für den Einstieg als angestellter Anwalt oder freier Mitarbeiter 150
   3. Teilzeitbeschäftigung angestellter Anwälte und freier Mitarbeiter . 153
   4. Zeitliche Arbeitsintensität angestellter Anwälte und freier Mitarbeiter (Vollzeittätigkeit) 156
   5. Die wirtschaftliche Situation angestellter Anwälte und freier Mitarbeiter 158
     a) Einkommen vollzeittätiger angestellter Anwälte und freier Mitarbeiter 158
     b) Determinanten des Einkommens angestellter Anwälte und freier Mitarbeiter 162
     c) Freiwillige betriebliche Leistungen und geldwerte Vorteile 166
   6. Berufliche Ziele angestellter Anwälte und freier Mitarbeiter 167
   7. Zusammenfassung zentraler Ergebnisse 171
VII. Die Syndikusanwälte 172
G. Die Gruppe der arbeitslosen jungen Anwälte 176
H. Berufszufriedenheit junger Anwälte 177
I. Zukunftsperspektiven anwaltlicher Tätigkeit aus Sicht junger Anwälte 179

Teil 2: Leitfaden zur Gründung einer Kanzlei 181
A. Gründungsplanung und Gründungsberatung 181
B. Zur Methodik der Gründungsplanung 181
C. Informations- und Orientierungsphase 182
   I. Prüfung beruflicher Alternativen 182
  II. Selbsttest 184
D. Konzeptions- und Planungsphase 186
   I. Strategische Grundplanung 187
     1. Strategische Grundentscheidungen 189
     2. Kompetenzplanung 189
     3. Zielformulierung 190
  II. Betriebswirtschaftliche Grundplanung 190
     1. Standortwahl 191
     2. Kanzleiausstattung 191
       a) Kanzleiräume und Inneneinrichtung der Kanzlei 192
       b) Erscheinungsbild der Kanzlei 193
       c) Funktionalität 194

Inhaltsverzeichnis

    3. Planung der Telekommunikation 194
        a) Sicherstellung der Erreichbarkeit 194
        b) Zukunftstauglichkeit technischer Lösungen 195
    4. EDV-Planung 195
        a) Datensicherheit 199
        b) Internetzugang in Anwaltskanzleien 200
    5. Personalplanung und -auswahl 202
        a) Personalbedarfsplan 203
        b) Personalauswahl 204
    6. Konzeption des Marketingplans 205
    7. Finanzplan 209
    8. Umsatzplanung 210
    9. Investitionsplanung 211
   10. Planung der laufenden Kosten 212
   11. Liquiditätsplanung 213
   12. Finanzierungsplan 214
        a) Existenzkreditprogramme der Deutschen Ausgleichsbank 215
        b) Mittelstandsprogramm der Kreditanstalt für Wiederaufbau ... 215
        c) Überbrückungsgeld 216
        d) Vorgehen bei der Auswahl der Finanzierungsquellen 216
III. Berufsrechtliche Voraussetzungen 217
    1. Zulassung zur Anwaltschaft und bei Gericht 217
    2. Anmeldung beim Finanzamt und Steuerpflicht 219
        a) Anmeldung beim Finanzamt 219
        b) Einkommensteuer 219
        c) Umsatzsteuer 220
        d) Weitere Pflichten gegenüber dem Finanzamt 220
    3. Anmeldung der Mitarbeiter bei Sozialversicherungsträgern und der
       Verwaltungsberufsgenossenschaft/Arbeitgeberpflicht 221
    4. Versicherungen 221
        a) Haftpflichtversicherungen 222
           aa) Berufshaftpflichtversicherung 222
           bb) Bürohaftpflichtversicherung 222
        b) Sachversicherungen 223
        c) Personenbezogene Versicherungen 223
           aa) Krankenversicherung 223
           bb) Krankentagegeldversicherung 224
           cc) Pflegeversicherung 225
           dd) Altersvorsorge sowie Vorsorge im Falle der Berufs- und
               Erwerbsunfähigkeit 225
        d) Auswahl der Versicherungen und Beratung 226
    5. Informationen zum Anwaltsvertrag – Pflichten des Anwalts 226

6. Informationen zur Abrechnung des Mandats 227
   a) Gebührenrecht 227
   b) Beratungshilfe und Prozesskostenhilfe 228
   c) Honorarvereinbarung 228

Anhang 229
A. Anhang – Tabellen 229
B. Anhang – Abbildungen 234

Literaturverzeichnis 291

Teil 1: Zusammenfassung der wichtigsten Ergebnisse der Untersuchung

A. Wichtigste Ergebnisse der Untersuchung
I. Die Situation am Anwaltsmarkt

■ **Größenwachstum**

Die Anwaltschaft ist seit den 50er Jahren durch ein kontinuierliches Größenwachstum gekennzeichnet. Im Jahr 2000 waren erstmals mehr als 100.000 Rechtsanwältinnen und Rechtsanwälte zugelassen. Diese Entwicklung zeigt, dass die Anwaltschaft Auffangbecken für junge Juristen ist.

■ **Differenzierung**

Die Anwaltschaft befindet sich in einer Phase beschleunigter innerer Dynamik.
■ Der Globalisierungstrend schreitet fort.
■ Zahl und Größe der Sozietäten nehmen zu.
■ Darüber hinaus nimmt die Spezialisierung in der Anwaltschaft zu. Indikator hierfür ist der steigende Zulauf zu den Fachanwaltschaften.
■ Auch jenseits der Fachanwaltschaften nimmt die Spezialisierung zu.

Die Tendenz zu fortschreitender Differenzierung der Anwaltschaft ist Folge der Internationalisierung der Wirtschaftsbeziehungen, komplexer werdender Lebensverhältnisse und dementsprechend der rechtlichen Regelsysteme. In Teilen ist diese Differenzierung auch Folge eines verschärften Wettbewerbs, der zur Profilierung zwingt.

II. Die empirische Analyse der Berufssituation junger Anwälte

■ **Gegenstand der Analyse**

Im Rahmen des Forschungsprojektes wurden junge Rechtsanwältinnen und Rechtsanwälte schriftlich zu ihrem Einstieg in den Anwaltsberuf und zu ihrer beruflichen Situation befragt. Gegenstand der Analyse war die Berufssituation junger Anwälte in den 90er Jahren.

Bei der Studie handelt es sich um die Wiederholung einer Untersuchung aus den 80er Jahren. Dementsprechend sind auf der Grundlage der Daten aus beiden Studien Querschnittsvergleiche möglich.

Teil 1 Zusammenfassung der wichtigsten Ergebnisse

■ **Datenbasis**

Aus der Grundgesamtheit der zwischen 1990 und 1996 neu zugelassenen Rechtsanwältinnen und Rechtsanwälte wurde eine 25% Zufallsstichprobe gezogen (8.575 junge Anwälte). 2.289 junge Rechtsanwältinnen und Rechtsanwälte haben sich an der Befragung beteiligt. Dies entspricht einer für eine schriftliche Befragung überdurchschnittlich hohen Rücklaufquote von 29%.

III. Charakteristika junger Rechtsanwältinnen und Rechtsanwälte

■ **Form der Berufsausübung**

Die junge Anwaltschaft ist mit Blick auf die Form der Berufsausübung eine heterogene Gruppe. 57% der jungen Rechtsanwältinnen und Rechtsanwälte üben die Anwaltstätigkeit **in eigener Kanzlei** aus: 35% gründen eine eigene Kanzlei. 15% treten als Partner in eine Sozietät ein oder übernehmen eine Einzelkanzlei. 7% sind als Syndikusanwälte tätig.
Jeder vierte junge Anwalt ist als **angestellter Anwalt** tätig. Im Vergleich zu den 80er Jahren ist ein deutlicher Zuwachs der Angestelltenverhältnisse in Sozietäten zu verzeichnen: Der Anteil der jungen Anwälte, die in Sozietäten angestellt sind, stieg von 9% auf 19%.
18% der jungen Rechtsanwältinnen und Rechtsanwälte üben die Anwaltstätigkeit in **freier Mitarbeit** aus.

■ **Geschlechtsspezifische Differenzen**

Der Anteil der Rechtsanwältinnen an der gesamten Anwaltschaft ist weiter gestiegen (von 12% im Jahr 1985 auf 25% im Jahr 2000). In der jungen Anwaltschaft zeigt sich folgendes Bild: 34% der **jungen** Anwälte sind Frauen. Damit ist der Anteil im Vergleich zu den 80er Jahren deutlich gestiegen: 1985 lag der Frauenanteil an der jungen Anwaltschaft bei 23%.
Junge Rechtsanwältinnen üben den Anwaltsberuf überdurchschnittlich oft im Angestelltenverhältnis oder im Rahmen freier Mitarbeit in Einzelkanzleien aus. Der Anteil der Frauen an den jungen Anwälten in eigener Kanzlei und an den in Sozietäten angestellten Anwälten liegt demgegenüber deutlich unter dem Anteil aller Frauen an der jungen Anwaltschaft.

■ **Qualifikation**

Die Anwaltschaft ist **kein** Auffangbecken für schlechter qualifizierte Juristen: Die Examensergebnisse junger Anwälte entsprechen den Examensergebnissen der Juristen insgesamt. Der Anteil der promovierten Anwälte liegt ebenfalls etwa in Höhe des Promotionsanteils aller Juristen.

A. Wichtigste Ergebnisse der Untersuchung Teil 1

Besonders gut qualifizierte junge Anwälte (Prädikatsexamen, Promotion) sind vor allem unter Sozien, unter in Sozietäten angestellten Anwälten sowie unter Syndikusanwälten zu finden.

Insgesamt kann festgestellt werden, dass über die Pflichtstation beim Anwalt hinausgehende praktische Erfahrungen mit der Anwaltstätigkeit vor Abschluss der Ausbildung sowie Studienaufenthalte im Ausland in der Ausbildung junger Anwälte an Bedeutung gewinnen.

IV. Einstieg in den Anwaltsberuf

■ **Anwaltstätigkeit als Wunschberuf**

Für 53% der jungen Anwälte war nach Abschluss der juristischen Ausbildung die Anwaltstätigkeit Wunschberuf erster Priorität. 91% der jungen Rechtsanwältinnen und Rechtsanwälte haben die Anwaltstätigkeit vor Berufseinstieg als Wunschberuf in die engere Wahl gezogen.

Im Vergleich zu den 80er Jahren wird in diesem Ergebnis eine Verlagerung der beruflichen Prioritäten hin zur Anwaltstätigkeit sichtbar. Es kann nicht abschließend geklärt werden, ob die zunehmende Attraktivität der Anwaltstätigkeit vor dem Hintergrund der abnehmenden Attraktivität des öffentlichen Sektors bzw. einer angespannten Arbeitsmarktsituation zu sehen ist.

■ **Geschlechtsspezifische Differenzen**

Für junge Rechtsanwältinnen ist bei Abschluss der juristischen Ausbildung die Anwaltstätigkeit seltener als für ihre männlichen Kollegen Wunschberuf erster Priorität. Demgegenüber favorisieren Frauen signifikant häufiger als Männer eine Tätigkeit in der Justiz (25% gegenüber 12%).

■ **Berufserfahrung**

Im Vergleich zu den 80er Jahren sank der Anteil der Anwälte, die gleich nach Abschluss des Examens in eigener Kanzlei tätig wurden, von 19% auf 8%. Immer häufiger versuchen junge Anwälte, zunächst Berufserfahrungen zu sammeln, ehe sie ihre eigene Kanzlei gründen.

V. Die Gründung einer Kanzlei

■ **Gründungsmotive**

Neugründungen von Anwaltskanzleien sind überwiegend nicht als Reaktion auf die angespannte Situation am Arbeitsmarkt für Juristen zu sehen: 82% aller Kanzleigründer geben als Motiv für ihre Kanzleigründung den Wunsch nach einer

Teil 1 Zusammenfassung der wichtigsten Ergebnisse

selbstständigen Tätigkeit an. Um drohender Arbeitslosigkeit zu entkommen, gründen 12% eine eigene Kanzlei.

▮ Gründungsberatung

Obwohl eine Vielzahl von Gründungsproblemen auf Kanzleigründer zukommt, auf deren Lösung die Juristenausbildung bislang nicht vorbereitet, nehmen 72% der Kanzleigründer keine Gründungsberatung in Anspruch.

▮ Organisationsform der Kanzlei

Die Entscheidungen für bestimmte Organisationsformen anwaltlicher Tätigkeit werden von sehr unterschiedlich gelagerten Motiven getragen:
- Motiv für die Gründung einer **Einzelkanzlei** ist das Streben nach Unabhängigkeit und großem persönlichen Gestaltungsspielraum.
- Die **Bürogemeinschaft** wird vor allem gegründet, um größere wirtschaftliche Risiken zu vermeiden.
- Die Möglichkeit, ein breitgefächertes Beratungsangebot bei gleichzeitiger fachlicher Spezialisierung der einzelnen Sozien bereitzustellen sowie eine Berufsausübung in Gemeinschaft mit anderen stehen im Vordergrund der Gründung von **Sozietäten**.

▮ Standort

Die Nähe der Kanzlei zum Wohnort ist für 70% der Kanzleigründer das entscheidende Kriterium für die Standortwahl bei Kanzleigründung.

▮ Kanzleiräume

In der Regel werden Kanzleiräume angemietet. Die »Wohnzimmerkanzlei« stellt die Ausnahme dar.
Rund ein Drittel der Einzelanwälte übt ihre Anwaltstätigkeit in nur einem Büroraum und somit unter räumlichen Minimalbedingungen aus.
Fehlende räumliche Erweiterungsmöglichkeiten kristallisieren sich für jeden zweiten Gründer im Laufe der ersten Jahre des Kanzleibestehens als Problem heraus.

▮ Investitionen

Die Anfangsinvestitionen variieren deutlich nach Kanzleityp: Mit 47 TDM investieren Gründer von Sozien (pro Kopf) vergleichsweise am meisten. Die Investitionen von Einzelanwälten liegen durchschnittlich bei 40 TDM und bei Gründung einer Einzelkanzlei im Rahmen einer Bürogemeinschaft bei 21 TDM.

▮ EDV-Einsatz in Kanzleien

Computer gehören zur Standardausstattung von Anwaltskanzleien. Allerdings wird eine nach Kanzleityp unterschiedlich starke Einbindung der EDV in die alltäglichen Kanzleiabläufe deutlich: Im Vergleich zu Einzelkanzleien sind Computer in Sozie-

A. Wichtigste Ergebnisse der Untersuchung Teil 1

täten regelmäßiger in vielfältigere Arbeitsabläufe integriert. Darüber hinaus werden juristische Datenbanken in Sozietäten häufiger genutzt als in Einzelkanzleien (39% gegenüber 25%).

Dem Einsatz des Internets im Rahmen der anwaltlichen Tätigkeit stehen die Anwälte mehrheitlich eher skeptisch gegenüber. Neben Kostenaspekten stehen hier die (noch) geringe Verbreitung des neuen Mediums sowie Sicherheitsbedenken im Vordergrund.

Personelle Ausstattung

In der Mehrzahl der neu gegründeten Kanzleien werden nichtanwaltliche Mitarbeiter beschäftigt. 41% dieser Einzelanwälte verfügen demgegenüber über kein Personal. Ein überdurchschnittlicher Teil dieser Anwälte geht neben der Tätigkeit in eigener Kanzlei einer weiteren Tätigkeit nach.

Strategische Ausrichtung

Folgende Kombinationen von Rechtsgebieten bilden sich in neu gegründeten Kanzleien bereits in den ersten Jahren nach Gründung heraus:
- Der erste Schwerpunkt umfasst mit Familienrecht, Mietrecht und Verkehrsrecht im Wesentlichen private Rechtsprobleme des Alltags. Dieser Schwerpunkt ist in Kanzleien jeden Typs deutlich am stärksten ausgeprägt.
- Das zweite Bündel von Rechtsgebieten umfasst mit Handelsrecht, Steuerrecht, Gesellschaftsrecht und Erbrecht Rechtsmaterien, die für den mittelständischen gewerblichen Bereich relevant sind.
- Ein dritter Schwerpunktbereich liegt im öffentlichen und privaten Baurecht und, hiermit eng verbunden, im Grundstücksrecht. Kanzleien, die hier einen Schwerpunkt setzen, sind teilweise auch im Umweltrecht tätig.
- Ein weiterer Schwerpunkt liegt im Zwangsvollstreckungsrecht, das teilweise im Verbund mit Insolvenzrecht bedient wird.
- Weitere voneinander abgrenzbare Schwerpunkte von Kanzleien liegen im Arbeits- und Sozialrecht sowie im Bereich des Wettbewerbsrechts und des gewerblichen Rechtsschutzes.

Insgesamt zeigt sich, dass Einzelkanzleien im Vergleich zu neu gegründeten Sozietäten in der Gründungsphase größere Schwierigkeiten haben, ein klares Tätigkeitsprofil im Sinne der aufgezeigten Schwerpunkte zu entwickeln. Darüber hinaus wird deutlich, dass Sozietäten in anderen fachlichen Bereichen ein deutlich ausgeprägteres Profil als Einzelkanzleien entwickeln:
- Im gewerblichen Rechtsverkehr, im Wettbewerbsrecht/gewerblichen Rechtsschutz, dem Zwangsvollstreckungsrecht und dem öffentlichen und privaten Baurecht sind Sozien erheblich häufiger schwerpunktmäßig tätig als Einzelanwälte.
- Auch in den Bereichen öffentliches Recht, Grundstücksrecht, privates Baurecht, Umweltrecht sowie Insolvenzrecht und Zwangsvollstreckungsrecht setzen Anwälte in Sozietäten häufiger als in Einzelkanzleien Schwerpunkte.

Teil 1 Zusammenfassung der wichtigsten Ergebnisse

- Ebenfalls deutlich häufiger bearbeiten Sozietäten im Vergleich zu Einzelkanzleien Mandate in den Bereichen Handelsrecht, Gesellschaftsrecht, Steuerrecht und Erbrecht.

Spezialisierung

In den 80er Jahren bezeichneten sich 27% der Gründer von Sozietäten, 20% der Einzelanwälte und 36% der Anwälte in Bürogemeinschaften als Spezialisten. Demgegenüber schätzen sich in den 90er Jahren 40% der Einzelanwälte und 53% der Sozien selbst als Spezialisten ein. Dies ist ein eindeutiges Indiz dafür, dass die Spezialisierung auch in neu gegründeten Kanzleien zunimmt.
Deutlich wird, dass Einzelanwälte in Großstädten häufiger spezialisiert sind als ihre Kollegen in kleineren Orten. In Bürogemeinschaften und Sozietäten verstärkt sich die Tendenz zur Spezialisierung drei Jahre nach der Kanzleigründung.

Akquisition von Mandanten

Das zentrale Durchsetzungsproblem im Anwaltsberuf besteht in der schrittweisen Rekrutierung eines Mandanten- und Klientenstammes.
In den ersten Jahren des Kanzleibestehens erweisen sich
- die Weiterempfehlung durch andere Mandanten (Mund-zu-Mund-Werbung zufriedener Klienten) sowie
- Empfehlungen aus der Verwandtschaft bzw. aus dem Bekannten- und Freundeskreis

als die zentralen Bausteine beim Aufbau eines Mandantenstamms. Dies gilt unabhängig vom Typ der neu gegründeten Kanzlei.
Es werden aber auch Unterschiede beim Aufbau eines Mandantenstammes nach Kanzleityp deutlich: Anwälten in Bürogemeinschaften und Sozietäten gelingt es im Vergleich zu Einzelanwälten häufiger, Mandanten über das Angebot spezialisierter Leistungen zu gewinnen. Auch gelingt es Bürogemeinschaften und Sozietäten eher als Einzelkanzleien in berufsbezogene Netzwerke der Weiterempfehlung eingebunden zu werden.
Darüber hinaus erhalten Anwälte in Bürogemeinschaften und Sozietäten häufiger als Einzelanwälte Mandate über persönliche Kontakte im Rahmen von Verbands-, Vereins- und Clubmitgliedschaften. Dies deutet auf ein aktiveres persönliches Akquisitionsverhalten von Anwälten hin, die in Sozietäten und Bürogemeinschaften tätig sind.

Entwicklung der Mandatszahlen

In den ersten Jahren nach Kanzleigründung entwickeln sich die Mandatszahlen in neu gegründeten Kanzleien positiv. Im fünften und sechsten Jahr nach Gründung flacht die Entwicklungskurve der Mandatszahlen unabhängig vom Kanzleityp ab. Allerdings zeigt sich für Sozietäten ein langfristig größeres Entwicklungspotential als für Einzelkanzleien.

A. Wichtigste Ergebnisse der Untersuchung — Teil 1

VI. Wirtschaftliche Situation von Kanzleigründern

■ **Umsätze/Einkommen**

Bei der Betrachtung der wirtschaftlichen Situation sind zwei Phasen zu unterscheiden: Die **Gründungsphase**, bis drei Jahre nach der Gründung, und die **Phase der Konsolidierung**, viertes bis sechstes Jahr nach Kanzleigründung. Der Jahresumsatz und Gewinn in neu gegründeten Kanzleien wird getrennt für diese Phasen untersucht. Es ergibt sich folgendes Bild der wirtschaftlichen Situation von Kanzleigründern:

■ In der **Gründungsphase** fällt der durchschnittliche Jahresumsatz in Bürogemeinschaften mit 50 TDM (pro Kopf) am niedrigsten aus. In Einzelkanzleien liegt der durchschnittliche Jahresumsatz bei 96 TDM und in Sozietäten bei durchschnittlich 184 TDM (pro Sozius).

Die durchschnittlichen monatlichen Bruttoeinkünfte von Einzelanwälten und Sozien aus ihrer Tätigkeit in eigener Kanzlei liegen in den ersten drei Jahren des Kanzleibestehens bei 4.000 DM. In dieser Phase beträgt das monatliche Bruttoeinkommen von über 50% der Gründer nicht mehr als 3.000 DM. Die schwierige finanzielle Situation zeigt sich auch darin, dass jeder zweite Anwalt in der Gründungsphase seiner Kanzlei auf weitere Einnahmequellen angewiesen ist.

■ In der **Konsolidierungsphase** liegen die durchschnittlichen Jahresumsätze (pro Kopf) bei 122 TDM in Bürogemeinschaften, 156 TDM in Einzelkanzleien und 310 TDM in Sozietäten. Wie schon für die Gründungsphase zeigt sich auch in der ersten Konsolidierungsphase eine große Streubreite in den erwirtschafteten Jahresumsätzen.

Das durchschnittliche monatliche Bruttoeinkommen steigt in der Konsolidierungsphase für Einzelanwälte auf ca. 6.000 DM und für Sozien auf ca. 10.000 DM. Das Einkommen von 35% der Einzelanwälte und 27% der Sozien liegt allerdings auch in der Konsolidierungsphase nicht über 3.000 DM.

Je nach Kanzleityp und Gründungsstadium fallen Umsätze und Einkommen in neu gegründeten Kanzleien sehr unterschiedlich aus. Insgesamt zeigt sich, dass sich die wirtschaftliche Situation in neu gegründeten Sozietäten besser darstellt als in Einzelkanzleien. Die Umsatz- und Einkommensentwicklung kann als typische Gründerentwicklung charakterisiert werden: Kanzleigründer haben in der Gründungsphase einen schwierigen, ca. fünf bis sechs Jahre andauernden Durchsetzungsprozess am Rechtsberatungsmarkt vor sich.

■ **Individuelle Faktoren für den wirtschaftlichen Erfolg von Kanzleigründern**

Der wirtschaftliche Erfolg von Kanzleigründern ist abhängig von ihrer individuellen fachlichen Kompetenz sowie ihrer Risikobereitschaft:
■ Unabhängig vom Kanzleityp erwirtschaften Kanzleigründer mit Prädikatsexamina sowie promovierte Gründer deutlich höhere Umsätze in eigener Kanzlei als ihre formal weniger gut qualifizierten Kollegen. Die erfolgreichsten Absolventen

des Jurastudiums bilden auch den wirtschaftlich erfolgreichsten Teil der jungen Kanzleigründer.
- Eine ausgeprägte Risikobereitschaft bei Kanzleigründung, die in vergleichsweise hohen Anfangsinvestitionen zum Ausdruck kommt, schlägt sich in der Regel später in wirtschaftlichem Erfolg nieder.

Marktbezogene Determinanten des wirtschaftlichen Erfolgs

Die teils erheblich höheren durchschnittlichen Pro-Kopf-Umsätze von Sozietäten im Vergleich zu Einzelkanzleien sind darauf zurückzuführen, dass Sozien einen signifikant höheren Umsatzanteil über gewerbliche Mandate erwirtschaften: Je mehr gewerbliche Mandate bearbeitet werden, desto höhere Umsätze werden erzielt.

Unabhängig vom Kanzleityp zeigt sich, dass Kanzleien mit überwiegend gewerblicher Klientel durchschnittlich erheblich höhere Jahresumsätze erzielen als Kanzleien, die in erster Linie private Mandanten betreuen.

Die von Heinz und Laumann für die USA aufgestellte These, die Anwaltschaft teile sich in Hemisphären für Privatkunden und Wirtschaftskunden, erhält zunehmend auch für die Bundesrepublik Deutschland Gewicht. Die fortschreitende Spezialisierung in der Anwaltschaft wird von einer »Entmischung« der »Privatanwälte« und der »Wirtschaftsanwälte« begleitet.

In engem Zusammenhang mit der Konzentration auf gewerbliche Mandate stehen weitere Determinanten des wirtschaftlichen Erfolgs neu gegründeter Kanzleien:
- Die Kooperation mit benachbarten Beraterberufen, insbesondere Steuerberatern und Wirtschaftsprüfern;
- die schwerpunktmäßige Ausrichtung auf beratende anwaltliche Tätigkeit;
- die zielgruppenspezifische Ausrichtung des Dienstleistungsangebots einer Kanzlei in der Gründungsphase;
- das Angebot fachlich spezialisierter anwaltlicher Leistungen.

Wirtschaftliche Situation in den alten und neuen Bundesländern

Unabhängig vom Kanzleityp erwirtschaften neu gegründete Kanzleien in den neuen Ländern erheblich höhere Umsätze als Kanzleien im früheren Bundesgebiet. Die wirtschaftlich bessere Situation von Kanzleigründern in den neuen Bundesländern kann darauf zurückgeführt werden, dass diese bislang auf einen Markt für Rechtsberatung trafen, der sich durch eine geringere Anwaltsdichte auszeichnete als der Markt in den alten Bundesländern. Diese Differenz wird auf Sicht abnehmen.

Die wirtschaftliche Situation von Gründerinnen

Gründerinnen sind durchschnittlich wirtschaftlich schlechter gestellt als ihre männlichen Kollegen. Dies ist auf folgende Gründe zurückzuführen:
- Zum einen betreibt ein Teil der Gründerinnen aufgrund von Doppelverpflichtungen in Beruf und Familie die Anwaltstätigkeit in eigener Kanzlei in geringerer

A. Wichtigste Ergebnisse der Untersuchung Teil 1

zeitlicher Intensität. Auf Seiten der Gründer kann zugunsten der Familienorientierung keine Einschränkung der Berufsorientierung festgestellt werden.

- Zum anderen bleiben Unterschiede in der wirtschaftlichen Situation aber auch dann bestehen, wenn nur Gründerinnen und Gründer betrachtet werden, die die Anwaltstätigkeit als Vollzeittätigkeit ausüben. Dies liegt in der unterschiedlichen Mandantenstruktur begründet: Gründerinnen betreuen seltener als ihre männlichen Kollegen gewerbliche Klienten.

Einsteiger in bestehende Sozietäten

11% der jungen Anwälte steigen als Partner in bereits bestehende Sozietäten ein. Diese gehören überdurchschnittlich häufig zu der Gruppe der gut qualifizierten Anwälte (Prädikatsexamina, Promotion). In der Regel lag vor Einstieg als Sozius ein Beschäftigungsverhältnis als Referendar oder freier Mitarbeiter in der Sozietät vor.

Die Integration junger Anwälte in Sozietäten erfolgt schrittweise: 66% der Einsteiger werden als Sozius mit geringerem Anteil aufgenommen. Für den Einstieg als Partner fielen in 68% der Fälle keine finanziellen Aufwendungen an.

Das durchschnittliche monatliche Bruttoeinkommen von Einsteigern in bereits bestehende Sozietäten beträgt 13 TDM. Es wird deutlich, dass junge Anwälte mit der Aufnahme als Partner in der Regel wirtschaftlich deutlich besser gestellt sind als Kanzleigründer in der Gründungsphase und in der ersten Konsolidierungsphase am Markt für Rechtsberatung.

VII. Die berufliche Situation angestellter Anwälte und freier Mitarbeiter

Durchgangsstation

75% der angestellten Anwälte und der freien Mitarbeiter wählen die Angestelltentätigkeit bzw. die freie Mitarbeit, um erste Erfahrungen mit der Anwaltstätigkeit sammeln zu können. Angestelltentätigkeit und freie Mitarbeit werden somit als Möglichkeiten zur schrittweisen Integration in die Professionsgemeinschaft gewählt. Darüber hinaus haben die Angestelltentätigkeit und die freie Mitarbeit für einen Teil der jungen Anwaltschaft die Funktion einer ersten Orientierungsphase im Anwaltsberuf. Mehrheitlich werden diese Beschäftigungsarten von den jungen Anwälten als Durchgangsstation betrachtet.

Berufliche Ziele angestellter Anwälte und freier Mitarbeiter

Die größte Gruppe angestellter Anwälte und freier Mitarbeiter hat die Erwartung, nach einer Zeit als Sozius in die beschäftigende Kanzlei aufgenommen zu werden. Diese Erwartungshaltung ist bei angestellten und freien Mitarbeitern in Sozietäten (58%

Teil 1 Zusammenfassung der wichtigsten Ergebnisse

bzw. 54%) deutlich stärker ausgeprägt als bei der Vergleichsgruppe in Einzelkanzleien (35% bzw. 42%).
Daneben beabsichtigt eine zweite Gruppe Angestellter und freier Mitarbeiter die Gründung einer eigenen Kanzlei. Dieses Ziel verfolgen 22% der Angestellten und 30% der freien Mitarbeiter in Einzelkanzleien. In Sozietäten wird dieses berufliche Ziel seltener verfolgt (14% bzw. 15% der in Sozietäten beschäftigten Anwälte).
Weitere rund 16% der angestellten Anwälte und freien Mitarbeiter sind für die Zukunft nicht eindeutig auf den Anwaltsberuf festgelegt. Ca. 10% der angestellten Anwälte und freien Mitarbeiter sind hinsichtlich der späteren beruflichen Ausrichtung noch weitgehend unschlüssig. Diese beiden Teilgruppen zusammengenommen verdeutlichen, dass ca. ein Viertel der angestellten Anwälte und freien Mitarbeiter noch nicht eindeutig auf den Anwaltsberuf festgelegt sind.

■ **Hindernisse bei der Verwirklichung beruflicher Ziele**

Ca. 60% der jungen angestellten Anwälte und freien Mitarbeiter sehen Hindernisse bei der Verwirklichung ihrer beruflichen Ziele. Im Vordergrund steht die Sorge, dass der hohe Konkurrenzdruck innerhalb der Anwaltschaft und die unstete und schlechte wirtschaftliche Entwicklung den Einstieg in eine Kanzlei oder die Gründung einer eigenen Kanzlei schwierig werden lässt.
Fehlendes Kapital bzw. zu hohe Anfangsinvestitionen bei Einstieg in eine Kanzlei oder ihrer Neugründung sieht ein Drittel der Anwälte in Einzelkanzleien als Hindernis bei der Realisierung der eigenen beruflichen Zielvorstellungen.

■ **Teilzeittätigkeit**

Insgesamt 28% der in **Einzelkanzleien** angestellten Rechtsanwältinnen und Rechtsanwälte sind als Teilzeitbeschäftigte tätig. Jeder fünfte freie Mitarbeiter in Einzelkanzleien übt die Anwaltstätigkeit in Teilzeit aus. In **Sozietäten** sind deutlich weniger anwaltliche Mitarbeiter teilzeitbeschäftigt als in Einzelkanzleien.
Rechtsanwältinnen üben den Anwaltsberuf häufiger als ihre männlichen Kollegen als Teilzeittätigkeit aus. Fast jede zweite Rechtsanwältin, die in einer Einzelkanzlei angestellt ist, geht der Anwaltstätigkeit als Teilzeittätigkeit nach. Im Vergleich hierzu ist nicht einmal jeder zehnte Rechtsanwalt teilzeittätig.
Die vereinbarte Arbeitszeit wird bei Teilzeittätigkeit im Rahmen von Angestelltenverhältnissen **in der Regel** überschritten.

■ **Wirtschaftliche Situation angestellter Anwälte und freier Mitarbeiter**

Angestellte und frei mitarbeitende junge Rechtsanwältinnen und Rechtsanwälte stehen in den ersten Jahren der Ausübung der Anwaltstätigkeit wirtschaftlich besser da als Gründer eigener Kanzleien. Das durchschnittliche monatliche Bruttogesamteinkommen bei Vollzeittätigkeit liegt für angestellte Anwälte in Einzelkanzleien bei 6.400 DM. Das Einkommen ihrer Kollegen in Sozietäten beläuft sich auf durchschnitt lich 7.600 DM. Freie Mitarbeiter haben in Einzelkanzleien ein durchschnittliches Einkommen von 5.800 DM und in Sozietäten von 7.700 DM.

Individuelle Einkommensdeterminanten

Fachlich besonders gut qualifizierte Anwälte (Prädikatsexamen, Promotion) erzielen auch als Angestellte und freie Mitarbeiter höhere Einkommen als ihre formal weniger gut qualifizierten Kollegen. Darüber hinaus steigt das Einkommen von Angestellten und freien Mitarbeitern mit der Dauer ihrer Beschäftigung sowie mit der zeitlichen Arbeitsintensität.

Rechtsanwältinnen erhalten unabhängig von ihrer fachlichen Qualifikation und der zeitlichen Arbeitsintensität durchschnittlich ein geringeres Einkommen als ihre männlichen Kollegen.

Marktbezogene Einkommensdeterminanten

Fachliche Spezialisierung sowie ein beratender Tätigkeitsschwerpunkt wirken sich positiv auf die Einkommenssituation angestellter Anwälte und freier Mitarbeiter aus. Darüber hinaus verdienen junge angestellte Anwälte und freie Mitarbeiter in den alten Bundesländern mehr als in den neuen Ländern.

Syndikusanwälte

7% der jungen Rechtsanwältinnen und Rechtsanwälte sind als Syndikusanwälte tätig. Sie weisen folgende charakteristische Merkmale auf:
- Syndikusanwälte gehören zusammen mit den in Sozietäten angestellten Anwälten zu den fachlich besonders gut qualifizierten Anwälten (überdurchschnittlich häufig Prädikatsexamina und Promotion).
- Die berufliche Belastung (zeitliche Arbeitsintensität) ist in dieser Gruppe der jungen Anwaltschaft besonders hoch.
- Insgesamt zeigt sich eine deutliche finanzielle Besserstellung der Syndici im Vergleich zu den angestellten Anwälten und den jungen Anwälten in eigener Kanzlei.

VIII. Berufszufriedenheit in der jungen Anwaltschaft

Einkommenszufriedenheit

Die Einkommenszufriedenheit junger Anwälte ist insgesamt eher niedrig. 38% der jungen Anwälte kommen zu der Einschätzung, dass ihr Einkommen ihrer beruflichen Leistung und Ausbildung entspricht. Differenziert nach Anwaltstyp zeigen sich entsprechend den faktischen Einkommensunterschieden deutliche Unterschiede in der Einkommenszufriedenheit:
- Vor allem Gründer eigener Kanzleien sowie Angestellte und freie Mitarbeiter in Einzelkanzleien sind mit ihrer Einkommenssituation unzufrieden. Je nach Kanz-

Teil 1 Zusammenfassung der wichtigsten Ergebnisse

leityp halten zwischen 20% und 34% der Gründer sowie 21% der Angestellten und 18% der freien Mitarbeiter in Einzelkanzleien ihr Einkommen für angemessen.
- 47% der in Sozietäten angestellten Anwälte und 41% der freien Mitarbeiter in Sozietäten sind mit ihrem Einkommen zufrieden.
- Die höchste Einkommenszufriedenheit herrscht bei Syndikusanwälten und Einsteigern in Sozietäten. 59% bzw. 57% der Anwälte aus diesen beiden Gruppen halten ihr Einkommen, gemessen an der Leistung, für angemessen.

Die faktischen Einkommensunterschiede zwischen Rechtsanwältinnen und Rechtsanwälten schlagen sich ebenfalls auf der subjektiven Seite, der Einkommenszufriedenheit, nieder: Generell ist festzuhalten, dass deutlich weniger Rechtsanwältinnen als Rechtsanwälte mit ihren Einkünften zufrieden sind.

Intrinsische Berufszufriedenheit

Im Unterschied zur gering ausgeprägten Einkommenszufriedenheit wird deutlich, dass junge Anwälte mit ihrem **beruflichen Handlungsspielraum** in hohem Maße zufrieden sind. 76% der Anwälte sehen die volle Einsatzmöglichkeit ihrer Fähigkeiten im Rahmen ihrer derzeitigen beruflichen Tätigkeit gegeben.
Differenziert nach Kanzleityp zeigt sich eine höhere Berufszufriedenheit der Anwälte in Sozietäten im Vergleich zu Einzelanwälten.

B. Strukturwandel der Anwaltschaft

Die Anwaltschaft ist als Dienstleistungsberuf seit den 50er Jahren durch ein ständiges quantitatives Wachstum gekennzeichnet (Abb. 1)[1]. Bezogen auf das Jahr 1955 liegt dieses Wachstum bei 607% (Abb. 2). Dabei ergeben sich einige Diskontinuitäten: Aus Abb. 1 wird deutlich, dass in der ersten Hälfte der 80er Jahre und vor allem nach der deutschen Vereinigung überproportionale Wachstumssprünge zu verzeichnen sind.[2]

---

[1] Zur Überschreitung der »magischen Grenze« von 100.000 Anwälten vgl. *Fochem* 1999.
[2] Zum steigenden Bedarf an rechtlicher Beratung im Zuge der Deutschen Einheit und der hierdurch entstehenden positiven Auswirkungen für die rechtsberatenden Berufe vgl. *Stobbe* 1991. *Häussermann*; *Siebel* 1995 stellen fest, dass die deutsche Einheit dem Berufsstand der Rechtsanwälte »ein wunderbares Arbeitsplatzwachstum beschert« (S. 9) habe.

B. Strukturwandel der Anwaltschaft Teil 1

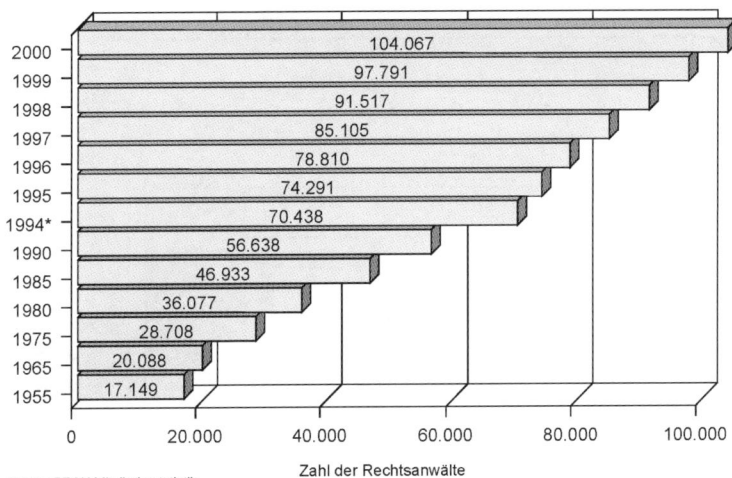

Quelle: BRAK-Mitgliederstatistik
* ab 1994 einschließlich der neuen Bundesländer

Abb. 1: Das Größenwachstum der Anwaltschaft seit 1955

Aufgrund der zwar leicht rückläufigen aber weiterhin auf einem hohen Niveau angesiedelten Zahl der Absolventen des zweiten juristischen Staatsexamens (Abb. 3) hat sich die Wachstumsdynamik weiter beschleunigt. Gegenwärtig ist ein im Vergleich zur ersten Hälfte der 90er Jahre stärkeres Wachstum der Anwaltschaft zu beobachten. Dies hängt vor allem damit zusammen, dass sich der Arbeitsmarkt für Juristen strukturell nachhaltig verändert hat: Die angespannte Arbeitsmarktlage für Juristen in den 90er Jahren kann zum einen darauf zurückgeführt werden, dass die öffentliche Verwaltung und die Justiz eine restriktive Einstellungspolitik einschlugen, die weitgehend auf die Deckung des Ersatzbedarfs beschränkt blieb. Der öffentliche Sektor ist demzufolge für Juristen derzeit ein stagnierender oder sogar schrumpfender Arbeitsmarkt.

In der Wirtschaft wurden zum anderen seit Anfang der 90er Jahre Rechtsabteilungen von Unternehmen verkleinert oder aber ganz aus den Unternehmen ausgegliedert. Zudem sind Juristen in der Wirtschaft – soweit es um Managementpositionen geht – harter Konkurrenz durch andere Qualifikationsprofile, insbesondere durch Betriebswirte, ausgesetzt. Dies hat dazu geführt, dass die Zahl der Juristen im Management großer Unternehmen seit Jahren rückläufig ist.

Im Ergebnis haben diese Entwicklungen dazu geführt, dass immer mehr junge Juristen versuchen, als Rechtsanwältinnen und Rechtsanwälte ihre berufliche Existenz zu sichern. Die Anwaltschaft wird immer stärker zum Auffangbecken für den juristischen

23

Teil 1 Zusammenfassung der wichtigsten Ergebnisse

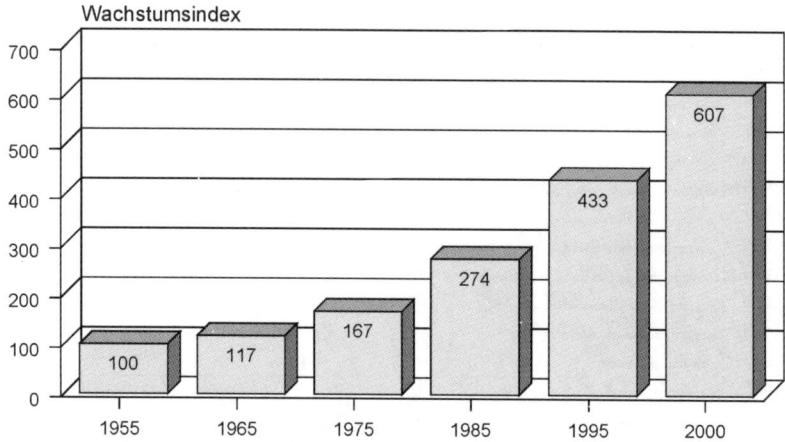

Abb. 2: **Prozentuales Größenwachstum der Anwaltschaft**

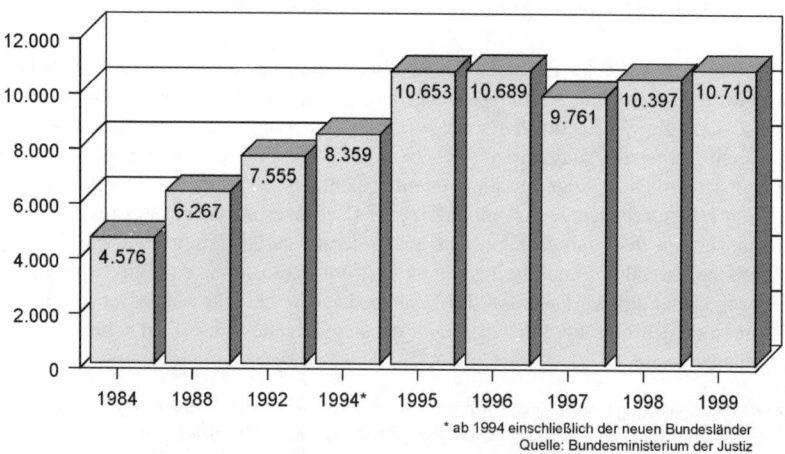

Abb. 3: **Zahl der bestandenen zweiten Staatsprüfungen im Studienfach Rechtswissenschaften**

B. Strukturwandel der Anwaltschaft Teil 1

Nachwuchs.[3] Die Maxime »Mit Jura kann man alles machen!«, an der sich fast jeder Jurastudent zu Beginn seines Studiums orientiert hatte, erweist sich für das Gros der Juraabsolventen faktisch als leere Versprechung.[4] Inwieweit das Größenwachstum der Anwaltschaft mit einem Wachstum der Nachfrage nach anwaltlichen Diensten einhergeht, ist nur schwer abschätzbar. Indikatoren wie der Anstieg des Geschäftsanfalls bei Gericht oder auch allgemeine Hinweise auf die zunehmende Komplexität des Rechts und einen hieraus resultierenden Anstieg des Bedarfs an rechtlicher Beratung reichen nicht aus, um den Markt anwaltlicher Dienste in seinem Volumen einschätzen zu können. Dementsprechend können keine zuverlässigen und gültigen Aussagen darüber getroffen werden, ob sich das quantitative Wachstum der Anwaltschaft in einem wachsenden, stagnierenden oder gar schrumpfenden Marktumfeld vollzieht.[5]

Zwar liegt grundsätzlich die Vermutung nahe, dass in einer immer komplexer werdenden Welt auch das Recht immer komplexer wird. Aufgabe der Anwälte ist es unter diesen Umständen, die Komplexität zu entschlüsseln und der Bevölkerung die Inanspruchnahme von Recht zu ermöglichen. Ob allerdings die einfache Gleichung, dass komplexer werdendes Recht immer mehr Anwälte rechtfertige, ja notwendig mache, in der Realität aufgeht, ist eine empirisch bisher weitgehend offene Frage. Bei der beschriebenen quantitativen Entwicklung der Anwaltschaft handelt es sich nicht um ein isoliertes Phänomen.

Diese Entwicklung muss vielmehr als Teil des gesamtgesellschaftlichen Wandels von der Industrie- zur Dienstleistungsgesellschaft betrachtet werden.[6] Ein Blick auf die

---

3 Bereits Mitte der 80er Jahre konnte der vergleichsweise schwache Anstieg der Arbeitslosigkeit unter den Juristen darauf zurückgeführt werden, dass die Anwaltschaft viele junge Juristen aufnahm (*Hommerich* 1988, S. 26).
4 Vgl. *Hommerich* 1993.
5 Vgl. hierzu auch *Hommerich* 1988, S. 30 ff. Experten gelangen in diesem Zusammenhang zu unterschiedlichen Einschätzungen: Laut *Winters* 1989, S. 3 hat die Anwaltschaft die Verdoppelung der Anwaltszahlen im Zeitraum zwischen 1972 und 1987 insgesamt gut verkraftet. Im Zusammenhang mit der gerichtlichen und außergerichtlichen Konfliktlösung rechnet *Stobbe* 1991, S. 170 ff. für die 90er Jahre allerdings nicht mit einem »dem Anwachsen der Anwaltschaft auch nur annähernd vergleichbaren Anstieg des ‚Konfliktpotentials'«. Stobbe sieht deswegen die Notwendigkeit, neben der Bearbeitung rechtlicher Konflikte neue Tätigkeitsfelder im Rahmen präventiver Rechtsberatung zu erschließen.
6 Es steht eine Vielzahl von Begriffen zur Kennzeichnung der modernen Gesellschaft bereit. Michael Marien hat bereits in den 70er Jahren 350 verschiedene Bezeichnungen identifizieren können (*Marien* 1977). Mit dem Begriff »Dienstleistungsgesellschaft« wird zunächst ganz allgemein die beständige Zunahme des Anteils der Dienstleistungen (tertiärer Sektor) am Bruttosozialprodukt umschrieben: Lag der Anteil des tertiären Sektors an der gesamten Bruttowertschöpfung 1960 bei 41%, ist dieser bis 1997 auf 66% angestiegen. Hierin kommt ein grundlegender Wandlungsprozess in der Wirtschaftsstruktur zum Ausdruck, der sich auch in der Verteilung der Erwerbstätigen zeigt. 1960 waren 38% aller Erwerbstätigen im Dienstleistungsbereich tätig. 1997 betrug der Anteil der Erwerbstätigen im Inland, die im Dienstleistungsbereich tätig waren, 63% (*Statistisches Bundesamt* o. J.). Eine differen-

Teil 1 Zusammenfassung der wichtigsten Ergebnisse

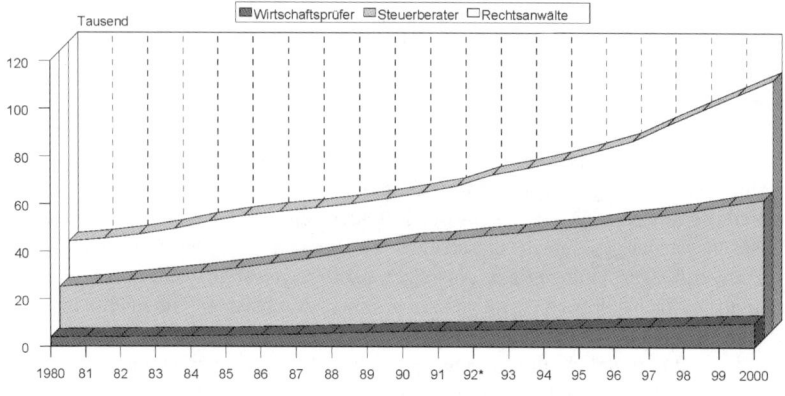

Abb. 4: Entwicklung der Zahl der Rechtsanwälte, Steuerberater und Wirtschaftsprüfer

Entwicklung der Anzahl der Rechtsanwälte im Vergleich zu den Entwicklungen in den Berufsständen der Steuerberater und Wirtschaftsprüfer macht deutlich, dass auch die Entwicklungslinien in anderen Dienstleistungsberufen in die gleiche Richtung weisen (Abb. 4): Zwischen 1980 und 2000 stieg die Zahl der Steuerberater und Wirtschaftsprüfer um 175% bzw. 161%. Im gleichen Zeitraum stieg die Zahl der Rechtsanwälte um 188%.

I. Wandel in der inneren Struktur der Anwaltschaft

Das quantitative Wachstum der Anwaltschaft geht einher mit einem Wandel ihrer inneren Struktur, der sich wie folgt skizzieren lässt[7]:
- Die Zahl der Sozietäten nimmt seit ca. zwei Jahrzehnten kontinuierlich zu. Allein zwischen 1991 und 1995 stieg der Anteil der in Sozietäten tätigen Anwälte von 38,2% auf 41,5%. Seither schreitet diese Entwicklung kontinuierlich fort.

zierte Auseinandersetzung mit der sektoralen Verschiebung findet sich bei *Häußermann*; *Siebel* 1995, S. 21 ff. Zum Dienstleistungsmarketing vgl. *Lovelock* 1996; *Rust* u. a. 1996; *Zeithaml*, *Bitner* 1996; *Normann* 1991; *Bieberstein* 1995; *Palmer* 1998; *Pepels* 1995.

7 Die folgenden Angaben stützen sich auf eine Repräsentativbefragung der Anwaltschaft, die im Auftrag des DeutschenAnwaltVereins im Jahr 1995 durchgeführt wurde. Ziel dieser Befragung war es, die Struktur der Anwaltschaft anhand unterschiedlicher Kriterien aufzuschlüsseln. Zu den Ergebnissen dieser Befragung vgl. im Einzelnen *Hommerich*; *Prütting* 1998, S. 95 ff.

- Die Größe der Sozietäten nimmt ebenfalls zu. So stieg der Anteil der Sozietäten mit zehn und mehr Sozien an allen Sozietäten von 5,8% im Jahr 1991 auf 7,4% im Jahr 1995. In der Bundesrepublik vollzieht sich derzeit eine Entwicklung, die in den Vereinigten Staaten, aber auch in anderen westlichen Industriegesellschaften, schon länger zu beobachten ist: Durch Fusionen entstehen mehr Großkanzleien, mit dem Anspruch, überörtlich und vor allem international am Markt präsent zu sein.
- Überörtliche Sozietäten haben im Laufe der 90er Jahre innerhalb der Anwaltschaft ihren festen Platz gefunden. Ihr Anteil an allen Sozietäten beträgt 21%. In den neuen Bundesländern ist dieser Anteil überproportional hoch: Er variiert zwischen 63% in Sachsen und 35% in Mecklenburg-Vorpommern (vgl. Anhang Tabelle 1).
- Die innere Differenzierung der Anwaltschaft im Sinne vermehrter Spezialisierung oder Schwerpunktsetzung einzelner Anwaltbüros bzw. innerhalb einzelner Büros nimmt zu. Sichtbares Kennzeichen dieses Wandels ist die Zuwachsrate bei den Fachanwälten, die sich wie folgt darstellt: 1995 lag der Anteil der Fachanwälte bei 6,3%. 1999 betrug dieser Anteil 9,6% (einschließlich der neu eingeführten Fachanwaltschaften für Familienrecht und Strafrecht).[8]
- Der Anteil der Rechtsanwältinnen an der gesamten Anwaltschaft ist auch nach dem Prozess der deutschen Einheit weiter gestiegen. Waren 1993 ca. 18% Frauen in der Anwaltschaft vertreten, stieg ihr Anteil auf 25% im Jahr 2000.[9] Im Vergleich zu einem Frauenanteil von 7% im Jahr 1979 hat sich dieser Anteil bis heute mehr als verdreifacht.

Zusammenfassend kann festgehalten werden, dass sich die Anwaltschaft derzeit in einer Phase beschleunigter innerer Dynamik befindet. Die Tendenz zur immer weiteren inneren Differenzierung der Anwaltschaft ist als Reaktion auf eine sich infolge komplexer werdender Lebensverhältnisse immer weiter differenzierende Nachfrage nach anwaltlichen Diensten anzusehen.

II. Die Anwaltschaft unter verstärktem Wettbewerbsdruck

Der Wettbewerb innerhalb der Anwaltschaft hat sich im letzten Jahrzehnt deutlich verschärft. In diesem Zusammenhang sind folgende Entwicklungen von Bedeutung:
- Der Zustrom einer Vielzahl junger Juristinnen und Juristen zur Anwaltschaft kann als autonomer konkurrenzverschärfender Faktor gesehen werden. Dies gilt zumindest für die forensische Anwaltstätigkeit, in der vor allem Kanzleigründer tätig werden.

---

8 Vgl. BRAK-Mitgliederstatistik (Mitglieder jeweils am 1. 1. eines Jahres) 1995 und 2000, eigene Berechnungen.
9 BRAK-Mitgliederstatistiken 1993–2000 (Mitglieder jeweils am 1. 1. eines Jahres), eigene Berechnungen.

Teil 1 Zusammenfassung der wichtigsten Ergebnisse

- Auch die zunehmende innere Differenzierung der Anwaltschaft erhöht den Wettbewerbsdruck. Diese Differenzierung, die durch die Einrichtung von Fachanwaltschaften äußerlich sichtbar wird, hat insofern Wettbewerbseffekte, als potenzielle Mandanten die Wahl ihres Anwaltes nunmehr aufgrund besserer Information treffen können. Hinzu kommt, dass Anwälte mit der Lockerung des Werbeverbots intensiver mit der Nachfrageseite kommunizieren können, wodurch die innere Differenzierung der Anwaltschaft für aktuelle und potenzielle Mandanten sichtbarer wird. Solche innere Profilbildung wirkt zunächst wettbewerbsverschärfend, was vor allem Kanzleien mit geringer äußerer Profilbildung zu spüren bekommen.
- Die Tendenz zu größeren Anwaltskanzleien ist vor allem eine Folge der Globalisierung des Wettbewerbs. Nicht nur weltumspannende Konzerne, sondern auch eine wachsende Zahl mittelständischer Unternehmen operieren heute weltweit. Dementsprechend brauchen sie anwaltliche Beratung, die sich nicht mehr nur auf nationale Räume beschränkt, sondern ein Unternehmen insgesamt rechtlich begleitet. Speziell die Europäisierung des Rechts fördert zunehmend übernationale Zusammenschlüsse von Kanzleien.
Zweifellos betrifft diese Tendenz zur Internationalisierung der Anwaltskanzleien nur **ein** Marktsegment innerhalb der Anwaltschaft. Mit anderen Worten: Viele Anwälte fühlen sich hierdurch nicht betroffen. Es hieße allerdings, den Kopf in den Sand zu stecken, sähe man nicht, dass durch die Zunahme internationaler Kanzleien und ihre weltumspannende Ausdehnung die innere Differenzierung der Anwaltschaft nachhaltig erhöht wird, was ihre Integration als Professionsgemeinschaft nicht erleichtert, sondern eher erschwert.
- Insbesondere die steuer- und wirtschaftsberatenden Berufe sind schon seit längerem durch die Tendenz zu größeren Organisationseinheiten gekennzeichnet. Auch dies war im Wesentlichen eine Folge der Internationalisierung von Wirtschaftsbeziehungen. Zugleich aber entstanden auch und gerade in diesem Bereich große Dienstleistungseinheiten, die – getragen vom Gedanken einer umfassenden Kundenbetreuung – dazu übergingen, nicht nur im engeren Sinne ihr Kerngeschäft zu betreiben, sondern alle möglichen Beratungsdienste unter einem Dach zusammenzufassen. Steuerberatung wurde auf diese Weise mit Unternehmensberatung und nicht zuletzt auch mit Rechtsberatung verkoppelt. Im gleichen Zuge gingen große Unternehmensberatungsgesellschaften dazu über, ihrerseits umfassende Dienstleistungsangebote – Rechtsberatung eingeschlossen – am Markt bereitzustellen.
Auch und gerade hieraus entsteht für die Anwaltschaft zum einen mehr Wettbewerb, zum anderen verstärkt sich die Tendenz, dass Anwälte immer weniger als Freiberufler denn als angestellte Anwälte unter »fremdem Dach« anzutreffen sind. So haben bei großen internationalen Entwicklungsprojekten häufig Unternehmensberater oder Wirtschaftsprüfer die Projektführerschaft, wobei Anwälte sich in ihre Teams zu integrieren haben. Ähnlich wie die Architekten, die sich bei Großbauprojekten zunehmend in das Gefolge von Generalunternehmern oder

Generalübernehmern einzuordnen haben, werden Anwälte in großen Entwicklungsprojekten auf die juristische Expertenrolle reduziert.[10]
- Die Wettbewerbsverschärfung am Anwaltsmarkt muss vor allem auch aus Sicht der Kunden betrachtet werden. In einer Informationsgesellschaft verfügen Kunden über bessere Möglichkeiten der Auswahl von Beratern. Bezogen auf die Anwaltschaft hat Richard Abel[11] schon in den 80er Jahren darauf hingewiesen, dass Kunden angesichts sich ausbreitender Informationsdienste über weitaus bessere Möglichkeiten der Auswahl und Kontrolle von Rechtsanwälten verfügen. Diese Auswahl- und Kontrollmöglichkeiten dürften sich allerdings in Grenzen halten, zumal nicht anzunehmen ist, dass das Experten-Laien-Gefälle zwischen dem Anwalt und seinem Mandanten jemals nachhaltig abgebaut werden kann. Allerdings ist absehbar, dass auch Rechtsanwälte in Zukunft über Ranking-Verfahren öffentlich bewertet werden, der Wettbewerb unter den Anwälten also offener wird. Dies mag aus Sicht der Anwälte nicht erwünscht und im Kern angesichts der derzeit noch erkennbaren Defizite solcher Verfahren auch durchaus fragwürdig sein. Entscheidend ist, dass auch hier wettbewerbsverschärfende Tendenzen sichtbar werden.
- Die Anwaltschaft war bislang ein in hohem Maße regulierter Beruf. Viele dieser Regeln waren durchaus gut begründet oder zumindest begründbar. Manches an diesem Regelwerk mag auch als eine gewisse ideologische Verkrustung der Anwaltschaft im Sinne einer sehr verengten Tendenz zur Verteidigung angestammter Domänen bewertet werden.

Wie immer man dies sieht, fest steht, dass viele berufsregulierende Normen in der Zwischenzeit durch gesellschaftliche Entwicklungen, wie z. B. den Prozess der deutschen Einheit, durch den Markt selbst und nicht zuletzt durch die Gerichte ausgehebelt wurden. Damit stellt sich für die Anwaltschaft eine entscheidende Frage: Will sie sich als Professionsgemeinschaft eher am Prinzip der Verteidigung einer Domäne orientieren oder will sie sich strategisch insofern neu ausrichten, als sie die Herausforderung eines weniger regulierten Berufes annimmt und durch aktive Marktgestaltungs- und Qualitätspolitik ihre eigenen Belange regelt.

Die hier beschriebenen Tendenzen weisen allesamt darauf hin, dass die Anwaltschaft durch eine hohe innere Dynamik gekennzeichnet ist, die sich in zunehmender innerer Differenzierung und zugleich in verstärktem Wettbewerb am Markt für Rechtsberatung und -vertretung äußert. Auf diese Herausforderung muss die Anwaltschaft als

---

10 Derzeit ist allerdings keineswegs ausgemacht, ob die hier angesprochene Vernetzung von Beratungsdienstleistungen im Rahmen großer Beratungskonzerne eine auf Dauer zufriedenstellende Lösung insbesondere für die entsprechenden Kunden darstellt. Vieles spricht dafür, dass Beratungskonzerne schon bald gezwungen sein werden, sich wieder zu entflechten, weil sie überkomplex werden und ihre Beratungskompetenz nach außen nur sehr schwer verdeutlicht werden kann. Sie stehen für alles und für nichts. Offen ist also, ob auf eine Zeit weiterer Verflechtung der Beratungsdienstleistung eine Zeit ihrer Entflechtung folgt, in der die einzelnen Kernkompetenzen durch entsprechend spezialisierte aber miteinander durch Kooperationen vernetzte Beratungsfirmen wieder stärker erkennbar werden.

11 *Abel* 1986.

Professionsgemeinschaft, aber natürlich auch jeder einzelne Rechtsanwalt reagieren. Dies gilt insbesondere für die Einsteiger in den Anwaltsberuf, die den strukturellen Wandel der Anwaltschaft nachvollziehen und als reale Ausgangsbedingung für ihren Berufseinstieg begreifen müssen.

C. Das Projekt »Berufseinstieg junger Rechtsanwältinnen und Rechtsanwälte«

Im Rahmen des dieser Arbeit zu Grunde liegenden Forschungsprojektes wurden junge Rechtsanwältinnen und Rechtsanwälte, die zwischen 1990 und 1996 zur Anwaltschaft zugelassen wurden, schriftlich zu ihrem Einstieg in den Anwaltsberuf und zu ihrer beruflichen Situation befragt. Gegenstand der Analyse war die Berufssituation junger Anwälte in den 90er Jahren.

Darüber hinaus ist diese Befragung eine Replikationsstudie einer Untersuchung, die Mitte der 80er Jahre durchgeführt wurde.[12] Der vergleichende Rückgriff auf die Querschnittsuntersuchung der 80er Jahre ermöglicht eine genauere Einschätzung des Wandels der Einstiegsbedingungen von Juristen in den Anwaltsberuf.

Die Anschriften der zwischen 1990 und 1996 zur Anwaltschaft zugelassenen Anwälte wurden von den einzelnen Rechtsanwaltskammern zur Verfügung gestellt. Die Zusammenstellung der dezentral vorliegenden Daten ergab, dass insgesamt 24.339 Anwälte in dem angegebenen Zeitraum zur Anwaltschaft in den einzelnen Anwaltskammern zugelassen wurden. Aus dieser Grundgesamtheit wurde eine 25% Zufallsstichprobe gezogen. 8.575 junge Anwälte wurden im Zeitraum von Juli 1997 bis Anfang 1998 schriftlich befragt.[13] Um eine möglichst hohe Rücklaufquote zu erhalten, wurden insgesamt drei Erinnerungsschreiben versendet.

2.289 junge Rechtsanwältinnen und Rechtsanwälte haben sich an der Befragung beteiligt. Dies entspricht einer Rücklaufquote von 29%.[14] Vor allem vor dem Hintergrund des mit 20 Seiten sehr umfangreichen Fragebogens, der auch detaillierte Fragen zu Einkommen und Kosten beinhaltete, kann diese Rücklaufquote als gut angesehen werden.

---

12 *Hommerich* 1988.
13 Das Erhebungsinstrument wurde Anfang 1997 einem umfangreichen Pretest unterzogen.
14 Bei der Berechnung der Rücklaufquote wurde die Grundgesamtheit (8.575 Befragte) um folgende Gruppen bereinigt: 1. Rechtsanwälte mit falschen oder nicht mehr aktuellen Adressangaben; 2. Anwälte, die lediglich den Kammerbezirk gewechselt haben, nicht aber neu zur Anwaltschaft zugelassen wurden. (Bereinigte Basis: 7.921 junge Anwälte).

D. Generelle Charakteristika junger Rechtsanwältinnen und Rechtsanwälte

Angesichts der beschriebenen Konkurrenzverschärfung in der Anwaltschaft ist es von besonderem Interesse, die Situation am Arbeitsmarkt für Juristen im Allgemeinen und für Rechtsanwältinnen und Rechtsanwälte im Speziellen näher zu beleuchten. Die Arbeitsmarktsituation bildet den Hintergrund, vor dem sich der Berufseinstieg junger Rechtsanwältinnen und Rechtsanwälte ereignet. Aus diesem Grund wird die Beschreibung der Situation am Arbeitsmarkt für Juristen der allgemeinen Charakterisierung der jungen Anwaltschaft vorangestellt.

I. Arbeitslosigkeit

Die offizielle Arbeitsmarktstatistik bedarf differenzierter Betrachtung, um Fehlinterpretationen zu vermeiden:
- Die Gruppe der Juristen, die über das Arbeitsamt eine Anstellung suchen (Bewerber), ist nicht mit der Gruppe der arbeitslos **gemeldeten** Juristen identisch. Es gibt mehr Bewerber als arbeitslos gemeldete Juristen. Eine Vertauschung oder Vermischung beider Gruppen führt zu falschen Aussagen über die Arbeitslosigkeit von Juristen.
- Nicht alle Juristen ohne Arbeit melden sich auch arbeitslos. Vor allem aus Sorge vor negativer Etikettierung, die evtl. nachteilige Auswirkungen auf den Berufseinstieg bzw. -wiedereinstieg haben könnte, unterbleibt zum Teil die Meldung beim Arbeitsamt. Wie viele Juristen sich trotz Arbeitslosigkeit nicht arbeitslos melden, kann bestenfalls durch repräsentative Berufseinmündungs- und Verbleibsstudien aufgeklärt werden, die bislang fehlen. Es ist somit von einer nicht quantifizierbaren Dunkelziffer arbeitsloser Juristen auszugehen.[15]
- Die Gruppe der arbeitslosen **Rechtsanwälte** ist lediglich eine Teilgruppe der arbeitslosen **Juristen**.

1. Arbeitslose Juristen

Soweit arbeitslose Juristen in der offiziellen Statistik erfasst werden, zeigt sich folgendes Bild (Abb. 5): Zwischen 1985 und 1988 sowie zwischen 1993 und 1997 stieg die Zahl arbeitslos gemeldeter Juristen. Lediglich zwischen 1989 und 1993 wurde diese Entwicklung im Gefolge der deutschen Vereinigung unterbrochen. Die hiermit verbundene Entspannung am Arbeitsmarkt für Juristen war allerdings spätestens 1994 beendet.

---

15 Schätzungen und Hochrechnungen der tatsächlichen Zahl arbeitsloser Juristen und Anwälte ist darum mit entsprechender Vorsicht zu begegnen.

Teil 1 Zusammenfassung der wichtigsten Ergebnisse

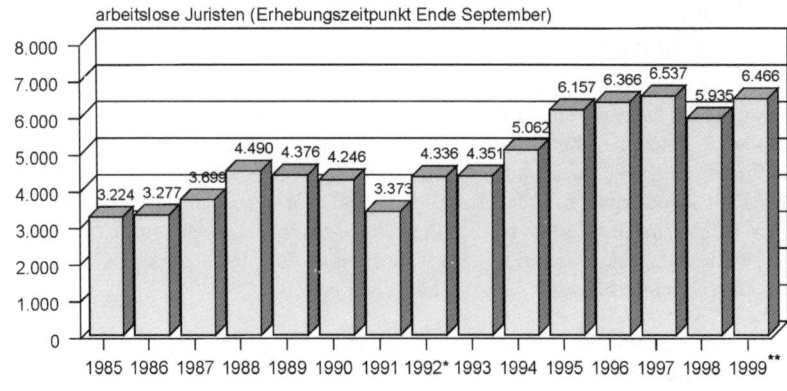

Abb. 5: **Arbeitslos gemeldete Juristen seit 1985**

1997 waren etwa doppelt so viele Juristen arbeitslos gemeldet wie 1985: Für 1997 weist die Arbeitslosenstatistik 6.537 arbeitslose Juristen aus. Im Jahr 1985 waren 3.224 arbeitslos gemeldete Juristen zu verzeichnen.

Für das Jahr 1998 ist nach den offiziellen Arbeitslosenzahlen von einer deutlichen Entspannung am Arbeitsmarkt für Juristen auszugehen. So sank im Vergleich zu 1997 die Anzahl arbeitslos gemeldeter Juristen 1998 um 9,2% auf 5.935. Diesen positiven Trend konnten die Juristen 1999 nicht mehr wiederholen: Die Zahl arbeitsloser Juristen stieg 1999 um 9% auf 6.466.[16]

Die Entwicklung der Zahl arbeitsloser Juristen muss vor dem Hintergrund der wachsenden Anzahl von Juristen, die dem Arbeitsmarkt zur Verfügung stehen, gesehen werden. Eine Möglichkeit, beide parallel verlaufenden Entwicklungen in Beziehung zu setzen besteht darin, die Zahl der arbeitslos gemeldeten Juristen vor dem Hintergrund der Anzahl bestandener zweiter juristischer Staatsprüfungen zu interpretieren. Es kann hierbei nicht um einen direkten Vergleich zwischen Absolventen- und Arbeitslosenzahlen gehen, sondern allein um eine Bestimmung

---

16 Für die nächsten Jahre kann eine Entspannung erwartet werden, da der Ersatzbedarf im öffentlichen Sektor wächst. Dies wird bereits für das Jahr 2000 deutlich: Rund 5.400 Juristen waren im Jahr 2000 arbeitslos gemeldet. Dies entspricht einem Rückgang im Vergleich zum Vorjahr von 17%. Diese positive Entwicklung sieht Gleiser in der insgesamt guten Arbeitsmarktsituation für Akademiker sowie in der durch Altersabgänge entstehenden Dynamik im öffentlichen Dienst begründet (vgl. *Gleiser*, FAZ vom 27.01.2001).

D. Generelle Charakteristika junger Rechtsanwältinnen und Rechtsanwälte **Teil 1**

	Absolventen (zweites jur. Examen) / arbeitslose Juristen
1985	1,6
1986	1,7
1987	1,6
1995	1,7
1996	1,7
1997	1,5
1998	1,8
1999	1,7

der Relation dieser Zahlen zueinander. Im Ergebnis zeigen sich für die Jahre 1985 bis 1987 im Vergleich zu den Jahren 1995 bis 1998 folgende Relationen:

Die Übersicht verdeutlicht, dass zwischen 1985 und 1987 sowie zwischen 1995 und 1998 auf einen arbeitslos gemeldeten Juristen etwa 1,6 bis 1,7 bestandene zweite juristische Staatsprüfungen kommen. Somit handelt es sich mit leichten Schwankungen um eine relativ konstante Quote.

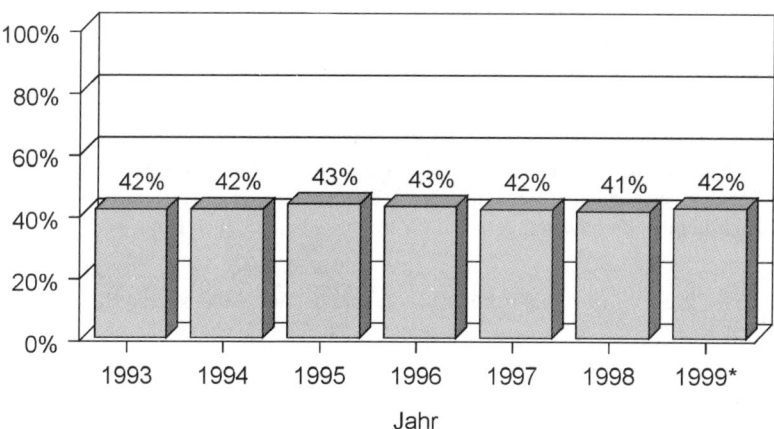

Quelle: Amtliche Nachrichten der Bundesanstalt für Arbeit, verschiedene Jahrgänge, eigene Berechnungen
* Quelle: ibv / 2000 S. 2810

Abb. 6: Anteil der Frauen unter den arbeitslos gemeldeten Juristen

Die Gruppe der arbeitslos gemeldeten Juristen kann wie folgt beschrieben werden:

Teil 1 Zusammenfassung der wichtigsten Ergebnisse

- Der Frauenanteil unter den arbeitslos gemeldeten Juristen liegt seit 1993 nahezu konstant bei rund 42% (Abb. 6).
- Rund die Hälfte der arbeitslosen Juristen ist jünger als 35 Jahre. Etwa jeder dritte arbeitslos gemeldete Jurist ist zwischen 35 und 49 Jahre alt. Ca. 16% der beim Arbeitsamt als arbeitslos registrierten Juristen sind 50 Jahre und älter. Es wird damit deutlich, dass Arbeitslosigkeit nicht ausschließlich Berufsanfänger betrifft.

ENDE September	Arbeitslose insgesamt	unter 35 Jahre		35 bis unter 50 Jahre		50 Jahre und Älter	
		N	%	N	%	N	%
1992	4336	2046	47	1487	34	803	19
1993	4351	2115	49	1545	36	691	16
1994	5062	2557	51	1724	34	781	15
1995	6157	3522	57	1831	30	804	13
1996	6366	3500	55	1932	30	934	15
1997	6537	3347	51	2140	33	1050	16
1998	5935	3013	51	1913	32	1009	17

Quelle: Amtliche Nachrichten der Bundesanstalt für Arbeit, 1992-1998, eigene Berechnungen

Tabelle 1: Arbeitslose Juristen nach Alter

- Die Zentralstelle für Arbeitsvermittlung weist darauf hin, dass die Situation auf dem Arbeitsmarkt für Juristen in den neuen Bundesländern teils erheblich von der Entwicklung in den alten Bundesländern abweicht. Im Vergleich zu den alten Bundesländern ist in den neuen Ländern eine negativere Entwicklung der Arbeitslosigkeit unter Juristen festzustellen, da hier in allen Teilgruppen – also auch bei den Berufsanfängern – die Zahl der arbeitslosen Juristen stieg.[17]

Neben der Zahl arbeitsloser Juristen geben die Angaben über die **Dauer** der Arbeitslosigkeit nähere Einblicke in die Situation am Arbeitsmarkt für Juristen. Können Phasen der Arbeitslosigkeit von bis zu einem halben Jahr und zum Teil auch von bis zu einem Jahr als Übergangsphasen interpretiert werden, muss bei länger andauernder Arbeitslosigkeit von Langzeitarbeitslosigkeit mit allen sich hieraus ergebenden Problemen hinsichtlich der Integration in das Berufsleben ausgegangen werden. Die Dauer der Arbeitslosigkeit offiziell arbeitslos gemeldeter Juristen ist Tabelle 2 zu entnehmen. Es wird deutlich, dass der Anteil derjenigen Juristen, die ein Jahr oder länger arbeitslos gemeldet sind, seit den 90er Jahren nahezu konstant ist. Aufgrund steigender Arbeitslosenzahlen bis 1997 bedeutet dies, dass die Anzahl der langzeitarbeitslosen Juristen zwischen 1993 und 1997 (absolut) gewachsen ist: Im

---

17 Vgl. Informationen für die Beratungs- und Vermittlungsdienste der Bundesanstalt für Arbeit (ibv) 1998, S. 2332.

D. Generelle Charakteristika junger Rechtsanwältinnen und Rechtsanwälte Teil 1

Jahr 1993 waren 938 Juristen ein Jahr und länger arbeitslos gemeldet. Im Vergleich hierzu gab es 1997 1.511 langzeitarbeitslose Juristen.

Ende September	Arbeitslose insgesamt	bis unter 6 Monate		1/2 bis unter 1 Jahr		1 bis unter 2 Jahre		2 Jahre und länger	
		N	%	N	%	N	%	N	%
1985	3224	1595	49%	690	21%	535	17%	404	13%
1990	4246	2447	58%	805	19%	500	12%	494	12%
1995	6157	3881	63%	1090	18%	636	10%	550	9%
1997	6537	3657	56%	1369	21%	839	13%	672	10%

Die Zahlen beziehen sich ab 1992 auf die alten und neuen Bundesländer.
Quelle: Amtliche Nachrichten der Bundesanstalt für Arbeit, 1985 bis 1997, eigene Berechnungen

Tabelle 2: Arbeitslose Juristen nach Dauer der Arbeitslosigkeit

Gegenläufig zur Entwicklung der Arbeitslosenzahlen unter den Juristen insgesamt stellt sich die Situation bei den Berufsanfängern (Absolventen zweites Staatsexamen) dar: Mit Beginn der 90er Jahre ist von einem Rückgang der Anzahl arbeitsloser Berufsanfänger auszugehen. 1997 waren 699 Absolventen des zweiten Staatsexamens beim Arbeitsamt als arbeitslos registriert. Damit waren 1997 etwa genauso viele Berufsanfänger arbeitslos gemeldet wie 1985. 1998 waren 160 Berufsanfänger unter den arbeitslosen Juristen registriert und 1999 waren es 153 Berufsanfänger (Abb. 7). Diese vergleichsweise positive Entwicklung der Arbeitslosenzahlen bei den Berufsanfängern muss allerdings aus mehreren Gründen mit Vorsicht betrachtet werden:
- Absolventen des zweiten juristischen Staatsexamens haben in der Regel keinen Anspruch auf Leistungen aus der Arbeitslosenversicherung und damit keinen wirtschaftlichen Grund, sich arbeitslos zu melden.
- Die Zentralstelle für Arbeitsvermittlung weist darauf hin, dass die vergleichsweise positive Entwicklung vor dem Hintergrund gesehen werden muss, dass in zahlreichen Bereichen eine Tendenz zu befristeten Einstellungen von Juristen bestehe bzw. in bestimmten Fällen ausschließlich freie Mitarbeit erwünscht sei.[18]
- Darüber hinaus hebt die Zentralstelle für Arbeitsvermittlung die zentrale Bedeutung der Examensnoten für den beruflichen Werdegang von Juristen hervor.[19] In diesem Zusammenhang wird betont, dass Juristen mit schwächeren Examensergebnissen versuchten, sich selbstständig zu machen, um für einen möglichen privaten Arbeitgeber einen lückenlosen Werdegang nachweisen zu können.
Im Vorgriff auf die spätere Analyse kann bereits hier festgestellt werden, dass anhand der vorliegenden Ergebnisse der Befragung der jungen Anwaltschaft

---

18 Vgl. ibv 26/98, S. 2332.
19 ibv 26/98, ebd. sowie ibv 25/00, S. 2810 f.

Teil 1 Zusammenfassung der wichtigsten Ergebnisse

diese These für die überwiegende Mehrheit der in eigener Kanzlei tätigen jungen Rechtsanwältinnen und Rechtsanwälte **nicht** bestätigt werden kann: Zum einen begreift lediglich eine Minderheit der Kanzleigründer die Kanzleigründung als befristete Lösung. Zum anderen zeigt sich im Vergleich zu den 80er Jahren kein statistisch relevanter Anstieg des Anteils der Gründer, die diese Gründung lediglich als Übergangslösung ansehen.[20] Trotz der im gleichen Zeitraum gestiegenen Arbeitslosenzahlen wird offensichtlich die Kanzleigründung als Warteschleife nicht stärker genutzt.

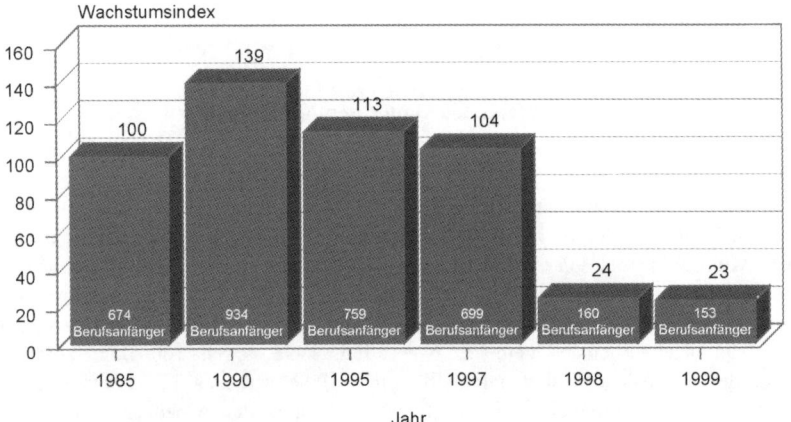

Abb. 7: Berufsanfänger unter den arbeitslosen Juristen

2. Arbeitslosigkeit unter Rechtsanwälten

Die Recherche »Arbeitslose Juristen«, die die Bundesanstalt für Arbeit 1998 für den Deutschen Anwaltverein durchgeführt hat, weist folgende Arbeitslosenzahlen für die Teilgruppe der Anwälte aus: Im September 1995 waren im gesamten Bundesgebiet 42 Rechtsanwälte und Notare arbeitslos gemeldet. Im September 1996 waren es 52 und 1997 48 Rechtsanwälte und Notare. Bei der Interpretation dieser Zahlen ist zu beachten, dass die Erfassung arbeitsloser Rechtsanwälte noch problematischer ist als die Erfassung arbeitsloser Juristen allgemein:

---

20 Vgl. hierzu Kapitel A.V dieses Berichts sowie *Hommerich* 1988, S. 125.

D. Generelle Charakteristika junger Rechtsanwältinnen und Rechtsanwälte Teil 1

- Zunächst einmal werden nicht Rechtsanwälte sondern Juristen erfasst, die neben der Anwaltstätigkeit eine Vielzahl weiterer beruflicher Optionen haben. Das bedeutet auch, dass arbeitslos gemeldete Juristen, die als Anwälte tätig waren, nicht unbedingt erneut eine Tätigkeit im Anwaltsbereich suchen müssen.
- Darüber hinaus besteht die Möglichkeit, dass Anwälte, die für sich keine Chancen sehen, die Anwaltstätigkeit ökonomisch erfolgreich auszuüben, ihre Anwaltszulassung zurückgeben. Diese wären somit nicht mehr als Anwälte erfasst, und können dementsprechend nicht in die Arbeitslosenstatistik für Rechtsanwälte eingehen.
- Denkbar ist schließlich, dass bei der Vielzahl freiberuflich tätiger Anwälte eine verdeckte Arbeitslosigkeit innerhalb der Anwaltschaft herrscht.

Im Ergebnis kann festgehalten werden, dass es keine genauen Angaben über Arbeitslosigkeit in der Anwaltschaft gibt. Dies hängt mit den unterschiedlichsten Problemen der Erfassung aber auch der Definition von Arbeitslosigkeit zusammen. Vor diesem Hintergrund ist es redlich, sich bezüglich der Schätzungen der Anzahl arbeitsloser Anwältinnen und Anwälte Zurückhaltung aufzuerlegen und sich den empirisch fassbaren Entwicklungslinien in der Anwaltschaft zuzuwenden.

II. Arten der Berufsausübung junger Anwälte

Die junge Anwaltschaft muss unter dem Aspekt der Art der Berufsausübung als **heterogene** Gruppe betrachtet werden (Abb. 8). Es lassen sich folgende zentrale Gruppen innerhalb der jungen Anwaltschaft unterscheiden:

- selbstständige Anwaltstätigkeit 57%
- 1% ohne Beschäftigung / auf Stellensuche
- 18% Anwaltstätigkeit im Rahmen freier Mitarbeit
- 25% Anwaltstätigkeit im Rahmen eines Angestelltenverhältnisses

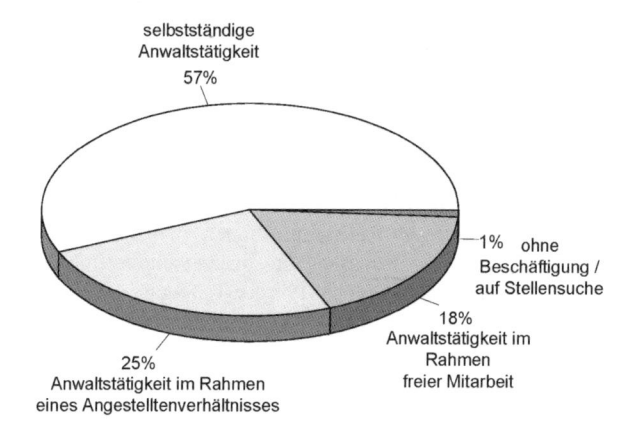

Abb. 8: Arten der Ausübung der Anwaltstätigkeit

Teil 1 Zusammenfassung der wichtigsten Ergebnisse

- Die Mehrheit der jungen Rechtsanwältinnen und Rechtsanwälte (57%) ist in eigener Kanzlei niedergelassen.
- Jeder vierte junge Anwalt übt die Anwaltstätigkeit im Rahmen eines Angestelltenverhältnisses aus.
- 18% der jungen Rechtsanwältinnen und Rechtsanwälte sind als freie Mitarbeiterinnen oder freie Mitarbeiter tätig.

Werden die Tätigkeitsbereiche weiter differenziert, ergibt sich folgendes Bild der inneren Struktur der jungen Anwaltschaft (Abb. 9):

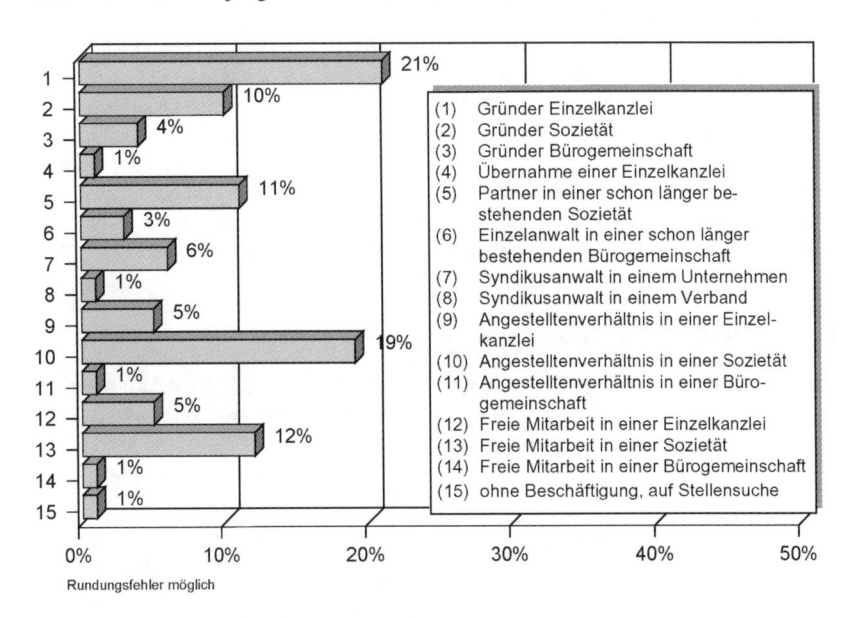

Nr.	Anteil	Kategorie
1	21%	Gründer Einzelkanzlei
2	10%	Gründer Sozietät
3	4%	Gründer Bürogemeinschaft
4	1%	Übernahme einer Einzelkanzlei
5	11%	Partner in einer schon länger bestehenden Sozietät
6	3%	Einzelanwalt in einer schon länger bestehenden Bürogemeinschaft
7	6%	Syndikusanwalt in einem Unternehmen
8	1%	Syndikusanwalt in einem Verband
9	5%	Angestelltenverhältnis in einer Einzelkanzlei
10	19%	Angestelltenverhältnis in einer Sozietät
11	1%	Angestelltenverhältnis in einer Bürogemeinschaft
12	5%	Freie Mitarbeit in einer Einzelkanzlei
13	12%	Freie Mitarbeit in einer Sozietät
14	1%	Freie Mitarbeit in einer Bürogemeinschaft
15	1%	ohne Beschäftigung, auf Stellensuche

Rundungsfehler möglich

Abb. 9: Die innere Struktur der jungen Anwaltschaft

- 22% der befragten jungen Rechtsanwältinnen und Rechtsanwälte sind als Einzelanwälte tätig: 21% üben ihre Anwaltstätigkeit in einer von ihnen neu gegründeten Kanzlei aus. Lediglich 1% der Befragten hat eine Einzelkanzlei übernommen.
- In Sozietäten sind insgesamt 21% der jungen Rechtsanwältinnen und Rechtsanwälte tätig: Die Möglichkeit, in eine bestehende Sozietät als Partner einzusteigen, hatten 11% der Befragten. 10% sind in einer von ihnen (mit-)gegründeten Sozietät tätig.
- Die Ausübung der selbstständigen Anwaltstätigkeit im Rahmen einer Bürogemeinschaft spielt in der jungen Anwaltschaft eine eher untergeordnete Rolle: 4% arbeiten im Rahmen einer von ihnen (mit-)gegründeten Bürogemeinschaft und 3%

D. Generelle Charakteristika junger Rechtsanwältinnen und Rechtsanwälte Teil 1

sind als Einzelanwälte im Rahmen bereits länger bestehender Bürogemeinschaften tätig.

- Soweit die Befragten als angestellte Anwälte tätig sind, sind sie mehrheitlich in Sozietäten beschäftigt: 19% aller jungen Rechtsanwältinnen und Rechtsanwälte sind in Sozietäten angestellt. In Einzelkanzleien sind 5% der Befragten angestellt.
- Auch die Ausübung der Anwaltstätigkeit in freier Mitarbeit konzentriert sich überwiegend auf Sozietäten. 11% aller Befragten sind hier als freie Mitarbeiter tätig. 5% arbeiten in Einzelkanzleien als freie Mitarbeiter und 1% sind freie Mitarbeiter in Bürogemeinschaften.

Im Vergleich zur Verteilung der jungen Anwaltschaft nach Anwaltstyp zu Beginn der 80er Jahre werden nur geringe strukturelle Verschiebungen im letzten Jahrzehnt deutlich.[21] Auffällig ist die Zunahme von jungen Anwältinnen und Anwälten, die ihrer Anwaltstätigkeit als Angestellte in Sozietäten nachgehen. In den letzten zehn Jahren stieg ihr Anteil an der gesamten jungen Anwaltschaft um 9% auf 19%. Dieser Anstieg muss vor dem Hintergrund der Zunahme größerer Sozietäten gesehen werden. Fast ein Viertel derjenigen Befragten, die in Sozietäten angestellt sind, arbeiten in Sozietäten mit zehn und mehr Sozien (Abb. 10).[22]

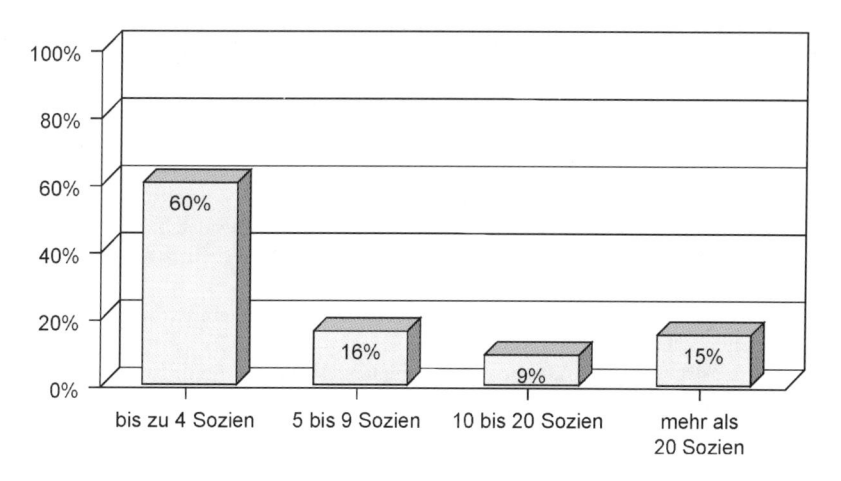

Größe	Anteil
bis zu 4 Sozien	60%
5 bis 9 Sozien	16%
10 bis 20 Sozien	9%
mehr als 20 Sozien	15%

Abb. 10: Größe der Sozietäten, in denen angestellte Rechtsanwälte beschäftigt sind

---

21 Zu den früheren Ergebnissen im Einzelnen vgl. *Hommerich* 1988, S. 36.
22 Der Anteil der Sozietäten, in denen zehn und mehr Sozien tätig sind, ist von 5,8% im Jahr 1991 auf 7,4% im Jahr 1995 gestiegen. Vgl. hierzu: *Hommerich*; *Prütting* 1998, S. 101.

Teil 1 Zusammenfassung der wichtigsten Ergebnisse

Der Anteil der Syndikusanwälte an der jungen Anwaltschaft ist mit 7% (6% Syndici in Unternehmen und 1% Syndici in Verbänden) in den letzten Jahren konstant geblieben. Insgesamt liegt der Anteil der Syndici an der Anwaltschaft bei 6%.[23] Der Anteil der Syndikusanwälte an der jungen Anwaltschaft entspricht demnach in etwa dem Anteil der Syndikusanwälte an der gesamten Anwaltschaft.
Die anwaltliche Tätigkeit wird von 27% der jungen Rechtsanwältinnen und Rechtsanwälte zunächst mit einer weiteren Tätigkeit kombiniert (Anhang Abb. 1)[24]. Von dieser Teilgruppe sind 34% zusätzlich als Dozenten oder wissenschaftliche Mitarbeiter tätig. 21% aus dieser Gruppe arbeiten als Steuer- oder Unternehmensberater, 11% üben neben ihrer Anwaltstätigkeit eine weitere Tätigkeit in einem Verband oder Verein aus und 10% sind zusätzlich in Banken oder Versicherungen beschäftigt (Anhang Abb. 2). Die Ergebnisse zeigen, dass vor allem junge Rechtsanwälte[25], die als Einzelanwälte niedergelassen sind, neben der Anwaltstätigkeit weiteren Tätigkeiten nachgehen. So übt jeder zweite Gründer einer Einzelkanzlei eine weitere Tätigkeit aus (50%).[26]

III. Geschlechtsspezifische Differenzen

Ein Drittel der **jungen** Anwälte sind Frauen (34%). Die Analyse der inneren Struktur der jungen Anwaltschaft nach Geschlecht zeigt charakteristische Unterschiede. Frauen üben die Anwaltstätigkeit in der Berufseinstiegsphase im Vergleich zu ihren männlichen Kollegen signifikant seltener als **selbstständige** Tätigkeit aus. 51% der befragten Rechtsanwältinnen sind in eigener Kanzlei tätig. Der Vergleichswert für junge Rechtsanwälte liegt bei 61% (Anhang Abb. 4).
Im Einzelnen ergibt sich folgende Geschlechterverteilung nach Anwaltstyp (Abb. 11):
- Gemessen am Gesamtanteil von Frauen in der jungen Anwaltschaft (34%) sind Frauen überdurchschnittlich häufig im Rahmen eines Angestelltenverhältnisses in Einzelkanzleien und in Bürogemeinschaften beschäftigt.
- Im Rahmen freier Mitarbeit sind Rechtsanwältinnen vor allem in Einzelkanzleien überdurchschnittlich häufig tätig.
- Als selbstständige Anwältinnen steigen Frauen überdurchschnittlich oft in bereits länger bestehende Bürogemeinschaften ein.[27]

---

23 Vgl. hierzu: *Hommerich*; *Prütting* 1998, S. 98
24 Die Gruppe der Syndikusanwälte bleibt in diesem Zusammenhang unberücksichtigt.
25 Im Rahmen dieses Berichts bezeichnet der Begriff »Rechtsanwälte« sowohl Rechtsanwältinnen als auch Rechtsanwälte. Zur besseren Lesbarkeit des Berichts wurde darauf verzichtet, durchgängig sowohl die weibliche als auch die männliche Form anzuführen.
26 Hierbei handelt es sich vor allem um Anwälte, deren Kanzlei Bestandteil der eigenen Wohnung ist: 47% der Anwälte, die als niedergelassene Einzelanwälte einer weiteren Tätigkeit nachgehen, üben ihre Anwaltstätigkeit in der eigenen Wohnung aus (Anhang Abb. 3).
27 19% der neu gegründeten Bürogemeinschaften und 17% der Sozietäten sind ausschließlich von Frauen gegründet worden (Anhang Abb. 5).

D. Generelle Charakteristika junger Rechtsanwältinnen und Rechtsanwälte Teil 1

- Darüber hinaus sind Frauen weit unterdurchschnittlich als Partner in schon länger bestehenden Sozietäten tätig. Weit unter dem Durchschnitt liegt ebenfalls die Zahl der Frauen, die als Syndikusanwältinnen beschäftigt sind.
- Schließlich sind Frauen überdurchschnittlich häufig unter den Anwälten anzutreffen, die nach eigenen Angaben ohne Beschäftigung bzw. noch auf Stellensuche sind.[28]

(1) Einzelanwalt in einer neu gegründeten Kanzlei
(2) Partner in einer neu gegründeten Sozietät
(3) Einzelanwalt im Rahmen einer neu gegründeten Bürogemeinschaft
(4) Einzelanwalt nach Übernahme einer Einzelkanzlei
(5) Partner in einer schon länger bestehenden Sozietät
(6) Einzelanwalt im Rahmen einer schon länger bestehenden Bürogemeinschaft
(7) Syndikusanwalt in einem Unternehmen
(8) Syndikusanwalt in einem Verband
(9) Angestelltenverhältnis in einer Einzelkanzlei
(10) Angestelltenverhältnis in einer Sozietät
(11) Angestelltenverhältnis im Rahmen einer Bürogemeinschaft
(12) Freie Mitarbeit in einer Einzelkanzlei
(13) Freie Mitarbeit in einer Sozietät
(14) Freie Mitarbeit im Rahmen einer Bürogemeinschaft
(15) Ohne Beschäftigung, auf Stellensuche

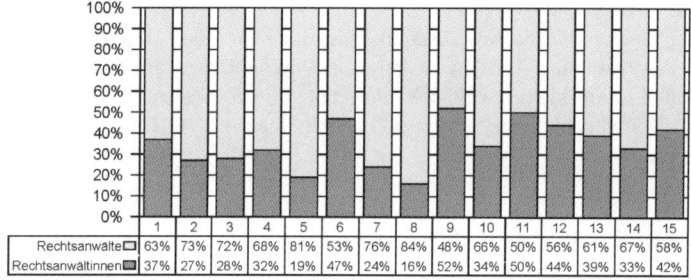

	1	2	3	4	5	6	7	8	9	10	11	12	13	14	15
Rechtsanwälte	63%	73%	72%	68%	81%	53%	76%	84%	48%	66%	50%	56%	61%	67%	58%
Rechtsanwältinnen	37%	27%	28%	32%	19%	47%	24%	16%	52%	34%	50%	44%	39%	33%	42%

Abb. 11: Geschlechterverteilung nach Anwaltstyp

IV. Regionale Verteilung der jungen Anwaltschaft

In den neuen Bundesländern und in Berlin sind überdurchschnittlich viele junge Rechtsanwältinnen und Rechtsanwälte als selbstständige Anwälte tätig. Während der Anteil junger Selbstständiger in allen anderen Ländern deutlich unter 60% liegt, sind es in Mecklenburg-Vorpommern, Brandenburg und Sachsen-Anhalt 73%, in Berlin 72%. In Thüringen und Sachsen liegt der Anteil bei 63%. Mit 49% ist der Anteil selbstständiger Anwälte in Baden-Württemberg am niedrigsten (Anhang Abb. 6). Auch die Verteilung der jungen Anwälte differenziert nach Anwaltstyp und Größe des Arbeitsortes weist einige charakteristische Besonderheiten aus (Anhang Tabelle 2):

---

[28] Fünf Frauen und sieben Männer sind laut eigenen Angaben ohne Beschäftigung bzw. suchten zum Zeitpunkt der Befragung eine Stelle.

Teil 1 Zusammenfassung der wichtigsten Ergebnisse

- Einzelkanzleien und Sozietäten werden überdurchschnittlich häufig in kleineren Städten (bis zu 100.000 Einwohner) gegründet. Demgegenüber liegt der Schwerpunkt für die Neugründung von Bürogemeinschaften im großstädtischen Bereich (Städte mit mehr als 100.000 Einwohner).
- Syndikusanwälte sind erwartungsgemäß überwiegend im großstädtischen Bereich tätig. Mehr als vier Fünftel der jungen Syndikusanwälte sind in Städten mit mehr als 100.000 Einwohnern tätig.
- Der Schwerpunkt für die Ausübung der Anwaltstätigkeit im Rahmen eines Angestelltenverhältnisses in einer Einzelkanzlei liegt eher im kleinstädtischen Bereich: 55% der in Einzelkanzleien angestellten Anwälte sind in Städten mit bis zu 100.000 Einwohnern tätig. 45% gehen ihrer Angestelltentätigkeit in Großstädten nach. Demgegenüber arbeiten 67% derjenigen Befragten, die in Sozietäten im Rahmen eines Angestelltenverhältnisses tätig sind, in größeren Städten.
- Ähnlich sieht es für die Anwaltstätigkeit im Rahmen freier Mitarbeit aus: Diese Form der Ausübung der Anwaltstätigkeit wird in Einzelkanzleien überdurchschnittlich oft in kleineren Städten ausgeübt. Demgegenüber liegt der Schwerpunkt der freien Mitarbeit in Sozietäten in Städten mit 100.000 und mehr Einwohnern.

V. Studienabschlüsse

Ein erfolgreicher Abschluss des juristischen Studiums ist die Ausgangsvoraussetzung für den beruflichen Einstieg junger Rechtsanwältinnen und Rechtsanwälte. Der Erfolg des Studienabschlusses bemisst sich im Wesentlichen an den Examensnoten des ersten und zweiten juristischen Staatsexamens. Ohne auf die Frage einzugehen, welche Leistung mit welcher Gültigkeit im Examen gemessen wird, muss davon ausgegangen werden, dass speziell bei juristischen Tätigkeiten die Examensnote in Bewerbungssituationen als zentraler Indikator für die »Leistungsfähigkeit« herangezogen wird. Ein weiterer akademischer Qualifikationsnachweis ist die Promotion.
Neben diese formalen Qualifikationsnachweise treten Auslandserfahrungen während des Studiums oder erste Berufserfahrungen, die bereits während des Studiums gewonnen wurden.

Die Verteilung der Examensnoten der befragten Rechtsanwältinnen und Rechtsanwälte entspricht weitgehend den juristischen Examensergebnissen in den Jahren 1990 bis 1996.[29] Wie bereits für die 80er Jahre[30] kann auch zehn Jahre später die Ansicht

---

29 5% der Befragten haben ihr Diplom in der ehemaligen *DDR* abgelegt (Anhang Abb. 7). Zu den Diplomergebnissen vgl. Anhang Abb. 8.
30 Vgl. *Hommerich* 1988, S. 47 /48.

D. Generelle Charakteristika junger Rechtsanwältinnen und Rechtsanwälte Teil 1

als widerlegt gelten, nach der die Anwaltschaft zum Auffangbecken der formal eher schlechter qualifizierten Juristen wurde.[31]
Im Einzelnen ergibt die Verteilung der Examensnoten junger Rechtsanwältinnen und Rechtsanwälte folgendes Bild (Abb. 12):
Die erste juristische Staatsprüfung schlossen 20%, die zweite Staatsprüfung 16% der befragten Rechtsanwältinnen und Rechtsanwälte mit Prädikat ab. Dies entspricht in etwa dem Anteil an Prädikatsexamina unter allen bestandenen juristischen Examen. Der Anteil befriedigender und ausreichender Examina in der jungen Anwaltschaft entspricht weitgehend den Vergleichswerten aller Juristen der entsprechenden Jahrgänge.[32]

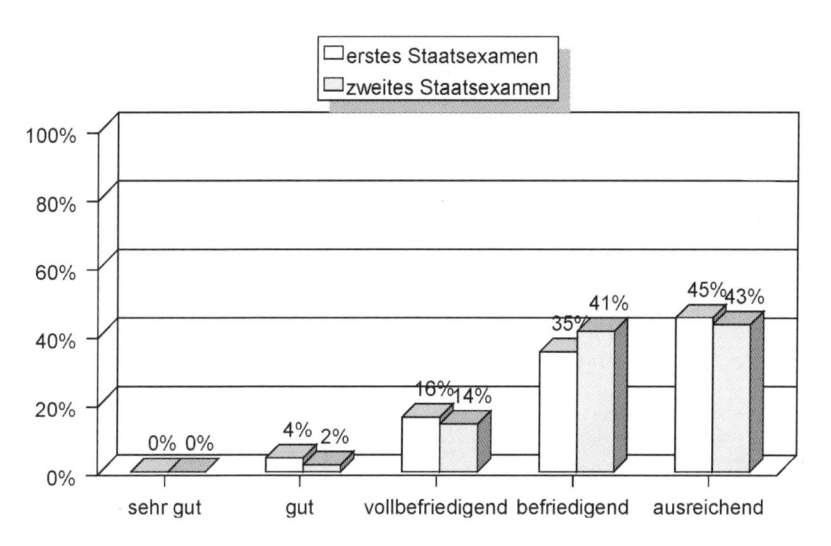

Abb. 12: Examensnoten im ersten und zweiten juristischen Staatsexamen

---

[31] Das Institut für freie Berufe kommt in der Studie Berufseinstieg und Berufserfolg junger Rechtsanwältinnen und Rechtsanwälte, Nürnberg 2000, S. 54 zu dem Ergebnis, dass Juristinnen und Juristen mit guten Abschlussnoten im zweiten juristischen Staatsexamen seltener in der Anwaltschaft zu finden seien. Bei diesem Ergebnis muss aber berücksichtigt werden, dass diesem Ergebnis keine bundesweit erhobenen Daten zu Grunde liegen. Das *IFB* hat junge Rechtsanwälte in den Kammern Celle, Koblenz, Mecklenburg-Vorpommern, München und Nürnberg befragt und weist selbst darauf hin, dass die Frage der Repräsentativität der Ergebnisse offen bleiben müsse (ebd. S. 44).

[32] 1996 haben das erste juristische Staatsexamen 0,2% mit sehr gut, 3% mit gut, 15% mit vollbefriedigend, 37% mit befriedigend und 45% mit ausreichend abgeschlossen. Die Vergleichswerte für das zweite Staatsexamen lagen bei 0,04%, 2%, 15%, 39% und 43% (Quelle: Bundesministerium der Justiz. Alle Angaben wurden auf der Basis der bestandenen Examina neu berechnet.)

Teil 1 Zusammenfassung der wichtigsten Ergebnisse

Auch gemessen an den Promotionen kann die eingangs erwähnte These, in die Anwaltschaft mündeten die formal eher schlechter qualifizierten Juristen ein, nicht bestätigt werden. Seit Beginn der 80er Jahre liegt das Verhältnis der bestandenen Doktorprüfungen zur Zahl der bestandenen ersten Staatsexamen eines Jahrgangs bei 1:10. Dieses Verhältnis spiegelt sich auch in der Gruppe der befragten Rechtsanwältinnen und Rechtsanwälte wider, von denen 12% zum Dr. jur. promoviert wurden. 7% schrieben zum Zeitpunkt der Befragung an ihrer Doktorarbeit (Anhang Abb. 9).

Folgende Unterschiede innerhalb der jungen Anwaltschaft können hinsichtlich der formalen Qualifikation festgestellt werden:

- Der Anteil junger Rechtsanwältinnen mit Prädikatsexamen und mit Promotion ist im Vergleich zum Anteil besonders gut qualifizierter Rechtsanwälte deutlich niedriger (vgl. Anhang Abb. 10 und 11). Dies könnte darauf hinweisen, dass besonders gut qualifizierte Juristinnen eher die Justiz als die Anwaltschaft bevorzugen.
- Junge Rechtsanwältinnen und Rechtsanwälte, die in bereits länger bestehenden Sozietäten als angestellte Anwälte oder als Partner tätig sind, verfügen überdurchschnittlich häufig über Prädikatsexamen und sind überdurchschnittlich häufig promoviert (Tabelle 3).
- Darüber hinaus weist die Gruppe der als Syndici tätigen Anwälte einen überdurchschnittlich hohen Anteil an Anwälten mit Prädikatsexamen und Promotion aus (Tabelle 3). Es bestätigt sich damit für die Gruppe junger Syndikusanwälte der Befund einer überdurchschnittlich guten fachlichen Qualifikation, wie er bereits für die Syndikusanwälte insgesamt aufgezeigt werden konnte.[33]

Anwalts typ	1. Staatsexamen			2. Staatsexamen			Promotion
	Prädikat	befriedigend	ausreichend	Prädikat	befriedigend	ausreichend	abgeschlossen
Gründer von Einzelkanzleien (und Übernehmer)	13%	31%	56%	7%	36%	57%	7%
Gründer von Sozietäten	18%	31%	51%	12%	37%	51%	10%
Gründer von Einzelkanzleien im Rahmen von Bürogemeinschaften	6%	35%	59%	6%	37%	57%	4%
Partner in bereits länger bestehenden Sozietäten	28%	37%	35%	22%	45%	33%	19%
Syndikusanwälte	30%	38%	32%	26%	42%	32%	29%
angestellte Anwälte in Einzelkanzleien	20%	31%	49%	12%	40%	48%	2%
angestellte Anwälte in Sozietäten	30%	36%	34%	26%	45%	29%	19%
freie Mitarbeiter in Einzelkanzleien	9%	40%	51%	8%	43%	49%	5%
freie Mitarbeiter in Sozietäten	20%	38%	42%	15%	44%	41%	12%

Tabelle 3: Akademische Qualifikation nach Anwaltstyp

33 Vgl. *Hommerich; Prütting* 1998, S. 109 ff.

D. Generelle Charakteristika junger Rechtsanwältinnen und Rechtsanwälte Teil 1

VI. Auslands- und Berufserfahrungen während der juristischen Ausbildung

Diejenigen Befragten, die sich zeitweise zu Studienzwecken im Ausland aufhielten, erzielten bessere Noten als ihre Kollegen ohne entsprechende Auslandserfahrung (Anhang Abb. 12). Dieser Zusammenhang spricht dafür, Auslandserfahrungen als Indiz für Leistungsorientierung und -stärke zu interpretieren,[34] wie es in der Regel auch in Bewerbungssituationen geschieht.

N = 654

Durchschnittliche Aufenthaltsdauer: 7 Monate

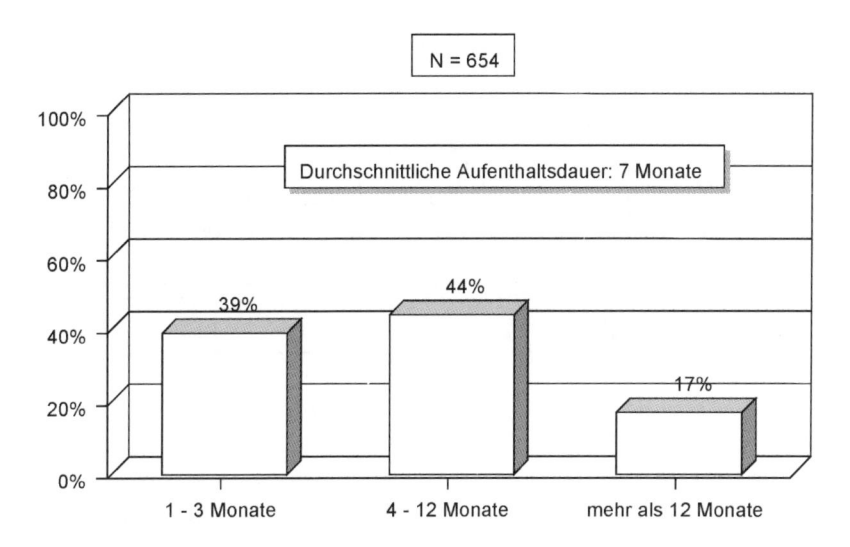

- 1 - 3 Monate: 39%
- 4 - 12 Monate: 44%
- mehr als 12 Monate: 17%

Abb. 13: Dauer des Auslandsaufenthaltes zu Studienzwecken

Knapp ein Drittel der Befragten (29%) hielt sich während der juristischen Ausbildung (einschließlich Referendarzeit) zeitweise zu Studienzwecken im Ausland auf (Anhang Abb. 13). Überwiegend wurden solche Auslandsaufenthalte genutzt, um in Anwaltskanzleien Erfahrungen zu sammeln oder Universitäten im Gastland aufzusuchen (Anhang Abb. 14). Die durchschnittliche Dauer solcher Auslandsaufenthalte liegt bei sieben Monaten. Allerdings werden deutliche Unterschiede bei der Verweildauer sichtbar (Abb. 13): 39% der Auslandsaufenthalte zu Studienzwecken währten nicht länger als ein Vierteljahr; 44% der jungen Rechtsanwältinnen und Rechtsanwälte mit Auslandserfahrungen hielten sich bis zu 12 Monaten zu Studienzwecken im Ausland auf. Bei 17% dauerte der Studienaufenthalt im Ausland länger als ein Jahr.

---

34 Dieser Zusammenhang ist bereits Ergebnis der Studie *Hommerich* 1988, S. 48/49

Teil 1 Zusammenfassung der wichtigsten Ergebnisse

68% der Rechtsanwältinnen und Rechtsanwälte mit Auslandsaufenthalten absolvierten eine Auslandsstation. 23% gingen zweimal zu Studienzwecken ins Ausland und 9% hielten sich dreimal zu Zwecken der Ausbildung im Ausland auf (Anhang Abb. 15). Die Liste der bevorzugten Länder für Auslandsaufenthalte führen mit großem Abstand die USA an, gefolgt von England, Frankreich und der Schweiz (Anhang Abb. 16). Differenziert nach Alter der Befragten wird deutlich, dass der Auslandsaufenthalt zu Studienzwecken signifikant häufiger bei jüngeren als älteren Befragten zur Ausbildung gehört (Abb. 14). Während ca. ein Drittel der befragten Rechtsanwältinnen und Rechtsanwälte bis zu 30 Jahre sich zu Studienzwecken im Ausland aufhielten, waren es in der Gruppe der über 35jährigen nicht ganz ein Viertel der Befragten. Dieses Ergebnis zeigt, dass Auslandsaufenthalte während des Studiums inzwischen stärker gewählt werden.

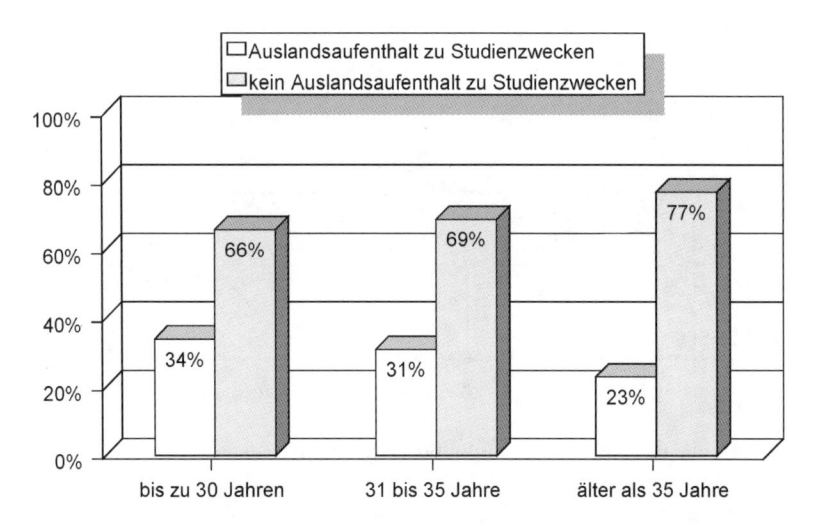

Abb. 14: Auslandsaufenthalt zu Studienzwecken nach Alter der Befragten

Neben den Auslandsaufenthalten zu Studienzwecken wurde untersucht, inwieweit praktische Erfahrungen mit der Anwaltstätigkeit bereits bei Einstieg in den Anwaltsberuf vorliegen. Frühere empirische Erhebungen haben gezeigt, dass im Vergleich zur Wirtschaft und zur öffentlichen Verwaltung die Examensnoten bei Bewerbungen in der Anwaltschaft als Auswahlkriterium einen geringeren Stellenwert besitzen. Demgegenüber spielen praktische Erfahrung mit der Anwaltstätigkeit bei Bewerbungen im Bereich der Anwaltschaft eine bedeutendere Rolle.[35]

---

[35] Vgl. hierzu *Hommerich* 1988, S. 60.

Die vorliegenden Ergebnisse zeigen, dass fast zwei Drittel der jungen Anwälte während ihrer Referendarzeit neben der Pflichtstation zusätzliche Erfahrungen mit der Anwaltstätigkeit gesammelt haben (Anhang Abb. 17). Neben der durchschnittlichen Dauer der Pflichtstation von fünf Monaten haben diese jungen Rechtsanwältinnen und Rechtsanwälte durchschnittlich zusätzlich 11 Monate während der praktischen Ausbildungsphase in Anwaltskanzleien verbracht (Anhang Abb. 18).
Auch hier fällt auf, dass jüngere Anwälte (bis 35 Jahre) häufiger als ältere Anwälte (älter als 35 Jahre) die Ausbildungszeit genutzt haben, um praktische Erfahrungen in der Anwaltschaft zu sammeln (Anhang Abb. 19).[36] Dies ist ein deutlicher Indikator dafür, dass die Juristenausbildung immer stärker als Anwaltsausbildung gesehen wird.

E. Die Phase des Übergangs in den Beruf

Der Übergang von der Hochschule in die Berufswelt stellt sich als ein nicht immer reibungslos verlaufender Wechsel zwischen zwei verschiedenen Bezugssystemen dar. Dies gilt auch für junge Juristinnen und Juristen, die ihre endgültige Berufsentscheidung häufig bis zum Abschluss des zweiten juristischen Examens verschieben. Der Grund hierfür liegt in der überragenden Bedeutung der juristischen Examensnoten für die späteren Berufschancen. Viele junge Juristen, die im ersten Staatsexamen kein Prädikat erreichen, verschieben ihre Berufsentscheidung in der Hoffnung, zumindest im zweiten Examen ein Prädikat erreichen und hierdurch ihr berufliches Optionsspektrum verbreitern zu können.
Diese Hoffnung erweist sich in aller Regel nicht nur faktisch als trügerisch, da die Noten des ersten Examens mit denen des zweiten Examens hoch positiv korreliert sind; es zeigt sich zudem, dass viele junge Juristen den Arbeitsmarkt erst außerordentlich spät analysieren. Dementsprechend spät gelangen sie dann zu der Erkenntnis, dass ihnen für einen schnellen Berufseinstieg wesentliche Erfahrungen wie Auslandsaufenthalte, Praktika in Anwaltskanzleien oder Wirtschaftsunternehmen oder auch bestimmte Grundlagenkenntnisse (betriebswirtschaftliche Kenntnisse, volkswirtschaftliche Kenntnisse, Managementwissen, Kenntnisse in Personalführung etc.) fehlen.
In der folgenden Analyse wird versucht, einige zentrale Aspekte des Übergangs in den Beruf empirisch zu rekonstruieren. Zunächst werden die Berufswünsche der befragten Juristinnen und Juristen zum Zeitpunkt des Ausbildungsabschlusses näher analysiert (Abschnitt 5.1). Anschließend wird der Frage nachgegangen, inwieweit diese Berufswünsche realisiert werden konnten (Abschnitt 5.3). Dabei werden im Einzelnen der Zeitpunkt der Bewerbungsbemühungen, die Determinanten

---

36 In diesem Zusammenhang zeigt sich ein geschlechtsspezifischer Unterschied: Mehr junge Rechtsanwälte als Rechtsanwältinnen sammeln erste praktische Erfahrungen mit der Anwaltstätigkeit bereits während der Ausbildung (Anhang Abb. 19).

des Bewerbungserfolgs sowie abschließend der Einstieg der Befragten in die Anwaltstätigkeit analysiert.

I. Berufliche Prioritäten bei Abschluss des Studiums

Die befragten Rechtsanwältinnen und Rechtsanwälte wurden gebeten, ihre beruflichen Wunschvorstellungen bei Abschluss der juristischen Ausbildung geordnet nach erster, zweiter und dritter Priorität anzugeben. Hierbei sollten sie die Realisierbarkeit dieser Wunschvorstellungen angesichts der Situation am Arbeitsmarkt ausdrücklich nicht in Betracht ziehen.

Insgesamt bezeichnen 53% der Befragten die Tätigkeit als Rechtsanwältin bzw. Rechtsanwalt als Berufswunsch erster Priorität (Abb. 15). 17% nennen eine Tätigkeit in der Justiz (Richter oder Staatsanwalt) als vorrangigen Berufswunsch bei Abschluss des Studiums. Wirtschaftsjurist ist primärer Berufswunsch von 7% der Befragten. Für 6% ist bei Abschluss ihrer juristischen Ausbildung Verwaltungsjurist der Berufswunsch erster Wahl. Weitere 6% wünschen sich eine Tätigkeit in »fachfremden« Unternehmensbereichen wie z. B. im Personalbereich. Weitere Berufswünsche erster Priorität spielen demgegenüber eine äußerst geringe Rolle.

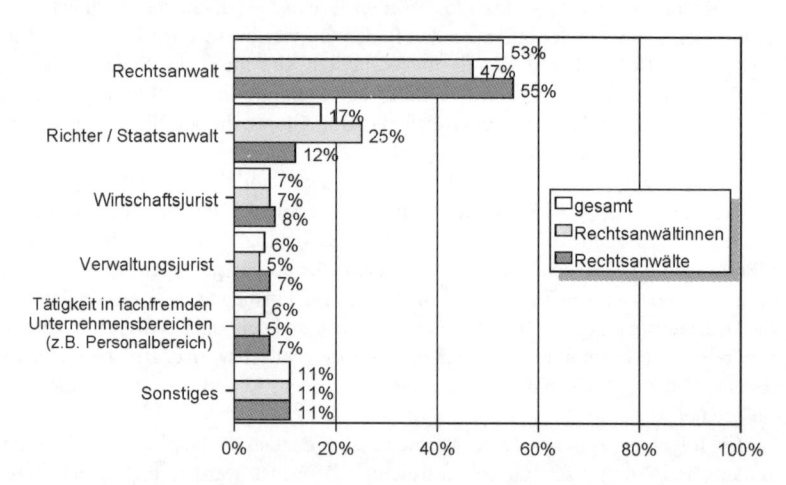

Abb. 15: Wunschvorstellung von der zukünftigen beruflichen Tätigkeit (1. Priorität)

E. Die Phase des Übergangs in den Beruf Teil 1

Der Vergleich der Berufswünsche von jungen Anwälten in den 90er Jahren mit den Wünschen junger Anwälte in den 80er Jahren ergibt keine nennenswerten Verschiebungen.[37]
Beim Vergleich der Berufswünsche ergeben sich deutliche geschlechtsspezifische Unterschiede: Die befragten Rechtsanwältinnen wünschen signifikant häufiger als ihre männlichen Kollegen eine Tätigkeit in der Justiz (25% gegenüber 12%).[38] Die größere Attraktivität des Justizdienstes für Juristinnen ist Ausdruck unterschiedlicher Gewichtung konkurrierender Lebensziele. So zeigen Untersuchungen der Gewichtung beruflicher und außerberuflicher Ziele von Referendarinnen und Referendaren erhebliche geschlechtsspezifische Differenzen:[39]

- Referendarinnen betonen z. B. erheblich häufiger die Bedeutung der Möglichkeit zur Fortführung ihrer beruflichen Tätigkeit auch nach einer längeren Unterbrechung (z. B. Geburt eines Kindes).
- Demgegenüber heben Referendare berufliche Ziele, wie z. B. hohes Einkommen, gute Aufstiegsmöglichkeiten und gesellschaftliche Anerkennung und Achtung, stärker hervor.

Die Analyse der Zielgewichtung von Referendarinnen und Referendaren zeigt im Ergebnis »eine deutliche Tendenz in Richtung von Lebensmodellen, die auf eher traditionellen Rollenverteilungen zwischen den Geschlechtern gründen: Berufliche Ziele werden von den Männern stärker betont als von den Frauen, sie stellen familienorientierte Gesichtspunkte in den Vordergrund ihrer Lebensplanung.«[40] Vor diesem Hintergrund erklärt sich die Attraktivität des Justizdienstes für Frauen, da sich die Vereinbarkeit von Beruf und Familie angesichts erheblich flexiblerer Arbeitsbedingungen im Justizdienst im Vergleich zur Tätigkeit in der Anwaltschaft oder in der Wirtschaft besser realisieren lässt.[41]

Werden die Berufswünsche der ersten bis dritten Priorität zusammengefasst (Abb. 16), zeigt sich, dass die überwiegende Mehrheit der Befragten die Tätigkeit als Rechtsanwältin bzw. Rechtsanwalt zumindest als Ausweichberuf in die engere Wahl gezogen hat. In der summierten Betrachtung erweist sich der Anwaltsberuf mit großem Abstand als die am häufigsten genannte Wunschtätigkeit (91% aller Befragten). Dieser Befund gilt unabhängig vom Geschlecht der Befragten (Anhang Abb. 21).

---

37 56% der in den 80er Jahren Befragten bezeichneten ihre Anwaltstätigkeit auch als ihre Wunschposition erster Wahl. Für 15% entsprach die Tätigkeit als Richter oder Staatsanwalt ihrer beruflichen Wunschvorstellung. 6% nannten Wirtschaftsjurist und 5% Verwaltungsjurist als Wunschposition. Vgl. hierzu *Hommerich* 1988, S. 57.
38 An dieser unterschiedlichen Gewichtung in den Berufswünschen hat sich in der letzten Dekade nichts geändert. 1988 war für 43% der Rechtsanwältinnen, aber für 60% der Rechtsanwälte der ausgeübte Beruf die Wunschposition. Den Einstieg in den Justizdienst (Richterin, Staatsanwältin) wünschten sich 28% der Frauen gegenüber 11% ihrer männlichen Kollegen. Vgl. hierzu *Hommerich* 1988, S. 58.
39 Vgl. hierzu *Hassels*; *Hommerich* 1993, S. 149 und *Hommerich* 1993, S. 68/69.
40 *Hommerich* 1993, S. 69.
41 Vgl. hierzu *Hassels*; *Hommerich* 1993, S. 149.

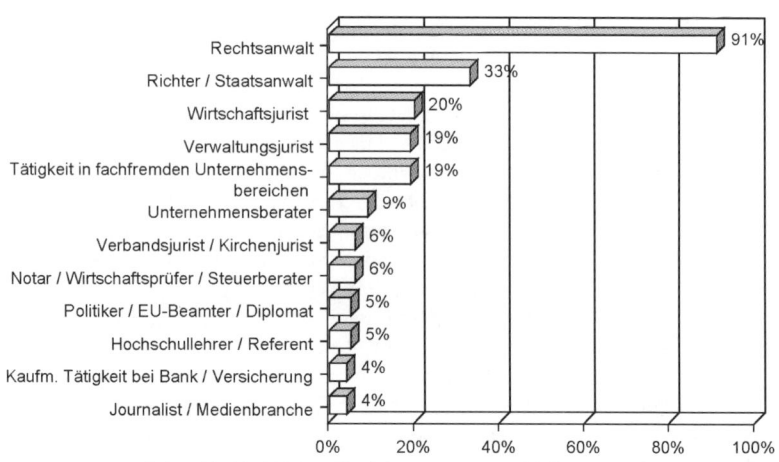

Teil 1 Zusammenfassung der wichtigsten Ergebnisse

Beruf	Prozent
Rechtsanwalt	91%
Richter / Staatsanwalt	33%
Wirtschaftsjurist	20%
Verwaltungsjurist	19%
Tätigkeit in fachfremden Unternehmensbereichen	19%
Unternehmensberater	9%
Verbandsjurist / Kirchenjurist	6%
Notar / Wirtschaftsprüfer / Steuerberater	6%
Politiker / EU-Beamter / Diplomat	5%
Hochschullehrer / Referent	5%
Kaufm. Tätigkeit bei Bank / Versicherung	4%
Journalist / Medienbranche	4%

Aufgrund der Möglichkeit zur Mehrfachnennung addieren sich die einzelnen Werte nicht zu 100%.

Abb. 16: Wunschvorstellung von der zukünftigen beruflichen Tätigkeit (1. bis 3. Priorität)

Differenziert nach Alter werden Unterschiede in den Berufswünschen der ersten bis dritten Priorität deutlich:

- In die Liste der drei zentralen Wunschvorstellungen von der zukünftigen beruflichen Tätigkeit nehmen 83% der Befragten über 35 Jahre den Anwaltsberuf auf. Im Vergleich hierzu ist für 94% der 31–35jährigen und für alle befragten Rechtsanwältinnen und Rechtsanwälte unter 30 Jahre die Tätigkeit als Anwalt unter den ersten drei Wunschtätigkeiten (Anhang Abb. 22).
- Als erste Berufspriorität nennen weniger als die Hälfte der älteren Befragten die Anwaltstätigkeit (46%). Demgegenüber sind dies in den Vergleichsgruppen 55% (unter 30 Jahre) bzw. 56% (31–35 Jahre) (Anhang Abb. 23).

Diese Ergebnisse weisen darauf hin, dass der Anwaltsberuf für junge Juristen in der Phase des Berufseinstiegs eine zentrale Rolle spielt. Dabei bleibt offen, ob dies ein Reflex auf die veränderte Arbeitsmarktsituation für Juristen oder aber ein autonomer Prozess abnehmender Attraktivität des öffentlichen Sektors ist.

Betrachtet man dieses Ergebnis im Kontext der Diskussion über die Juristenausbildung, so drängt sich die Überlegung auf, dass die anwaltsspezifischen Elemente der Juristenausbildung angesichts derart stark ausgeprägter Berufswünsche in Richtung Anwaltschaft fundamental neu gewichtet werden müssen.

E. Die Phase des Übergangs in den Beruf **Teil 1**

II. Realisierung der beruflichen Vorstellungen

Ihren Berufswunsch erster Priorität konnten 62% der befragten Rechtsanwältinnen und Rechtsanwälte realisieren. 4% konnten zum Zeitpunkt der Befragung noch nicht absehen, ob sich ihre berufliche Wunschvorstellung realisieren lässt. Die übrigen 34% mussten zu Ausweichberufen (Berufswunsch zweiter oder dritter Priorität) wechseln oder sich beruflich ganz neu orientieren (Abb. 17).

Von 59% der Befragten werden zu schlechte Examensergebnisse als Grund dafür angegeben, dass der Berufswunsch erster Priorität nicht verwirklicht werden konnte. 24% fanden in der Bewerbungsphase keine den beruflichen Wunschvorstellungen entsprechenden Stellenausschreibungen bzw. Stellenangebote. Jeder zehnte Befragte, der seinen Wunschberuf nicht realisiert hat, rückte im Laufe der Berufseinstiegsphase von seinen Wunschvorstellungen ab und orientierte sich beruflich neu. Diese Neuorientierung ist zum einen auf attraktive Stellenangebote jenseits der eigenen beruflichen Wunschvorstellungen zurückzuführen. Zum anderen liegt die berufliche Neuorientierung in besonderen persönlichen Lebensumständen (wie z. B. Familiengründung, gesundheitliche Probleme) begründet.

Gründe für die Nichtverwirklichung des Berufswunsches:

- Berufswunsch verwirklicht 62%
- Berufswunsch nicht verwirklicht 34%
- ist derzeit noch nicht absehbar 4%

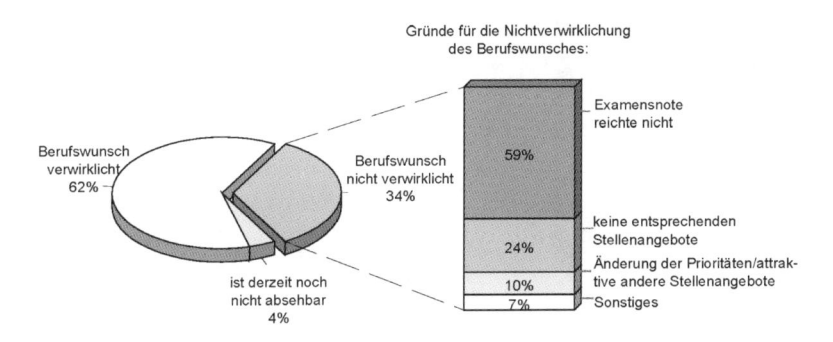

- Examensnote reichte nicht 59%
- keine entsprechenden Stellenangebote 24%
- Änderung der Prioritäten/attraktive andere Stellenangebote 10%
- Sonstiges 7%

Abb. 17: **Verwirklichung des Berufswunsches erster Priorität**

Differenziert nach Geschlecht der Befragten ergeben sich erhebliche Unterschiede: Während zwei Drittel der Rechtsanwälte ihren Berufswunsch erster Priorität verwirklichen konnten, gelang dies nur 52% der Rechtsanwältinnen (Anhang Abb. 24). Wichtigster Grund für diese Differenz dürfte der Umstand sein, dass für Juristinnen der Justizdienst einerseits besonders attraktiv, andererseits aber, angesichts der hohen Einstiegsbarrieren, nur schwer erreichbar ist.

Teil 1 Zusammenfassung der wichtigsten Ergebnisse

III. Die Bewerbungsphase

Aus Abb. 18 wird deutlich, dass junge Anwälte mehrheitlich über Bewerbungserfahrungen verfügen: 72% aller befragten Rechtsanwältinnen und Rechtsanwälte haben sich nach eigenen Angaben um Stellen beworben. Der Vergleichswert für die 80er Jahre liegt lediglich bei 56%.[42] Demgegenüber ist der Anteil der jungen Anwälte, die sich direkt nach dem Examen in eigener Kanzlei niedergelassen haben, im Vergleich zu den 80er Jahren zurückgegangen: Lag der Anteil Mitte der 80er Jahre bei 19%, so kann für die 90er Jahre nur noch ein Anteil von 8% festgestellt werden. Dies kann als Indikator für ein höheres Risikobewusstsein bei der Abschätzung der Gründungsrisiken gesehen werden.

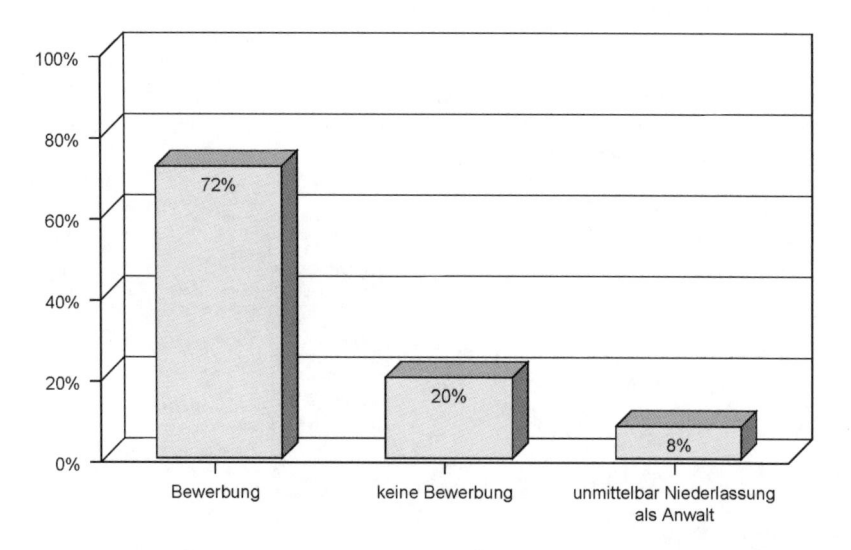

Abb. 18: Bewerbung nach Ausbildungsabschluss

Jeder fünfte befragte Anwalt hat sich nach dem Examen nicht beworben. Gründe hierfür sind private Kontakte, die für den Einstieg in die Berufstätigkeit genutzt werden konnten, oder bereits vorliegende Stellenangebote.[43]

---

42 Vgl. *Hommerich* 1988, S. 55.
43 In diesem Zusammenhang ist eine nur leichte Verschiebung im Vergleich zu den 80er Jahren festzustellen. Vgl. *Hommerich* 1988, S. 55.

E. Die Phase des Übergangs in den Beruf Teil 1

Insgesamt kann festgehalten werden, dass die weit überwiegende Mehrheit der Befragten nach Ausbildungsabschluss in eine Bewerbungsphase eintritt.[44] Hier stehen sie vor der Aufgabe, in einem relativ hart umkämpften Wettbewerbsmarkt potenzielle Arbeitgeber von ihrer Leistungsfähigkeit überzeugen zu müssen.

1. Zeitpunkt der Bewerbungsbemühungen und Bewerbungsstrategien

Der Zeitpunkt für den Beginn intensiver Bewerbungen um eine Stelle wird unterschiedlich gewählt (Abb. 19).

während der Referendarzeit / prakt. Ausbildungsphase 46%

9% nach Abschluss des 2. Staatsexamens und zwar:

45% unmittelbar nach Abschluss des 2. jurist. Staatsexamens

Bewerbungsbeginn nach dem 2. Staatsexamen:*

64% bis zu 6 Monate

20% 6 bis 12 Monate

16% mehr als 12 Monate

* im Durchschnitt beginnt die Bewerbungsphase nach 8 Monaten

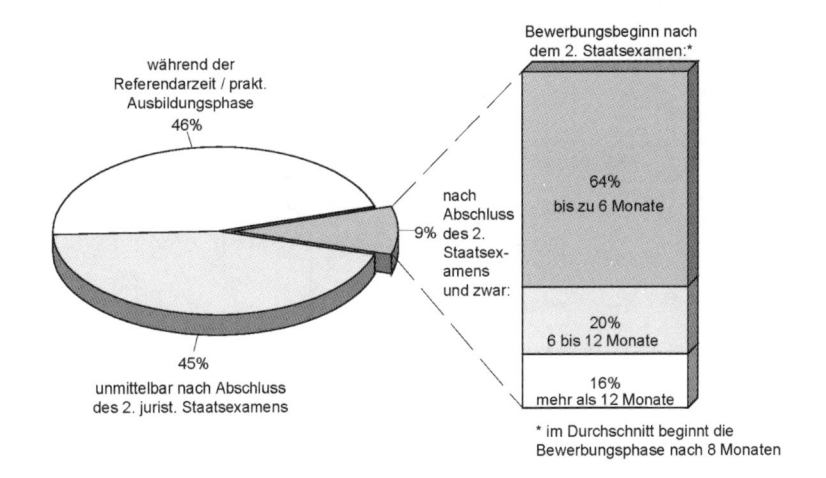

Abb. 19: Beginn der Bewerbungsphase

46% der befragten Rechtsanwältinnen und Rechtsanwälte bewerben sich bereits während der Referendarzeit intensiv um eine Stelle. 45% beginnen kurz nach Abschluss des zweiten juristischen Staatsexamens mit der Bewerbungsphase. 9% nehmen ihre Bewerbungen später auf. Rund zwei Drittel dieser Befragten bewarben sich im ersten halben Jahr nach Abschluss des Examens. Im Durchschnitt vergingen in dieser Befragtengruppe acht Monate bis zum Beginn intensiver Bewerbungsbemühungen.

---

44 Zur Bewerbung als »kritischem« Lebensabschnitt vgl. *Busch; Hommerich* 1982 und *Hommerich* 1984. Über die Bewerbung als Rechtsanwalt siehe *Trimborn* v. *Landenberg* 2000. Zu den unterschiedlichen Phasen, die bei der Personalauswahl zu durchlaufen sind, vgl. *Finzer; Mungenast* 1992, Sp. 1583 ff.

Teil 1 Zusammenfassung der wichtigsten Ergebnisse

Die Befragten mit Bewerbungserfahrungen haben durchschnittlich 21 Bewerbungen verschickt. 61% haben sich weniger als 10 mal beworben. 30% haben zwischen 11 und 50 Bewerbungen verschickt und 9% haben sich auf mehr als 50 Stellen beworben (Anhang Abb. 25).
28% der Befragten, die mehrere Bewerbungen verschickt haben, konzentrierten sich mit ihren Bewerbungen auf **ein** berufliches Zielfeld. 30% berücksichtigten zwei und 23% drei berufliche Zielfelder bei ihren Bewerbungsschreiben. 19% zogen vier und mehr berufliche Zielfelder in Betracht (Anhang Abb. 26). Zentrales Zielfeld der Bewerbungen ist die Anwaltschaft (80% der Bewerber). Mit einigem Abstand folgen Bewerbungen auf Stellen in Rechtsabteilungen von Unternehmen (47%). Weit geringer ist demgegenüber die Zahl der Bewerbungen auf Stellen in der öffentlichen Verwaltung (26%), bei Verbänden (22%) oder auf Managementpositionen in der Wirtschaft (20%). Insgesamt 19% der Bewerber bewerben sich auf Stellen in der Justiz (Abb. 20).

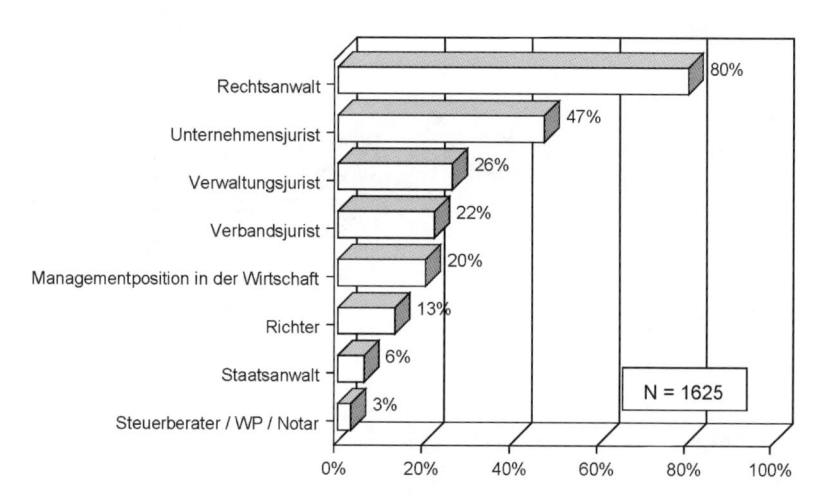

Zielfeld	%
Rechtsanwalt	80%
Unternehmensjurist	47%
Verwaltungsjurist	26%
Verbandsjurist	22%
Managementposition in der Wirtschaft	20%
Richter	13%
Staatsanwalt	6%
Steuerberater / WP / Notar	3%

N = 1625

Aufgrund der Möglichkeit zur Mehrfachnennung addieren sich die einzelnen Werte nicht zu 100%.

Abb. 20: Zielfelder der Bewerbungen

Die Detailanalyse der Bewerbungsbemühungen lässt unterschiedliche Bewerbungsstrategien erkennen: 45% der Befragten reagierten mit ihren Bewerbungen ausschließlich auf ausgeschriebene Stellen. 42% bewarben sich in Eigeninitiative bei Institutionen, Unternehmen und Kanzleien, ohne dass eine Stellenausschreibung vorlag. 13% verschickten Bewerbungen sowohl auf Stellenausschreibungen als auch in Eigeninitiative (Anhang Abb. 27).

E. Die Phase des Übergangs in den Beruf Teil 1

Auffällig ist hierbei, dass sich diejenigen Bewerber, die nicht auf Stellenausschreibungen reagierten, sondern ausschließlich in Eigeninitiative Bewerbungen verschickten, besonders häufig nur in einem beruflichen Zielfeld beworben haben (Anhang Abb. 28). Offensichtlich geht bei diesen Befragten eine klar umrissene berufliche Wunschvorstellung mit gezielten Bewerbungen einher.

61% der Bewerber, die auf Stellenausschreibungen reagierten, entnahmen Informationen über ausgeschriebene Stellen der Neuen Juristischen Wochenschrift. Darüber hinaus gaben 18% als Fundort für Stellenausschreibungen allgemein Fachzeitschriften an. In regionalen Tageszeitungen suchten 40% der Befragten nach Stellen. Als überregionale Tageszeitungen wurden die Frankfurter Allgemeine Zeitung (24%) sowie die Süddeutsche Zeitung (9%) herangezogen. Das Arbeitsamt spielte demgegenüber als Informationsquelle über Stellenangebote eine nur untergeordnete Rolle. Lediglich 8% der Befragten haben sich auf Stellen beworben, über die sie das Arbeitsamt informierte (Abb. 21).

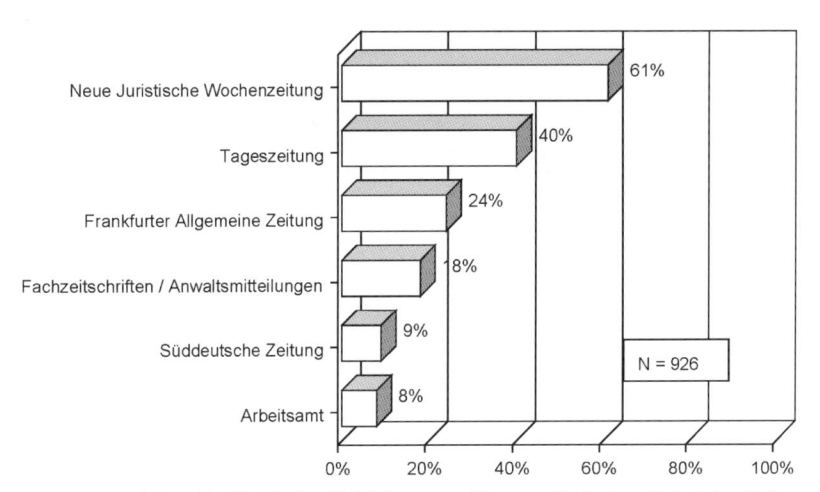

Abb. 21: **Medien/Orte für Stellenausschreibungen, die am häufigsten von den Bewerbern genannt wurden, die auf Stellenausschreibungen reagiert haben**

Durchschnittlich hatten die Bewerber bis zu fünf Vorstellungsgespräche. Bei 99% der Befragten führten die Bewerbungsanstrengungen zum Erfolg (vgl. Anhang Abb. 29 und 30). Dabei stellen sich die Zeiträume zwischen Aussendung der ersten Bewerbung und Übernahme einer beruflichen Position wie folgt dar (Abb. 22):

Teil 1 Zusammenfassung der wichtigsten Ergebnisse

- 44% aller Rechtsanwältinnen und Rechtsanwälte, deren Bewerbungen zum beruflichen Einstieg führten, fanden innerhalb eines Monats eine Stelle (44%).
- Zwischen einem und sechs Monaten dauerte die Bewerbungsphase bei knapp der Hälfte dieser Befragten (49%).
- Länger als ein halbes Jahr nach Beginn der Bewerbungsphase mussten 7% auf ihren beruflichen Einstieg warten.

Durchschnittlich verstrichen zwischen der Aussendung der ersten Bewerbung und der Übernahme einer beruflichen Position 2,7 Monate.

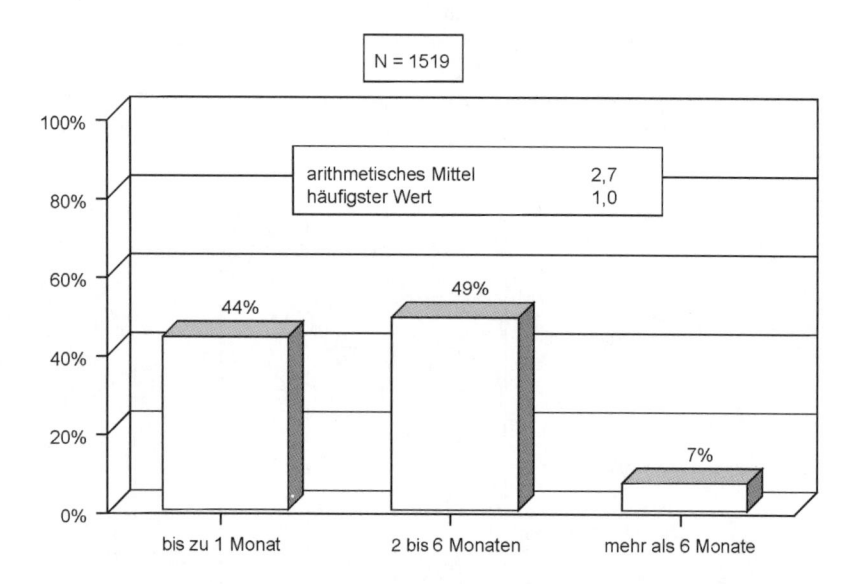

Abb. 22: Zeitraum zwischen Bewerbung und Übernahme einer Stellung

2. Determinanten des Bewerbungserfolgs

Zentraler Erfolgsfaktor bei Bewerbungen ist die Examensnote. Das wird aus folgenden Tendenzen deutlich (Tabelle 4):

- Bewerber mit Prädikatsexamen werden häufiger zu Vorstellungsgesprächen eingeladen als Bewerber mit schwächeren Examina.
- Darüber hinaus gelingt ihnen der berufliche Einstieg wesentlich schneller als ihren Kollegen: Befragte mit einem Prädikatsexamen im zweiten juristischen Staatsexamen erhielten durchschnittlich 1,9 Monate nach Bewerbungsbeginn ihre erste Stelle (Examensnote »befriedigend«: 2,4 Monate; Examensnote »ausreichend«: 3,3 Monate).

E. Die Phase des Übergangs in den Beruf — Teil 1

	Bewerbungs-strategie		Note erstes Staatsexamen			Note zweites Staatsexamen		
	aktiv	reaktiv	Prädikat	Befriedigend	Ausreichend	Prädikat	Befriedigend	Ausreichend
durchschnittl. Zahl der Bewerbungen	11,0	26,3	9,8	20,0	27,7	7,6	17,9	29,9
durchschnittl. Zahl der Vorstellungsgespräche	3,5	5,7	4,7	5,0	4,9	4,8	4,9	5,1
durchschnittl. Dauer der Bewerbungsphase (in Monaten)	1,7	3,4	1,9	2,7	3,1	1,9	2,4	3,3

Tabelle 4: Determinanten des Bewerbungserfolgs

Neben der formalen Qualifikation beeinflusst auch die Bewerbungsstrategie den Ablauf der Bewerbungsphase. Zwischen reaktiver und aktiver Bewerbungsstrategie wurde bereits weiter oben unterschieden. Der Vergleich beider Strategien zeigt, dass diejenigen Befragten, die Bewerbungen schreiben, ohne dass Stellenausschreibungen vorliegen, deutlich weniger Bewerbungsschreiben verschicken. Wird die durchschnittliche Anzahl der Vorstellungsgespräche in ein Verhältnis zur Anzahl der Bewerbungen gesetzt, zeigt sich folgendes Bild:
- Die Chance, zu einem Vorstellungsgespräch eingeladen zu werden, liegt bei aktiver Bewerbungsstrategie bei über 30% (3,5 Vorstellungsgespräche auf 11 Bewerbungen).
- Bei reaktiver Strategie liegt die Chance bei ca. 20% (5,7 Vorstellungsgespräche auf 26,3 Bewerbungen).

Darüber hinaus variiert auch die Dauer der Bewerbungsphase je nach Bewerbungsstrategie: Während die aktive Bewerbungsstrategie nach durchschnittlich 1,7 Monaten zum Berufseinstieg führt, sind es bei der reaktiven Strategie 3,4 Monate.[45]

IV. Einstieg in die Anwaltstätigkeit

60% aller befragten Rechtsanwältinnen und Rechtsanwälte stiegen nach ihrem Examen direkt in den Anwaltsberuf ein, ohne vorher in anderen Tätigkeitsfeldern berufliche Erfahrungen zu sammeln. 39% übten vor ihrer Anwaltstätigkeit eine andere Tätigkeit oder mehrere andere Berufstätigkeiten aus (Abb. 23).

---

[45] Ein signifikanter Zusammenhang zwischen der Wahl der Bewerbungsstrategie und dem Examensergebnis kann für das **erste** juristische Staatsexamen festgestellt werden. Danach wählen Befragte mit Prädikat im ersten Examen signifikant häufiger als Befragte mit schlechteren Examensergebnissen eine aktive Bewerbungsstrategie.

Teil 1 Zusammenfassung der wichtigsten Ergebnisse

sofortiger Einstieg in
den Anwaltsberuf
60%

arbeitslos
1%

andere Tätigkeiten als
Anwaltstätigkeit
39%

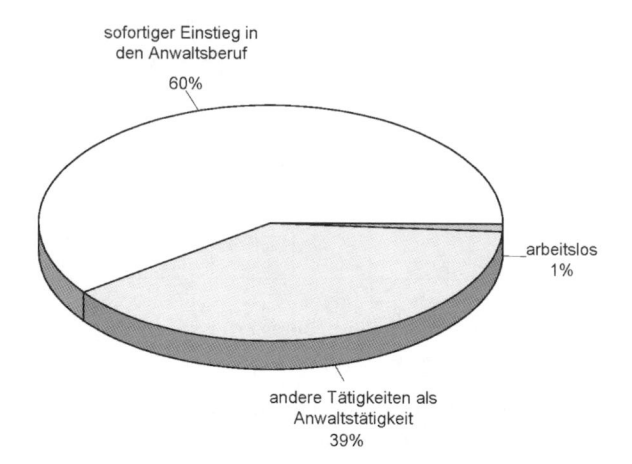

Abb. 23: Beruflicher Werdegang nach Abschluss der juristischen Ausbildung

Fast drei Viertel dieser Befragten hatten vor ihrer Anwaltstätigkeit **eine** andere berufliche Position inne; 22% waren vor ihrem Einstieg in den Anwaltsberuf in zwei weiteren Tätigkeitsfeldern beschäftigt. 6% hatten vor ihrer Anwaltstätigkeit drei oder mehr berufliche Positionen in anderen Tätigkeitsfeldern inne (Anhang Abb. 31).
Im Einzelnen ergibt sich folgendes Bild (Abb. 24):

- Rund die Hälfte der Rechtsanwältinnen und Rechtsanwälte, die nicht direkt in den Anwaltsberuf eingestiegen sind, hatten durchschnittlich fünf Jahre eine berufliche Position in der Wirtschaft inne.
- 27% waren nach Abschluss des Examens durchschnittlich zwei Jahre an einer Universität tätig. Eine solche Tätigkeit muss eindeutig als Übergangsphase (transitional status) betrachtet werden, die der akademischen Weiterqualifizierung und zudem der beruflichen Orientierung dient. Entsprechend hoch ist der Anteil an Promotionen bzw. Promotionsvorhaben in dieser Teilgruppe.[46]
- 14% nahmen nach Abschluss des Examens für durchschnittlich fünf Jahre eine Tätigkeit in der öffentlichen Verwaltung auf.
- Berufliche Positionen in Verbänden und der Justiz nahmen vor ihrem Einstieg in den Anwaltsberuf 11% bzw. 8% ein. Während sich die Tätigkeit in Verbänden über durchschnittlich vier Jahre erstreckte, ist die Verweildauer im Justizdienst mit durchschnittlich acht Jahren im Vergleich zu allen anderen Tätigkeitsfeldern besonders hoch.

46 38% aus dieser Befragtengruppe haben promoviert, 20% schrieben zum Zeitpunkt der Befragung an ihrer Doktorarbeit.

F. Die berufliche Situation junger Rechtsanwältinnen und Rechtsanwälte — Teil 1

Tätigkeitsfeld	Anteil	(durchschnittl. Tätigkeitsdauer)
Tätigkeit in der Wirtschaft	47%	5 Jahre
Tätigkeit an der Universität	27%	2 Jahre
Tätigkeit in der öffentlichen Verwaltung	14%	5 Jahre
Tätigkeit in einem Verband	11%	4 Jahre
Tätigkeit in der Justiz	8%	8 Jahre
sonstige Tätigkeiten	29%	2 Jahre

Aufgrund der Möglichkeit zur Mehrfachnennung addieren sich die einzelnen Werte nicht zu 100%.

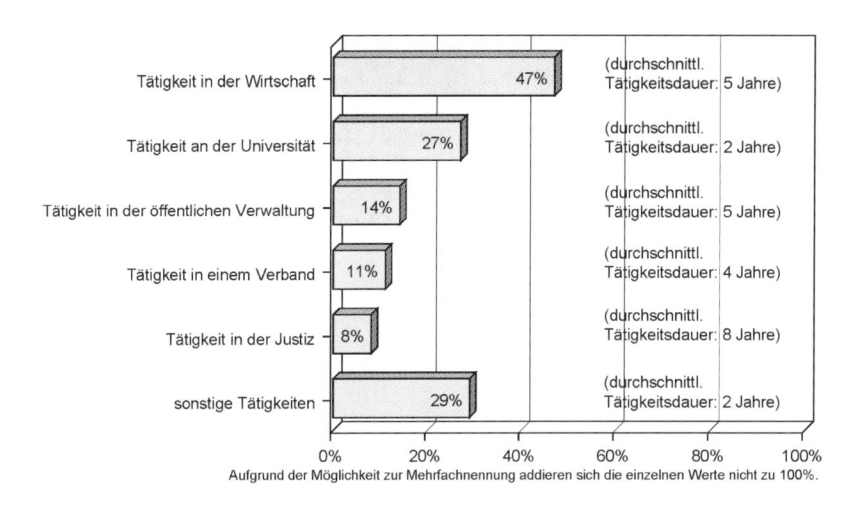

Abb. 24: Tätigkeitsfelder nach Abschluss des Examens, bei nicht sofortigem Einstieg in den Anwaltsberuf

F. Die berufliche Situation junger Rechtsanwältinnen und Rechtsanwälte

Wegen der vielfältigen Formen der Berufsausübung in der jungen Anwaltschaft lassen sich keine allgemeinen, für die gesamte Gruppe der jungen Anwälte gültigen Aussagen zur beruflichen Situation der jungen Anwälte treffen. Notwendig ist eine differenzierte Betrachtung je nach Art der Berufsausübung. Wie bereits die Vorstellung der Anwaltstypologie gezeigt hat, ist grundsätzlich zu unterscheiden, ob der Anwaltsberuf in **eigener Kanzlei** oder in Form eines Angestelltenverhältnisses bzw. freier Mitarbeit in **fremder** Kanzlei ausgeübt wird.

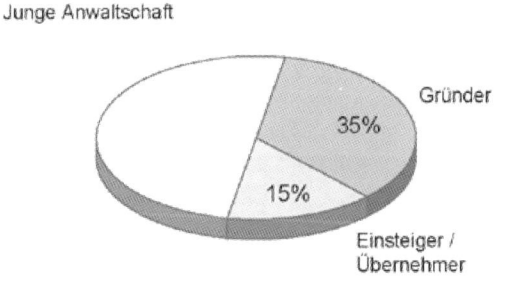

Junge Anwaltschaft

- Gründer: 35%
- Einsteiger / Übernehmer: 15%

Teil 1 Zusammenfassung der wichtigsten Ergebnisse

Zunächst wird die Situation der **niedergelassenen Anwälte mit eigenem Büro** analysiert. Hierbei handelt es sich zum einen um Kanzleigründer und zum anderen um Übernehmer von Einzelkanzleien und Einsteiger in bereits länger bestehende Sozietäten. Beide Gruppen der jungen Anwaltschaft werden getrennt voneinander untersucht, weil ihre berufliche Ausgangssituation sich in zentralen Aspekten voneinander unterscheidet. Gerade im Vergleich mit der Situation der Einsteiger in bereits bestehende Anwaltbüros treten die speziellen Durchsetzungsprobleme der Gründer deutlicher hervor.

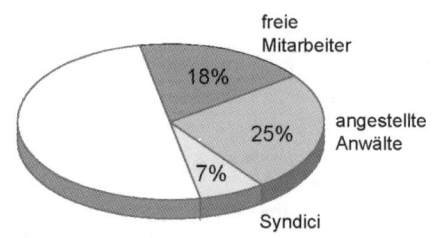

Junge Anwaltschaft

- freie Mitarbeiter: 18%
- angestellte Anwälte: 25%
- Syndici: 7%

Die Analyse der beruflichen Situation **der angestellten Anwälte** und der **freien Mitarbeiter** konzentriert sich nicht nur auf deren Beschäftigungsbedingungen, sondern bezieht deren berufliche Ziele und Perspektiven mit ein.

Wegen der besonderen Stellung, die den Syndikusanwälten innerhalb der Anwaltschaft zukommt[47], wird die berufliche Situation dieser Gruppe der jungen Anwaltschaft ebenfalls gesondert analysiert.

I. Die Gründer neuer Kanzleien

Die Gründung einer eigenen Kanzlei kann, wie bereits erwähnt, überwiegend nicht als Reaktion junger Anwälte auf die Arbeitsmarktsituation gesehen werden. Lediglich 12% der befragten niedergelassenen Rechtsanwältinnen und Rechtsanwälte haben sich für eine selbstständige Anwaltstätigkeit entschieden, weil sie keine Aussicht auf eine Stelle hatten. Die überwiegende Mehrheit (82%) wünschte sich demgegenüber eine selbstständige Tätigkeit. 14% wechselten aufgrund schlechter Erfahrungen als angestellte Anwälte oder freie Mitarbeiter in Anwaltskanzleien. Alle weiteren Gründe für die Niederlassung in eigener Kanzlei spielen demgegenüber eine untergeordnete Rolle (Abb. 25)

---

47 Zum Berufsbild des Syndikusanwaltes vgl. *Hommerich*; *Prütting* 1998.

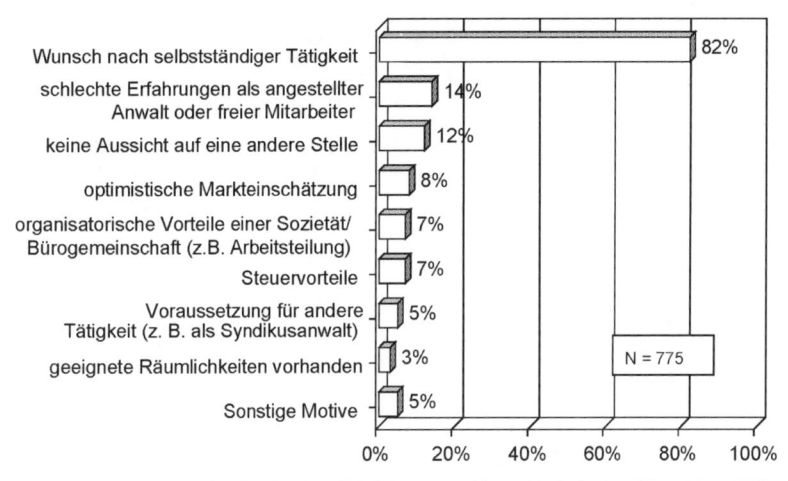

F. Die berufliche Situation junger Rechtsanwältinnen und Rechtsanwälte Teil 1

Motiv	Prozent
Wunsch nach selbstständiger Tätigkeit	82%
schlechte Erfahrungen als angestellter Anwalt oder freier Mitarbeiter	14%
keine Aussicht auf eine andere Stelle	12%
optimistische Markteinschätzung	8%
organisatorische Vorteile einer Sozietät/ Bürogemeinschaft (z.B. Arbeitsteilung)	7%
Steuervorteile	7%
Voraussetzung für andere Tätigkeit (z. B. als Syndikusanwalt)	5%
geeignete Räumlichkeiten vorhanden	3%
Sonstige Motive	5%

N = 775

Aufgrund der Möglichkeit zur Mehrfachnennung addieren sich die einzelnen Werte nicht zu 100%.

Abb. 25: Motive für die Neugründung

Bei der Analyse der beruflichen Situation junger Anwälte muss zwischen Gründern von Einzelkanzleien, von Sozietäten und von Bürogemeinschaften unterschieden werden, da sich je nach Organisationsform neu gegründeter Kanzleien die berufliche Situation unterschiedlich darstellt. Die speziellen Startbedingungen der anwaltlichen Tätigkeit als niedergelassener Anwalt werden aus diesem Grund im Folgenden nach den Organisationsformen der Kanzleien getrennt analysiert. Folgende Schwerpunkte der Analyse werden verfolgt:

- **Die Gründungsphase mit den für den Gründungsprozess zentralen Entscheidungsfeldern:** Zunächst wird der Frage nachgegangen, ob Gründer Unterstützung bei der Vielzahl der zu treffenden Entscheidungen im Rahmen einer Gründungsberatung suchen. Im Einzelnen werden die Entscheidungsfelder »Wahl der Organisationsform«, »Standortwahl« und »Kanzleigröße« näher beleuchtet. Die Gründungsfinanzierung sowie die sachliche und personelle Ausstattung neu gegründeter Kanzleien werden anschließend analysiert. Schließlich werden der Differenzierungsgrad neu gegründeter Kanzleien und die Arten der Mandantenrekrutierung in neu gegründeten Kanzleien untersucht.

Teil 1 Zusammenfassung der wichtigsten Ergebnisse

Bausteine der Gründungsphase

Gründungs-beratung	Wahl der Organisationsform	Standortwahl und Kanzleigröße	Standortbewertung
Gründungsfinanzierung	Anfangsinvestitionen/Erstausstattung	Strategische Ausrichtung	Mandantenrekrutierung

- **Die wirtschaftliche Situation neu gegründeter Kanzleien:** In diesem Zusammenhang werden die Einnahmen-, die Kosten- und die Gewinnsituation betrachtet. Im Vordergrund der Analyse steht die Frage nach Bedingungen für eine (wirtschaftlich) erfolgreiche Durchsetzung am Markt anwaltlicher Dienste. Die Betrachtung der wirtschaftlichen Situation von Kanzleigründern schließt ein Blick auf die spezielle Situation der Gründerinnen ab.

Bausteine der Durchsetzungsphase

Umsatzentwicklung	Madantenstruktur	Erfolgsdeterminanten	Extremgruppenvergleich
Kostenanalyse	Gewinnsituation	Teilzeittätigkeit	Spezielle Situation der Gründerinnen

1. Inanspruchnahme von Gründungsberatung

Gründung und Management einer Anwaltskanzlei sind nach wie vor keine Gegenstandsbereiche der Juristenausbildung. Junge Juristen sind damit in Gründungsfragen auf sich allein gestellt oder haben die Möglichkeit, entsprechende Seminarangebote

F. Die berufliche Situation junger Rechtsanwältinnen und Rechtsanwälte Teil 1

der Bundesrechtsanwaltskammer oder des Deutschen Anwaltvereins mit ihren jeweiligen örtlichen Einrichtungen und Fortbildungsinstituten wahrzunehmen. Darüber hinaus bemüht sich seit einigen Jahren das »Forum junger Rechtsanwältinnen und Rechtsanwälte« im Deutschen Anwaltverein um die Beratung junger Juristen an der Schwelle zum Beruf.

Gründer von Einzelkanzleien machen von den Beratungsangeboten tendenziell am wenigsten Gebrauch. Lediglich 26% dieser Befragtengruppe nehmen eine Gründungsberatung in Anspruch. Die Vergleichswerte für Gründer von Sozietäten und Bürogemeinschaften liegen mit 30% bzw. 35% deutlich höher (Anhang Abb. 32).

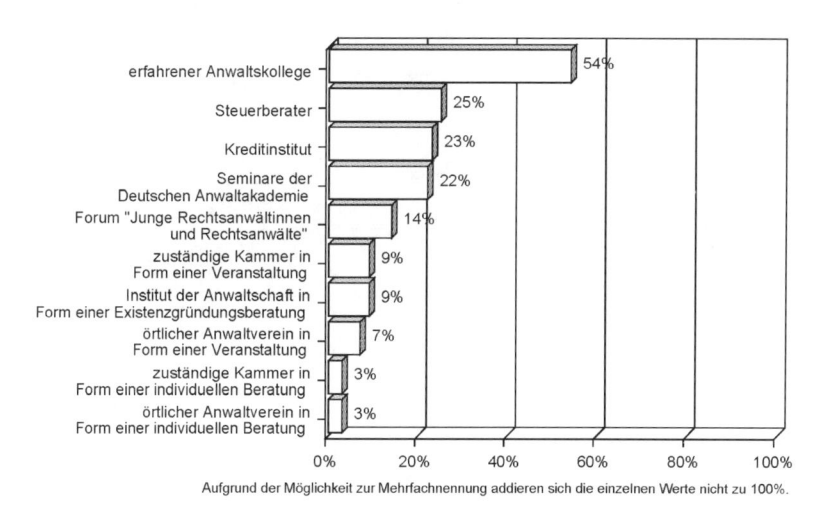

Anlaufstelle	%
erfahrener Anwaltskollege	54%
Steuerberater	25%
Kreditinstitut	23%
Seminare der Deutschen Anwaltakademie	22%
Forum "Junge Rechtsanwältinnen und Rechtsanwälte"	14%
zuständige Kammer in Form einer Veranstaltung	9%
Institut der Anwaltschaft in Form einer Existenzgründungsberatung	9%
örtlicher Anwaltverein in Form einer Veranstaltung	7%
zuständige Kammer in Form einer individuellen Beratung	3%
örtlicher Anwaltverein in Form einer individuellen Beratung	3%

Aufgrund der Möglichkeit zur Mehrfachnennung addieren sich die einzelnen Werte nicht zu 100%.

Abb. 26: Die wichtigsten Anlaufstellen für eine Gründungsberatung

Soweit überhaupt Gründungsberatung in Anspruch genommen wird, wird in erster Linie informelle, nicht institutionalisierte Gründungsberatung durch erfahrene Anwaltskollegen gesucht (54%). Gründungsberatung durch einen Steuerberater wird von jedem vierten Gründer, der sich vor Kanzleigründung beraten lässt, in Anspruch genommen. 23% lassen sich durch ein Kreditinstitut beraten und 22% der Gründer, die eine Gründungsberatung in Anspruch nehmen, suchen Seminare der Deutschen Anwaltakademie auf. Das Angebot des »Forums junger Rechtsanwältinnen und Rechtsanwälte« nehmen 14% in Anspruch. Veranstaltungen (einschließlich Individualberatung) des Instituts der Anwaltschaft, der örtlichen Anwaltvereine sowie der zuständigen Rechtsanwaltskammern suchen weniger als 10% der Gründer auf, die Beratungsangebote in Anspruch nehmen (Abb. 26).

Teil 1 Zusammenfassung der wichtigsten Ergebnisse

Als Zwischenergebnis kann festgehalten werden, dass 72% der Gründer neuer Anwaltskanzleien keine systematische Gründungsberatung in Anspruch nehmen.

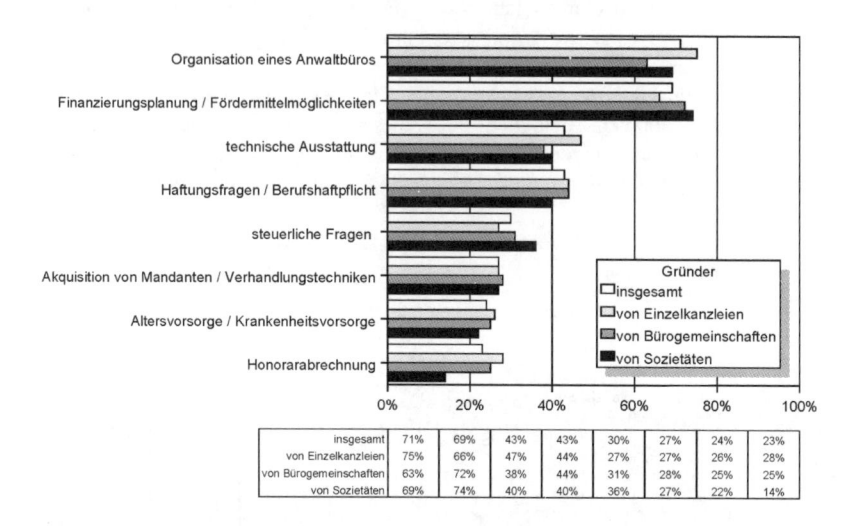

	insgesamt	71%	69%	43%	43%	30%	27%	24%	23%
	von Einzelkanzleien	75%	66%	47%	44%	27%	27%	26%	28%
	von Bürogemeinschaften	63%	72%	38%	44%	31%	28%	25%	25%
	von Sozietäten	69%	74%	40%	40%	36%	27%	22%	14%

Abb. 27: Zentrale Beratungsfelder der Gründungsberatung

Soweit sich Kanzleigründer beraten lassen, stehen die Beratungsthemen »Organisation eines Anwaltbüros« sowie »Finanzierungsplanung und Fördermittel« im Vordergrund. Mehr als zwei Drittel aller Kanzleigründer, die eine Gründungsberatung in Anspruch genommen haben, ließen sich in diesen Beratungsfeldern beraten (Abb. 27). Weitere, in der Gründungsberatung der befragten Rechtsanwältinnen und Rechtsanwälte behandelten Themen sind:
- Die technische Ausstattung von Kanzleien (43%);
- Haftungsfragen / Berufshaftpflicht (43%);
- steuerliche Fragen (30%);
- Akquisition und Verhandlungstechniken (27%);
- Alters- und Krankheitsvorsorge (24%);
- Honorarabrechnung (23%).[48]

---

48 Es werden unterschiedliche Beratungsschwerpunkte je nach Anwaltstyp deutlich: Anwälte in Einzelkanzleien informieren sich vor allem über organisatorische Fragen, während bei Anwälten in Bürogemeinschaften und Sozietäten der Beratungsschwerpunkt in dem Feld »Finanzierungsplan/Fördermittel« liegt. Darüber hinaus lassen sich Gründer von Sozietäten stärker in Steuerfragen beraten, während in Fragen technischer Ausstattung von Kanzleien Gründer von Einzelkanzleien häufiger Beratung in Anspruch nehmen.

F. Die berufliche Situation junger Rechtsanwältinnen und Rechtsanwälte — Teil 1

Fragt man die Kanzleigründer, in welchen Bereichen sie aus heutiger Sicht Gründungsberatung erwarten würden, so ergeben sich über diese Beratungsfelder hinaus wichtige Ergänzungen, die sich im Wesentlichen beziehen auf:
- Beratung bei der strategischen Ausrichtung der zu gründenden Anwaltskanzlei;
- Marketingberatung und
- die Vermittlung betriebswirtschaftlicher Grundlagen (Anhang Abb. 33 u. 34).

Insgesamt ist festzustellen, dass die bestehenden Beratungsangebote für Kanzleigründer in ihrer Attraktivität verbessert und weiter ausgebaut werden müssen.

2. Die Wahl der Organisationsform

Ein Ziel der Untersuchung war es, die Motive für die Wahl einer bestimmten Form der Ausübung des Anwaltsberufs zu erfassen und im Einzelnen zu analysieren, auf welche Einzelmotive oder Motivbündel die Entscheidung für eine Einzelkanzlei, eine Sozietät oder eine Bürogemeinschaft zurückzuführen ist. Die empirische Klärung dieser Frage war zugleich Voraussetzung für die weitergehende Frage nach den Determinanten des beruflichen Erfolgs oder des Misserfolgs in Abhängigkeit von der Wahl der Organisationsform.

Zentrale Motive für die Gründung einer **Einzelkanzlei** sind das Streben nach Unabhängigkeit und großem persönlichen Gestaltungsspielraum (60%) und hiermit zusammenhängend die Vermeidung von Abstimmungsbedarf mit Partnern. Im Vergleich hierzu spielen andere Entscheidungsgründe eine geringere Rolle[49]:
- Für 21% sind Schwierigkeiten bei der Suche bzw. Auswahl geeigneter Partner Grund, in einer Einzelkanzlei zu verbleiben.
- Einen vergleichsweise geringen finanziellen Aufwand nennen 12% der Gründer von Einzelkanzleien als Entscheidungsgrund für die Wahl der Organisationsform ihrer Kanzlei.
- 11% sehen in der Gründung einer Einzelkanzlei schlichtweg eine überschaubare und einfache Lösung (Anhang Abb. 35).

Bei der Entscheidung für die **Bürogemeinschaft** spielt der Kostenaspekt die zentrale Rolle. 65% der Gründer von Bürogemeinschaften wählen diese Organisationsform, weil durch die gemeinschaftliche Nutzung der Büroausstattung sowie durch die gemeinsame Beschäftigung von Personal sowohl der finanzielle Aufwand für die Gründung einer Kanzlei als auch die laufenden Kosten gesenkt werden können. Weitere Entscheidungsgründe für die Bürogemeinschaft sind:
- eine im Vergleich zu den Gründern von Einzelkanzleien geringe Gewichtung des Strebens nach Unabhängigkeit (30%);
- mögliche positive Synergieeffekte durch den Austausch mit Anwaltskollegen und hieraus resultierend eine Steigerung der Beratungsqualität (30%);

---

[49] Es werden nur Entscheidungsgründe für die Wahl der Organisationsform einer Kanzlei aufgelistet, die von mehr als 10% der jeweiligen Kanzleigründer genannt werden.

Teil 1 Zusammenfassung der wichtigsten Ergebnisse

- die Möglichkeit der wechselseitigen Vertretung im Urlaubs- und Krankheitsfall (24%);
- die Möglichkeit zur Spezialisierung auf juristische Fachgebiete (11%), ohne Verzicht auf ein breites Beratungsangebot für die Klienten (Anhang Abb. 36).

Als Entscheidungsgrund für die Gründung einer **Sozietät** steht die Verkoppelung von Spezialisierung mit einem differenzierten Leistungsangebot der Gesamtkanzlei im Vordergrund (40%). Darüber hinaus werden weitere Entscheidungsgründe genannt:

- 29% der Sozietätsgründer stellen die Möglichkeit zur gemeinsamen Verfolgung beruflicher Ziele heraus.
- Weitere 24% heben die Möglichkeit zur Arbeitsteilung hervor.
- Für 20% der Gründer von Sozietäten ist die Verteilung des Risikos auf mehrere Sozien ein Grund für die Wahl dieser Organisationsform.
- Die Möglichkeiten zur Urlaubs- und Krankenvertretung sowie flexiblere Gestaltungsmöglichkeiten hinsichtlich der Arbeitszeit werden von 17% als Entscheidungsgrund genannt.
- Ebenfalls 17% betonen die Bedeutung des fachlichen Austausches mit Kollegen, der in Sozietäten möglich sei.
- 13% wählen nach eigenen Angaben die Sozietät, weil ein geeigneter Partner bereits vorhanden gewesen sei (Anhang Abb. 37).

Zusammenfassend ist festzuhalten, dass für die Wahl der Organisationsform sehr unterschiedliche Motive ausschlaggebend sind (Abb. 28). Während für die Gründer von Einzelkanzleien die Unabhängigkeit im Vordergrund steht, sind für die Gründung einer Bürogemeinschaft vor allem finanzielle Erwägungen ausschlaggebend. Für die Organisationsform Sozietät spricht aus Sicht der Gründer von Sozietäten vor allem die Möglichkeit, ein breitgefächertes Beratungsangebot bei gleichzeitiger fachlicher Spezialisierung der einzelnen Sozien bereitstellen zu können.

3. Standort neu gegründeter Kanzleien

In der Ratgeberliteratur für Kanzleigründer wird die Wahl des Standortes für neu zu gründende Anwaltskanzleien als ein komplexer Entscheidungsprozess beschrieben, in welchem eine Vielzahl von Entscheidungskriterien berücksichtigt werden muss.[50] Dies ist insofern zutreffend, als es verbindliche Erfolgskriterien für eine optimale Standortwahl nicht gibt. Die Gründe hierfür sind vielfältig:

- Die Anwaltsdichte ist weder ein zuverlässiger noch ein gültiger Indikator für den Grad der Bedarfsdeckung an anwaltlichen Diensten. Dies hat seinen Grund darin, dass aus einer solchen Dichteziffer keine qualitativen Rückschlüsse gezogen werden können.

---

50 Vgl. etwa *Ullrich* 1997, S. 29 ff

F. Die berufliche Situation junger Rechtsanwältinnen und Rechtsanwälte **Teil 1**

Gründer von Einzelkanzleien
- Unabhängigkeit / Gestaltungsfreiraum: 60%
- kein geeigneter Partner vorhanden: 21%
- Kostengründe: 12%

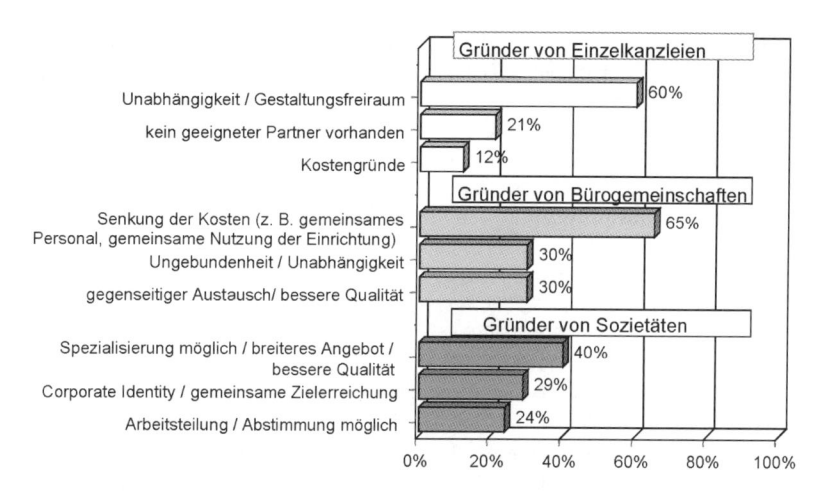

Gründer von Bürogemeinschaften
- Senkung der Kosten (z. B. gemeinsames Personal, gemeinsame Nutzung der Einrichtung): 65%
- Ungebundenheit / Unabhängigkeit: 30%
- gegenseitiger Austausch / bessere Qualität: 30%

Gründer von Sozietäten
- Spezialisierung möglich / breiteres Angebot / bessere Qualität: 40%
- Corporate Identity / gemeinsame Zielerreichung: 29%
- Arbeitsteilung / Abstimmung möglich: 24%

Abb. 28: Gründe für die Wahl der Organisationsform neu gegründeter Kanzleien

- Je nach strategischer Ausrichtung ergeben sich unterschiedliche wechselseitige Bereitschaften der Anwälte wie auch der Mandanten, den jeweils anderen aufzusuchen (Raumüberwindungsaufwand zwischen dem Ersteller einer Dienstleistung und dem Empfänger der Dienstleistung). Hierdurch wird die Standortfrage stark relativiert.
- Die modernen Informations- und Kommunikationstechniken führen zu einer weiteren Relativierung des Standortproblems. Die sich rasant verbessernden Möglichkeiten von Telefon-, Video- und Internetkonferenzen erlauben Kommunikation in Echtzeit ohne weiteren Aufwand für die Raumüberwindung. Gerade dieser Umstand dürfte das Standortproblem bereits auf kurze Sicht nachhaltig revolutionieren.

Diese Hinweise bedeuten keineswegs, dass die Standortwahl inzwischen irrelevant für den Kanzleierfolg wäre. Sie signalisieren jedoch die Notwendigkeit zu differenzierter Betrachtung des Standortproblems.

Unabhängig von diesen grundsätzlichen Erwägungen war es im Rahmen der Untersuchung von Interesse, zum einen die faktischen Entscheidungskriterien hinsichtlich der Standortwahl zu analysieren und zum anderen die Gründer danach zu befragen, wo sie angesichts ihrer eigenen Wahlentscheidungen aus einer expost-Betrachtung heraus Verbesserungsbedarf bei der Standortentscheidung sehen.

Zunächst wurden die Gründerinnen und Gründer gebeten, drei Kriterien zu benennen, die letztendlich für die Wahl ihres Kanzleistandortes ausschlaggebend waren.

Teil 1 Zusammenfassung der wichtigsten Ergebnisse

Das zentrale Kriterium für die Standortwahl bei Kanzleigründung ist die faktische Nähe der Kanzlei zum Wohnort. Dieses Kriterium nennen 70% aller Kanzleigründer (Anhang Abb 38 und 39).[51]
Die Festlegung auf die vertraute Umgebung kann sowohl aus persönlichen als auch aus marktbezogenen Überlegungen heraus motiviert sein.[52] Eindeutig marktbezogene Überlegungen werden nur von einer Minderheit der Gründerinnen und Gründer genannt. Im einzelnen handelt es sich hierbei um

- die Anwaltsdichte am Kanzleistandort (28%),
- den großstädtischen Charakter des Kanzleistandortes (28%),
- das Mandantenpotenzial (24%),
- die gute Infrastruktur (Erreichbarkeit, Verkehrsanbindung; 12%),
- die Gerichtsnähe/-struktur (10%)[53],
- sowie die regionale Wirtschaftsstruktur (7%).

Auffällig ist bei dieser Auflistung, dass unmittelbar mandantenbezogene Aspekte, wie etwa die Nähe des Standortes zum Mandanten oder auch die Erreichbarkeit für den Mandanten, in den Überlegungen der Gründer eher eine geringe Rolle spielten.
Neben den marktbezogenen Entscheidungskriterien wird die Standortwahl auch aus finanziellen und persönlichen Erwägungen heraus getroffen:

- Der Kostenaspekt spielt bei 18% der Gründer eine ausschlaggebende Rolle für die Standortwahl, wobei vor allem Mietkosten eine Rolle spielen.
- 7% wählen als Kanzleistandort den Standort ihrer Haupttätigkeit neben der Anwaltstätigkeit oder auch den Standort, an dem der jeweilige Partner beruflich tätig ist. Weitere persönliche Überlegungen wie Freizeit- und Lebensqualität sind für 9% der Gründer ausschlaggebend für die Wahl des Kanzleistandortes.

Analysiert man die Entscheidungsgründe differenziert nach Kanzleityp, so ergeben sich folgende charakteristische Unterschiede:

- Vor allem für **Gründer von Einzelkanzleien** ist das zentrale Entscheidungskriterium ein Zusammenfallen von Wohnort und Kanzleistandort: Drei Viertel aller Gründer von Einzelkanzleien nennen die Nähe zum Wohnort als entscheidendes

---

51 Deutlich wird, dass dieses Kriterium für Frauen wichtiger ist als für Männer (81% gegenüber 65%; Anhang Abb. 40 und Abb. 41).

52 Wolf weist darauf hin, dass die Fixierung auf die vertraute Umgebung vielfach damit begründet werde, dass aus dem persönlichen Umfeld Mandanten rekrutiert werden könnten (*Wolf* 1994, S. 59). Er hält diesen Aspekt für zu hoch gewichtet. Vorgreifend auf Kap. F I.10 (Tabelle 12) muss gegen Wolf darauf hingewiesen werden, dass für neu gegründete Kanzleien die Akquisition von Mandanten aus dem persönlichen Umfeld zunächst eine zentrale Bedeutung hat. Inwieweit der Hinweis von Wolff zutrifft, dass solche Mandate aufgrund von »Freundschaftspreisen« wenig zum Aufbau einer finanziell tragfähigen Existenz beitragen, kann in diesem Zusammenhang nicht abschließend geklärt werden.

53 Dieses Auswahlkriterium ist eher ambivalent und nicht eindeutig marktbezogen: Neben Überlegungen wie z. B. bessere Aufbaumöglichkeit von Empfehlungsnetzen in der eigenen Profession dient die Gerichtsnähe des Kanzleistandortes eher der Bequemlichkeit des Anwalts als dem Vorteil des Mandanten.

F. Die berufliche Situation junger Rechtsanwältinnen und Rechtsanwälte Teil 1

Kriterium für die Wahl des Kanzleistandortes. Die Vergleichswerte für Gründer von Bürogemeinschaften und Sozien liegen bei 68% bzw. 62%.

- Insgesamt betrachtet nennen **Gründer von Sozietäten** marktbezogene Überlegungen häufiger als Gründer von Einzelkanzleien und Bürogemeinschaften. Dies gilt insbesondere für Überlegungen zum Mandantenpotential und zur regionalen Wirtschaftsstruktur.
- Im Vergleich zu ihren Kollegen in Einzelkanzleien und Sozietäten treffen **Anwälte in Bürogemeinschaften** die Standortwahl deutlich häufiger nach Kostengesichtspunkten. Für 33% der Anwälte in Bürogemeinschaften sind finanzielle Überlegungen letztendlich ausschlaggebend für die Standortwahl. Die Vergleichswerte betragen 18% bei Einzelanwälten und 9% bei Sozien.

4. Größe neu gegründeter Kanzleien

Aus Abb. 29 geht hervor, dass sog. »Wohnzimmerkanzleien« zwar die Ausnahme darstellen. Allerdings ergibt sich je nach Kanzleityp ein differenziertes Bild: Die Kanzlei als Bestandteil der eigenen Wohnung ist bei Sozien und Anwälten in Bürogemeinschaften nahezu nicht anzutreffen. Anders sieht es bei den Einzelanwälten aus: 28% der befragten Einzelanwälte üben ihre Anwaltstätigkeit in der eigenen Wohnung aus.

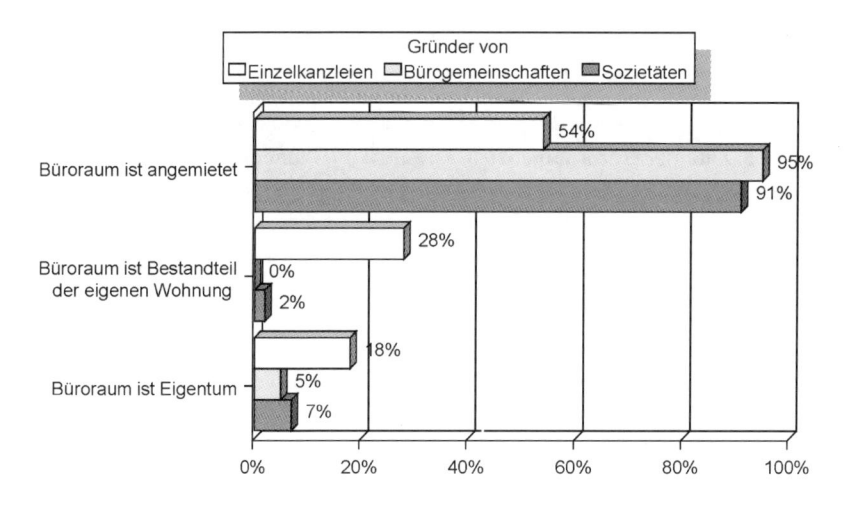

Abb. 29: Angemieteter Büroraum

Teil 1 Zusammenfassung der wichtigsten Ergebnisse

- 19% der Einzelanwälte, die ausschließlich dem Anwaltsberuf nachgehen, üben ihre Anwaltstätigkeit in der eigenen Wohnung aus. Dieser Anteil hat sich seit den 80er Jahren kaum verändert.[54]
- Anders sieht es bei Einzelanwälten aus, die ihre Anwaltstätigkeit mit einer weiteren Tätigkeit kombinieren: Bei dieser Gruppe ist der Anteil der »Wohnzimmerkanzleien« von 33% in den 80er Jahren auf 47% gestiegen.[55] Dies ist ein Zeichen dafür, dass immer mehr Gründer von Einzelkanzleien nicht das volle Risiko des Anwaltsberufes eingehen wollen oder angesichts der Marktverhältnisse nicht eingehen können.

Auch der Blick auf die Anzahl angemieteter Büroräume zeigt, dass der Start als Einzelanwalt häufig unter räumlichen Minimalbedingungen beginnt: Tabelle 5 zeigt, dass 38% der Gründer von Einzelkanzleien und rund ein Drittel der Anwälte in Bürogemeinschaften ihrer Anwaltstätigkeit in **einem** Büroraum nachgehen. Demgegenüber verfügen neu gegründete Sozietäten durchgängig über mehr als zwei Büroräume. 39% der Gründer von Sozietäten stehen vier oder fünf Büroräume und 35% sechs oder mehr Büroräume zur Verfügung.

Zahl der Büroräume	Gründer Einzelkanzlei	Gründer Bürogemeinschaft	Gründer Sozietät
1 Büroraum	38%	34%	3%
2 Büroräume	26%	10%	4%
3 Büroräume	19%	11%	19%
4 und 5 Büroräume	14%	31%	39%
6 und mehr Büroräume	3%	14%	35%

Tabelle 5: Zahl der Büroräume nach Anwaltstyp (Gründer)

5. Standortbewertung

Wie bereits erwähnt, wurden die befragten Gründer auch gebeten, die von ihnen gewählten Kanzleiräume im Nachhinein anhand vorgegebener Kriterien zu bewerten. In diesem Zusammenhang wurden die folgenden Aspekte als verbesserungsbedürftig bezeichnet (Abb. 30)[56]:

---

54 Vgl. *Hommerich* 1988, S. 69.
55 Vgl. *Hommerich* 1988, ebd.
56 Für die Einschätzung der Kanzleiräume differenziert nach Kanzleityp vgl. Anhang Abb. 42 bis 47.

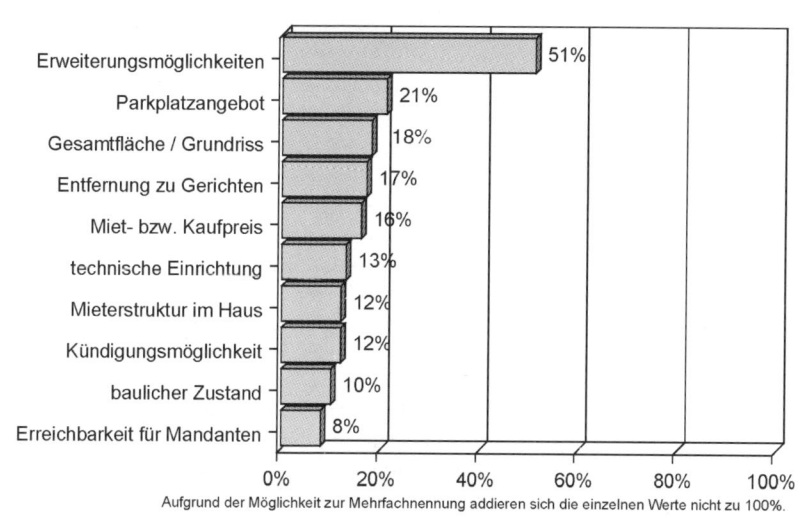

F. Die berufliche Situation junger Rechtsanwältinnen und Rechtsanwälte Teil 1

Aspekt	%
Erweiterungsmöglichkeiten	51%
Parkplatzangebot	21%
Gesamtfläche / Grundriss	18%
Entfernung zu Gerichten	17%
Miet- bzw. Kaufpreis	16%
technische Einrichtung	13%
Mieterstruktur im Haus	12%
Kündigungsmöglichkeit	12%
baulicher Zustand	10%
Erreichbarkeit für Mandanten	8%

Aufgrund der Möglichkeit zur Mehrfachnennung addieren sich die einzelnen Werte nicht zu 100%.

Abb. 30: Aspekte der Kanzleiräume neu gegründeter Kanzleien, die nach Einschätzung der Gründer besser sein könnten

- 51% der Gründer sehen hinsichtlich der Erweiterungsmöglichkeiten der eigenen Kanzleiräume Verbesserungsbedarf. In diesem Zusammenhang zeigen sich keine signifikanten Unterschiede zwischen Gründern von Einzelkanzleien, Bürogemeinschaften oder Sozietäten. Es wird also deutlich, dass Kanzleien zum Zeitpunkt der Gründung in der Hälfte aller Fälle zu klein dimensioniert werden, was schon kurze Zeit nach der Gründung zum Folgeproblem der Erweiterungsfähigkeit bzw. eines Umzuges führt.
- Jeder fünfte Gründer sieht Verbesserungsbedarf im Parkplatzangebot. Vor allem Gründer von Bürogemeinschaften sehen hier einen Mangel.
- Die Gesamtfläche oder den Grundriss ihrer Kanzlei kritisieren 18% der Gründer. Vor allem Gründer von Einzelkanzleien sehen in dieser Hinsicht Verbesserungsbedarf. Dies ist ein Hinweis auf die teils räumlich beengten, teils von der Ablaufgestaltung her suboptimalen Verhältnisse, unter denen ein Teil der Einzelanwälte ihrer Tätigkeit nachgeht.
- Die zu große Entfernung zu den Gerichten kritisieren 17% der Gründer, die hieraus resultierende Terminprobleme erst später erfahren.
- Kritik an (zu hohen) Miet- bzw. Kaufpreisen äußern 16% der Kanzleigründer.
- Weitere Aspekte des Kanzleistandortes, die als Mängel erfahren werden, sind die technische Ausstattung der Mieträume, die Mieterstruktur im Gebäude der Kanzlei, die Kündigungsfristen und auch der bauliche Zustand des Gebäudes, in dem die Kanzlei angesiedelt ist.

Teil 1 Zusammenfassung der wichtigsten Ergebnisse

- Acht Prozent der Gründer kritisieren die schlechte Erreichbarkeit der Kanzlei für die Mandanten.

Unterschiede bezüglich der Zufriedenheit mit den Kanzleiräumen werden differenziert nach Ortsgröße deutlich: Anwälte, deren Kanzleien in größeren Städten liegen (100.000 Einwohner und mehr), sind mit dem Kanzleistandort unzufriedener als ihre Kollegen in kleineren Städten (unter 100.000 Einwohner). Signifikante Bewertungsunterschiede zeigen sich im Einzelnen bei den Kriterien Parkplatzangebot vor der Kanzlei und Mieterstruktur im Haus. Beide Aspekte halten Gründer, deren Kanzleien in größeren Städten liegen, häufiger für verbesserungsbedürftig als Gründer aus kleineren Städten. Darüber hinaus sind Gründer in größeren Städten mit der Erreichbarkeit ihrer Kanzlei für Mandanten weniger zufrieden (Anhang Abb. 48).

Auf der Grundlage dieser Erfahrungen der Gründer lassen sich einige praktische Hinweise für die Standortentscheidung gewinnen:

- Bereits bei Gründung der Kanzlei und der Auswahl der ersten Räumlichkeiten sollte die Frage nach der Erweiterungsfähigkeit der Kanzlei mitbedacht werden. Dies ist zweifellos eine Risikoentscheidung. Allerdings muss gesehen werden, dass eine kurzfristige Optimierung der Kosten für die Anfangsinvestitionen bereits mittelfristig hohe Folgekosten nach sich ziehen kann.
- Kanzleien müssen vor allem für die Mandanten gut erreichbar sein. Damit sind die Parkmöglichkeiten und die Erreichbarkeit der Kanzlei mit öffentlichen Verkehrsmitteln wichtige Entscheidungskriterien.
- Um auf die Entwicklungsdynamik einer neu gegründeten Kanzlei reagieren zu können, sollten Mietverträge nicht zu langfristig abgeschlossen werden. Nach einer Phase von etwa drei Jahren sollte eine Kündigungsmöglichkeit vorgesehen werden.
- Das Umfeld einer Anwaltskanzlei sollte sowohl unter dem Aspekt der Mieterstruktur im Haus als auch unter dem Aspekt der baulichen Gesamtausstattung eines Mietobjekts kritisch geprüft werden.

6. Gründungsfinanzierung

In der Literatur zur Existenzgründungsberatung wird immer wieder auf die zentrale Bedeutung eines Finanzierungsplans für eine erfolgreiche Kanzleigründung hingewiesen: »Neben anderen Fehlern bei der Existenzgründung sind es Fehler in Planung und Durchführung der Finanzierung der Gründung, die sich noch nach Jahren negativ auswirken und unter Umständen sogar zum Zusammenbruch und zum Scheitern (...) beitragen können.«[57]

Die Finanzierung bildet die Grundlage für den Aufbau einer Kanzlei. Die Höhe der Anfangsinvestitionen und die Art der Finanzierung (Kap. F.I.6) stellen zentrale Eckpunkte jeder Existenzgründung dar.

---

57 Hebig 1994, S. 59.

F. Die berufliche Situation junger Rechtsanwältinnen und Rechtsanwälte Teil 1

Im Zusammenhang mit der Gründungsfinanzierung stehen Kanzleigründer wie alle anderen Existenzgründer vor dem Grundproblem, dass sich die Existenzgründung im Spannungsfeld zwischen Finanzierbarkeit und Leistungsfähigkeit einer neu gegründeten Unternehmung vollzieht. Da bislang empirische Untersuchungen über die bei Kanzleigründung erforderlichen Anfangsinvestitionen weitgehend fehlen, ist es zweckmäßig, die Investitionskosten bei Gründung von Kanzleien im Einzelnen zu analysieren (Kap. F.I.7.). Im weiteren Verlauf der Untersuchung werden die Zusammenhänge zwischen Anfangsinvestitionen und Kanzleierfolg zu untersuchen sein.

a) Finanzieller Aufwand bei Neugründung einer Kanzlei

Das Investitionsvolumen bei Gründung einer Kanzlei variiert deutlich nach Kanzleityp (Abb. 31): Bei der Gründung von Einzelkanzleien betragen die Anfangsinvestitionen ca. 40.000 DM. Durchschnittlich 70.000 DM werden bei der Gründung von Bürogemeinschaften investiert. Bei der Neugründung von Sozietäten sind es rund 113.000 DM.

Bei den Gründerinnen und Gründern von Sozietäten und Bürogemeinschaften verteilen sich die Anfangsinvestitionen auf mehrere Partner. Es müssen daher die Pro-Kopf-Investitionen miteinander verglichen werden. Hierbei ergibt sich folgendes Bild:[58]

- Gründer von Sozietäten zeigen mit durchschnittlich 47.000 DM Investitionsvolumen mit Abstand die höchste Investitionsbereitschaft.
- Die durchschnittlichen Investitionen bei Gründung einer Einzelkanzlei liegen bei 40.000 DM.
- Deutlich geringer fällt die Investitionsbereitschaft bei Gründern von Bürogemeinschaften aus: Durchschnittlich werden nur 21.000 DM im Rahmen der Kanzleigründung aufgewendet. Es zeigt sich also auch hier, dass Anwälte, die sich in Bürogemeinschaften niederlassen, vor allem das (Kosten-)Risiko scheuen und dementsprechend weniger investieren.[59]

---

58 Bei der Berechnung der Pro-Kopf-Investitionen wurde von einer Gleichverteilung der finanziellen Belastung auf die Partner bzw. Sozien ausgegangen.

59 Die hier ausgewiesenen durchschnittlichen Investitionen für Gründer von Einzelkanzleien und Sozietäten liegen deutlich über den vom Institut für freie Berufe (IFB) in Nürnberg ausgewiesenen Kosten (vgl. Berufseinstieg und Berufserfolg junger Rechtsanwältinnen und Rechtsanwälte, hrsg. v. Institut für freie Berufe, Nürnberg 2000, S. 82 f). Nicht weiter differenziert nach Kanzleityp beziffert das IFB diese Kosten mit 26.000 DM. Dieser Unterschied in der Höhe der durchschnittlichen Investitionen ist auf unterschiedliche Fragestellungen zurückzuführen: Die Anfangsinvestitionen bei Kanzleigründung wurden durch das IFB nur grob erfasst. Gefragt wurde nach den Gründungskosten differenziert nach Büroraumkosten, Büroausstattung, Fachliteratur und Sonstiges. Im Rahmen der vorliegenden Befragung wurden die Gründerinnen und Gründer um detaillierte Angaben zu den Gründungskosten in vierzehn Kostenbereichen gebeten. Es ist davon auszugehen, dass diese detaillierte Erhebung ge-

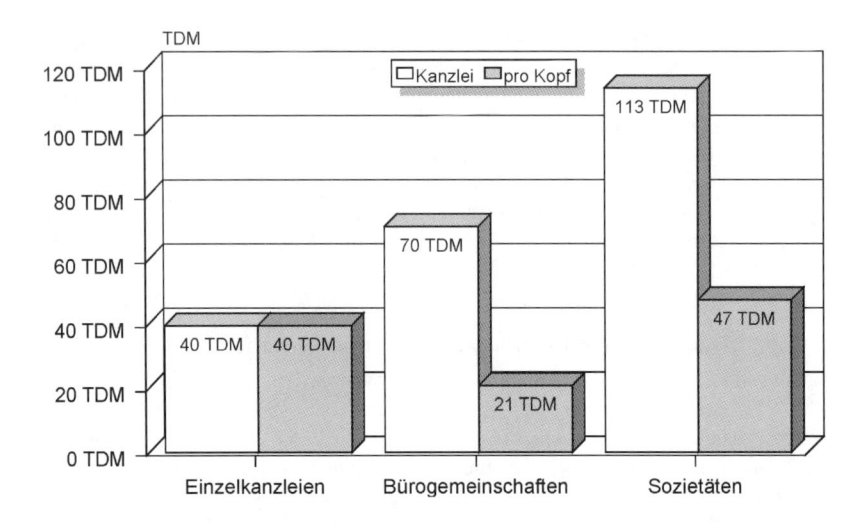

Teil 1 Zusammenfassung der wichtigsten Ergebnisse

Abb. 31: Durchschnittliches Investitionsvolumen bei Kanzleigründung

Höhe der Anfangsinvestitionen	neu gegründete Einzelkanzlein	neu gegründete Bürogemeinschaften	neu gegründete Sozietäten
< 20.000 DM	41%	65%	34%
20.000 DM bis unter 50.000 DM	31%	23%	40%
50.000 DM bis 100.000 DM	22%	11%	18%
> 100.000 DM	6%	1%	8%

Tabelle 6: Höhe des Investitionsaufwandes bei Kanzleigründung nach Kanzleityp

Die Gründungsinvestitionen weisen unabhängig von der Organisationsform der neu gegründeten Kanzleien erhebliche Variationsbreiten auf. Die durchschnittliche Höhe des Investitionsvolumens ergibt deswegen nur ein grobes Bild der Spannweite von Anfangsinvestitionen. Demgegenüber ermöglicht die Aufteilung des Investitionsaufwandes nach unterschiedlichen Größenklassen ein genaueres Verständnis dieser Schwankungsbreiten.

nauere Ergebnisse hervorbringt. (Auf das Problem der nicht gesicherten Repräsentativität der Befragung durch das IFB wurde bereits in Fußnote 31 hingewiesen.)
Ullrich geht in einer Modellrechnung von einem Gründungsbetrag in Höhe von 56.000 DM für Einzelkanzleien und 115.000 DM für Zweier-Sozietäten aus (*Ullrich* 1997, S. 363 ff.). Diese Beträge liegen etwas über den faktisch getätigten, treffen diese aber deutlich genauer als die Daten des IFB.

F. Die berufliche Situation junger Rechtsanwältinnen und Rechtsanwälte Teil 1

Es wird deutlich, dass bei 41% der Neugründungen von Einzelkanzleien und bei 34% der Neugründungen von Sozietäten das Investitionsvolumen unter 20.000 DM liegt. Der Vergleichswert für neu gegründete Bürogemeinschaften liegt bei 65% (Tabelle 6). Im Investitionsverhalten zeigen sich erhebliche Differenzen zwischen Rechtsanwältinnen und Rechtsanwälten (Abb. 32): Gründerinnen von Einzelkanzleien investieren durchschnittlich ca. 9.000 DM weniger als ihre männlichen Kollegen. Bei Bürogemeinschaften beträgt der entsprechende Differenzbetrag pro Kopf ca. 5.000 DM und bei Sozietäten 20.000 DM. Hieran wird nachhaltig deutlich, dass es zwischen Rechtsanwältinnen und Rechtsanwälten, die Kanzleien neu gründen, erhebliche Unterschiede in der Art der Gründungs- und Berufsplanung gibt.

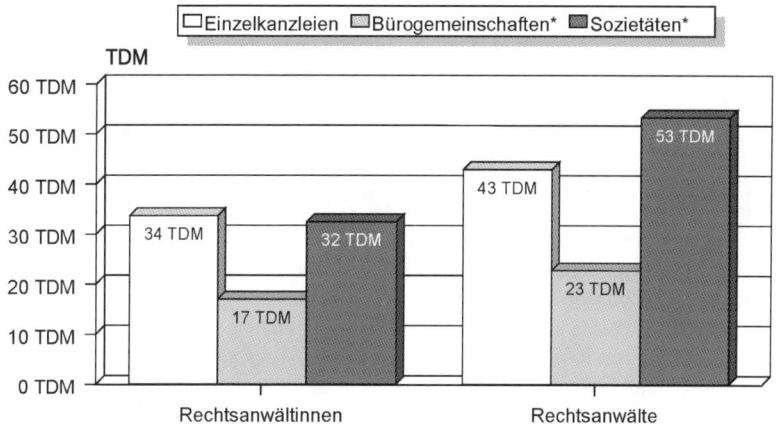

* Investitionsaufwand pro Kopf

Abb. 32: Anfangsinvestitionen (pro Kopf) differenziert nach Geschlecht

b) Art der Finanzierung

Die überwiegende Mehrheit der Kanzleigründer wendet bei Kanzleigründung eigene Mittel auf (87% der Einzelanwälte und 77% der Sozien). Darüber hinaus werden weitere Finanzierungsquellen in Anspruch genommen (Abb. 33), wobei Bankkredite, Darlehen aus der Verwandtschaft und staatlich geförderte Existenzgründungskredite die größte Rolle spielen. Unterschiede ergeben sich wiederum nach dem Kanzleityp:
- Einzelanwälte finanzieren ihre Kanzlei signifikant häufiger ausschließlich aus Eigenmitteln als Sozien (52% gegenüber 33%; Anhang Abb. 49). Diese Finanzierung aus Eigenmitteln geschieht bei Einzelanwälten bevorzugt dann, wenn sie neben der Anwaltstätigkeit noch weitere Tätigkeiten ausüben (Anhang Abb. 50).

75

Teil 1 — Zusammenfassung der wichtigsten Ergebnisse

	Einzelkanzleien	Bürogemeinschaften	Sozietäten
eigene Mittel	87%	87%	77%
banktübliche Investitions-/Betriebsmittelkredite	26%	39%	37%
sonstige Darlehen (z.B. Verwandtschaft, Eltern, Ehepartner)	19%	26%	24%
staatl. geförderte Existenzgründungskredite	11%	6%	24%
private Bürgschaften	4%	9%	4%
Sonstiges	5%	4%	5%

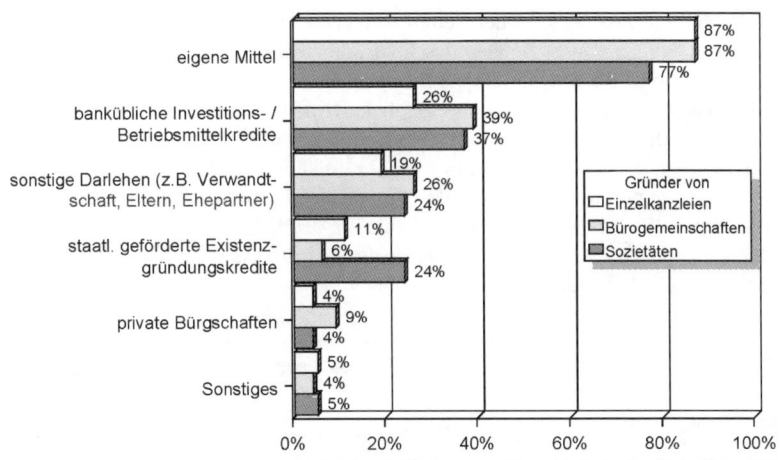

Aufgrund der Möglichkeit zur Mehrfachnennung addieren sich die einzelnen Werte nicht zu 100%.

Abb. 33: Finanzierung der Kanzleigründung

- Sozien nehmen staatliche Existenzgründungskredite signifikant häufiger in Anspruch als Einzelanwälte in eigener Kanzlei oder in Bürogemeinschaft.

Insgesamt ist festzustellen, dass die Investitionsaufwendungen bei der Gründung einer Anwaltskanzlei zumindest bei Einzelkanzleien und Bürogemeinschaften (Pro-Kopf-Investition) in aller Regel in so engen Grenzen bleiben, dass der Berufsstart nur mit einer niedrigen Fremdverschuldung und dementsprechend mit einem vergleichsweise geringen finanziellen Risiko verbunden ist.[60]

Die Betrachtung nach Kanzleityp zeigt, dass bei der Gründung einer Sozietät pro Kopf deutlich höhere Mittel bereitgestellt werden. Im weiteren Verlauf der Untersuchung wird zu prüfen sein, ob die hiermit verbundenen höheren Risiken auch mit höheren Chancen einhergehen.

7. Erstausstattung neu gegründeter Kanzleien

Neben geeigneten Räumlichkeiten ist eine angemessene Büroausstattung Voraussetzung für eine effiziente Ausübung des Anwaltsberufs in neu gegründeten Kanzleien. Im Folgenden soll untersucht werden, in welche Bereiche die Anfangsinvestitionen schwerpunktmäßig fließen. Neun Investitionsfelder werden näher betrachtet. Im Einzelnen handelt es sich hierbei um

---

[60] Dies wird auch dann deutlich, wenn man die Aufwendungen für die Gründung einer Arztpraxis oder eines Handwerksbetriebes mit den Gründungsinvestitionen einer Anwaltskanzlei vergleicht.

- EDV-Anlage,
- Kommunikationstechnik (Telefon und Telefax) und sonstige Bürotechnik (z. B. Diktiergerät, Kopierer),
- Möblierung,
- Grundausstattung Bibliothek,
- allgemeiner Bürobedarf,
- spezieller Berufsbedarf,
- Geschäftsfahrzeug,
- Eröffnungsfeier,
- spezielle Gründungskosten.

In diese verschiedenen Investitionsbereiche wird mit unterschiedlicher Intensität investiert (Anhang Tabelle 3):
In eine EDV-Anlage investieren durchgängig mehr als 90% der Gründer. Auch in Kommunikations- und Bürotechnik wird von der weit überwiegenden Mehrheit der Gründer investiert. Differenziert nach der Organisationsform neu gegründeter Kanzleien wird deutlich, dass Gründer von Sozietäten im Vergleich zu ihren Kollegen in Einzelkanzleien und Bürogemeinschaften signifikant häufiger in diesen Bereichen investieren. Auch in die Grundausstattung der Bibliothek, die Möblierung der neu gegründeten Kanzlei, den allgemeinen Bürobedarf sowie für den speziellen Berufsbedarf investiert die überwiegende Mehrheit der Kanzleigründer. Etwa jeder zweite Gründer investiert in die Renovierung der Kanzleiräume.

Jeder zweite Einzelanwalt in Einzelkanzleien oder Bürogemeinschaften wendet im Rahmen der Kanzleigründung finanzielle Mittel für ein Geschäftsfahrzeug auf. Der Vergleichswert für Gründer von Sozietäten liegt signifikant höher bei 62%. Aus Anlass der Gründung einer Sozietät wird signifikant häufiger als bei Gründung einer Einzelkanzlei und Bürogemeinschaft in eine Eröffnungsfeier und damit in eine eröffnungsbegleitende Marketingmaßnahme investiert.

8. Die Höhe der Investitionen bei Neugründung

Die Gründer wurden in einem zweiten Schritt gebeten, ihren Investitionsaufwand differenziert für einzelne Bereiche anzugeben. Bei der Interpretation der Daten ist zu berücksichtigen, dass sich die jeweiligen Durchschnittswerte nur auf die Gründer beziehen, die überhaupt in dem jeweiligen Investitionsbereich investiert haben, mit anderen Worten, Kanzleien, die in einem Investitionsfeld **keine** Aufwendungen hatten, bleiben aus der Betrachtung ausgeblendet.[61] Darüber hinaus werden in diesem Zusammenhang **nicht** die Investitionen pro Kopf sondern die gesamten Investitionen im Rahmen einer Kanzleigründung für einzelne Gegenstandsbereiche ausgewiesen.

---

61 Weil der Berechnung des arithmetischen Mittels dadurch jeweils eine unterschiedliche Datenbasis zu Grunde gelegt wird, können die durchschnittlichen Investitionen in den einzelnen Gegenstandsbereichen **nicht** zu einem Gesamtinvestitionsvolumen addiert werden.

Teil 1 Zusammenfassung der wichtigsten Ergebnisse

Aus Tabelle 7 wird zunächst deutlich, dass die Investition in ein Geschäftsfahrzeug – soweit von den Gründern getätigt – mit deutlichem Abstand zu allen anderen Investitionsfeldern den höchsten Anteil am gesamten Investitionsvolumen ausmacht: Einzelanwälte investieren hier durchschnittlich 21.000 DM. Im Rahmen der Neugründung von Sozietäten wird nicht nur häufiger, sondern auch mehr in Geschäftsfahrzeuge investiert. Die durchschnittliche Investitionssumme beläuft sich vom Volumen her hier auf 37.000 DM.
Hoher Investitionsbedarf entsteht durch die Renovierung und Einrichtung der Kanzleiräume. Je nach Organisationsform der neu gegründeten Kanzleien belaufen sich die durchschnittlichen Renovierungskosten auf rund 8.000 DM (Einzelkanzleien) bis 30.000 DM (Sozietäten).
Die durchschnittlichen Einrichtungs- und Möblierungskosten liegen zwischen 10.000 DM (Bürogemeinschaften) und 25.000 DM (Sozietäten). Wegen der unterschiedlichen Kanzleigrößen ist der Vergleich der absoluten Kosten jedoch nur bedingt aussagekräftig.

	Einzelkanzleien	Bürogemeinschaften	Sozietäten
Geschäftsfahrzeug	21500 DM	20900 DM	37400 DM
Möblierung / Einrichtung	11200 DM	10300 DM	25000 DM
EDV-Anlage	8700 DM	11800 DM	21200 DM
Renovierung der Büroräume	8000 DM	7800 DM	29500 DM
Grundausstattung der Bibliothek	3100 DM	3200 DM	7500 DM
Kopiergerät	2100 DM	3700 DM	3600 DM
sonstige Bürotechnik	1800 DM	2000 DM	3000 DM
Telefonanlage	1700 DM	3300 DM	4400 DM
allgemeiner Bürobedarf	1400 DM	1500 DM	2600 DM
spezielle Gründungskosten	1300 DM	1200 DM	1700 DM
Telefax	1100 DM	1100 DM	1500 DM
Eröffnungsfeier	1100 DM	1200 DM	2800 DM
spezieller Berufsbedarf	700 DM	600 DM	1000 DM

Alle Durchschnittlichen Investitionskosten beziehen sich nur auf die Gründer, die in dem jeweiligen Bereich tätig sind.

Tabelle 7: Durchschnittliche Höhe der Investitionen bei Kanzleigründung

F. Die berufliche Situation junger Rechtsanwältinnen und Rechtsanwälte Teil 1

Der Abb. 34 können die durchschnittlichen Investitionen pro Büroraum entnommen werden. Der Investitionsaufwand für Renovierung und Möblierung ist bei Neugründung einer Sozietät mit durchschnittlich rund 4.200 DM bzw. 4.600 DM pro Büroraum höher als bei Gründung einer Einzelkanzlei. Die Vergleichswerte liegen bei der Gründung von Einzelkanzleien bei 3.100 DM bzw. 4.400 DM. Gründer von Bürogemeinschaften investieren demgegenüber deutlich weniger in die Herrichtung der Kanzleiräume: Die durchschnittlichen Kosten für die Renovierung belaufen sich auf 1.900 DM. Für die Einrichtung der Kanzleiräume geben Gründer von Bürogemeinschaften durchschnittlich 3.500 DM aus.

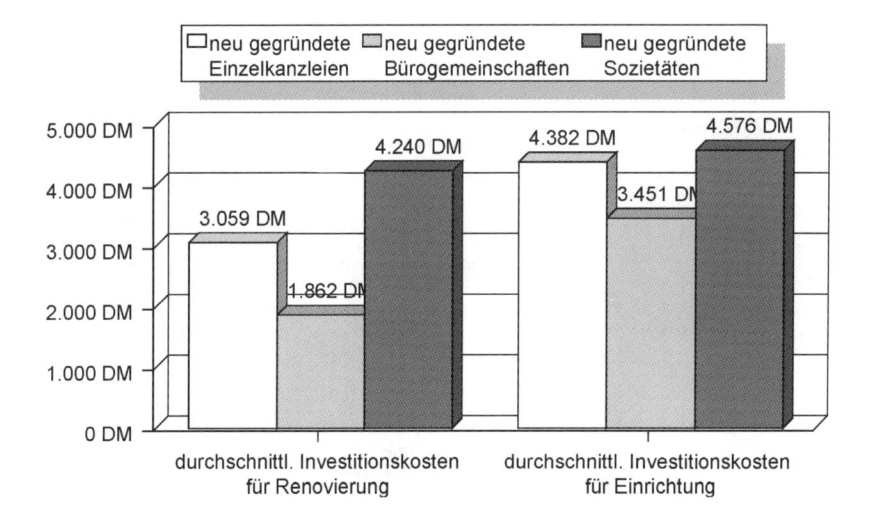

Abb. 34: Durchschnittlicher Investitionsaufwand pro Büroraum

Die Ausstattung einer Kanzlei mit einer EDV-Anlage ist ein zentraler Kostenfaktor im Rahmen der Kanzleigründung. Im Vergleich der hier untersuchten Investitionsfelder rangieren die Ausgaben für eine EDV-Anlage im vorderen Bereich. Im Einzelnen können folgende durchschnittliche Ausgaben ermittelt werden: Bei Neugründung einer Sozietät werden durchschnittlich 21.000 DM in eine EDV-Anlage investiert. Gründer von Bürogemeinschaften geben durchschnittlich 12.000 DM und Gründer von Einzelkanzleien 9.000 DM für die EDV-Ausstattung ihrer Kanzlei aus.

Die Investitionen, die im Bereich der Kommunikationstechnik getätigt werden, sind bei Gründung einer Sozietät mit durchschnittlich 9.300 DM etwa doppelt so hoch wie bei Gründung einer Einzelkanzlei. Gründer von Bürogemeinschaften investieren durchschnittlich 6.100 DM (Abb. 35).

Teil 1 Zusammenfassung der wichtigsten Ergebnisse

Unterschiede in der Höhe der Investitionen im Bereich der Kommunikationstechnik differenziert nach Organisationsform neu gegründeter Kanzleien ergeben sich im Einzelnen aus dem unterschiedlichen Investitionsaufwand für Telefonanlage, Telefax sowie für sonstige Bürotechnik: Die durchschnittliche Ausgabenhöhe für ein Telefax beträgt bei Sozietäten rund 1.500 DM, bei Bürogemeinschaften und Einzelkanzleien demgegenüber ca. 1.100 DM.

Die Ausgaben für sonstige Bürotechnik liegen mit durchschnittlich 3.000 DM in Sozietäten mehr als 1.000 DM höher als die Ausgaben in Bürogemeinschaften und Einzelkanzleien.

Für Kopiergeräte geben Sozietätsgründer und Gründer von Bürogemeinschaften mit 3.600 DM bzw. 3.700 DM in etwa gleich viel aus. Demgegenüber investieren Gründer von Einzelkanzleien durchschnittlich 1.500 DM weniger in ein Kopiergerät.

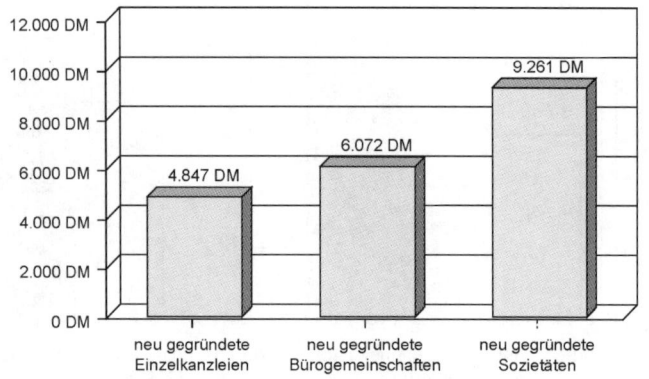

Berechnet wurde die durchschnittliche Summe aus den Einzelinvestitionen Telefonanlage, Telefax, Kopiergerät und sonstiger Bürotechnik

Abb. 35: Durchschnittliche Anfangsinvestitionen im Bereich der Kommunikationstechnik

Einzelanwälte, die sich in einer Einzelkanzlei oder im Rahmen einer Bürogemeinschaft niederlassen, investieren durchschnittlich 3.100 DM in die Grundausstattung der Kanzleibibliothek. Die vergleichbaren Kosten bei Gründung einer Sozietät belaufen sich auf 7.500 DM.

Im Vergleich zu den Kosten, die in den anderen Investitionsfeldern entstehen, fallen für allgemeinen Bürobedarf, spezielle Gründungskosten und speziellen Berufsbedarf erheblich geringere Kosten an. Einzelanwälte investieren durchschnittlich rund 1.500 DM für den allgemeinen Bürobedarf. 1.300 DM wenden sie im Rahmen spezieller Gründungskosten auf. Die Kosten für den speziellen Berufsbedarf liegen deutlich unter 1.000 DM. Die Kosten, die Gründern von Sozietäten in diesen Bereichen entstehen, übersteigen die Kosten von Einzelanwälten.

F. Die berufliche Situation junger Rechtsanwältinnen und Rechtsanwälte Teil 1

In die Eröffnungsfeier investieren Gründer von Sozietäten mit durchschnittlich 2.800 DM mehr als doppelt so viel wie die Gründer von Einzelkanzleien und Bürogemeinschaften.

Anfangsinvestitionen	Erfahrungswerte des Instituts der Anwaltschaft		Ergebnisse der Befragung junger Gründer		
	Einzelanwalt	Zweier-Sozietät	Einzelanwalt	Bürogemeinschaft	Zweier-Sozietäten
Bezugskosten / Renovierung	5.000 DM	5.000 DM	6.800 DM	7.500 DM	29.700 DM
Einrichtung/Möblierung	10.000 DM	17.500 DM	9.500 DM	8.800 DM	21.200 DM
Schreib-/EDV-Technik	6.000 DM	30.000 DM	7.400 DM	10.000 DM	19.600 DM
Telefontechnik	800 DM	2.000 DM	1.400 DM	2.800 DM	3.100 DM
Sonst. Telekommunikationstechnik / Fax	1.000 DM	1.200 DM	900 DM	900 DM	1.400 DM
Fotokopierer	4.000 DM	4.000 DM	1.800 DM	3.100 DM	3.500 DM
Sonst. Bürotechnik	1.000 DM	2.000 DM	1.500 DM	1.700 DM	2.300 DM
Spez. Berufs- u. allgem. Bürobedarf	2.500 DM	4.000 DM	1.800 DM	1.900 DM	2.600 DM
Fachbücher/-zeitschriften	5.000 DM	10.000 DM	2.600 DM	2.700 DM	6.600 DM
Geschäftsfahrzeug/Reisekosten	17.500 DM	35.000 DM	18.300 DM	17.800 DM	35.800 DM

Tabelle 8: Durchschnittliche Höhe der Investitionen bei Gründung der Kanzlei bzw. Sozietät

Die durchschnittlichen Investitionen bei Kanzleigründung, so wie sie von den befragten Gründerinnen und Gründern angegeben wurden, werden in Tabelle 8 einer Modellrechnung, die auf der Grundlage von Erfahrungswerten aus der Gründungsberatung des Instituts der Anwaltschaft beruht[62], gegenübergestellt.[63] Diese Auflistung sollte lediglich als Orientierungshilfe dienen und nicht als Vorgabe für das eigene Investitionsverhalten missverstanden werden. Allgemein verbindliche Empfehlungen sind wegen der Heterogenität der Gründungskonzepte nicht möglich.[64]

---

62 *Ullrich* 1997, S. 363 ff.
63 Um die Vergleichbarkeit der Vorgaben des Instituts der Anwaltschaft und der Ergebnisse der Untersuchung zu ermöglichen, wurde die Höhe der Anfangsinvestitionen für Zweier-Sozietäten berechnet. Obwohl sich die Modellrechnung der Anfangsinvestitionen ausschließlich auf Einzelkanzleien und Zweier-Sozietäten bezieht, wurden die Investitionen im Rahmen der Gründung von Bürogemeinschaften der Vollständigkeit halber mit aufgelistet. Bei der Berechnung der durchschnittlichen Anfangsinvestitionen wurden nur Gründer berücksichtigt, die in den entsprechenden Bereichen investiert haben.
64 Bei der Kanzleigründung besteht die Möglichkeit, das Investitionsvolumen dadurch zu reduzieren, dass anfallende Kosten durch Miet- oder Leasingverträge auf längere Zeiträume verteilt werden. Von dieser Möglichkeit machen die Gründer in unterschiedlichem Ausmaß Gebrauch: Auffällig ist, dass

Teil 1 Zusammenfassung der wichtigsten Ergebnisse

Die Modellrechnung zeigt im Ergebnis, dass die Erfahrungswerte des Instituts der Anwaltschaft in einigen Bereichen deutlich korrekturbedürftig sind.

a) Einsatz und Nutzung von Computern

Im vorhergehenden Abschnitt wurde bereits deutlich, dass unabhängig von der Organisationsform neu gegründeter Kanzleien eine EDV-Anlage zur Standardausstattung gehört.[65]

Durch die Analyse wird allerdings sichtbar, dass die Möglichkeiten der Computernutzung im Kanzleialltag in der Regel nicht ausgeschöpft werden. Tabelle 9 kann entnommen werden, in wie vielen Kanzleien Computer in den verschiedenen Arbeitsfeldern zum Einsatz kommen.

	Kanzleien insgesamt	Einzel-kanzleien	Bürogemein-schaften	Sozietäten
Textverarbeitung	99%	100%	97%	99%
Stammdatenverwaltung	76%	66%	69%	83%
Finanzbuchhaltung	69%	59%	65%	75%
Kontenführung	60%	48%	56%	68%
Mahnwesen und Zwangsvollstreckung	60%	48%	53%	68%
CD-ROM-Einsatz	59%	52%	58%	64%
Gebührenwesen	57%	49%	50%	63%
Termin- und Fristenkalender	39%	29%	33%	46%
Internetzugang	26%	20%	28%	30%
Datenbankverwaltung	26%	18%	23%	31%
Einsatz als Kommunikationsmittel (z.B. Fax)	25%	20%	22%	29%
Onlinerecherchen	23%	15%	21%	27%
Expertenprogramme	18%	13%	18%	21%
Spiele	10%	12%	13%	9%

Tabelle 9: Einsatzfelder von Computern in Anwaltskanzleien

in der Regel deutlich weniger Gründer von Einzelkanzleien als Gründer von Bürogemeinschaften und Sozietäten Miet- oder Leasingverträge im Rahmen der Kanzleierstausstattung abschließen. Dies gilt sowohl für den Bereich der Bürotechnik als auch in Bezug auf Geschäftsfahrzeuge. Demgegenüber nutzt gerade im Bereich der Kommunikations- und Bürotechnik bis zu einem Viertel der Gründer von Bürogemeinschaften und Sozietäten die Möglichkeit zu Miet- oder Leasingverträgen.

65 Für bereits länger bestehende Kanzleien ergibt die Analyse der Computernutzung ein ganz ähnliches Bild. Deswegen ist es gerechtfertigt, neu gegründete Kanzleien zusammen mit bereits länger bestehenden Kanzleien einer gemeinsamen Analyse zu unterziehen. Soweit interpretierbare Unterschiede festzustellen sind, werden diese gesondert ausgewiesen.

F. Die berufliche Situation junger Rechtsanwältinnen und Rechtsanwälte Teil 1

Neben der Textverarbeitung sind es vor allem die Stammdatenverwaltung sowie die Finanzbuchhaltung, für die Computer eingesetzt werden. Die Kontenführung wird in 60% der Kanzleien mit Computereinsatz bearbeitet. Ebenfalls 60% der Kanzleien setzen Computer im Rahmen des Mahnwesens und der Zwangsvollstreckung ein. Das Medium CD-ROM wird in 59% der Kanzleien genutzt. 57% der Kanzleien setzen Computer im Gebührenwesen ein. In allen weiteren Arbeitsfeldern werden Computer nur noch vereinzelt zur Unterstützung der Arbeitsabläufe eingesetzt.

Differenziert nach Organisationsform der Kanzleien werden ganz erhebliche Unterschiede in der EDV-Nutzung deutlich: In allen relevanten Anwendungsfeldern kommen Computer in Sozietäten öfter als in Einzelkanzleien und Bürogemeinschaften zum Einsatz. In zwei Drittel aller Sozietäten werden das Mahnwesen und die Zwangsvollstreckung, die Kontenführung sowie das Gebührenwesen per Computer bearbeitet. Die Vergleichswerte für Einzelkanzleien und Bürogemeinschaften liegen demgegenüber in jedem der genannten Einsatzfelder deutlich unter 60%. Darüber hinaus werden in Sozietäten häufiger als in Einzelkanzleien und Bürogemeinschaften Computer zur Datenbankverwaltung, zur Nutzung des Internets, zur Online-Recherche, in der Telekommunikation (z. B. Fax) und schließlich zur Nutzung von Programmen auf CD-ROM eingesetzt.

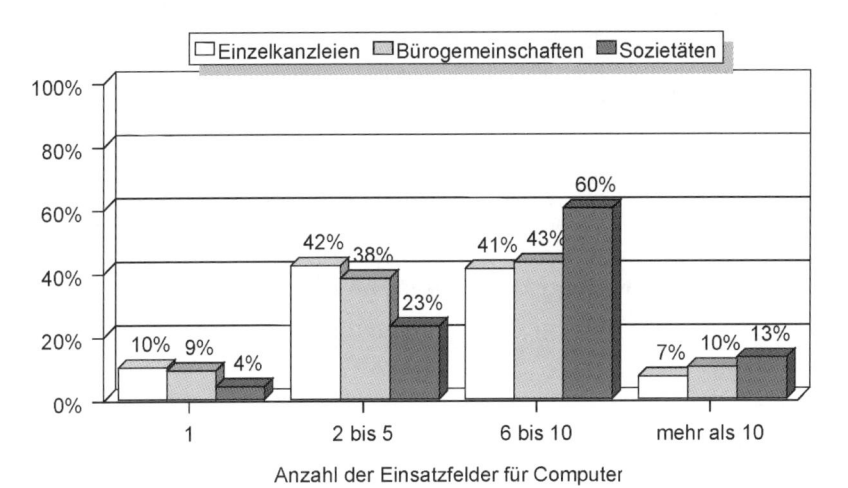

Abb. 36: Zahl der Einsatzfelder für Computer in Anwaltskanzleien

Diese Unterschiede im EDV-Einsatz zeigen sich auch in einem insgesamt deutlich **vielfältigeren** Einsatz von Computern in Sozietäten als in Einzelkanzleien und Bürogemeinschaften. Zwar werden Computer ausschließlich für Textverarbeitung unabhängig von der Organisationsform der Anwaltskanzleien nur noch in wenigen

Teil 1 Zusammenfassung der wichtigsten Ergebnisse

Kanzleien eingesetzt. Es wird aber deutlich, dass Computer in Einzelkanzleien in vergleichsweise wenigen Arbeitsabläufen als Arbeitsmittel eingebunden sind. Demgegenüber sind es vor allem Sozietäten, die EDV vielfältig nutzen: So kommen in rund 75% aller Sozietäten Computer in sechs oder mehr Arbeitsfeldern zum Einsatz. Die Vergleichswerte für Bürogemeinschaften und Kanzleien liegen demgegenüber bei 53% bzw. 48% (Abb. 36).

Schließlich weisen die vorliegenden Ergebnisse auf eine stärkere Einbindung der EDV-Technologie in den Kanzleialltag neu gegründeter Kanzleien hin (Gründungsjahr 1990 oder später) als in Kanzleien, die bereits länger bestehen.[66]

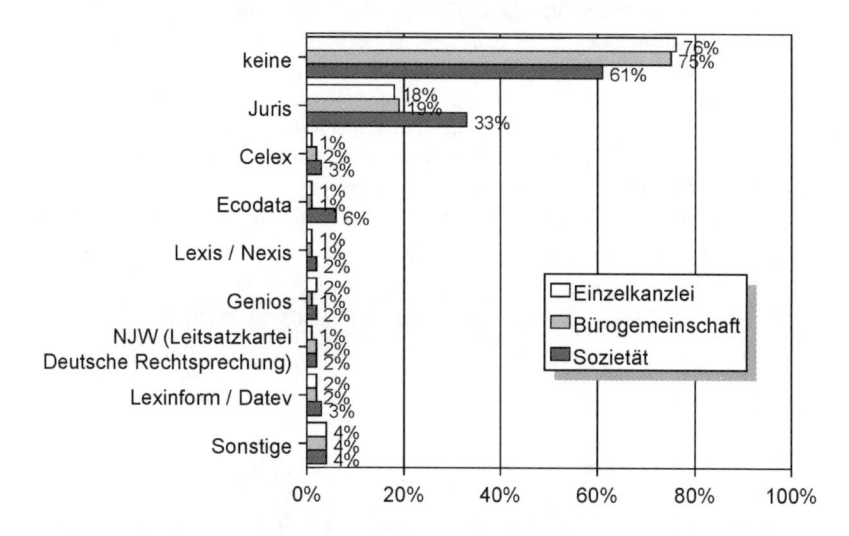

Abb. 37: Einsatz juristischer Datenbanken in Anwaltskanzleien

---

[66] Zumindest in der quantitativen Ausstattung mit Computern liegen neu gegründete Kanzleien vor bereits länger bestehenden Kanzleien. Für diesen Vergleich wurde das Verhältnis der Anzahl eingesetzter Computer zu den in einer Kanzlei tätigen Mitarbeiter berechnet: 1,5 Mitarbeiter (anwaltliches und nichtanwaltliches Personal, Vollzeit- und Teilzeitkräfte) teilen sich in neu gegründeten Sozietäten und Einzelkanzleien einen Computer. Der Vergleichswert für länger bestehende Kanzleien liegt bei 2 Mitarbeitern pro Computer (Anhang Abb. 51). An diesem Ergebnis kann eine stärkere Einbindung der EDV-Technik in die Anwaltstätigkeit in neueren Kanzleien abgelesen werden. Hierbei handelt es sich um eine dynamische Entwicklung: Rund 30% aller Anwälte geben an, dass in ihrer Kanzlei Pläne bestehen, neue Computer anzuschaffen (Anhang Abb. 52). Der Planungszeitraum für diese Modernisierung der EDV-Anlage bzw. für die Erweiterung der bestehenden EDV-Anlage liegt in der Regel zwischen einem Monat und 12 Monaten (Anhang Abb. 53).

F. Die berufliche Situation junger Rechtsanwältinnen und Rechtsanwälte — Teil 1

In Zusammenhang mit dem Einsatz neuer Informations- und Kommunikationstechnologien in Anwaltskanzleien ist die Nutzung EDV-gestützter Datenbanken im Rahmen der anwaltlichen Tätigkeit von besonderem Interesse. Aus Abb. 37 wird deutlich, dass juristische Datenbanken in neu gegründeten Anwaltskanzleien mehrheitlich **nicht** oder noch nicht zum Einsatz kommen: Drei Viertel der Anwälte in Einzelkanzleien und Bürogemeinschaften und 61% der Sozien greifen nicht auf solche Datenbanken zu. Auch in diesem Zusammenhang zeigt sich eine stärkere Nutzung neuer Informationstechnologien in Sozietäten im Vergleich zu Einzelkanzleien und Bürogemeinschaften.[67] Die Datenbank Juris ist die mit Abstand am stärksten verbreitete juristische Datenbank. Jeder dritte Sozius greift auf sie zurück. Die Vergleichswerte für Anwälte in Einzelkanzleien und Bürogemeinschaften liegen bei 18% bzw. 19%. Alle weiteren in der Abb. 37 aufgeführten Datenbanken werden jeweils nur von wenigen Anwälten genutzt.

Neben der Ausstattung mit Computern sowie der Liste zentraler Anwendungsfelder der EDV in Anwaltskanzleien ist auch der individuelle Umgang der Rechtsanwältinnen und Rechtsanwälte mit Computern von Bedeutung. Aus diesem Grund wurden die Anwälte gebeten, ihre eigenen Computerkenntnisse zum Zeitpunkt der Befragung anhand einer 5er Skala (1 = sehr gut; 5 = sehr schlecht) einzuschätzen. Die Abb. 38 zeigt folgendes Bild:

- Nur jeder zehnte Anwalt besitzt nach eigener Einschätzung sehr gute Computerkenntnisse.
- Jeweils rund ein Drittel der Anwälte schätzen die eigenen Kenntnisse als gut (Note zwei) oder befriedigend (Note drei) ein.
- 22% der Anwälte halten die eigenen Kenntnisse im Computerbereich für ausreichend oder mangelhaft.
- Rechtsanwältinnen schätzen im Vergleich zu ihren männlichen Kollegen ihre Computerkenntnisse deutlich schlechter ein. Dieses Ergebnis kann nicht einfach dahin gehend interpretiert werden, dass die Kenntnisse im Umgang mit Computern bei Rechtsanwältinnen faktisch geringer ausgeprägt sind als bei Rechtsanwälten. Die vorliegenden Ergebnisse lassen keine Beurteilung der tatsächlichen Computerkenntnisse zu. Allerdings weisen die Ergebnisse darauf hin, dass Rechtsanwältinnen im Vergleich zu ihren männlichen Kollegen Computer weniger selbstverständlich in ihren Arbeitsalltag einbinden.

Angesichts der nach eigener Einschätzung eher mittelmäßigen bis schlechten Computerkenntnisse der Mehrheit der Anwälte ist es von Interesse, welche Quellen Anwälte nutzen, um sich über Computer zu informieren. Es wird deutlich, dass vor allem der informelle Austausch mit Freunden und Kollegen über Computerprobleme im Vordergrund steht. Darüber hinaus zeigt sich, dass zwei Fünftel aller Anwälte Computer-Fachzeitschriften lesen. Fachbücher und Schulungen werden nur von einer

---

[67] Aus Abbildung 54 im Anhang geht hervor, dass vor allem in bereits länger bestehenden Sozietäten Datenbanken verstärkt zum Einsatz kommen. Dies indiziert, dass neue Kanzleien die Kosten für den Datenbankeinsatz vermeiden.

Teil 1 Zusammenfassung der wichtigsten Ergebnisse

Minderheit der Anwälte zur Weiterbildung hinzugezogen. Etwa ein Viertel der Anwälte akzeptiert auch Werbematerial als Informationsquelle über Computer (Anhang Abb. 55).

	Anwälte insgesamt	Rechtsanwältinnen	Rechtsanwälte
1 (sehr gut)	10%	7%	12%
2	32%	30%	33%
3	36%	40%	34%
4	13%	13%	13%
5 (sehr schlecht)	9%	10%	8%

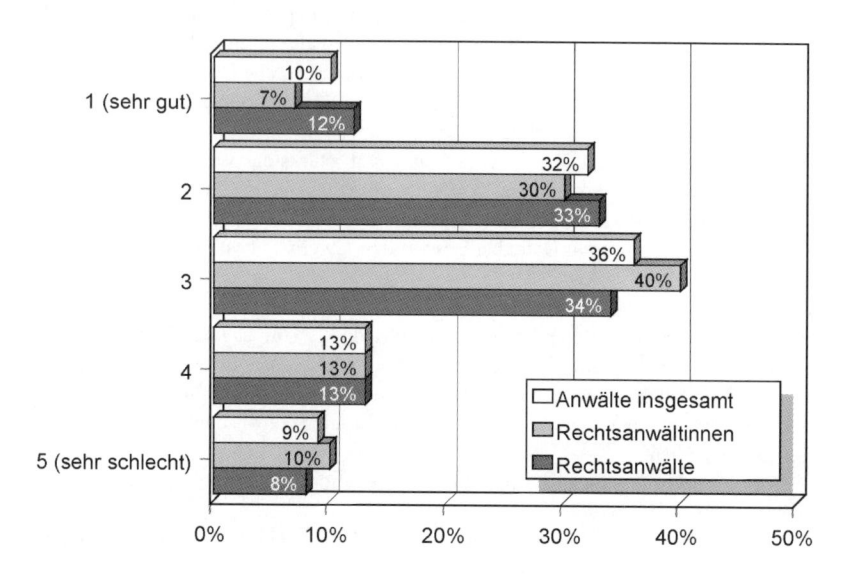

Abb. 38: Einschätzung der eigenen Computerkennnisse

Zusammenfassend kann festgestellt werden:
- EDV-Anlagen gehören inzwischen zur Standardausstattung von Anwaltskanzleien.
- Neu gegründete Einzelkanzleien und Sozietäten verfügen über eine (aufwändigere) bessere Computerausstattung als bereits länger bestehende Kanzleien.
- In Sozietäten werden Computer und die entsprechende Software erheblich intensiver genutzt als in Bürogemeinschaften und Einzelkanzleien.
- Die Computerkenntnisse der Anwälte sind nach ihrer Selbsteinschätzung eher durchschnittlich bis schlecht. Rechtsanwältinnen stufen sich signifikant schlechter ein als ihre männlichen Kollegen.

b) Internet in Anwaltskanzleien

»In absehbarer Zeit werden Anwaltskanzleien routinemäßig die Selbstdarstellungs-, Kommunikations- und Informationsmöglichkeiten des Internets nutzen. Keine Kanzlei wird bald mehr darauf verzichten können, sich selbst mit einer eigenen **Homepage** im

F. Die berufliche Situation junger Rechtsanwältinnen und Rechtsanwälte Teil 1

Internet vorzustellen.«[68] Dieser positiven Einschätzung der Bedeutung des Internets im Rahmen der Anwaltstätigkeit steht zunächst noch eine eher ernüchternde Realität gegenüber: Im vorhergehenden Kapitel wurde deutlich, dass nur etwa jede vierte Kanzlei über einen Internetzugang verfügt (vgl. hierzu Tabelle 9).

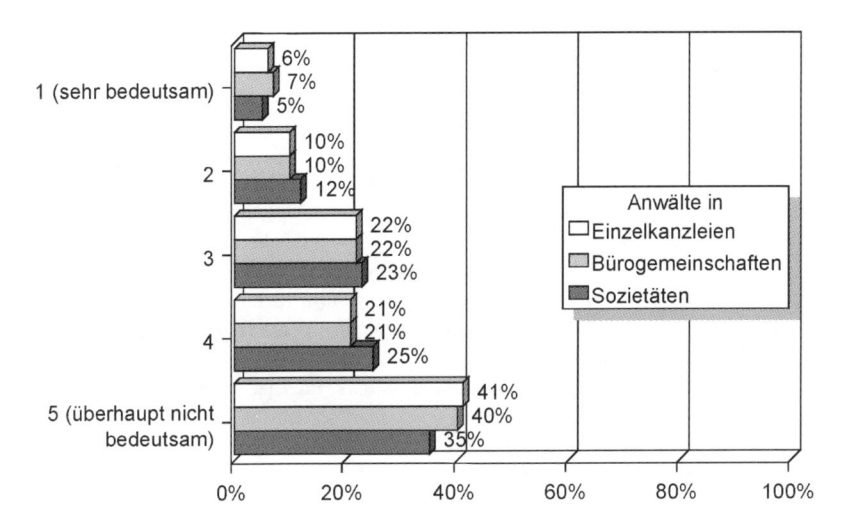

Bedeutung	Einzelkanzleien	Bürogemeinschaften	Sozietäten
1 (sehr bedeutsam)	6%	7%	5%
2	10%	10%	12%
3	22%	22%	23%
4	21%	21%	25%
5 (überhaupt nicht bedeutsam)	41%	40%	35%

Abb. 39: Bedeutung des Internets im Rahmen der anwaltlichen Tätigkeit

Im Folgenden wird die Einstellung junger Anwälte zum Internet als neue Informations- und Kommunikationstechnologie analysiert. Die befragten Anwälte wurden gebeten anzugeben, welche Bedeutung sie dem Internet im Rahmen ihrer beruflichen Tätigkeit zumessen. Darüber hinaus wurden sie gebeten, ihre Einschätzung zu begründen.

Im Ergebnis wird dem Internet von den jungen Anwälten eine nur geringe Bedeutung im Rahmen der anwaltlichen Tätigkeit zugeschrieben. Die Mehrheit der Anwälte (ca. 60%) bewertet das Internet als kaum oder gar nicht bedeutsam für ihre Tätigkeit (Abb. 39). Dieses Ergebnis gilt unabhängig vom Kanzleityp.
Die Gründe für die ablehnende Haltung gegenüber dem Internet sind vielfältig: 28% der Anwälte sind sich über den Nutzen des Internets noch im Unklaren, weil nach eigener Einschätzung Informationsdefizite bestehen oder noch keine ausreichenden Erfahrungen mit dem Medium Internet gemacht wurden. 18% sehen den Nutzen des

---

68 *Ebbing* 1999, S. 301. Umfassend zu der Thematik Einsatz des Internet im Rahmen der Anwaltstätigkeit vgl. *Kuner* 1999. Einblick in den EDV-Einsatz und den Einsatz von IuK-Technologien in Großkanzleien in den USA gewährt *Disterer* 1998.

Internets für die Anwaltstätigkeit nicht, weil über das Internet nach ihrer Einschätzung keine beruflich relevanten Informationen zu beziehen sind, die nicht auch über andere Quellen zu erhalten wären.[69] Darüber hinaus führen 12% der Anwälte als Argument gegen den Einsatz des Internets die bislang geringe Verbreitung dieses Mediums in Deutschland an. Jeder zehnte junge Anwalt hält das Internet für wenig alltagstauglich, weil es zu langsam sei. Sicherheitsbedenken und rechtliche Bedenken hinsichtlich der Nutzung des Internets im Rahmen der Anwaltstätigkeit haben 8% der Anwälte.[70] 6% merken an, dass die im Rahmen der Nutzung des Internets entstehenden Kosten zu hoch seien. Keinerlei Bedeutung für die Akquisition von Mandanten schreiben 4% der Anwälte dem Internet zu (Anhang Abb. 56).

Diesen kritischen Aspekten der Einbindung des Internets in die anwaltliche Tätigkeit werden von einer Minderheit der jungen Anwälte auch positive Aspekte gegenübergestellt (Anhang Abb. 57). Etwa jeder fünfte Anwalt hebt das Zukunftspotenzial des Internets gerade auch im Rahmen des anwaltlichen Marketings hervor.[71] Einen schnellen Zugang zu aktuellen und internationalen Informationen sehen 18% der befragten Anwälte im Internet. Darüber hinaus betonen 9% die Bedeutung des Internets als Kommunikationsmedium.

Im Ergebnis kann festgehalten werden, dass das Internet bisher nur von einer Minderheit der jungen Anwälte genutzt wird. Darüber hinaus besteht in der jungen Anwaltschaft noch eine vergleichsweise hohe Distanz und Skepsis gegenüber der Internetnutzung, die zum Teil mit fehlender Erfahrung oder Informationsdefiziten einhergeht. Das Potenzial, das gerade in der Kommunikation und in der Bereitstellung von rechtlichen Diensten im Internet liegt, wird nur von einer Minderheit der jungen Anwälte gesehen.

c) Nutzung von Fachliteratur

Die einschlägige Fachliteratur ist nach wie vor die zentrale Informationsquelle für die Ausübung der anwaltlichen Tätigkeit. Die jungen Anwälte wurden im Rahmen der Befragung um Angaben darüber gebeten, wie häufig sie die verschiedenen Einzelsparten der Fachliteratur nutzen. Im Einzelnen wurden folgende Einzelsparten untersucht:

Erwartungsgemäß werden Kommentare und Gesetzessammlungen von den befragten Gründern am häufigsten zu Rate gezogen. Darüber hinaus kommen Fachzeitschriften,

---

69 *Theekorn* 1998, S. 110 geht demgegenüber davon aus, dass jeder Anwalt zukünftig aus Wettbewerbsgründen das Internet als Arbeitsmittel zur aktuellen Informationsbeschaffung nutzen muss.
70 Zum Problem der Wahrung des Mandatsgeheimnisses bei netzwerkgestützter Kommunikation vgl. *Wagner; Lerch* 1996. Zur Wahrung des Mandatsgeheimnisses durch Verschlüsselung von E-Mails mit Hinweisen zur praktischen Ausführung vgl. *Lapp* 1998.
71 Zu dem Versuch, im Rahmen von Marketingaktivitäten im Internet ein Vertrauensverhältnis zu Mandanten aufzubauen und zu pflegen, vgl. *Disterer* 1998.

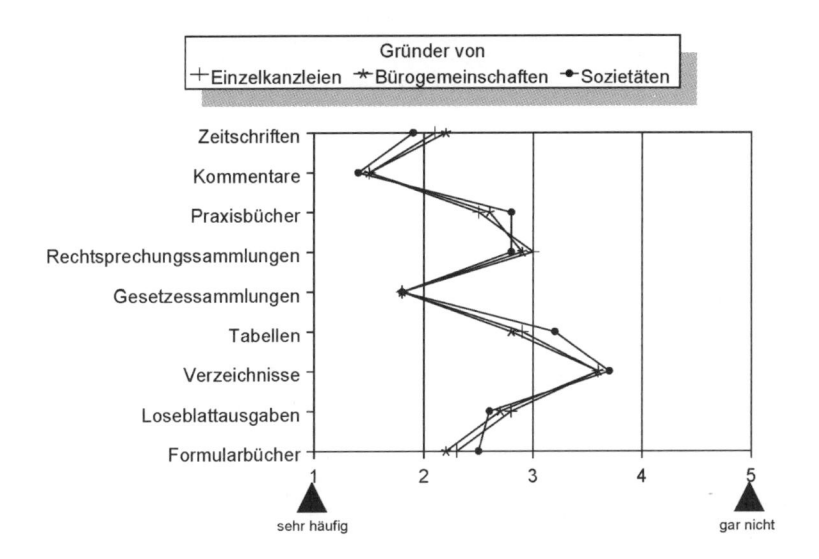

F. Die berufliche Situation junger Rechtsanwältinnen und Rechtsanwälte Teil 1

Abb. 40: Häufigkeit der Nutzung von Fachliteratur

Formularbücher, Loseblattausgaben und Praxisbücher häufig zum Einsatz. Verzeichnisse gehören demgegenüber nicht zu den alltäglichen Arbeitsmitteln (Abb. 40). Informationen über für sie relevante Fachliteratur erhalten die befragten Anwälte aus unterschiedlichen Quellen. Die Anwälte wurden gefragt, wie wichtig für sie Anzeigen in Fachzeitschriften, Werbesendungen der Verlage und juristischer Dienstleister oder örtliche Buchhändler als Informationsquelle für Fachliteratur sind. Die Bedeutung dieser Informationsquellen wird in Abb. 41 dargestellt: Es wird erkennbar, dass keine dieser Quellen eine eindeutige Vorrangstellung besitzt. Lediglich den Anzeigen in Fachzeitschriften wird durchschnittlich eine etwas größere Bedeutung zugewiesen.

d) Personalstruktur neu gegründeter Kanzleien

Nach der Beschreibung der sachlichen Ausstattung neu gegründeter Kanzleien soll im Folgenden die personelle Seite neu gegründeter Kanzleien beschrieben werden. Zunächst wird das **anwaltliche Personal** näher dargestellt. Anschließend wird untersucht, ob, in welchem Umfang und mit welcher Qualifikation nichtanwaltliche Mitarbeiter in neu gegründeten Anwaltsbüros zum Einsatz kommen.

Im Zusammenhang mit der Analyse der anwaltlichen Mitarbeiter in Anwaltskanzleien ist zunächst daran zu erinnern, dass sich Einzelanwälte mit der Gründung ihrer Einzelkanzlei in der Regel explizit gegen eine engere Zusammenarbeit mit Kollegen entschieden haben. Demgegenüber schließen sich Gründer von Sozietäten und Bürogemeinschaften bewusst mit weiteren Kollegen zur Berufsausübung zusammen. Bei rund zwei Drittel aller Neugründungen von Bürogemeinschaften (61%) und

Teil 1 Zusammenfassung der wichtigsten Ergebnisse

Gründer von
─+─ Einzelkanzleien ─●─ Bürogemeinschaften ─✶─ Sozietäten

Anzeigen in Fachzeitschriften

Werbesendungen der Verlage

Werbesendungen der Hans-Soldan GmbH

örtliche Buchhändler

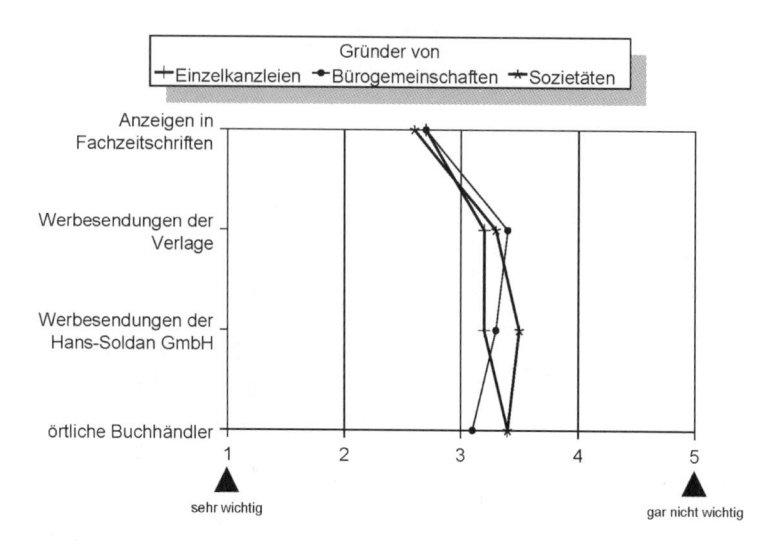

1   2   3   4   5

▲ sehr wichtig   ▲ gar nicht wichtig

Abb. 41: Bedeutung einzelner Informationsquellen über Fachliteratur

Sozietäten (68%) schließen sich zwei Anwälte zusammen. In 28% der neu gegründeten Bürogemeinschaften und in 23% der Sozietäten arbeiten drei und in jeder zehnten Bürogemeinschaft und Sozietät mehr als drei Partner bzw. Sozien zusammen (Abb. 42).

Bei der Betrachtung der geschlechtsspezifischen Verteilung der Partner ergeben sich deutliche Unterschiede zwischen Bürogemeinschaften und Sozietäten: So sind in 54% der neu gegründeten Bürogemeinschaften, aber nur in 41% der Sozietäten Anwältinnen tätig (Anhang Abb. 58).

Unabhängig von der Organisationsform neu gegründeter Kanzleien kann festgehalten werden, dass mehrheitlich keine anwaltlichen Mitarbeiter im Angestelltenverhältnis oder als freie Mitarbeiter beschäftigt werden: In 91% der neu gegründeten Einzelkanzleien gibt es neben dem Gründer kein weiteres anwaltliches Personal. 71% der Bürogemeinschaften und 65% der Sozietäten beschäftigen neben den Partnern keine weiteren anwaltlichen Mitarbeiter (Anhang Abb. 59).

Bezogen auf die Beschäftigung nichtanwaltlicher Mitarbeiter in neu gegründeten Kanzleien fällt auf, dass 41% der Gründer von Einzelkanzleien ihre Anwaltstätigkeit (zunächst) ohne weitere Unterstützung durch nichtanwaltliches Personal ausüben (Abb. 43). Es handelt sich hierbei vor allem um niedergelassene Einzelanwälte, die neben ihrer Anwaltstätigkeit noch einer weiteren Tätigkeit nachgehen (Anhang Abb.

F. Die berufliche Situation junger Rechtsanwältinnen und Rechtsanwälte Teil 1

[Diagramm: neu gegründete Bürogemeinschaften / Sozietäten nach Zahl der Sozien/Partner]
- 2 Anwälte: 61% / 67%
- 3 Anwälte: 28% / 23%
- 4 und mehr Anwälte: 11% / 10%

Zahl der Sozien / Partner

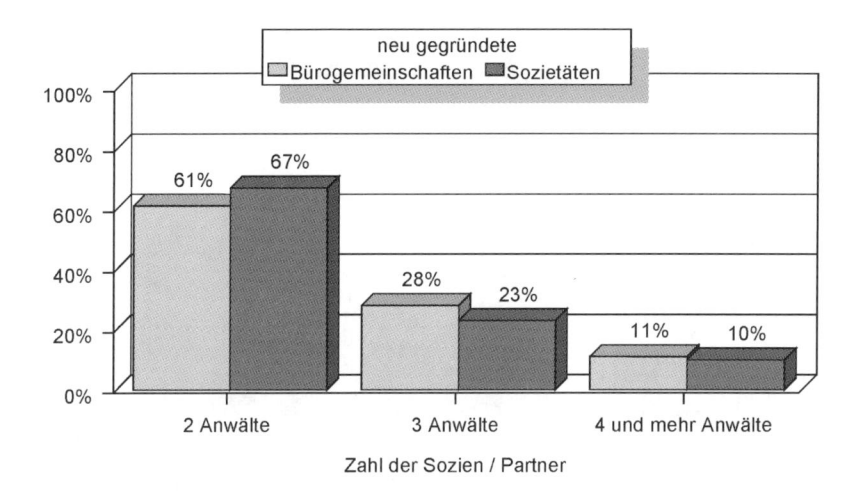

Abb. 42: Zahl der Sozien/Partner in neu gegründeten Kanzleien

[Diagramm: Einzelkanzleien / neu gegründete Bürogemeinschaften / Sozietäten]
- keine nichtanwaltlichen Mitarbeiter beschäftigt: 41% / 8% / 11%
- nichtanwaltliche Mitarbeiter beschäftigt: 59% / 92% / 89%

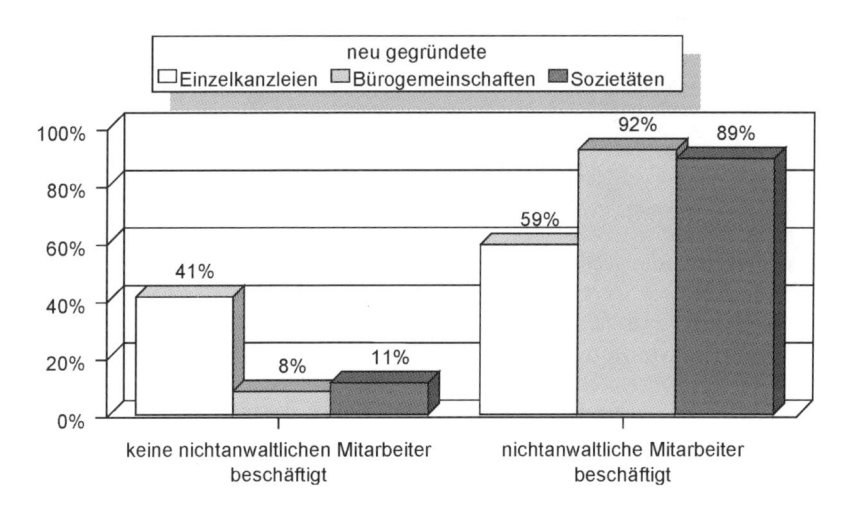

Abb. 43: Beschäftigung nichtanwaltlichen Personals in neu gegründeten Kanzleien

60). Darüber hinaus sind für 11% der Gründer von Sozietäten und für 8% der Gründer von Bürogemeinschaften keine nichtanwaltlichen Mitarbeiter tätig.

Teil 1 Zusammenfassung der wichtigsten Ergebnisse

[Balkendiagramm: Einzelkanzlei, Bürogemeinschaft, Sozietät]

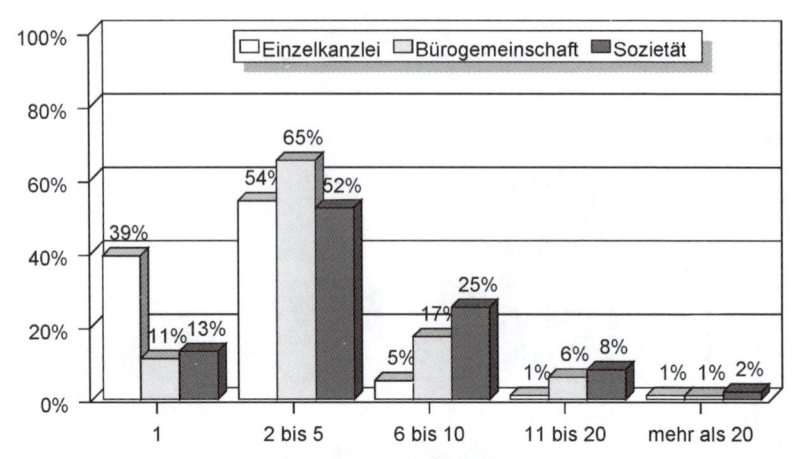

Anzahl Mitarbeiter	Einzelkanzlei	Bürogemeinschaft	Sozietät
1	39%	11%	13%
2 bis 5	54%	65%	52%
6 bis 10	5%	17%	25%
11 bis 20	1%	6%	8%
mehr als 20	1%	1%	2%

Berücksichtigt wurden nur Kanzleien, in denen nichtanwaltliche Mitarbeiter beschäftigt sind.

Abb. 44: Anzahl beschäftigter nichtanwaltlicher Mitarbeiter in neu gegründeten Kanzleien

Soweit nichtanwaltliche Mitarbeiter in neu gegründeten Kanzleien beschäftigt sind, ergibt sich folgendes Bild (Abb. 44):

- In 39% der Einzelkanzleien ist ein nichtanwaltlicher Mitarbeiter tätig. 54% der Einzelkanzleien beschäftigen zwei bis fünf nichtanwaltliche Mitarbeiter. Mehr als fünf nichtanwaltliche Mitarbeiter sind in 7% der neu gegründeten Einzelkanzleien tätig.
- In 76% der Bürogemeinschaften, die 1990 oder später gegründet wurden, sind bis zu fünf nichtanwaltliche Mitarbeiter tätig. 17% der Bürogemeinschaften beschäftigen zwischen sechs und zehn und 7% mehr als zehn nichtanwaltliche Mitarbeiter.
- In 65% der Sozietäten sind bis zu fünf nichtanwaltliche Mitarbeiter tätig. Jede vierte neu gegründete Sozietät beschäftigt zwischen sechs und zehn und jede zehnte Sozietät mehr als zehn nichtanwaltliche Mitarbeiter.

Die Struktur nichtanwaltlichen Personals in neu gegründeten Kanzlein variiert in Abhängigkeit von der Organisationsform der Anwaltbüros (Tabelle 10): Im Einzelnen ergeben sich folgende Tendenzen:

- Sozietäten und Bürogemeinschaften beschäftigen erheblich häufiger als Einzelanwälte Ganztags- oder Teilzeitkräfte mit ReNo-Ausbildung.
- Erheblich häufiger als Einzelanwälte bilden Sozietäten und Bürogemeinschaften selber aus.
- Auch die Zahl der in Sozietäten und Bürogemeinschaften beschäftigten Referendare liegt erheblich über der Vergleichszahl für Einzelkanzleien.

F. Die berufliche Situation junger Rechtsanwältinnen und Rechtsanwälte Teil 1

■ Sowohl in Sozietäten als auch in Bürogemeinschaften werden in nennenswertem Umfang (14% bzw. 13%) auch Steuerberater beschäftigt, die nur vereinzelt in Einzelkanzleien anzutreffen sind. Hierauf wird bei der Analyse des wirtschaftlichen Erfolgs der neu gegründeten Kanzleien noch zurückzukommen sein.

nichtanwaltliche Mitarbeiter	Einzelkanzlei	Sozietät	Bürogemeinschaft
	Anteil*	Anteil	Anteil
Referendare	10%	32%	21%
Ganztagskräfte (mit ReNo-Ausbildung)	19%	52%	47%
Ganztagskräfte (ohne ReNo)	8%	25%	24%
Teilzeitkräfte (mit ReNo-Ausbildung)	12%	30%	32%
Teilzeitkräfte (ohne ReNo-Ausbildung)	15%	22%	31%
Auszubildende	17%	53%	50%
Sekretärinnen/Schreibkräfte	8%	17%	20%
Aushilfskräfte	15%	29%	22%
Sonstige Mitarbeiter (z. B. Ehegatte)	14%	13%	13%
Steuerberater	2%	14%	13%
andere Hochschulabsolventen	4%	8%	8%

* Anteil der Gründer, die entsprechende nichtanwaltliche Mitarbeiter beschäftigen.

Tabelle 10: Nichtanwaltliche Mitarbeiter in neu gegründeten Kanzleien

9. Strategische Kanzleiausrichtung

Der Erfolg von Anwaltskanzleien ist in einem Wettbewerbsmarkt in erster Linie davon abhängig, ob es gelingt, durch klare strategische Ausrichtung und Profilierung für aktuelle und potentielle Mandanten unverwechselbar zu werden.[72] Dementsprechend ist der Misserfolg von Kanzleien vorprogrammiert, wenn lediglich passiv auf Nachfrage gewartet wird. Diese Vorstellung von einem naturwüchsigen Mandantenzulauf ist in Anwaltskanzleien, die sich noch in einem Anbietermarkt wähnen, weit verbreitet. Sie ist allerdings unter den gegenwärtigen Verhältnissen völlig unrealistisch.
Unter diesen Voraussetzungen war es im Rahmen der Studie von zentraler Bedeutung, sich der Frage zuzuwenden, ob bereits in neu gegründeten Kanzleien eine Profilbildung sichtbar wird. Dieser Frage wird im Folgenden nachzugehen sein.

72 Vgl. hierzu *Hommerich* 2000 und *Hommerich* 2001.

Teil 1 Zusammenfassung der wichtigsten Ergebnisse

a) Forensische oder beratende Ausrichtung

Die Gründer wurden danach gefragt, ob in ihren Kanzleien der Tätigkeitsschwerpunkt eher auf forensischer oder eher auf beratender Anwaltstätigkeit liegt.

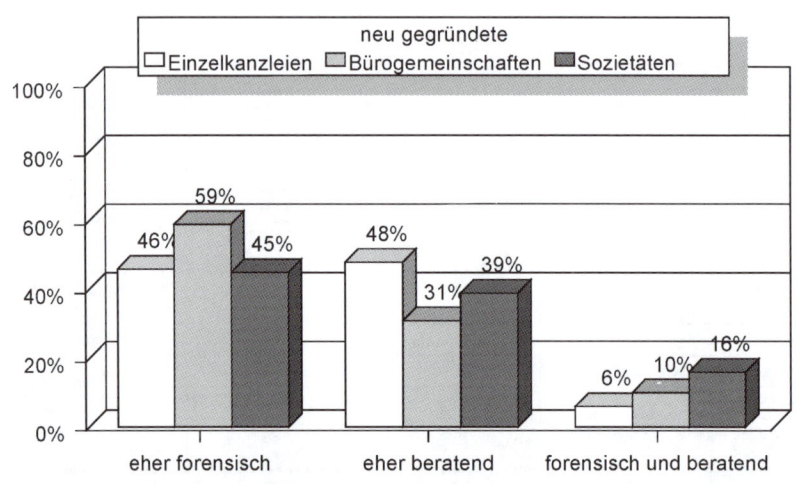

neu gegründete
☐ Einzelkanzleien ☐ Bürogemeinschaften ■ Sozietäten

	eher forensisch	eher beratend	forensisch und beratend
Einzelkanzleien	46%	48%	6%
Bürogemeinschaften	59%	31%	10%
Sozietäten	45%	39%	16%

Es wurden nur Gründer berücksichtigt, die neben ihrer Tätigkeit in eigener Kanzlei keiner weiteren Tätigkeit nachgehen.

Abb. 45: Schwerpunkt in der Tätigkeitsausrichtung in neu gegründeten Kanzleien

Im Ergebnis ordnen sich 46% der Einzelanwälte und 45% der Sozietäten den Kanzleien zu, die überwiegend forensisch tätig sind. Dieser Anteil liegt bei Bürogemeinschaften mit 59% deutlich höher (Abb. 45)[73].
Sozietäten unterscheiden sich von Einzelkanzleien vor allem dadurch, dass sie stärker sowohl im forensischen als auch im beratenden Bereich agieren (16% gegenüber 6%). Sie weisen damit häufiger eine Art Mischstruktur auf.
Insgesamt zeigt sich auch für junge Anwälte, dass sie bereits in nennenswertem Umfang außerforensisch tätig sind.[74]

---

[73] Es wurden nur Gründer berücksichtigt, die neben ihrer Tätigkeit in eigener Kanzlei keiner weiteren Tätigkeit nachgehen. Einzelanwälte mit beratendem Tätigkeitsschwerpunkt sind mehrheitlich Anwälte, die neben ihrer Anwaltstätigkeit eine weitere Tätigkeit ausüben (Anhang Abb. 61). Damit liegt die Vermutung nahe, dass es sich bei der Beratungstätigkeit um Mandate handelt, die sich aus der weiteren Tätigkeit ergeben.
[74] Vgl. hierzu bereits *Prognos/Infratest*, 1987.

F. Die berufliche Situation junger Rechtsanwältinnen und Rechtsanwälte Teil 1

b) Fachliche Schwerpunktsetzung in neu gegründeten Kanzleien

Um die fachlichen Schwerpunkte der untersuchten Kanzleien einschätzen zu können, wurden die Befragten gebeten, die Bedeutung von 23 Rechtsgebieten für ihre aktuelle Anwaltstätigkeit einzuschätzen. Mit Hilfe einer Faktorenanalyse wurde anschließend untersucht, ob sich bestimmte typische Kombinationen von Rechtsgebieten ermitteln lassen, die von Anwälten gleichzeitig bedient werden und die sich zugleich von anderen Kombinationen von Rechtsgebieten abheben. Im Anschluss an diese statistische Abgrenzung voneinander unabhängiger Tätigkeitsschwerpunkte wurde ermittelt, in welchen dieser Schwerpunkte die untersuchten Kanzleien tätig sind.
Aus Tabelle 11 geht hervor, dass sich mit Hilfe der Faktorenanalyse insgesamt sechs voneinander unabhängige Tätigkeitsschwerpunkte identifizieren lassen.

- Der erste Schwerpunkt umfasst mit Familienrecht, Mietrecht und Verkehrsrecht im Wesentlichen private Rechtsprobleme des täglichen Alltags. Dieser Schwerpunkt ist in Kanzleien jeden Typs deutlich am stärksten ausgeprägt.
- Das zweite Bündel von Rechtsgebieten umfasst mit Handelsrecht, Steuerrecht, Gesellschaftsrecht und Erbrecht Rechtsmaterien, die vor allem für den mittelständischen gewerblichen Bereich relevant sind.
- Ein dritter Schwerpunktbereich liegt im öffentlichen und privaten Baurecht und hiermit eng verbunden im Grundstücksrecht. Kanzleien, die hier einen Schwerpunkt haben, sind teilweise auch im Umweltrecht tätig.
- Ein weiterer Schwerpunkt liegt im Zwangsvollstreckungsrecht, das teilweise im Verbund mit Insolvenzrecht bedient wird.
- Weitere voneinander abgrenzbare Schwerpunkte von Kanzleien liegen im Arbeits- und Sozialrecht sowie im Bereich des Wettbewerbsrechts und des gewerblichen Rechtsschutzes.

Tätigkeitsschwerpunkte	neu gegründete Einzelkanzleien	neu gegründete Bürogemeinschaften	neu gegründete Sozietäten
Familienrecht, Mietrecht, Verkehrsrecht	44%*	58%	57%
Handelsrecht, Gesellschaftsrecht, Steuerrecht, Erbrecht	23%	34%	43%
öffentliches Recht, Grundstücksrecht, privates Baurecht, Umweltrecht	12%	14%	20%
Zwangsvollstreckungsrecht, Insolvenzrecht	12%	14%	22%
Arbeitsrecht, Sozialrecht	12%	13%	8%
Wettbewerbsrecht, gewerblicher Rechtsschutz, Versicherungsrecht	5%	11%	10%

* Anteil der neu gegründeten Kanzleien, in denen fachliche Themenschwerpunkte stark ausgebildet sind.

Tabelle 11: Fachliche Schwerpunkte neu gegründeter Kanzleien

Teil 1 Zusammenfassung der wichtigsten Ergebnisse

Diese sechs Schwerpunkte markieren – wie bereits angedeutet – Kombinationen von Rechtsgebieten, die sich in neu gegründeten Kanzleien bereits in den ersten Jahren nach Gründung herausbilden.[75] Dieser Prozess der schrittweisen Entwicklung von Kernkompetenzbereichen verläuft je nach Kanzleiform sehr unterschiedlich. Im Einzelnen lassen sich hierzu folgende Aussagen treffen:

- Einzelkanzleien und – schwächer ausgeprägt – Bürogemeinschaften haben anders als neu gegründete Sozietäten in der Gründungsphase erheblich größere Schwierigkeiten, ein klares Tätigkeitsprofil im Sinne der aufgezeigten Schwerpunkte zu entwickeln.[76] So ist die durchschnittliche Einschätzung der Bedeutsamkeit einzelner Rechtsgebiete als fachliche Schwerpunkte bei Einzelanwälten fast durchweg geringer ausgeprägt als bei Gründern von Bürogemeinschaften und Sozietäten (vgl. Anhang Tabelle 4). Es kristallisiert sich heraus, dass Einzelkanzleien vor allem in Rechtsfragen des Alltags (Mietrecht, Verkehrsrecht, Familienrecht) für Privatleute tätig werden und darüber hinaus teilweise in der Lage sind, auch im wirtschaftsrechtlichen Bereich Fuß zu fassen und Profil zu gewinnen (23%).
- Neu gegründete Sozietäten weisen demgegenüber ein deutlich ausgeprägteres Profil auf. Dies gilt nicht allein für die Rechtsgebiete des privaten, sondern auch vor allem des gewerblichen Rechtsverkehrs, in denen die Sozietäten deutlich häufiger einen abgrenzbaren Schwerpunkt ihrer Tätigkeit entwickeln können: In signifikant mehr Sozietäten als Einzelkanzleien und Bürogemeinschaften liegt ein fachlicher Schwerpunkt auf Erbrecht, Handelsrecht, Gesellschaftsrecht, Steuerrecht. Sozietäten sind auch erheblich häufiger im Wettbewerbsrecht/gewerblichen Rechtsschutz, Zwangsvollstreckungsrecht und öffentlichen und privaten Baurecht tätig als Einzelkanzleien und Bürogemeinschaften. Letztere nehmen in nahezu allen Schwerpunktbereichen (Ausnahme: Arbeitsrecht) eine Art Mittelstellung zwischen Einzelkanzleien und Sozietäten ein.
- Im Bereich Familienrecht, Mietrecht, Verkehrsrecht liegt der fachliche Schwerpunkt der meisten neu gegründeten Kanzleien. 57% der Sozietäten und 58% der Bürogemeinschaften sehen hier einen Tätigkeitsschwerpunkt der eigenen anwaltlichen Tätigkeit. Im Vergleich hierzu trifft dies auf 44% der Einzelanwälte zu.
- Auch im öffentlichen Recht, dem Baurecht und dem Umweltrecht sind Sozietäten häufiger als Einzelkanzleien tätig.
- Fachliche Tätigkeitsschwerpunkte im Versicherungsrecht, Wettbewerbsrecht und gewerblichen Rechtsschutz liegen in wenigen Kanzleien vor.
- Auffällig ist, dass Schwerpunktsetzungen im Arbeits- und Sozialrecht in den neu gegründeten Kanzleien vergleichsweise gering ausgeprägt sind.

---

75 Vgl. hierzu bereits *Hommerich* 1988, S. 87 ff.
76 Die durchschnittliche Einschätzung der Bedeutsamkeit einzelner Rechtsgebiete als fachliche Schwerpunkte ist bei Einzelanwälten fast durchweg geringer ausgeprägt als bei Gründern von Bürogemeinschaften und Sozietäten (vgl. Anhang Tabelle 4).

F. Die berufliche Situation junger Rechtsanwältinnen und Rechtsanwälte Teil 1

c) Spezialist versus Generalist

Eine im Zusammenhang mit der Ausübung anwaltlicher Tätigkeit immer wieder diskutierte Frage ist die nach den Erfolgschancen von »Generalisten« und »Spezialisten«. In diesem Zusammenhang stellt sich zunächst ein schwieriges Abgrenzungsproblem. Dieses Problem wurde im Rahmen der vorliegenden Untersuchung durch Rekurs auf die Selbstzuordnung der befragten Anwälte zur Gruppe der Generalisten oder der Spezialisten gelöst. Dem lag die Überlegung zugrunde, dass die faktische Ausrichtung der anwaltlichen Tätigkeit sehr stark durch das berufliche Selbstverständnis und die aus ihm abgeleitete Kanzleistrategie geprägt ist.[77]

Gründer von
☐ Einzelkanzleien ☐ Bürogemeinschaften ■ Sozietäten

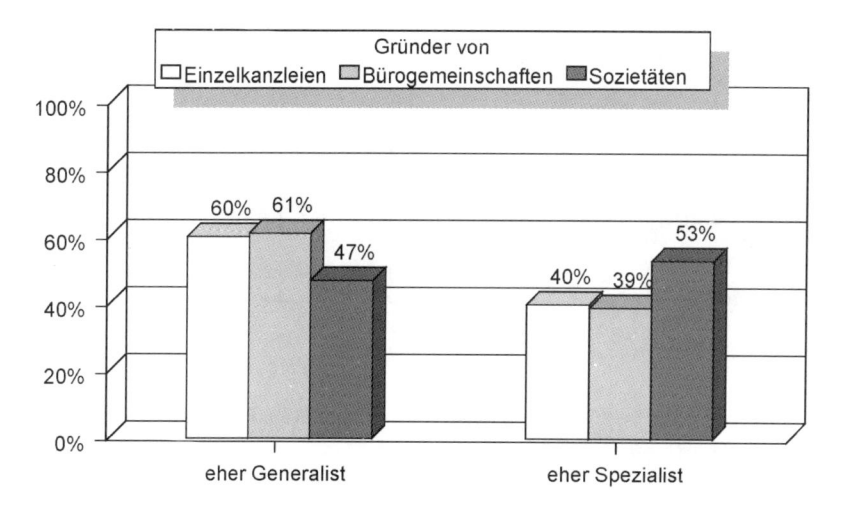

	eher Generalist	eher Spezialist
Einzelkanzleien	60%	40%
Bürogemeinschaften	61%	39%
Sozietäten	47%	53%

Abb. 46: Selbsteinschätzung der Gründer als Generalist oder Spezialist

Aus Abb. 46 geht hervor, dass sich Sozien im Vergleich zu ihren Kollegen in Einzelkanzleien und Bürogemeinschaften signifikant häufiger als Spezialisten bezeichnen: 53% der Sozietätsgründer schätzen sich als Spezialisten ein, während sich im Vergleich hierzu 40% der Einzelanwälte und 39% der Anwälte, die ihrer Anwaltstätigkeit in Bürogemeinschaften nachgehen, der Gruppe der Spezialisten zuordnen.[78]

---

[77] Vgl. zu diesem Abgrenzungsproblem *Hommerich*, 1988, S. 68 f.
[78] Das IFB weist in seiner Studie (Nürnberg 2000) einen Anteil von 67% der jungen Anwälte aus, die sich persönlich auf ein bestimmtes Rechtsgebiet oder bestimmte Rechtsgebiete spezialisiert haben. Die vorliegenden Ergebnisse zeigen, dass sich demgegenüber deutlich weniger junge Anwälte selbst als Spezialisten einschätzen. (Im weiteren Verlauf wird dieser Befund bei der Gruppe der Gründer auch für die angestellten Anwälte und die freien Mitarbeiter bestätigt.) Offenbar bedeutet die persönliche Spezialisierung nicht gleich, dass die Anwaltstätigkeit dem Leitbild des Spezialisten folgt.

Teil 1 Zusammenfassung der wichtigsten Ergebnisse

Vergleicht man diese Werte mit denen der Vergleichsuntersuchung aus den 80er Jahren, so ergibt sich folgendes Bild[79]: In der ersten Untersuchung bezeichneten sich 27% der Gründer von Sozietäten, 20% der Einzelanwälte und 36% der Anwälte in Bürogemeinschaften als Spezialisten. Dieses Ergebnis ist ein deutlicher Hinweis darauf, dass die allgemeine Tendenz zu stärkerer Spezialisierung auch und gerade in der jungen Anwaltschaft Platz greift.

Rechtsgebiet	Anteil
Handels- / Gesellschaftsrecht	29%
Arbeitsrecht	25%
öffentl. Recht/ Verwaltungsrecht	23%
Steuer- / Abgabenrecht	17%
Strafrecht	10%
Wirtschaftsrecht	10%
Internationales Recht	7%
Sozialrecht	5%
Versicherungsrecht	3%
sonstige Rechtsgebiete	8%

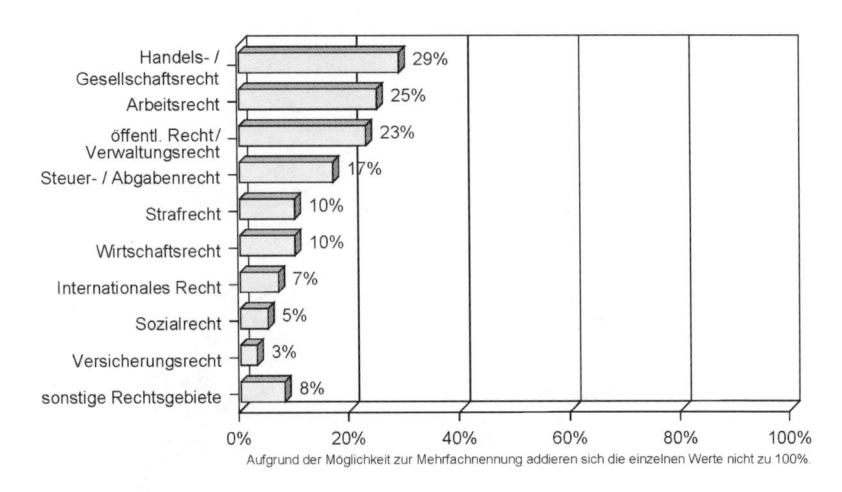

Aufgrund der Möglichkeit zur Mehrfachnennung addieren sich die einzelnen Werte nicht zu 100%.

Abb. 47: Spezialgebiete der Spezialisten unter den Kanzleigründern (Selbsteinschätzung)

Die Spezialgebiete der Gründer, die sich selbst als Spezialisten sehen, können Abb. 47 entnommen werden: Das Handels- und Gesellschaftsrecht, das Arbeitsrecht sowie das öffentliche Recht und das Verwaltungsrecht werden von jeweils mehr als 20% der Spezialisten genannt. Im Steuer- und Abgabenrecht sehen 17% ein Spezialgebiet ihrer anwaltlichen Tätigkeit in eigener Kanzlei. Alle weiteren Rechtsgebiete werden von bis zu 10% der Gründer genannt.

Analysiert man mögliche Determinanten der Spezialisierung, so werden folgende Tendenzen deutlich (Anhang Tabelle 5):

- Einzelanwälte, die in Großstädten residieren, sind signifikant häufiger spezialisiert als ihre Kollegen in kleineren Orten.
- Soweit Einzelanwälte promoviert sind, sind sie häufiger spezialisiert als ihre nicht promovierten Kollegen. Gleiches gilt für promovierte Anwälte in Sozietäten, die sich zu 61 % als Spezialisten bezeichnen.

79 Vgl. *Hommerich* 1988, S. 92.

F. Die berufliche Situation junger Rechtsanwältinnen und Rechtsanwälte Teil 1

- Die Tendenz zur Spezialisierung bildet sich in Bürogemeinschaften und Sozietäten verstärkt im dritten bis fünften Jahr nach der Gründung (Konsolidierungsphase) aus.

d) Ausrichtung auf spezielle Mandantengruppen

Um einen Einblick in die strategische Ausrichtung neu gegründeter Kanzleien zu erhalten, wurden die Gründer gefragt, ob ihre Kanzlei in den nächsten drei bis fünf Jahren auf bestimmte Zielgruppen ausgerichtet werden soll. Hierbei zeigt sich, dass weit über die Hälfte der Kanzleigründer eine mittelfristige Ausrichtung auf Zielgruppen plant. Differenziert nach Organisationsform neu gegründeter Kanzleien werden erwartungsgemäß erhebliche Unterschiede deutlich: Während 54% der neu gegründeten Einzelkanzleien eine Ausrichtung auf bestimmte Zielgruppen verfolgen, sind dies nicht weniger als 66% der Bürogemeinschaften und 72% der Sozietäten (Abb. 48).

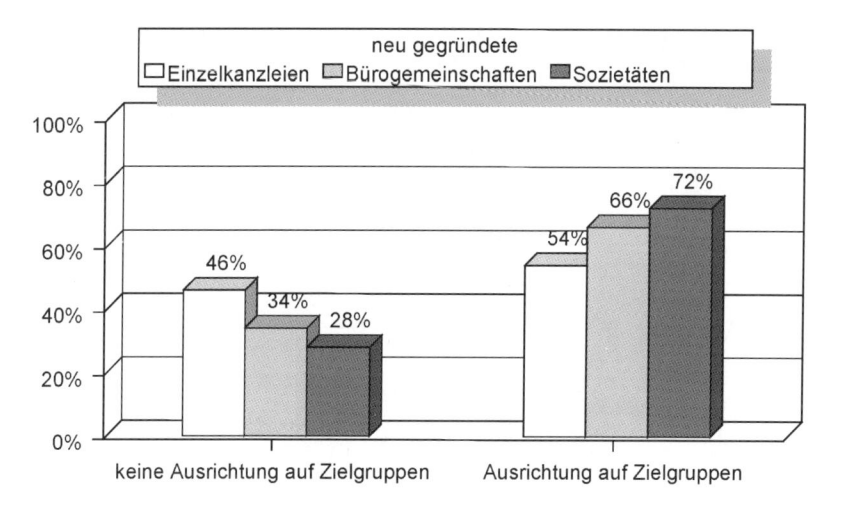

Abb. 48: Mittelfristige Ausrichtung neu gegründeter Kanzleien auf spezielle Zielgruppen

Es zeigt sich, dass junge Einzelanwälte in der Tendenz nach wie vor eher am Leitbild des Generalisten festhalten, während sich Anwälte in Bürogemeinschaften und in Sozietäten stärker am Leitbild des Spezialisten orientieren.
Wichtigste Zielgruppe der eher am Leitbild des Spezialisten ausgerichteten Gründer sind kleine und mittlere Unternehmen, auf die sich rund 80% der Sozietäten ausrichten wollen (Einzelkanzleien und Bürogemeinschaften rund 50%).

Teil 1 Zusammenfassung der wichtigsten Ergebnisse

Neben kleinen und mittleren kommen für eine Minderheit der Sozietäten auch größere Unternehmen (13%) sowie Städte, Gemeinden und Kirchen (16%) als Zielgruppen in Frage. Privatpersonen visieren rund 20% der Bürogemeinschaften und Einzelkanzleien als Zielgruppe an (vgl. Anhang Tab. 62 und 63).
Insgesamt wird erkennbar, dass mit zunehmender innerer Differenzierung der Kanzleien eine Differenzierung der strategischen Konzepte einhergeht.

10. Mandantenakquisition

Das zentrale Durchsetzungsproblem der Kanzleigründer besteht in der Rekrutierung eines Mandanten- und Klientenstammes. Dieses Problem haben vor allem Gründer, die keine Mandate aus vorausgegangener Tätigkeit »mitnehmen« oder bei Gründung einbringen können. Abb. 49 ist zu entnehmen, dass ca. die Hälfte der Gründer bei Kanzleigründung Mandate einbringen konnte. Allerdings werden deutliche Unterschiede nach Kanzleityp sichtbar: 40% der Gründer von Einzelkanzleien konnten Mandate einbringen. Die Vergleichswerte für Gründer von Bürogemeinschaften und Sozietäten liegen mit 48% bzw. 53% deutlich höher.

	konnte keine Mandate einbringen	konnte Mandate einbringen	trifft auf mich nicht zu
Einzelkanzleien	45%	40%	15%
Bürogemeinschaften	34%	48%	18%
Sozietäten	34%	53%	13%

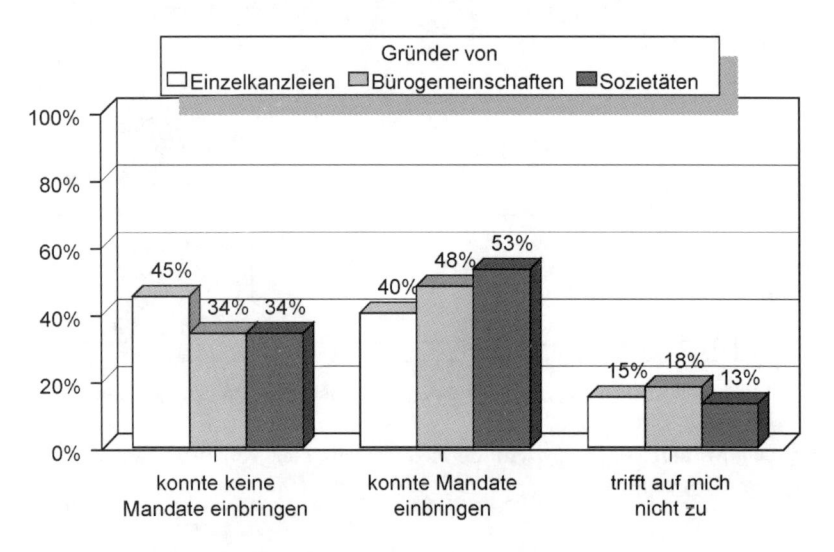

Abb. 49: **Möglichkeit, aufgrund einer früheren beruflichen Tätigkeit Mandate in die neu gegründete Kanzlei einzubringen**

Um einen Einblick in die Akquisitionskanäle zu erhalten, wurden die Gründer gebeten, die Bedeutung unterschiedlicher Rekrutierungsformen einzuschätzen. Im

F. Die berufliche Situation junger Rechtsanwältinnen und Rechtsanwälte Teil 1

Folgenden werden zunächst die fünf zentralen Rekrutierungsformen dargestellt. Daran anschließend werden die unterschiedlichen Gewichtungen der verschiedenen Möglichkeiten, Mandanten zu erhalten, nach Kanzleityp untersucht. Im Einzelnen können folgende Formen der Mandantenrekrutierung unterschieden werden (Tabelle 12):

Wege, über die eine Kanzlei Mandanten erhält	Gründer insgesamt	neu gegründete Einzelkanzleien	neu gegründete Bürogemeinschaften	neu gegründete Sozietäten
Weiterempfehlung durch andere Mandanten	1,7*	1,7	1,7	1,7
durch Empfehlung aus der Verwandtschaft bzw. aus dem Bekannten- und Freundeskreis	2,5	2,4	2,4	2,6
durch Empfehlung anderer Anwaltskollegen	3,0	3,0	3,0	2,9
durch Bekanntwerden der Spezialisierung (eigene Spezialisierung, Spezialisierung der Partner)	3,0	3,4	2,6	2,5
durch persönlichen Kontakt im Rahmen von Verbands-, Vereins- und Clubmitgliedschaften	3,1	3,3	2,9	3,0
Laufkundschaft	3,4	3,4	3,6	3,4
durch Korrespondenzmandate	3,5	3,7	3,4	3,2
Empfehlung durch Steuerberater	3,6	3,8	3,5	3,2
Empfehlung durch Versicherungen	3,7	3,9	3,6	3,4
durch Vorträge (eigene Vorträge, Vorträge von Partnern)	4,0	4,2	3,9	3,8
Empfehlung durch Verband	4,1	4,3	3,8	4,0
durch den Anwaltssuchservice	4,2	4,3	4,1	4,1
durch Empfehlung der Bank	4,2	4,4	4,2	3,9
durch Kontakte aus politischer Betätigung	4,3	4,5	4,1	4,2
durch Publikationen (eigene Publikationen, Publikationen von Partnern)	4,5	4,6	4,2	4,4

* Mittelwerte auf einer 5er-Skala: Der Wert 1 bedeutet "häufig" der Wert 5 bedeutet "nie".

Tabelle 12: Formen der Mandantenrekrutierung in neu gegründeten Kanzleien (durchschnittliche Häufigkeit)

- Zentral ist der Aufbau eines Netzwerkes zufriedener Mandanten, die die Kanzlei weiterempfehlen. Nach Einschätzung der Gründer ist dies der wichtigste Akquisitionskanal. Dies gilt für alle Kanzleitypen.
- Darüber hinaus sind es Empfehlungen seitens der Verwandtschaft, des Freundes- und Bekanntenkreises, die den Aufbau eines Klientenstamms in der Anfangsphase einer Kanzlei unterstützen.[80] In Sozietäten ist die Tendenz der Aktivierung von

---

80 Differenziert nach Geschlecht der Gründer zeigt sich, dass Rechtsanwältinnen häufiger als ihre männlichen Kollegen Mandanten durch Empfehlungen aus der Verwandtschaft, dem Bekannten- und Freundeskreis gewinnen (vgl. Anhang Tabelle 6).

Teil 1 Zusammenfassung der wichtigsten Ergebnisse

Mandaten aus dem persönlichen Umfeld leicht schwächer ausgeprägt als bei den anderen Organisationsformen.
- Daneben entwickeln sich bereits früh erste Anfänge eines professionsinternen Empfehlungsnetzes. Ein Indiz hierfür ist die vergleichsweise große Bedeutung von Weiterempfehlungen potentieller Mandanten durch Anwaltskollegen.
- Die strategische Ausrichtung einer Kanzlei durch fachliche Spezialisierung und Schwerpunktsetzung in einzelnen Tätigkeitsgebieten wirkt sich ebenfalls bereits in der Gründungsphase positiv auf die Akquisition von Mandanten aus. Hiervon profitieren erwartungsgemäß die stärker spezialisierten Sozietäten und teilweise auch Bürogemeinschaften.
- Schließlich ist die öffentliche Präsenz der Anwälte mittels persönlicher Kontakte im Rahmen von Verbands-, Vereins- und Clubmitgliedschaften nach wie vor ein nennenswerter Akquisitionskanal.

Differenziert nach Kanzleityp werden Unterschiede in der Art der Akquisition von Mandanten deutlich. Diese Differenzen bestehen vor allem zwischen Gründern von Einzelkanzleien auf der einen Seite und Anwälten in Bürogemeinschaften und Sozietäten auf der anderen Seite:

- Bürogemeinschaften und Sozietäten betonen deutlich stärker als Einzelanwälte, dass sie Mandate durch Bekanntwerden ihrer Spezialisierungen erhalten, ein Vorteil, auf den vor allem Einzelanwälte, die sich überwiegend als Generalisten verstehen, verzichten müssen.
- Die Gründer von Bürogemeinschaften und Sozietäten werden darüber hinaus häufiger durch andere Dienstleister (Steuerberater, Versicherungen, Banken) empfohlen als Einzelanwälte.
- Mitglieder von Bürogemeinschaften und Sozietäten geben häufiger als Einzelanwälte an, aufgrund von Vorträgen und Publikationen Mandate zu erhalten (Anhang Abb. 64 und Abb. 65)[81].
- Ein weiterer wichtiger Unterschied zwischen Einzelanwälten einerseits sowie Bürogemeinschaften und Sozietäten andererseits besteht darin, dass letztere deutlich häufiger angeben, Mandate über persönliche Kontakte im Rahmen von Verbands-, Vereins- und Clubmitgliedschaften zu erhalten. Diese letztgenannte Tendenz deutet auf ein aktiveres persönliches Akquisitionsverhalten von Anwälten hin, die in Sozietäten und Bürogemeinschaften tätig sind.

---

81 Die Akquisition neuer Mandanten durch Publikationstätigkeit und Bekanntwerden fachlicher Spezialisierungen spielt in Städten unter 100.000 Einwohner eine im Vergleich zu größeren Städten geringere Rolle (Anhang Tabelle 6). Im Zusammenhang mit der Differenzierung nach der Größe des Kanzleistandortes ist ein weiteres Ergebnis von Interesse: Laufkundschaft spielt zwar insgesamt nur eine untergeordnete Rolle. Es wird aber deutlich, dass sie in kleineren Städten (unter 100.000 Einwohnern) durchaus zur Verbreiterung des Mandantenstamms beiträgt. In Kanzleien in Städten mit 100.000 oder mehr Einwohnern spielt Laufkundschaft nach Angaben der Gründer so gut wie keine Rolle.

F. Die berufliche Situation junger Rechtsanwältinnen und Rechtsanwälte Teil 1

```
1 = Mandatszahl im Gründungsjahr    4 = Mandatszahl im 4. Jahr
2 = Mandatszahl im 2. Jahr          5 = Mandatszahl im 5. Jahr
3 = Mandatszahl im 3. Jahr          6 = Mandatszahl im 6. Jahr
```

Anzahl der Mandate

□ Einzelkanzleien** ■ Sozietäten

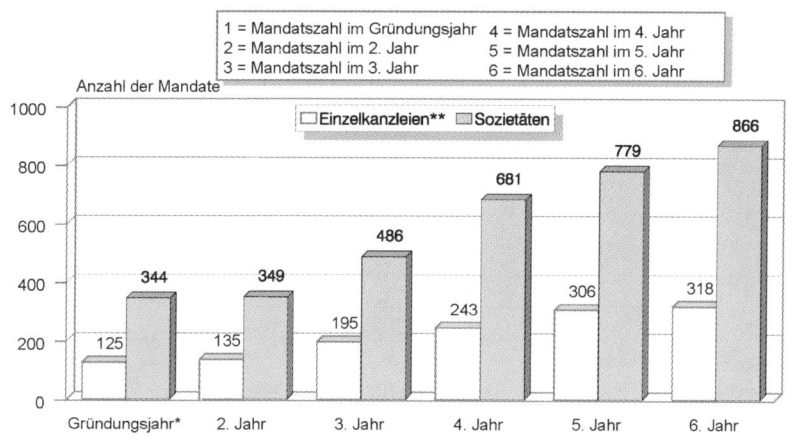

Gründungsjahr*	2. Jahr	3. Jahr	4. Jahr	5. Jahr	6. Jahr
125 / 344	135 / 349	195 / 486	243 / 681	306 / 779	318 / 866

* Die Anzahl der Mandate wurde auf volle 12 Monate umgerechnet.
** einschließlich der Einzelkanzleien im Rahmen von Bürogemeinschaften

Abb. 50: Entwicklung der Mandatszahlen in neu gegründeten Kanzleien

Insgesamt kann man aufgrund dieser Einzelbefunde zu der Schlussfolgerung gelangen, dass es Mitgliedern von Bürogemeinschaften und Sozietäten eher als Einzelanwälten gelingt, in Netzwerke der Weiterempfehlung eingebunden zu werden.

Die quantitative Analyse der Mandantenentwicklung zeigt, dass sowohl Gründer von Einzelkanzleien als auch Gründer von Sozietäten in aller Regel kontinuierliche Steigerungen der Mandatszahlen verzeichnen können (Abb. 50).[82]
Die generelle Entwicklung der Mandatszahlen läuft in Einzelkanzleien und Sozietäten parallel: Während im zweiten Jahr im Vergleich zum Gründungsjahr nur geringe Zuwächse in den Mandaten festzustellen sind, steigen diese im dritten Jahr erheblich an. Im fünften und sechsten Jahr flacht die Entwicklungskurve der Mandatszahlen wieder ab. Die differenzierte Betrachtung der jeweiligen Zuwachsraten im Vergleich zum jeweiligen Vorjahr in Tabelle 13 lässt einen wichtigen Unterschied zwischen Einzelkanzleien und Sozietäten erkennbar werden:
In Einzelkanzleien vollzieht sich der größte Entwicklungsschub im dritten Jahr. Im vierten und fünften Jahr sind ebenfalls noch Zuwächse um 25% bzw. 26% festzustellen. Im sechsten Jahr hingegen scheint die Entwicklung (zunächst) abgeschlossen.
Ein etwas anderes Bild zeigt sich für neu gegründete Sozietäten. Die Hauptzuwächse finden im dritten und vierten Jahr statt. Anschließend schwächen sich die Zuwachsraten deutlich ab. Allerdings liegen sie für das fünfte und sechste Jahr immer noch über

---

[82] Wegen zu geringer Fallzahlen wurde die Entwicklung der Mandatszahlen in neu gegründeten Einzelkanzleien und in Einzelkanzleien im Rahmen von Bürogemeinschaften nicht differenziert betrachtet.

Teil 1 Zusammenfassung der wichtigsten Ergebnisse

10%. Dies ist ein Hinweis darauf, dass das Entwicklungspozential neu gegründeter Sozietäten im Vergleich zu Einzelkanzleien langfristig größer ist.

Kanzleibestehen	neu gegründete Einzelkanzlei	neu gegründete Sozietät
Gründungsjahr	-	-
2. Jahr	+8%	+1%
3. Jahr	+44%	+39%
4. Jahr	+25%	+40%
5. Jahr	+26%	+14%
6. Jahr	+4%	+11%

Tabelle 13: Entwicklung der Mandatszahlen – Zuwachsraten im Vergleich zum Vorjahr

Die quantitative Entwicklung der Mandatszahlen ist zwar in erster Linie ein Indikator für den Erfolg eines Kanzleigründers. Allerdings kann aus einer positiven quantitativen Entwicklung nicht auf die Qualität der Mandate geschlossen werden. Hierzu ist es erforderlich, auch die Strukturentwicklung der Mandate zu untersuchen. In diesem Zusammenhang ergibt sich ein interessanter Unterschied zwischen Einzelkanzleien und Bürogemeinschaften einerseits und Sozietäten andererseits (Abb. 51). In 40% der Sozietäten verändert sich die Mandantenstruktur in den ersten Jahren nach Kanzleigründung. Die Vergleichswerte liegen für Einzelkanzleien bei 28% und für Bürogemeinschaften bei 32%.

Um differenziertere Aussagen zu den strukturellen Veränderungen der Mandate treffen zu können, wird zwischen Kanzleien in der Gründungsphase (erstes bis drittes Jahr nach Gründung) und Kanzleien in der Konsolidierungsphase (viertes bis sechstes Jahr nach Gründung) unterschieden.

Es wird erkennbar, dass sich die Mandantenstruktur in der Gründungsphase in deutlich weniger Kanzleien als in der Konsolidierungsphase verändert. Dies gilt unabhängig vom Kanzleityp. Während sich also in den ersten drei Jahren nach Gründung der Mandantenstamm in struktureller Hinsicht nur in wenigen Kanzleien ändert, vollzieht sich in der Konsolidierungsphase in 52% der Sozietäten und 50% der Bürogemeinschaften ein Wandel in der Mandantenstruktur. Für 34% der Einzelkanzleien kann ebenfalls eine strukturelle Änderung mit Blick auf die Mandate verzeichnet werden.

Soweit sich in den ersten Jahren des Kanzleibestehens eine strukturelle Veränderung vollzieht, besteht diese vor allem darin, dass der Anteil gewerblicher Mandate im Laufe des Kanzleibestehens zunimmt. Darüber hinaus lässt sich eine durch Spezialisierung der Kanzleien bedingte Fokussierung der Mandate in spezifischen

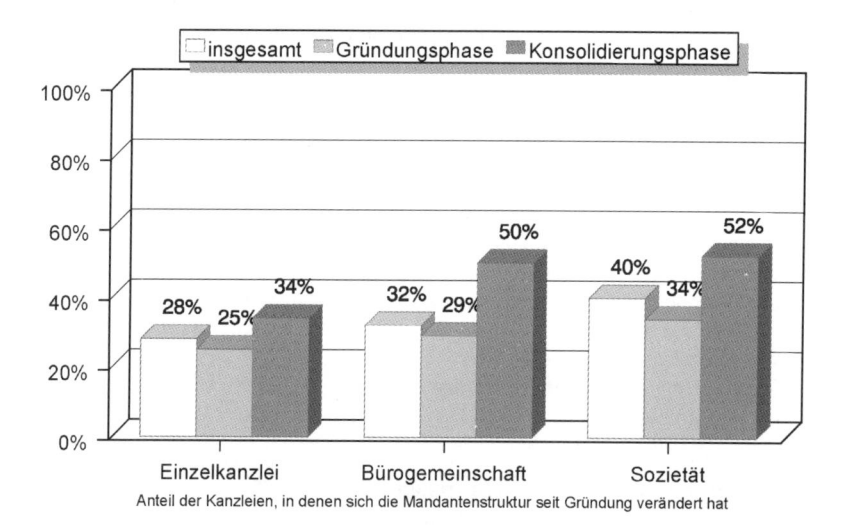

F. Die berufliche Situation junger Rechtsanwältinnen und Rechtsanwälte — Teil 1

Abb. 51: Veränderung der Mandantenstruktur neu gegründeter Kanzleien seit Kanzleigründung

(Anteil der Kanzleien, in denen sich die Mandantenstruktur seit Gründung verändert hat)

- Einzelkanzlei: insgesamt 28%, Gründungsphase 34%, Konsolidierungsphase 25%
- Bürogemeinschaft: insgesamt 32%, Gründungsphase 50%, Konsolidierungsphase 29%
- Sozietät: insgesamt 40%, Gründungsphase 52%, Konsolidierungsphase 34%

Rechtsbereichen feststellen. Schließlich kann in Teilen ein Ansteigen der Streitwerte konstatiert werden (Anhang Abb. 66).

11. Die wirtschaftliche Situation der Gründer neuer Anwaltskanzleien

Die wirtschaftliche Situation der Gründer neuer Anwaltskanzleien ist immer wieder Gegenstand öffentlicher Diskussionen. Diese Diskussionen werden häufig auf ungesicherte Spekulationen gegründet und zum Teil publizistisch überreizt. Stichworte wie »Anwaltsschwemme«, die Bezeichnung junger Anwälte als »Kümmerexistenzen«, Verweise auf Horden hungriger Anwälte, die sich »die Robe vom Sozialamt finanzieren lassen«, tauchen seit vielen Jahren immer wieder neu in Presseberichten auf.

Solche eher reißerischen Spekulationen haben vielfältig negative Wirkungen:
Sie bringen insgesamt die Anwaltschaft in den Ruf, keine ausreichende Qualitätssicherung in den eigenen Reihen zu betreiben. Sie schrecken potenzielle Mandanten ab, die auch von jungen Anwälten bestmögliche rechtliche Beratung und Vertretung erwarten und keine Opfer der Umsatzoptimierung von Anwälten werden wollen, die um ihre Existenz kämpfen. Schließlich verunsichern sie junge Juristinnen und Juristen, die in den Beruf als Anwalt einsteigen wollen.

Teil 1 Zusammenfassung der wichtigsten Ergebnisse

Von daher ist es erforderlich, die Diskussion über die wirtschaftliche Situation der (jungen) Anwaltschaft durch regelmäßige empirische Untersuchungen zu versachlichen.
Im Rahmen der folgenden Analyse wird die wirtschaftliche Situation der Kanzleigründer in mehreren Schritten untersucht:
- Zunächst werden die Umsätze neu gegründeter Kanzleien vorgestellt.[83] Dabei wird die Unterscheidung zwischen Kanzleien in der **Gründungsphase** (erstes bis drittes Jahr nach Gründung) und Kanzleien in der **Konsolidierungsphase** (viertes bis sechstes Jahr nach Gründung) durchgängig beibehalten.
- Die Analyse des Zusammenhangs zwischen Mandantenstruktur und Struktur der Umsätze ergibt erste Hinweise auf Determinanten des wirtschaftlichen Erfolges von Einzelkanzleien.
- Diese Erfolgsdeterminanten werden in einem weiteren Analyseabschnitt im Einzelnen untersucht.

a) Umsätze neu gegründeter Kanzleien

Die Umsätze neu gegründeter Kanzleien fallen je nach Gründungsstadium und Kanzleityp sehr unterschiedlich aus (Abb. 52).[84]

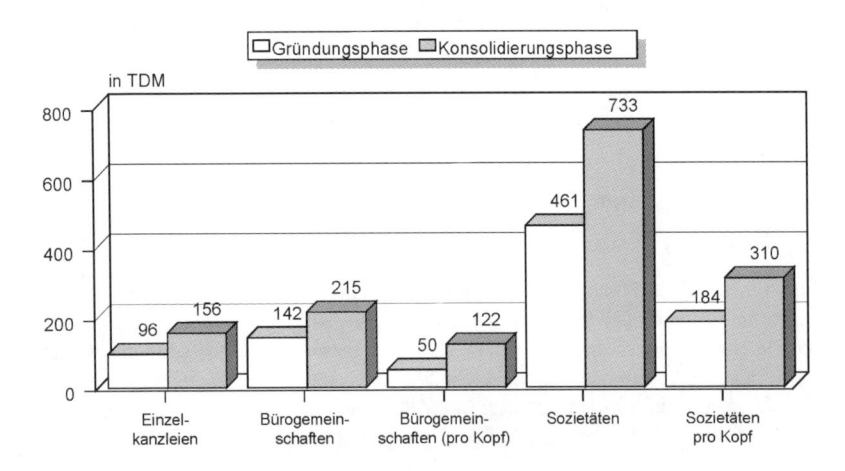

Abb. 52: Durchschnittlicher Jahresumsatz neu gegründeter Kanzleien

83 Alle Angaben gelten inclusive Umsatzsteuer.
84 Die Verbesserung der wirtschaftlichen Situation mit zunehmender Dauer des Kanzleibestehens ist auch Ergebnis der Studie des IFB (Nürnberg 2000). Nach den Ergebnissen dieser Studie ist ebenfalls davon auszugehen, dass in den ersten drei Jahren des Kanzleibestehens kontinuierliche Umsatzsteigerungen zu verzeichnen sind (IfB 2000, S. 115 ff.).

F. Die berufliche Situation junger Rechtsanwältinnen und Rechtsanwälte Teil 1

- Einzelkanzleien erwirtschaften in der Gründungsphase (erstes bis drittes Jahr nach Gründung) durchschnittlich einen Umsatz von 96 TDM. In der Konsolidierungsphase (viertes bis sechstes Jahr) liegen die Umsätze der Einzelanwälte durchschnittlich bei 156 TDM.
- Die durchschnittlichen Jahresumsätze der neu gegründeten Bürogemeinschaften liegen in der Gründungsphase bei 142 TDM und in der Konsolidierungsphase bei 215 TDM. Aus Gründen der Vergleichbarkeit ist es erforderlich, diese Umsätze als Pro-Kopf-Umsätze der Mitglieder von Bürogemeinschaften auszuweisen. Hier ergibt sich folgendes Bild: In der Gründungsphase erwirtschaften in Bürogemeinschaften niedergelassene Rechtsanwältinnen und Rechtsanwälte durchschnittlich 50 TDM pro Kopf und Jahr. In der Konsolidierungsphase liegt der durchschnittliche Jahresumsatz bei 122 TDM.
- In den neu gegründeten Sozietäten liegen die Gesamtumsätze in der Gründungsphase durchschnittlich bei 461 TDM und in der Konsolidierungsphase bei 733 TDM. Pro Kopf der Sozien ergibt sich folgendes Bild: In der Gründungsphase werden pro Sozius durchschnittlich 184 TDM erwirtschaftet. Dieser Durchschnittsumsatz steigt in der Konsolidierungsphase deutlich auf 310 TDM.

Als erstes Zwischenergebnis lässt sich festhalten, dass die Gründer von Sozietäten mit deutlichem Abstand die höchsten Pro-Kopf-Umsätze erzielen. Dieser Tendenz wird in der weiteren Analyse noch detaillierter nachzugehen sein.

Umsatz-klassen	Einzelkanzleien		Bürogemeinschaften (pro Kopf)		Sozietäten (pro Kopf)	
	Gründungs-phase	Konsolidie-rungsphase	Gründungs-phase	Konsolidie-rungsphase*	Gründungs-phase	Konsolidie-rungsphase
bis zu 10 TDM	15%	9%	11%	0%	3%	0%
>10 bis 50 TDM	31%	14%	46%	18%	25%	0%
>50 bis 100 TDM	27%	18%	32%	37%	24%	15%
>100 bis 250 TDM	18%	43%	11%	27%	24%	34%
mehr als 250 TDM	9%	16%	0%	18%	24%	51%

(* N<15)

Tabelle 14: **Jahresumsatz neu gegründeter Kanzleien (Größenklassen)**

Die Ermittlung der Durchschnittsumsätze lässt keine Einschätzung der **Streubreite** der Umsätze von Kanzleien in der Gründungs- und Konsolidierungsphase zu. Eine solche Betrachtung ermöglicht Tabelle 14:
- Sichtbar wird eine große Streubreite bei den Umsätzen neu gegründeter Kanzleien. Sowohl in der Gründungsphase als auch in der Konsolidierungsphase sind die erwirtschafteten Umsätze neu gegründeter Kanzleien breit gefächert und schwanken zwischen Jahresumsätzen von unter 10 TDM bis zu Umsätzen, die über 250 TDM liegen.

Teil 1 Zusammenfassung der wichtigsten Ergebnisse

- Die Ergebnisse in Tabelle 14 zeigen auch, dass in der Konsolidierungsphase der Anteil der Anwälte abnimmt, die Umsätze in der unteren Umsatzklasse erzielen. Allerdings erwirtschaften auch in der Konsolidierungsphase 23% der Einzelanwälte und 18% der im Rahmen von Bürogemeinschaften tätigen Anwälte nicht mehr als 50 TDM Jahresumsatz. Von diesen Einzelanwälten übt die überwiegende Mehrheit (79%) neben ihrer Tätigkeit in eigener Kanzlei eine weitere Tätigkeit aus (Anhang Abb. 67). Diese wird entweder wegen der schwierigen wirtschaftlichen Situation der eigenen Kanzlei ausgeübt, oder aber die geringen Umsätze sind Ergebnis der Schwerpunktsetzung auf die neben dem Anwaltsberuf ausgeübte Tätigkeit. In jedem Fall wird deutlich, dass die geringen Umsätze nicht einfach insgesamt auf eine fehlgeschlagene Durchsetzung am Markt für Rechtsberatung zurückgeführt werden können.
- Für die Sozietäten stellt sich die Situation anders dar: In der Konsolidierungsphase erwirtschaften alle Sozien pro Kopf mehr als 50 TDM pro Jahr. Immerhin 51% liegen in dieser Phase bereits bei einem Pro-Kopf-Umsatz von 250 TDM. Gerade dieser Anteil liegt deutlich über dem der Einzelanwälte und dem der Anwälte in Bürogemeinschaften.

aa) Determinanten des wirtschaftlichen Erfolges junger Anwälte

Wie bereits angedeutet ist es erforderlich, die wirtschaftliche Situation junger Rechtsanwältinnen und Rechtsanwälte differenziert zu betrachten, um Pauschalurteile zu vermeiden und vor allem, um jungen Juristen, die vor der Berufsentscheidung stehen, aussagekräftige Entscheidungshilfen auf der Grundlage empirisch abgesicherten Datenmaterials zu bieten. Zweifellos ist dabei zu berücksichtigen, dass empirische Analysen der wirtschaftlichen Situation junger Anwälte immer vergangene Entwicklungen im Blick haben und nicht ohne weiteres prognostisch in die Zukunft verlängert werden können. Allerdings ist anhand der bisherigen empirischen Untersuchungen zu den Tätigkeitsgebieten und den Einkommen junger Anwälte davon auszugehen, dass der Markt rechtlicher Dienste überwiegend nicht durch kurzfristige konjunkturelle Schwankungen geprägt ist, sondern eine gewisse Stabilität aufweist. Unabhängig davon könnte es sein, dass sich die Erfolgsfaktoren anwaltlicher Tätigkeit jenseits aller Marktschwankungen als relativ stabile Prädiktoren erweisen.

Bei der Bestimmung von Determinanten des wirtschaftlichen Erfolges der anwaltlichen Tätigkeit lassen sich zwei Ebenen (vgl. Schaubild) unterscheiden: Zum einen dürfte die individuelle fachliche Kompetenz Einfluss auf den wirtschaftlichen Erfolg haben; zum anderen dürften marktbezogene Determinanten eine wichtige Rolle als Erfolgsfaktoren spielen.

Aus dem Spektrum möglicher individueller Erfolgsfaktoren, die sich auf die fachliche Qualifikation beziehen, wurden die Examensnote und die Promotion für die Analyse ausgewählt. Darüber hinaus wurde untersucht, ob vor Einstieg in den Anwaltsberuf bereits eine Berufstätigkeit ausgeübt wurde. Zu prüfen war dann, ob diese Merkmale Einfluss auf das wirtschaftliche Ergebnis nach Neugründung von Kanzleien haben.

F. Die berufliche Situation junger Rechtsanwältinnen und Rechtsanwälte Teil 1

Ein weiterer individueller Faktor, der für den späteren Berufserfolg von Bedeutung sein kann, ist die Risikobereitschaft bei Gründung einer Anwaltskanzlei. Die Risikobereitschaft wird indiziert durch die bei der Gründung aufgewendete Investitionssumme. Nach früheren Untersuchungen zu urteilen ist es wahrscheinlich, dass mit höheren Anfangsinvestitionen zugleich ein höheres Vertrauen in den späteren Berufserfolg verbunden ist. Darüber hinaus könnte es sein, dass eine hohe Anfangsinvestition den Erfolgsdruck auf junge Gründer erhöht, wodurch deren Anstrengungen zur Durchsetzung ihrer neu gegründeten Kanzleien am Markt rechtlicher Dienste forciert werden. Zu den marktbezogenen Determinanten des wirtschaftlichen Erfolgs neu gegründeter Kanzleien, die im Rahmen dieser Untersuchung in ihrer Wirkung untersucht werden, gehören die Klientenstruktur, die Vernetzung des anwaltlichen Dienstleistungsangebots mit dem Angebot anderer Dienstleister (Steuerberater, Wirtschaftsprüfer), die Ausrichtung des Angebots auf eher forensische oder eher beratende Tätigkeit, die selbstgewählte Grundausrichtung einer Kanzlei im Sinne einer »Allround-Kanzlei« oder im Sinne einer fachlich spezialisierten bzw. auf eindeutige Schwerpunkte ausgerichteten Kanzlei und schließlich die Wahl des Kanzleistandortes.

Mögliche Determinanten des wirtschaftlichen Erfolgs neu gegründeter Kanzleien						
Individuelle Faktoren			Marktbezogene Determinanten			
Fachliche Kompetenz	Risikobereitschaft	Klientenstruktur	Breite des Leistungsangebotes	Ausrichtung des Angebotes	fachliche Spezialisierung	Standort
Examensnote Promotion Berufserfahrung vor Einstieg in den Anwaltsberuf	Höhe der Anfangsinvestitionen	Anteil gewerblicher Klienten Anteil privater Klienten Anteil Prozesskosten- und Beratungshilfe	Kooperation mit anderen Beraterberufen (Steuerberater, Wirtschaftsprüfer)	eher forensisch eher beratend	Generalist Spezialist	Stadt / Land Regionen alte und neue Bundesländer

Im Zusammenhang mit diesen Indikatoren wird davon ausgegangen, dass ihre jeweilige Ausprägung das Ergebnis strategischer Grundentscheidungen der Gründer darstellt. Dies gilt ganz offenkundig für die Standortwahl oder auch die Spezialisierung, die Anwälte bewusst wählen. Darüber hinaus ist davon auszugehen, dass auch eine eher wirtschaftsrechtliche oder eine eher auf den privaten Bereich zielende Ausrichtung einer Kanzlei durch strategische Überlegungen, faktisches Aquisitionsverhalten und Kontaktpflege zu bestimmten Zielgruppen aktiv beeinflusst wird. Insoweit sind die hier gemessenen Strukturdaten einer Kanzlei Indikatoren für bestimmte strategische Grundpositionen.[85]

---

85 Zum methodischen Vorgehen ist anzumerken, dass als Maßstab für den wirtschaftlichen Erfolg neu gegründeter Kanzleien grundsätzlich auch der erzielte Gewinn in Frage kommt. Weil allerdings für

Teil 1 Zusammenfassung der wichtigsten Ergebnisse

(1) Fachliche Kompetenz

Als Indikatoren für die fachliche Kompetenz wurden die formalen Qualifikationsmerkmale, Examensergebnisse und Promotion, sowie die Ausübung einer Berufstätigkeit vor Einstieg in die Anwaltstätigkeit herangezogen. Tabelle 15 können die durchschnittlich erwirtschafteten Jahresumsätze nach fachlicher Kompetenz entnommen werden.[86]
Die formale Qualifikation (Examensergebnisse und Promotion) ist in der öffentlichen Diskussion der gängigste Indikator für die fachliche Kompetenz. Die Ergebnisse zeigen, dass die Umsätze von Kanzleigründern mit Prädikatsexamen erheblich über den Umsätzen ihrer Kollegen mit befriedigendem oder ausreichendem Examen liegen. Auch promovierte Kanzleigründer erwirtschafteten im Vergleich zu ihren nichtpromovierten Kollegen durchschnittlich höhere Umsätze. Im Ergebnis erweist sich die formale Qualifikation der Kanzleigründer als wichtigste Determinante für den Berufserfolg: Die erfolgreichsten Absolventen bilden auch den wirtschaftlich erfolgreichsten Teil der jungen Kanzleigründer. Darüber hinaus trägt auch die Berufstätigkeit vor Einstieg in den Anwaltsberuf zu durchschnittlich höheren Umsätzen bei.

(2) Gründungsinvestitionen

Die Höhe der Anfangsinvestitionen bei Kanzleigründung kann als Indikator für die Risikobereitschaft der Gründer angesehen werden.[87] Im Ergebnis wird deutlich, dass sich Risikobereitschaft auch im Zusammenhang mit der Gründung von Anwaltsbüros auszahlt: Unabhängig vom Kanzleityp erwirtschaften Gründer mit höherem finanziellen Aufwand bei Kanzleigründung deutlich höhere Umsätze als ihre Kollegen, die in mittlerer oder geringerer Höhe investieren (Abb. 53).[88]

---

die Ermittlung des Gewinns die zum einen stark phasenabhängige, zum anderen auch von Kanzlei zu Kanzlei stark differierende Kostenquote von Bedeutung ist, erscheint das gewählte Vorgehen, den wirtschaftlichen Erfolg anhand der Umsätze zu bemessen, besser geeignet. In die folgende Analyse der Determinanten des wirtschaftlichen Erfolgs wurden lediglich Kanzleien mit einbezogen, die 1996 volle zwölf Monate gewirtschaftet haben.

86 Gründer von Bürogemeinschaften werden wegen zu geringer Gruppenbesetzung nicht gesondert, sondern zusammen mit den Gründern von Einzelkanzleien ausgewiesen. Wegen der signifikanten Unterschiede differenziert nach persönlichem Arbeitseinsatz von Einzelanwälten wurden bei der Berechnung der durchschnittlichen Umsätze nur Einzelanwälte berücksichtigt, die neben ihrer Anwaltstätigkeit keiner weiteren Tätigkeit nachgehen.

87 Diese Risikobereitschaft wiederum dürfte eng mit der Zuversicht oder der Erwartung korrelieren, im Anwaltsberuf erfolgreich tätig werden zu können.

88 Die Unterscheidung zwischen unterem bis mittlerem Investitionsaufwand und hohem Investitionsaufwand wurde anhand des Medians getroffen. Der Median beschreibt den Investitionsaufwand unterhalb dessen und oberhalb dessen die Investitionsvolumina jeweils der Hälfte der Gründer (differenziert nach Kanzleityp) liegen. Als untere bis mittlere Anfangsinvestitionen wurden alle Investitionen definiert, die den Median nicht überschreiten.

F. Die berufliche Situation junger Rechtsanwältinnen und Rechtsanwälte Teil 1

	Gründer Einzelkanzleien	Gründer Sozietät (pro Kopf)
1. Staatsexamen (ohne Diplom-Juristen)		
Prädikatsexamen	229.800 DM	263.200 DM
befriedigend	109.700 DM	231.800 DM
ausreichend	94.500 DM	184.000 DM
2. Staatsexamen		
Prädikatsexamen	209.000 DM	270.100 DM
befriedigend	113.700 DM	235.500 DM
ausreichend	95.500 DM	187.000 DM
Promotion		
Promotion abgeschlossen	203.200 DM	434.300 DM
keine Promotion	103.400 DM	219.100 DM
Berufstätigkeit vor Einstieg in den Anwaltsberuf		
ja	126.300 DM	305.400 DM
nein (sofortiger Einstieg in den Anwaltsberuf)	113.400 DM	197.100 DM

Tabelle 15: **Durchschnittliche Kanzleiumsätze nach Indikatoren für die fachliche Kompetenz der Gründer**

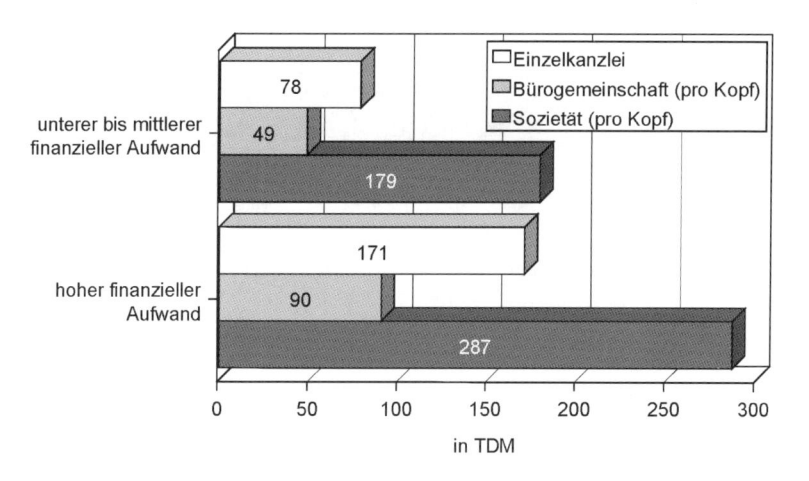

Abb. 53: **Durchschnittlicher Jahresumsatz nach Investitionsaufwand bei Gründung nach Gründungstyp**

Teil 1 Zusammenfassung der wichtigsten Ergebnisse

(3) Mandantenstruktur

Analysen aus den USA[89] und der Bundesrepublik[90] haben immer wieder bestätigt, dass der wirtschaftliche Erfolg von Kanzleien stark davon abhängig ist, ob Umsätze eher mit privaten oder eher mit gewerblichen Mandaten erzielt werden. Dieser Zusammenhang bestätigt sich auch für die neu gegründeten Kanzleien. Unabhängig vom Kanzleityp zeigt sich, dass Kanzleien mit überwiegend gewerblichen Mandanten durchschnittlich erheblich höhere Jahresumsätze erzielen als Kanzleien, die überwiegend private Mandate mit geringen Streitwerten betreuen (Abb. 54).[91]

Konsistent zu diesem Befund variieren vor allem bei Sozietäten die Umsätze mit dem Anteil der Mandate, die über Beratungs- oder Prozesskostenhilfe abgewickelt werden. Es zeigt sich, dass in Sozietäten, in denen Prozesskosten- und Beratungshilfe keine Rolle spielen, die Umsätze in der Tendenz höher ausfallen als in den Kanzleien, in denen diese Art der Finanzierung von Rechtsberatung und -vertretung eine Rolle spielt (Anhang: Abb. 70 und 71).[92]

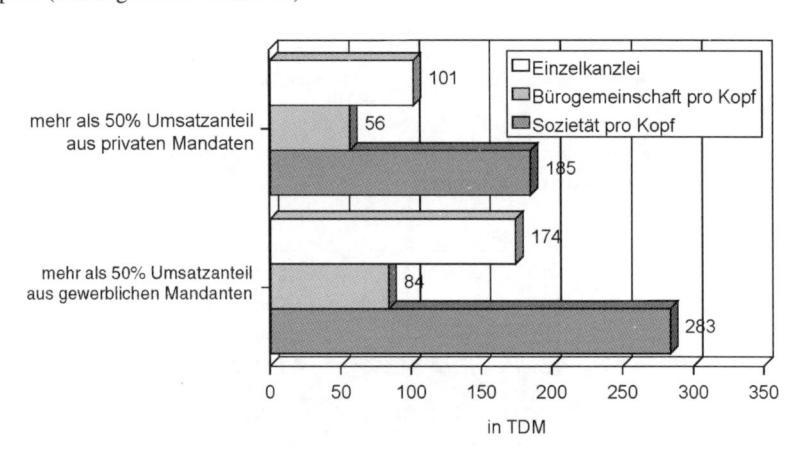

Abb. 54: Durchschnittlicher Jahresumsatz neu gegründeter Kanzleien nach Struktur der Mandantenschaft

Bei Einzelkanzleien (auch im Rahmen von Bürogemeinschaften) ist dieser Zusammenhang nicht eindeutig ausgeprägt. Hier lässt sich in der Tendenz feststellen, dass

---

89 *Heinz; Laumann* 1982.
90 *Volks* 1974; *Hommerich* 1988
91 Statistisch signifikant sind die Unterschiede in den Umsätzen in Einzelkanzleien und Sozietäten. Zu den Umsatzanteilen aus den privaten und gewerblichen Mandaten vgl. Anhang Abb. 68 und 69.
92 Zu den Umsatzanteilen über Beratungs- bzw. Prozesskostenhilfe sowie über Rechtsschutzversicherungen vgl. Anhang Abb. 72–74.

F. Die berufliche Situation junger Rechtsanwältinnen und Rechtsanwälte Teil 1

Einzelkanzleien, die keine Umsätze über Prozesskosten- und Beratungshilfe erwirtschaften, eher niedrige Umsätze erzielen. Dies ist vermutlich darauf zurückzuführen, dass in Einzelkanzleien Mandate, die über Prozesskosten- und Beratungshilfe abgewickelt werden, nicht einfach durch gewerbliche Mandate ersetzt werden können, sondern zum »Brot- und Buttergeschäft« zählen.

In engem Zusammenhang mit der Mandantenstruktur sind auch weitere Determinanten des wirtschaftlichen Erfolgs zu sehen.[93] Im Einzelnen handelt es sich um

- die Kooperation mit benachbarten Beraterberufen, insbesondere mit Steuerberatern und Wirtschaftsprüfern;
- die schwerpunktmäßige Ausrichtung neu gegründeter Kanzleien auf beratende anwaltliche Tätigkeit;
- die fachliche Spezialisierung sowie
- eine zielgruppenspezifische Kanzleiausrichtung.

Diese Indikatoren werden im Folgenden in ihrer isolierten Wirkung auf den Umsatz der Kanzleien untersucht.

(4) Kooperation mit benachbarten Beraterberufen

Die Kooperation von Sozietäten mit benachbarten Berufen, die wirtschaftsbezogene Dienstleistungen erbringen, ist in wirtschaftlicher Hinsicht außerordentlich erfolgversprechend. Neu gegründete Sozietäten, die mit Wirtschaftsprüfern und Steuerberatern kooperieren oder solche beschäftigen, erwirtschaften im Vergleich zu Sozietäten, in denen ausschließlich Rechtsanwälte tätig sind, durchschnittlich einen um fast 100 TDM höheren Jahresumsatz (Abb. 55).[94]

(5) Beratende oder forensische Ausrichtung

Aus Abb. 56 wird deutlich, dass, anders als bei Einzelkanzleien, Sozietäten, deren Schwerpunkt auf eher beratender Tätigkeit liegt, in der Tendenz wirtschaftlich bessere Ergebnisse erzielen als stärker forensisch ausgerichtete Sozietäten.

- Die in die Analyse einbezogenen neu gegründeten Sozietäten, die schwerpunktmäßig beratend tätig sind, erwirtschaften einen durchschnittlichen Umsatz in Höhe von 273 TDM im Jahr. Der Vergleichswert für Sozietäten, die stärker forensisch tätig sind, liegt bei durchschnittlich 197 TDM. In neu gegründeten Sozietäten, in

---

[93] Die regressionsanalytische Betrachtung der Variablen »zielgruppenspezifische Ausrichtung«, »fachliche Spezialisierung«, »Tätigkeitsschwerpunkte«, »Kooperation mit benachbarten Beraterberufen« und »Mandantenstruktur« zeigt eindeutig, dass die Faktoren »Spezialisierung« und »Ausrichtung auf gewerbliche Mandate« die wichtigsten Erklärungsfaktoren für die Bestimmung der Umsätze darstellen.

[94] Aufgrund der geringen Zahl von Bürogemeinschaften, in denen Wirtschaftsprüfer und Steuerberater integriert sind, können in diesem Zusammenhang keine gesicherten Aussagen zu neu gegründeten Bürogemeinschaften getroffen werden (Gruppenbesetzung: N < 10).

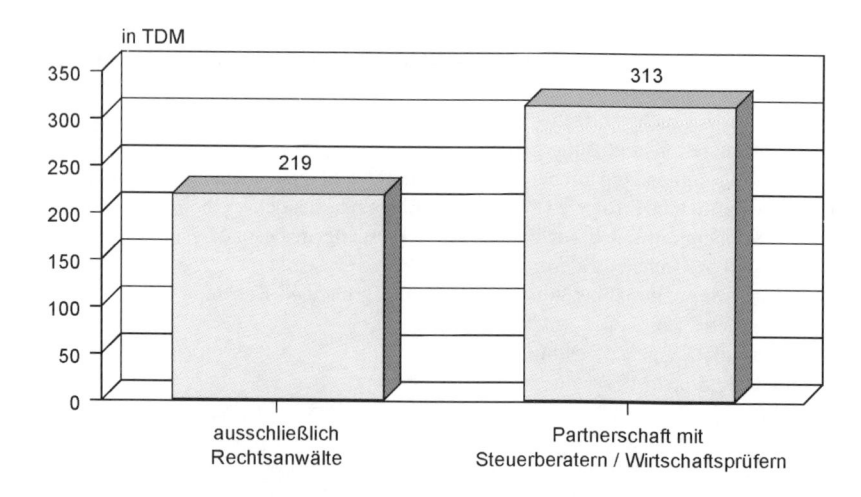

Teil 1 Zusammenfassung der wichtigsten Ergebnisse

Abb. 55: Durchschnittlicher Jahresumsatz (pro Kopf) neu gegründeter Sozietäten nach Beteiligung von Steuerberatern und Wirtschaftsprüfern

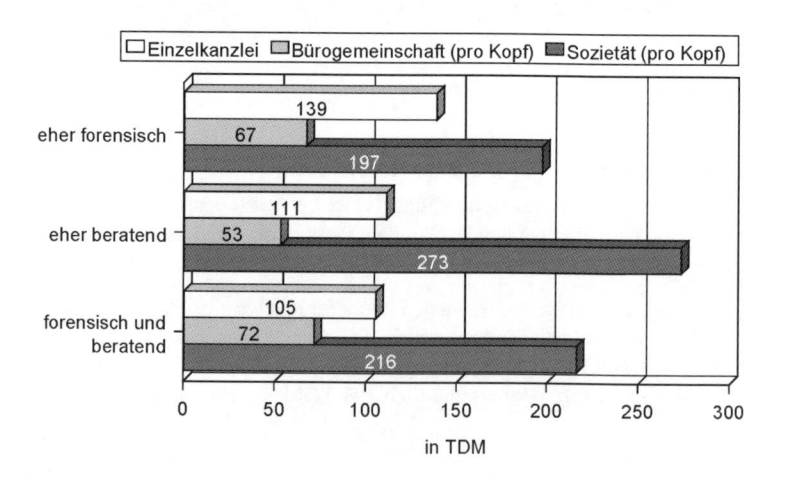

Abb. 56: Durchschnittlicher Jahresumsatz nach Tätigkeitsschwerpunkt und Kanzleityp

F. Die berufliche Situation junger Rechtsanwältinnen und Rechtsanwälte Teil 1

denen die forensische und beratende Tätigkeit in etwa gleich gewichtet sind, liegen die Umsätze zwischen denen der Sozietäten mit forensischer oder beratender Tätigkeitsausrichtung.

- Eher beratend ausgerichtete Einzelkanzleien und Bürogemeinschaften erwirtschaften demgegenüber keine höheren Umsätze als Kanzleien, in denen die schwerpunktmäßige Tätigkeit im forensischen Bereich liegt. Dies kann ein Hinweis darauf sein, dass die beratende Tätigkeit der Einzelkanzleien wiederum eher auf Privatleute gerichtet und dementsprechend vom Gegenstandswert geringer gewichtet ist als im gewerblichen Bereich.

(6) Zielgruppenausrichtung

Wie bereits dargestellt, wurden im Rahmen der Analyse die Gründer danach gefragt, ob sie ihr Dienstleistungsangebot auf bestimmte Zielgruppen ausrichten. Eine solche Ausrichtung hat, wie die Umsatzanalyse zeigt, erhebliche Konsequenzen für den wirtschaftlichen Erfolg: So führt die Ausrichtung auf Zielgruppen in der Gründungsphase einer Kanzlei zu signifikant höheren Umsätzen als der Verzicht auf eine solche strategische Option. In der Konsolidierungsphase nivellieren sich diese deutlichen Unterschiede.

Festzuhalten bleibt, dass der Anfangserfolg einer Kanzlei stark davon abhängig ist, ob das Dienstleistungsangebot auf Zielgruppen ausgerichtet wird.

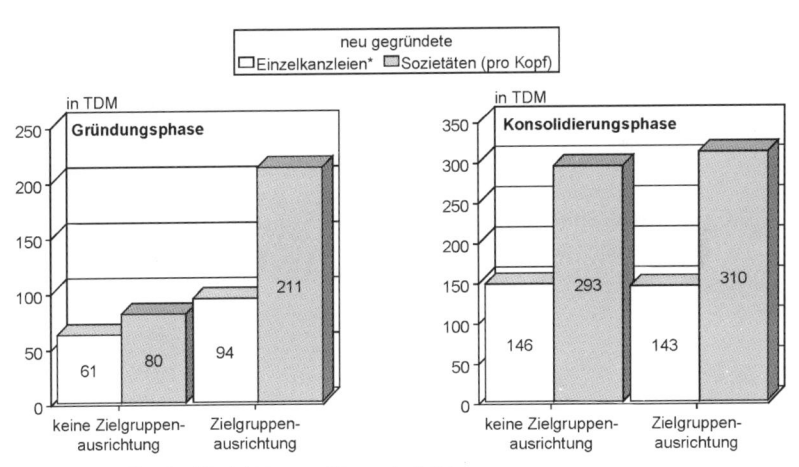

Abb. 57: **Durchschnittlicher Jahresumsatz nach Zielgruppenausrichtung und Gründungsphase**

Teil 1 Zusammenfassung der wichtigsten Ergebnisse

(7) Spezialisierung

In der Anwaltschaft wird die Frage viel diskutiert, ob Spezialisierung, die ja immer auch mit dem Verzicht auf bestimmte Mandate verbunden ist, Einfluss auf den wirtschaftlichen Erfolg einer Kanzlei hat. In diesem Zusammenhang ergibt sich folgendes Bild:
Der durchschnittliche Jahresumsatz der Gründer, die sich als Spezialisten einschätzen, liegt signifikant über dem Jahresumsatz ihrer Kollegen, die sich selbst als Generalisten sehen. Dieses Ergebnis gilt unabhängig vom Kanzleityp (Abb. 58)[95]. Zusätzlich gilt, dass vor allem Spezialisierungen auf die wirtschaftsrechtlichen Materien den wirtschaftlichen Erfolg begünstigen.

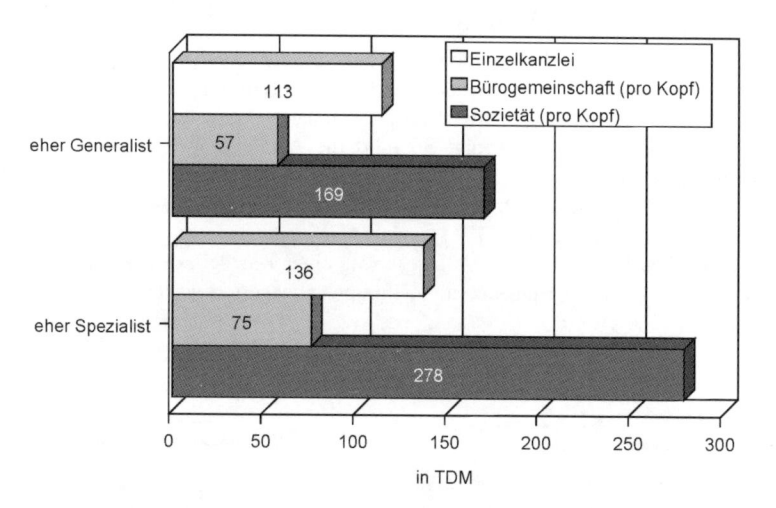

Abb. 58: **Durchschnittlicher Jahresumsatz nach Selbsteinschätzung als Generalist/Spezialist und Gründungstyp**

---

[95] Auch das Statistische Berichtssystem für Rechtsanwälte (STAR) vom Institut für Freie Berufe in Nürnberg kommt zu dem Ergebnis, dass mit vorhandenem Spezialisierungsgrad das Einkommen von Anwälten in eigener Kanzlei wächst. Allerdings zeigt sich auch hier, dass nicht die Spezialisierung alleine, sondern eine Kombination aus verschiedenen Einflussfaktoren die Höhe der Einkommen determiniert (*Schmucker; Lechner* 2000, S. 118 ff.).

F. Die berufliche Situation junger Rechtsanwältinnen und Rechtsanwälte **Teil 1**

(8) Standort

Eine im Zusammenhang mit der Neugründung von Anwaltskanzleien immer wieder gestellte Frage ist die nach dem »optimalen« oder besonders erfolgversprechenden Standort. Diese Frage ist angesichts der Komplexität der Angebots- und der Nachfragebedingungen anwaltlicher Dienste weder einheitlich noch eindeutig zu beantworten. Dennoch ist es sicherlich zweckmäßig, die Einflüsse der Größe des Kanzleistandortes und der unterschiedlichen Regionen zu untersuchen. Darüber hinaus ist es von Interesse zu untersuchen, inwieweit der wirtschaftliche Erfolg von Anwaltskanzleien von der Ansiedlung in den alten und den neuen Bundesländern abhängt.

Es zeigt sich, dass die Umsätze neu gegründeter Einzelkanzleien nicht mit der Größe des Kanzleistandortes variieren. Die Umsätze der Bürogemeinschaften fallen in Großstädten – vermutlich wegen der hier erheblich größeren Konkurrenz durch große Sozietäten – stark ab. Die Umsätze der neu gegründeten Sozietäten liegen in Städten mit 100.000 bis 500.000 Einwohnern höher als in Kleinstädten und in Großstädten mit mehr als 500.000 Einwohnern. Letzteres ist ein Hinweis darauf, dass in Städten über 500.000 Einwohner die Durchsetzung neuer Sozietäten angesichts des starken Wettbewerbs schwierig geworden ist (Abb. 59).[96]

Einwohner	Einzelkanzlei	Bürogemeinschaft (pro Kopf)	Sozietät (pro Kopf)
bis unter 100.000 Einwohner	119	64	223
100.000 bis unter 500.000 Einwohner	127	81	297
500.000 Einwohner und mehr	122	52	195

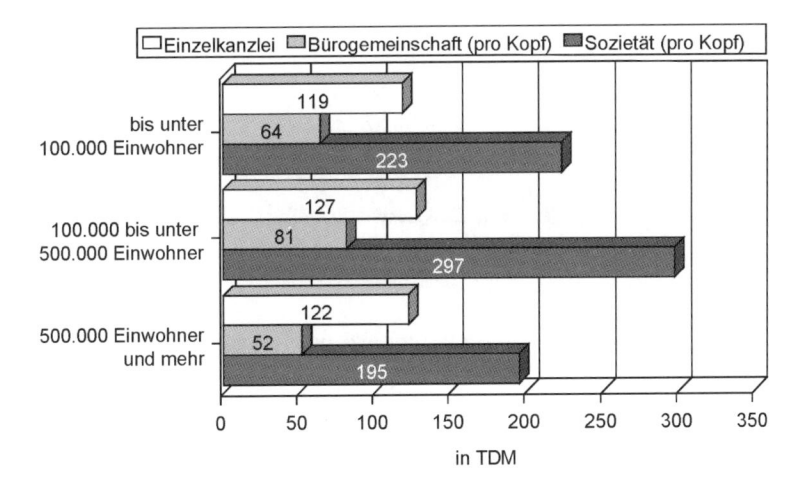

in TDM

Abb. 59: Durchschnittliche Jahresumsätze nach Größe des Kanzleistandortes

---

[96] Noch in den 80er Jahren wurde das differenzierte Dienstleistungsangebot der Sozietäten vor allem in Großstädten (mehr als 500.000 Einwohner) nachgefragt. (vgl. *Hommerich* 1988, S. 106).

Teil 1 Zusammenfassung der wichtigsten Ergebnisse

Besonders auffällig ist, dass die Umsätze in den neuen Bundesländern erheblich höher ausfallen als in den alten. Diese bessere wirtschaftliche Situation junger Kanzleigründer in den neuen Bundesländern gegenüber der Situation ihrer Kollegen in den alten Bundesländern gilt unabhängig von der Organisationsform neu gegründeter Kanzleien (Abb. 60):

- So übertrifft der durchschnittliche Jahresumsatz neu gegründeter Einzelkanzleien in den neuen Bundesländern mit 158 TDM den durchschnittlichen Umsatz neu gegründeter Einzelkanzleien in den alten Bundesländern um nicht weniger als 79 TDM.
- In den neu gegründeten Sozietäten sind die Unterschiede noch deutlicher. So lagen die durchschnittlichen Umsätze pro Sozius in den neuen Bundesländern mehr als doppelt so hoch wie in den alten Bundesländern.

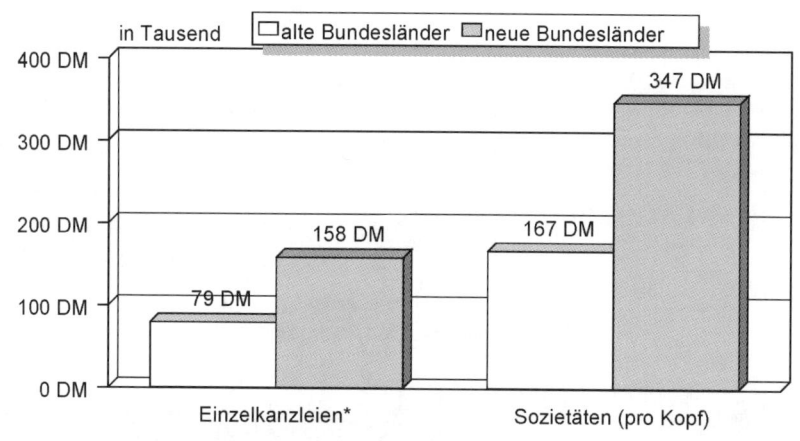

	alte Bundesländer	neue Bundesländer
Einzelkanzleien*	79 DM	158 DM
Sozietäten (pro Kopf)	167 DM	347 DM

* einschließlich der Einzelkanzleien im Rahmen von Bürogemeinschaften

Abb. 60: Durchschnittlicher Jahresumsatz neu gegründeter Kanzleien nach regionalem Kanzleistandort

Damit wird deutlich, dass in den 90er Jahren die Gründung einer Anwaltskanzlei in den neuen Bundesländern durchgängig von wirtschaftlichem Erfolg gekrönt war. Junge Rechtsanwältinnen und Rechtsanwälte, die mobilitätsbereit waren, füllten in den neuen Bundesländern das Vakuum an Rechtsberatung und Rechtsvertretung.

(9) Zusammenfassung

Zusammenfassend können folgende zentrale Ergebnisse aus der Analyse der Determinanten des wirtschaftlichen Erfolges neu gegründeter Kanzleien festgehalten werden: Mit Blick auf die individuellen Faktoren für den wirtschaftlichen Erfolg neu gegründeter Kanzleien wird deutlich,

- dass Absolventen mit den besten Hochschulabschlüssen auch den wirtschaftlich erfolgreichsten Teil der jungen Kanzleigründer bilden und
- dass ausgeprägte Risikobereitschaft bei Kanzleigründung, die in hohen Anfangsinvestitionen zum Ausdruck kommt, in der Regel im weiteren Verlauf der Kanzleientwicklung zu wirtschaftlichem Erfolg führt.

Marktbezogene Determinanten beeinflussen den wirtschaftlichen Erfolg der Gründer wie folgt:

- Neu gegründete Kanzleien sind um so erfolgreicher je mehr es ihnen gelingt, in der wirtschaftlich ausgerichteten Beratung und Vertretung Fuß zu fassen.
- Dem entspricht, dass Kanzleien mit hoher Ausrichtung auf gewerbliche Klienten erfolgreicher sind als solche, die sich überwiegend um private Mandanten kümmern.
- Grundsätzlich führen Spezialisierungen zu wirtschaftlich besserem Erfolg als die generalistische Berufsausübung. In diesem Zusammenhang muss allerdings gesehen werden, dass nicht in allen Regionen enge Spezialisierungen durchsetzbar sind.
- Junge Gründer konnten in den 90er Jahren in den neuen Bundesländern mit Erfolg die dort vorhandene Anwaltslücke füllen.

bb) Charakteristische Merkmale erfolgreicher Kanzleien

Die bisherigen Aussagen zum wirtschaftlichen Erfolg neu gegründeter Kanzleien sollen im Folgenden durch eine Extremgruppenanalyse noch weiter in ihrer Konsistenz überprüft werden. Dieses Verfahren wurde gewählt, um die Unterschiede zwischen wirtschaftlich besonders erfolgreichen und eher erfolglosen Kanzleien klar herausarbeiten zu können.

Zu diesem Zweck wurden speziell die Umsätze von Kanzleien untersucht, die sich in der Konsolidierungsphase befinden, d. h. im vierten bis sechsten Jahr nach ihrer Gründung, und die bezogen auf den Umsatz im oberen Drittel aller untersuchten Anwaltskanzleien angesiedelt sind. Diesen wirtschaftlich besonders erfolgreichen Kanzleien wurden die Kanzleien gegenübergestellt, die in der Konsolidierungsphase bezogen auf den Umsatz im unteren Drittel angesiedelt sind.

Im Einzelnen bedeutet dies, dass die Einzelkanzleien in die Analyse einbezogen wurden, deren letzter Jahresumsatz bei 201 TDM (oder höher) lag und Sozietäten, bei denen der entsprechende Pro-Kopf-Umsatz ebenfalls bei diesem Betrag oder höher angesiedelt war. Der Jahresumsatz der wirtschaftlich weniger erfolgreichen Kanzleien lag demgegenüber unter 96 TDM.

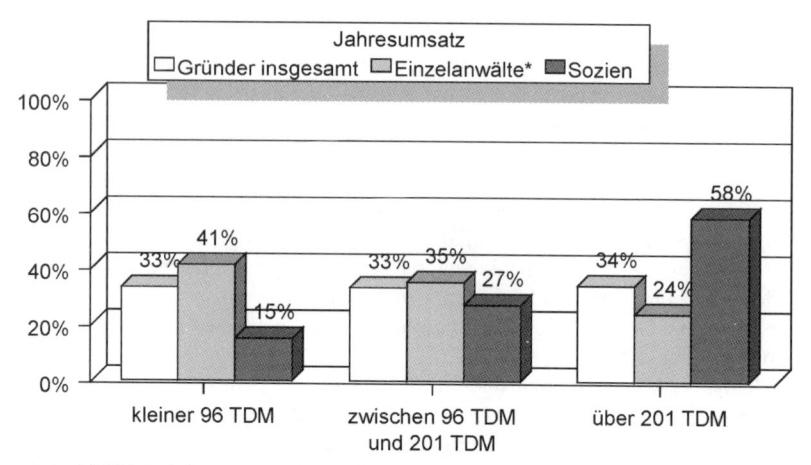

Teil 1 Zusammenfassung der wichtigsten Ergebnisse

Jahresumsatz
☐ Gründer insgesamt ☐ Einzelanwälte* ■ Sozien

- kleiner 96 TDM: 33%, 41%, 15%
- zwischen 96 TDM und 201 TDM: 33%, 35%, 27%
- über 201 TDM: 34%, 24%, 58%

* einschließlich der in Bürogemeinschaften niedergelassenen Anwälte

Abb. 61: Wirtschaftlicher Erfolg nach Kanzleityp

Zunächst zeigt sich, dass 24% der Einzelanwälte, aber nicht weniger als 58% der Partner in Sozietäten in der Konsolidierungsphase ihrer Kanzleien einen Pro-Kopf-Umsatz von 201 TDM oder mehr erzielen (Abb. 61). Dies ist zunächst einmal ein eindeutiger Hinweis darauf, dass angesichts der Gesamtsituation am Markt anwaltlicher Dienste die Gründung einer Sozietät mit einem differenzierten Leistungsangebot erheblich erfolgversprechender ist als die Gründung einer Einzelkanzlei.

Entsprechend den Ergebnissen der Analyse der marktbezogenen Determinanten des wirtschaftlichen Erfolgs neu gegründeter Kanzleien, erwirtschaften deutlich mehr wirtschaftlich besonders erfolgreiche Kanzleien im Vergleich zu weniger erfolgreichen Kanzleien ihren Umsatz überwiegend über gewerbliche Mandate: Jede zweite Kanzlei mit einem Jahresumsatz von mindestens 201 TDM erzielt mit gewerblichen Mandaten einen Umsatzanteil von über 50%. Der Vergleichswert für die Kanzleien, die vom Umsatz her gesehen im unteren Drittel liegen, liegt demgegenüber bei 26% (Anhang Abb. 75).

Es wurde bereits darauf hingewiesen, dass der wirtschaftliche Erfolg mit lukrativen Mandaten aus der Wirtschaft erzielt durch eine verstärkte Ausrichtung auf Beratungsleistungen allgemein in Verbindung mit einem Angebot an spezialisierter Rechtsberatung und -vertretung forciert wird. Anhand des Extremgruppenvergleichs wird deutlich, dass sich in der Gruppe der wirtschaftlich besonders erfolgreichen Gründer jeder zweite Anwalt selbst eher als Spezialist einschätzt. In der Vergleichsgruppe teilt lediglich jeder dritte Anwalt diese Selbsteinschätzung (Anhang Abb. 76).

F. Die berufliche Situation junger Rechtsanwältinnen und Rechtsanwälte Teil 1

Die Tätigkeitsschwerpunkte der wirtschaftlich erfolgreicheren Kanzleien liegen im Gesellschaftsrecht, Handelsrecht, Steuerrecht und im Erbrecht.[97]
Darüber hinaus zeigt der Vergleich zwischen den in wirtschaftlicher Hinsicht besonders erfolgreichen und den weniger erfolgreichen Gründern deutlich, dass der Grundstein wirtschaftlichen Erfolgs neu gegründeter Kanzleien häufig bereits in der Gründungsphase gelegt wird:
- Die besonders erfolgreichen Gründer investieren durchschnittlich doppelt so viel wie die wenig erfolgreichen (58 TDM gegenüber 24 TDM, vgl. Abb. 62). Sie riskieren auch die Aufnahme von Fremdmitteln, die die wenig erfolgreichen Gründer eher meiden (Anhang Abb. 78).

Höhe der Anfangsinvestitionen in TDM

Kanzleien mit Jahresumsatz kleiner 96 TDM	Kanzleien mit Jahresumsatz über 201 TDM
24	58

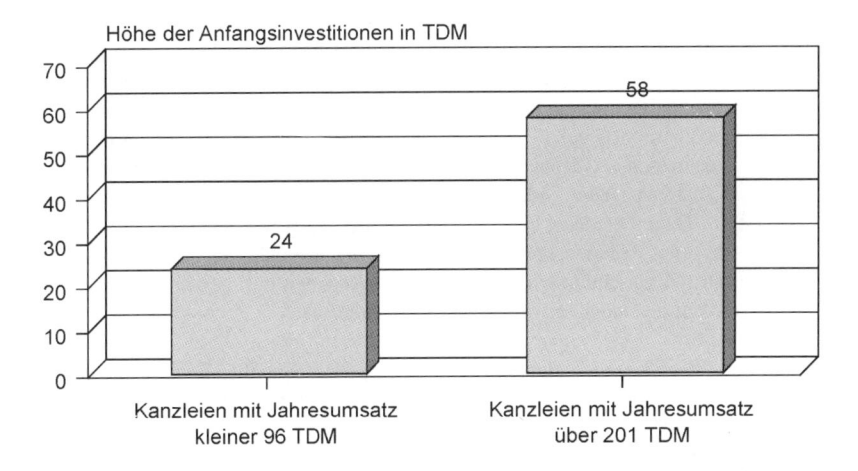

Abb. 62: Durchschnittliche Höhe der Anfangsinvestitionen nach wirtschaftlichem Erfolg neu gegründeter Kanzleien

- Erfolgreiche Gründer wählen ihren Standort signifikant häufiger nach dem antizipierten Mandantenpotenzial aus als wenig erfolgreiche. Letztere bevorzugen deutlich häufiger den eigenen Wohnort und verweisen darauf, bei der Standortwahl auf Kostenminimierung geachtet zu haben (Tabelle 16). Dementsprechend beklagen die weniger erfolgreichen Gründer nachträglich häufiger, suboptimale Kanzleiräume angemietet zu haben (Anhang Abb. 79). Auch hierin liegt eine Wachstumsbremse.

---

97 Ausschließlich für diese Tätigkeitsschwerpunkte ist in der Tendenz festzustellen, dass sie häufiger in der Gruppe der wirtschaftlich besonders erfolgreichen Gründer zu finden sind (Anhang Abb. 77).

Teil 1 Zusammenfassung der wichtigsten Ergebnisse

Auswahlkriterien Kanzleistandort	wirtschaftlich weniger erfolgreiche Kanzleien	wirtschaftlich besonders erfolgreiche Kanzleien
eigener Wohnort	82%	61%
Nähe zu Kollegen	33%	20%
Kostengründe	27%	14%
Mandantenpotenzial	14%	39%

Tabelle 16: Zentrale Auswahlkriterien für Kanzleistandort – Extremgruppenvergleich

- Tabelle 17 gibt weitere Auskünfte über hochsignifikante Unterschiede zwischen wirtschaftlich erfolgreichen und weniger erfolgreichen Gründern. Im Vergleich zu weniger erfolgreichen Gründern schreiben erfolgreiche Gründer dem Bekanntwerden der Spezialisierung und ihrer Vortragstätigkeit signifikant höhere Bedeutung für die Akquisition neuer Mandanten zu. Darüber hinaus weisen die Ergebnisse darauf hin, dass der Ausbau eines berufsbezogenen Kontaktnetzes in erfolgreicheren Kanzleien weiter gediehen ist als in wirtschatlich weniger erfolgreichen Kanzleien. Demgegenüber spielen Empfehlungen aus der Verwandtschaft, dem Bekannten- und Freundeskreis in Kanzleien, die bezogen auf den Umsatz zum unteren Drittel zu zählen sind, nach eigenen Angaben eine größere Rolle als in wirtschaftlich besonders erfolgreichen Kanzleien.

	wirtschaftlich weniger erfolgreiche Kanzleien*	wirtschaftlich besonders erfolgreiche Kanzleien*
durch Bekanntwerden der Spezialisierung (eigene Spezialisierung, Spezialisierung der Partner)	3,55	2,69
Empfehlungen aus der Verwandtschaft, dem Bekannten- und Freundeskreis	2,55	3,3
Empfehlung durch Steuerberater	3,92	3,26
Empfehlung durch Versicherungen	4,26	3,35
durch Empfehlung der Bank	4,65	3,53
durch Vorträge (eigene Vorträge, Vorträge von Partnern)	4,54	3,91

* Mittelwerte auf einer 5er-Skala: Der Wert 1 bedeutet "häufig", der Wert 5 bedeutet "nie". Berücksichtigt werden nur Aspekte, die statistisch signifikante Unterschiede ausweisen.

Tabelle 17: Art der Mandantenrekrutierung – Extremgruppenvergleich

Insgesamt weisen die Ergebnisse eindeutig darauf hin, dass Risikobereitschaft in Verbindung mit einer klaren strategischen Ausrichtung die zentralen Erfolgsfaktoren für eine Neugründung darstellen.

F. Die berufliche Situation junger Rechtsanwältinnen und Rechtsanwälte Teil 1

b) Kostenanalyse

In den folgenden Abschnitten soll die Kostenstruktur in neu gegründeten Anwaltskanzleien näher beleuchtet werden. Hierzu werden zunächst die Kostenquoten (Anteil der Kosten am Umsatz) der Kanzleien ermittelt. Anschließend werden die verschiedenen Kostenfaktoren differenziert ausgewiesen. Abschließend wird gesondert auf Maßnahmen zur sozialen Absicherung eingegangen.

aa) Kostenquote und (absolute) Höhe der Kosten in neu gegründeten Kanzleien

Die Gegenüberstellung von Einnahmen und Kosten neu gegründeter Kanzleien ergibt differenziert nach Kanzleityp folgendes Bild (Tabelle 18):
Die Kostenquoten in neu gegründeten Einzelkanzleien und Bürogemeinschaften sind ähnlich gelagert. In 49% der Einzelkanzleien und 54% der Bürogemeinschaften übersteigen die laufenden Kosten nicht die Hälfte des Umsatzes. Der Vergleichswert für neu gegründete Sozietäten liegt bei 35%. Dementsprechend bewegen sich die Kostenquoten neu gegründeter Sozietäten signifikant häufiger zwischen 51% und 75% (43% der Sozietäten gegenüber 29% der Einzelkanzleien) und zwischen 76% und 99% (16% der Sozietäten und 11% der Einzelkanzleien).
Kosten in Höhe des Umsatzes oder Kosten, die den Kanzleiumsatz übersteigen, entstehen 12% der Einzelkanzleien und 7% der Sozietäten.

Kostenquote	Gründer von Einzelkanzleien	Gründer von Bürogemeinschaften	Gründer von Sozietäten
bis 25%	12%	16%	7%
26 bis 50%	37%	38%	28%
51 bis 75%	29%	28%	43%
76 bis 99%	11%	7%	16%
100% oder höher	12%	12%	7%

Tabelle 18: Kostenquote neu gegründeter Kanzleien[98]

Um einen genaueren Eindruck von der Höhe der jährlich anfallenden Kosten zu erhalten, folgt zunächst die Analyse der jährlichen Kosten nach Größenklassen. Die unterschiedliche räumliche, sachliche und personelle Ausstattung neu gegründeter Kanzleien deutet bereits auf stark unterschiedliche Kosten hin. So zeigt die Darstellung der Kosten in Tabelle 19 unabhängig von der Organisationsform neu

---

[98] Rundungsfehler möglich. Die Berechnung der durchschnittlichen Kostenquote differenziert nach Gründungs- und Konsolidierungsphase ergibt keine signifikanten Unterschiede.

Teil 1 Zusammenfassung der wichtigsten Ergebnisse

gegründeter Kanzleien eine große Streubreite. Insofern können anhand der vorliegenden Ergebnisse keine Richtwerte dafür entwickelt werden, mit welchen Kosten in Einzelkanzleien, in Bürogemeinschaften oder in Sozietäten zu rechnen ist.

Höhe der laufenden Kosten pro Jahr	neu gegründete Einzelkanzleien	neu gegründete Bürogemeinschaften	neu gegründete Sozietäten
bis zu 10.000 DM	22%	14%	1%
10.001 DM bis 20.000 DM	15%	4%	1%
20.001 DM bis 50.000 DM	22%	29%	15%
50.001 DM bis 100.000 DM	22%	26%	23%
100.001 DM bis 200.000 DM	15%	20%	22%
200.001 DM bis 500.000 DM	3%	5%	29%
über 500.000 DM	1%	2%	9%

Tabelle 19: Jährliche laufende Kosten nach Kanzleityp

Zum besseren Vergleich laufender Kosten nach dem jeweiligen Kanzleityp ist es zweckmäßig, als gemeinsame Kennziffer die Kosten pro Anwalt zu berechnen. Hierbei ergibt sich folgendes Bild (Abb. 63):

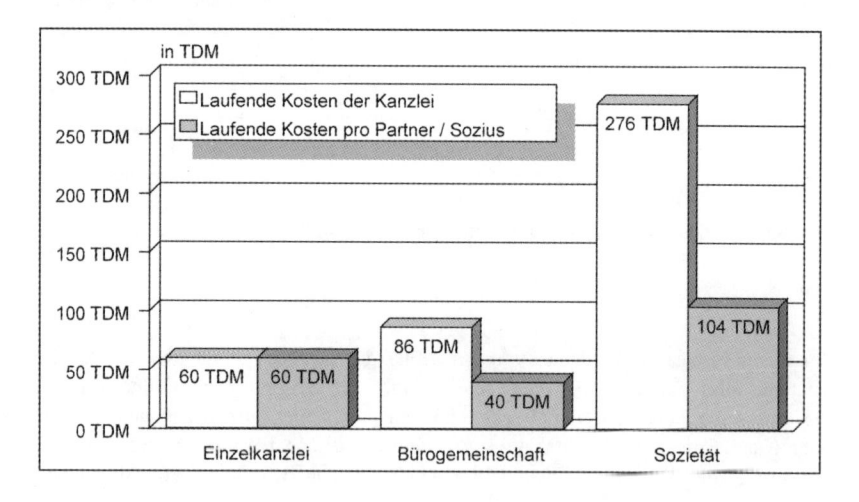

Abb. 63: Durchschnittliche laufende Kosten pro Jahr differenziert nach Kanzleitypen

F. Die berufliche Situation junger Rechtsanwältinnen und Rechtsanwälte Teil 1

Die geringsten Kosten pro Kopf fallen mit durchschnittlich 39 TDM pro Jahr in Bürogemeinschaften an. Diese Kosten liegen bei Einzelanwälten um rund 20 TDM höher. Die insgesamt höchste Kostenbelastung pro Kopf tragen die Sozien mit rund 104 TDM.

Um einen Überblick über die Kostenstruktur neu gegründeter Kanzleien zu erhalten, wurden die Kanzleigründer gebeten, ihre jährlichen Ausgaben für eine Reihe vorgegebener Kostenarten differenziert auszuweisen. In diesem Zusammenhang muss berücksichtigt werden, dass nicht in jeder Kanzlei alle Kostenarten anfallen (vgl. Anhang Abb. 80 und 81).

- Besonders hervorzuheben ist, dass 34% der Einzelanwälte und 40% der Anwälte in Bürogemeinschaften keine Kosten für berufliche Fort- und Weiterbildung angeben (Vergleichswert Sozien: 15%).
- Miet- und Leasingkosten für Büro- und Kommunikationstechnik sowie für EDV fallen in neu gegründeten Kanzleien mehrheitlich nicht an. Diese zur Grundausstattung von Kanzleien gehörenden Sachmittel werden in der Regel bei Kanzleigründung gekauft.
- Im Rahmen von Marketingmaßnahmen entsteht der Mehrheit der Gründer keine Kosten. Dies gilt vor allem für Anwälte in Einzelkanzleien und Bürogemeinschaften. Dies zeigt, dass auch in der jungen Anwaltschaft der Marketinggedanke noch relativ schwach ausgeprägt ist.
- In deutlich mehr Sozietäten als in Einzelkanzleien und Bürogemeinschaften entstehen Kosten im Rahmen externer Buchführung.

Betrachtet man die einzelnen Kostenarten (Tabelle 20), so wird vor allem deutlich, dass Miet- und Personalkosten die mit Abstand wichtigsten Kostenbereiche darstellen. Soweit vorhanden, ist darüber hinaus das Geschäftsfahrzeug ein wichtiger Kostenfaktor.

Kostenarten	Einzelkanzleien	Bürogemeinschaften	Sozietäten
Personalkosten	39.600 DM*	40.600 DM	106.400 DM
Mietkosten (auch kalk. Eigenmiete)	14.300 DM	16.600 DM	32.100 DM
Kosten für das Geschäftsfahrzeug	7.000 DM	8.500 DM	20.200 DM
Telefongebühren usw.	3.700 DM	4.100 DM	9.100 DM
Miet- / Leasingkosten für die Bürotechnik	3.600 DM	2.400 DM	5.300 DM
Aufwand für Darlehen / Kosten des Geldverkehrs	3.500 DM	3.600 DM	7.900 DM
Miet- / Leasingkosten für EDV-Anlage	3.200 DM	5.200 DM	28.300 DM

* Die Durchschnittswerte wurden auf Basis der Gründer berechnet, denen Kosten in den entsprechenden Bereichen entstehen.

Teil 1 Zusammenfassung der wichtigsten Ergebnisse

Kostenarten	Einzelkanzleien	Bürogemeinschaften	Sozietäten
Mietnebenkosten (Heizung, Wasser, Strom etc.)	2.800 DM	3.600 DM	6.300 DM
Kosten für Verbrauchsmaterial, Reparaturen etc.	2.700 DM	3.500 DM	12.500 DM
Kosten der externen Buchführung	2.700 DM	2.400 DM	4.800 DM
Kosten für Fachliteratur	2.500 DM	2.600 DM	5.100 DM
Versicherungskosten für Berufshaftpflicht etc.	2.300 DM	2.600 DM	6.000 DM
Kosten für Software-Pflegeverträge	2.200 DM	1.500 DM	3.500 DM
Kosten für Fort- und Weiterbildung	2.100 DM	2.400 DM	3.400 DM
Kosten für Hardware-Wartungsvertrag / -verträge	1.700 DM	2.100 DM	4.000 DM
Kosten für Repräsentation	1.700 DM	1.900 DM	3.000 DM
Miet- / Leasingkosten für die Telefonanlage	1.600 DM	1.600 DM	3.100 DM
Kosten für Marketing	1.400 DM	2.100 DM	2.700 DM
Beiträge (z.B. für die Rechtsanwaltskammer)	1.100 DM	1.300 DM	2.300 DM

Tabelle 20: **Durchschnittliche Höhe laufender Kosten in neu gegründeten Anwaltskanzleien nach Kanzleityp**

Auffällig sind die geringen Kosten für Marketingmaßnahmen. Nimmt man die gelegentlich vorgeschlagenen 7% vom Kanzleiumsatz als Maßstab für angemessene Anstrengungen im Marketingbereich, wird deutlich, dass diese Größenordnung von jungen Kanzleigründern weit unterschritten wird (Tabelle 21).

	durchschnittlicher Kanzleiumsatz	7% des Jahresumsatzes	durchschnittliche Aufwendungen von Kanzleigründern für Marketingzwecke
Einzelkanzleien	121.100 DM	8.500 DM	1.400 DM
Bürogemeinschaften	148.400 DM	10.400 DM	2.100 DM
Sozietäten	567.700 DM	39.700 DM	2.700 DM

Tabelle 21: **Aufwendungen im Bereich Marketing in neu gegründeten Kanzleien gemessen am Gesamtumsatz**

Festzuhalten ist, dass im Bereich des Anwaltsmarketing Handlungsbedarf besteht. Hierzu bedarf es nicht nur verstärkter Marketingaktivitäten seitens der Rechtsanwältinnen und Rechtsanwälte. In vielen Fällen steht zunächst einmal im Vordergrund, überhaupt ein Bewusstsein für die Notwendigkeit marketingstrategischer Überlegungen zu entwickeln.

F. Die berufliche Situation junger Rechtsanwältinnen und Rechtsanwälte Teil 1

Zusammenfassend wird aus der Analyse laufender Kosten in neu gegründeten Anwaltskanzleien erwartungsgemäß deutlich, dass in Sozietäten von Beginn an ein deutlich umfassenderer Kostenapparat gehandhabt werden muss als in Einzelkanzleien und Bürogemeinschaften. Dieses Teilergebnis kann allerdings erst in der späteren Gesamtbetrachtung von Einnahmen und Ausgaben angemessen eingeordnet werden.

bb) Soziale Sicherung junger Gründer

Wie alle Selbstständigen müssen sich auch Kanzleigründer gegen Risiken selbst absichern. Wurde bereits im Zusammenhang mit den durchschnittlichen Umsätzen auf den schwierigen Durchsetzungsprozess neu gegründeter Kanzleien hingewiesen, so soll die nähere Betrachtung der Maßnahmen sozialer Absicherung, die von Kanzleigründern ergriffen werden, zu einer realistischen Einschätzung der Einkommen beitragen. Im Einzelnen werden die Sicherung gegen Krankheitsrisiken und die Altersvorsorge näher betrachtet.

60% der Gründer schließen zum Schutz vor Krankheitsrisiken eine private Krankenversicherung ab. 30% der Gründer sind freiwillig und 13% gesetzlich versichert (Anhang. Abb. 82).

Die Altersversorgung sichern drei Viertel der Gründer über das anwaltliche Versorgungswerk (Anhang Abb. 83). Zwar wurde mittlerweile eine »nahezu vollständige Flächendeckung der landesrechtlich begründeten Anwaltsversorgung erreicht«[99], es sind aber weiterhin noch regionale Unterschiede zu konstatieren[100]. Diese regionalen Unterschiede werden an den unterschiedlichen Mitgliedschaften in anwaltlichen Versorgungswerken differenziert nach Nielsengebieten deutlich (vgl. Tabelle 22).

Nielsengebiete:	Anteil der Mitglieder eines anwaltlichen Versorgungswerkes
Hamburg, Bremen, Schleswig-Holstein, Niedersachsen	75%
Nordrhein-Westfalen	96%
Hessen, Rheinland-Pfalz, Saarland	95%
Baden-Württemberg	94%
Bayern	96%
Berlin	4%
Mecklenburg-Vorpommern, Brandenburg, Sachsen-Anhalt	34%
Thüringen, Sachsen	68%

Tabelle 22: Mitgliedschaft in einem anwaltlichen Versorgungswerk nach Nielsengebieten (Gründer)

Darüber hinaus wurden einige Versorgungswerke erst in den 90er Jahren gegründet. Anwälte, die bereits zuvor zur Anwaltschaft zugelassen waren, unterliegen nicht der Pflichtmitgliedschaft in einem anwaltlichen Versorgungswerk.

---

99 *Kilger* 1998, S. 425.
100 Zu den regionalen Unterschieden vgl. im Einzelnen *Kilger* 1998 ebd.

Neben der Mitgliedschaft in einem anwaltlichen Versorgungswerk spielen in der Alterssicherung der Gründer Lebensversicherungen eine wichtige Rolle. 48% der befragten Gründer haben eine Lebensversicherung abgeschlossen. Soweit die Gründer im Rahmen ihrer Altersvorsorge Lebensversicherungen abschließen, beträgt die durchschnittliche Versicherungssumme 216.000 DM. Allerdings ist von einer großen Spannbreite der Versicherungssummen auszugehen. Sie reicht von 10.000 DM bis hin zu 1.000.000 DM (Anhang Abb. 84). Dementsprechend unterschiedlich fallen auch die monatlichen Aufwendungen für Lebensversicherungen im Rahmen der Altersvorsorge aus.

Darüber hinaus werden im Rahmen der Altersvorsorge altersbezogene Vermögensanlagen (24%) eingesetzt. Die Altersversorgung des Ehepartners sehen 13% der Gründer auch als eigene Absicherung für das Alter. Alle weiteren Maßnahmen werden jeweils von weniger als 10% der Gründer ergriffen. Erwähnenswert ist, dass 4% der Gründer in den Anfangsjahren ihrer Kanzlei keinerlei Maßnahmen zur Altersversorgung ergriffen haben.

Die Höhe der durchschnittlichen monatlichen Aufwendungen für das anwaltliche Versorgungswerk und sonstige Aufwendungen im Rahmen der Altersvorsorge differieren deutlich nach Organisationsform der neu gegründeten Kanzlei (Anhang Abb. 85). Im Ergebnis kann festgestellt werden, dass Gründer von Bürogemeinschaften mit insgesamt 677 DM im Monat am wenigsten Geld für ihre Altersvorsorge aufwenden. Die Gründer von Einzelkanzleien geben durchschnittlich 867 DM und die Sozietätsgründer durchschnittlich 1.104 DM im Monat im Rahmen ihrer Alterssicherung aus[101].

c) Gewinn in neu gegründeten Kanzleien

Die Umsätze der Kanzleigründer abzüglich der Kosten ergeben den Gewinn vor Steuern.[102] Im Folgenden werden auf **Monate** umgerechnete Gewinne (vor Steuern) der Kanzleigründer ausgewiesen. Dieses Vorgehen ermöglicht den Vergleich der Einkünfte der Gründer mit denen der angestellten Rechtsanwältinnen und Rechtsanwälte oder der freien Mitarbeiterinnen und Mitarbeiter.

Abb. 64 gibt einen ersten Eindruck davon, dass Kanzleigründer bis zur Konsolidierung ihrer Kanzlei eine wirtschaftliche Durststrecke durchlaufen: Die durchschnittlichen monatlichen Bruttoeinkünfte liegen in der Gründungsphase erheblich unter den durchschnittlichen Einkünften in der Konsolidierungsphase. Darüber hinaus wird deutlich, dass in der Gründungsphase die durchschnittlichen Einkünfte nur leicht nach Kanzleityp differieren. Anders in der Konsolidierungsphase: mit durchschnittlichen

---

101 Die Durchschnittswerte beziehen sich lediglich auf die Gründer, die finanzielle Mittel im Rahmen des anwaltlichen Versorgungswerks bzw. weiterer Maßnahmen aufwenden.
102 Die Gewinne der Einzelanwälte einschließlich der Anwälte in Bürogemeinschaften wurden über die Umsatzangaben und Kostenangaben berechnet. Wegen zu geringer Gruppenbesetzung werden die Gewinne der Bürogemeinschaften nicht gesondert ausgewiesen. Die Bruttoeinkommen der Sozien wurden direkt erfragt.

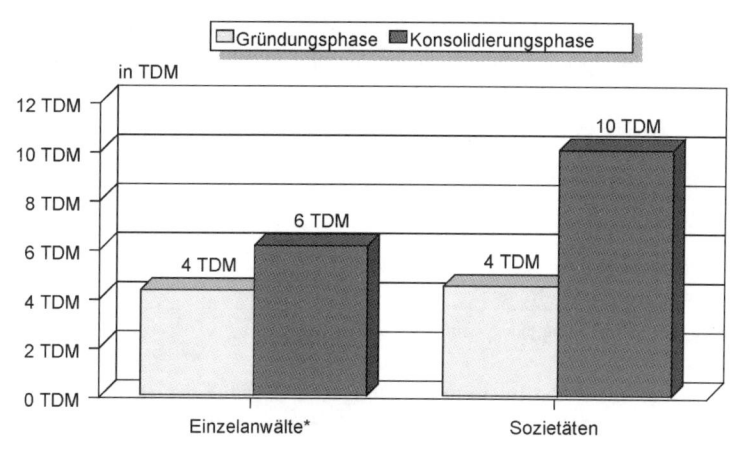

F. Die berufliche Situation junger Rechtsanwältinnen und Rechtsanwälte Teil 1

□ Gründungsphase ■ Konsolidierungsphase

[Balkendiagramm: Einzelanwälte* – Gründungsphase 4 TDM, Konsolidierungsphase 6 TDM; Sozietäten – Gründungsphase 4 TDM, Konsolidierungsphase 10 TDM]

* einschließlich der in Bürogemeinschaften niedergelassenen Anwälte

Abb. 64: Durchschnittliche monatliche Bruttoeinkünfte von Kanzleigründern nach Gründungsjahr

monatlichen Bruttoeinkünften in Höhe von 10 TDM ist die finanzielle Situation der Gründer von Sozietäten deutlich besser als die der Einzelanwälte einschließlich der Anwälte in Bürogemeinschaften, deren durchschnittliche monatliche Bruttoeinkünfte bei etwas über 6.000 DM liegen.
Um die Streubreite der Einkommen veranschaulichen zu können, ist eine Aufteilung der Einkünfte nach Einkommensgruppen zweckmäßig. Dabei ergibt sich folgendes Bild (Tabelle 23):

- Die Betrachtung nach Einkommensklassen bestätigt, dass Kanzleigründer unabhängig von der Organisationsform neu gegründeter Kanzleien in der Gründungsphase mehrheitlich eine schwierige wirtschaftliche Situation in Kauf nehmen müssen. So verdienen mehr als die Hälfte der Anwälte in der Gründungsphase nicht mehr als 3.000 DM brutto pro Monat.
- Nach der ersten Durchsetzungsphase von etwa drei Jahren steigen bei einem großen Teil der Gründer die Einkünfte: In der Konsolidierungsphase verdient die Mehrheit der Gründer monatlich über 5.000 DM. Allerdings übersteigen die Einkünfte von 35% der Einzelanwälte und von 27% der Sozien auch in dieser Phase die 3.000 DM nicht. Dies deutet auf nachhaltige Schwierigkeiten im Prozess der Durchsetzung dieses Teils der Kanzleien am Markt für Rechtsberatung und Rechtsvertretung hin.
- Die vorliegenden Ergebnisse zeigen, dass die Unterschiede in den Einkünften zwischen Anwälten in Einzelkanzleien und in Sozietäten nach der Gründungsphase zunehmen. Dies gilt vor allem für die oberen Einkommensklassen: Während

Teil 1 Zusammenfassung der wichtigsten Ergebnisse

37% der Sozien in der Konsolidierungsphase monatliche Bruttoeinkünfte von über 10.000 DM erwirtschaften, liegt der Vergleichswert für die Einzelanwälte bei lediglich 17%.

Einkommensklassen	Gründer von Einzelkanzleien*		Gründer von Sozietäten	
	Gründungsphase	Konsolidierungsphase	Gründungsphase	Konsolidierungsphase
bis zu 3.000 DM	55%	35%	59%	27%
3.001 bis 5.000 DM	22%	14%	11%	12%
5.001 bis 10.000 DM	14%	34%	17%	24%
über 10.000 DM	9%	17%	13%	37%

* einschließlich der in Bürogemeinschaften niedergelassenen Anwälte

Tabelle 23: Monatliche Bruttoeinkünfte von Kanzleigründern (Einkommensklassen) nach Gründungsjahr

Deutliche Unterschiede in den Einkünften der Kanzleigründer zeigen sich differenziert nach Gründerinnen und Gründern sowie nach regionalem Standort neu gegründeter Kanzleien:

- Die durchschnittlichen Bruttoeinkünfte von Gründerinnen liegen unabhängig von der Organisationsform neu gegründeter Kanzleien erheblich unter den Einkünften ihrer männlichen Kollegen. Tabelle 24 ist zu entnehmen, dass die monatlichen Bruttoeinkünfte der Rechtsanwältinnen je nach Anwaltstyp im Durchschnitt zwischen 35% und 47% unter dem der Männer liegen. Diese Unterschiede werden in der Verteilung auf Einkommensklassen noch plastischer (vgl. Tabelle 25). Überdurchschnittlich viele Frauen sind in der Einkommensgruppe bis zu 3.000 DM vertreten. Frauen in den oberen Einkommensklassen sind dementsprechend deutlich unterrepräsentiert. Auf diese Unterschiede in den Einkünften wird im weiteren Verlauf noch näher einzugehen sein (vgl. Abschnitt über die spezielle Situation der Gründerinnen).

Kanzleityp	Gesamt	Rechtsanwältinnen	Rechtsanwälte	Differenz
Gründer Einzelkanzleien	4.945 DM	3.923 DM	5.208 DM	35 %
Gründer Sozietäten	6.424 DM	3.890 DM	7.308 DM	47%

* einschließlich der in Bürogemeinschaften niedergelassenen Anwälte

Tabelle 24: Durchschnittliche monatliche Bruttoeinkünfte nach Anwaltstyp und Geschlecht

- Im Anschluss an die Umsatzanalyse war bereits zu erwarten, dass auch die Einkünfte von Gründern in den neuen und den alten Bundesländern unterschiedlich ausfallen. Unabhängig vom Kanzleityp erzielen Gründer in den

F. Die berufliche Situation junger Rechtsanwältinnen und Rechtsanwälte Teil 1

Gründungsjahr	Gründer von Einzelkanzleien*		Gründer von Sozietäten	
	w**	m***	w	m
bis zu 3.000 DM	63%	42%	58%	29%
3.001 bis 5.000 DM	14%	18%	8%	12%
5.001 bis 10.000 DM	17%	25%	27%	25%
über 10.000 DM	6%	15%	8%	34%

* einschließlich der in Bürogemeinschaften niedergelassenen Anwälte;
** Rechtsanwältinnen; *** Rechtsanwälte

Tabelle 25: Monatliche Bruttoeinkünfte von Kanzleigründern (Einkommensklassen) nach Geschlecht

neuen Bundesländern signifikant höhere Einkünfte als ihre Kollegen in den alten Bundesländern. Im Einzelnen ergibt sich folgendes Bild (Tabelle 26):

monatliche Bruttoeinkünfte	Gründer von Einzelkanzleien*		Gründer von Sozietäten	
	Gründungsphase	Konsolidierungsphase	Gründungsphase	Konsolidierungsphase
Gründer in den alten Bundesländern				
durchschnittliches Einkommen	3.500 DM	5.100 DM	3.500 DM	9.500 DM
bis zu 3.000 DM	58%	45%	66%	33%
3.001 bis 5.000 DM	25%	10%	12%	13%
5.001 bis 10.000 DM	10%	29%	15%	27%
über 10.000 DM	7%	16%	7%	27%
Gründer in den neuen Bundesländern				
durchschnittliches Einkommen	5.600 DM	6.755 DM	5.660 DM**	11.472 DM
bis zu 3.000 DM	35%	23%	50%	16%
3.001 bis 5.000 DM	30%	18%	0%	16%
5.001 bis 10.000 DM	29%	45%	36%	21%
über 10.000 DM	6%	14%	14%	47%

* einschließlich der in Bürogemeinschaften niedergelassenen Anwälte;
** N < 15

Tabelle 26: Monatliche Bruttoeinkünfte von Kanzleigründern (Einkommensklassen) nach regionalem Standort

Deutlich mehr als die Hälfte der Kanzleigründer in den alten Bundesländern verbleiben während der Gründungsphase in der untersten Gruppe der Einkünfte: 58% der Gründer von Einzelkanzleien und 66% der Gründer von Sozietäten erzielen in dieser Phase monatliche Einkünfte, die 3.000 DM nicht überschreiten. Die Vergleichswerte für Gründer in den neuen Bundesländern liegen bei 35% bzw. 50%.

Teil 1 Zusammenfassung der wichtigsten Ergebnisse

- Die Einzelanwälte in den neuen Bundesländern sind deutlich häufiger in den mittleren Einkommensgruppen anzutreffen als ihre Kollegen in den alten Ländern. Monatliche Einkünfte über 10 TDM erzielen gleichviele Anwälte in den neuen und alten Bundesländern.
- Anders verhält es sich für Gründer von Sozietäten. Hier erzielen in den alten Ländern in der Gründungsphase 7% und in der Konsolidierungsphase 27% Einkünfte über 10 TDM. Die entsprechenden Vergleichswerte für Sozietätsgründer aus den neuen Ländern liegen bei 14% in der Gründungsphase und 47% in der Konsolidierungsphase.

aa) Exkurs: Vergleich der Ergebnisse mit den bundesweiten Ergebnissen der »STAR-Analyse«

Um die wirtschaftliche Situation junger Kanzleigründer im Verhältnis zur wirtschaftlichen Situation der gesamten Anwaltschaft einordnen zu können, ist es zweckmäßig, die Ergebnisse dieser Untersuchung mit denen der STAR-Untersuchung zu vergleichen, die durch das Institut für freie Berufe im Auftrag der Bundesrechtsanwaltskammer durchgeführt wird.[103]

Abb. 65 kann entnommen werden, dass die Umsätze neu gegründeter Einzelkanzleien 1996 erwartungsgemäß erheblich hinter den durchschnittlichen wirtschaftlichen Ergebnissen aller Einzelkanzleien zurückbleiben. Zwar nähern sich die Umsätze neu gegründeter Einzelkanzleien einige Jahre nach Gründung einer Kanzlei den durchschnittlichen Umsätzen aller Einzelkanzleien an. Aber auch nach der Konsolidierungsphase bleiben diese noch hinter den wirtschaftlichen Ergebnissen aller Einzelkanzleien zurück. Dies gilt für Kanzleien in den alten Bundesländern in stärkerem Maße als für neu gegründete Kanzleien in den neuen Bundesländern.

Ein ähnliches Bild ergibt sich auch für Sozietäten: In der Gründungs- und in der Konsolidierungsphase erwirtschafteten Sozietäten durchschnittlich deutlich geringere Umsätze (pro Sozius) als örtliche Sozietäten in den alten Bundesländern insgesamt (Abb. 66). Überörtliche Sozietäten erzielten in den alten Bundesländern durchschnittlich um mehr als das Dreifache höhere Umsätze und Gewinne als neu gegründete Sozietäten.

---

103 Vgl. *Wasilewski* 1998. Die Star-Untersuchung »Umsatz- und Einkommensentwicklung der Rechtsanwälte 1992 bis 1996« ist die einzige Datenquelle über die Einkommensentwicklung innerhalb der Anwaltschaft. Zur Fortschreibung der Umsatz- und Einkommensentwicklung vgl. *Schmucker* 2000. Für die Jahre 1997 und 1998 weisen die Daten des Instituts für freie Berufe insbesondere für Sozietäten extrem starke Umsatzschwankungen aus. Es bleibt unklar, ob hier Marktgegebenheiten abgebildet wurden oder ob es sich um Zufallsschwankungen im Rahmen einer zu kleinen Stichprobe handelt.

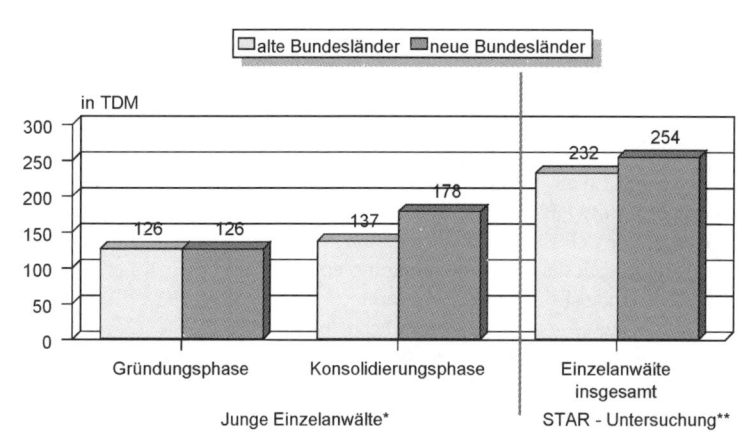

F. Die berufliche Situation junger Rechtsanwältinnen und Rechtsanwälte — Teil 1

☐ alte Bundesländer ■ neue Bundesländer

in TDM

Gründungsphase	Konsolidierungsphase	Einzelanwäite insgesamt
126 / 126	137 / 178	232 / 254

Junge Einzelanwälte* — STAR - Untersuchung**

* Nur Einzelanwälte, die ausschließlich in eigener Kanzlei tätig sind.
** Ergebnisse der STAR-Untersuchung; Quelle: BRAK-Mitt. 6/1998

Abb. 65: Durchschnittlicher Jahresumsatz 1996 von Einzelkanzleien. Vergleich der wirtschaftlichen Situation junger Gründer mit den Umsätzen aller Einzelkanzleien

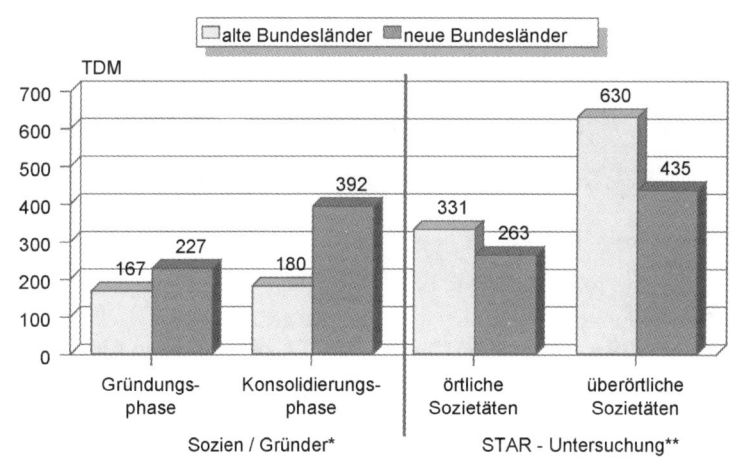

☐ alte Bundesländer ■ neue Bundesländer

TDM

Gründungsphase	Konsolidierungsphase	örtliche Sozietäten	überörtliche Sozietäten
167 / 227	180 / 392	331 / 263	630 / 435

Sozien / Gründer* — STAR - Untersuchung**

* Nur Sozien, die ausschließlich in eigener Kanzlei tätig sind.
* Ergebnisse der STAR-Untersuchung; Quelle: BRAK-Mitt. 6/1998

Abb. 66: Durchschnittliche pro Kopf-Umsätze der Gründer neuer Sozietäten mit pro Kopf-Umsätzen in allen Sozietäten

Teil 1 Zusammenfassung der wichtigsten Ergebnisse

In den neuen Bundesländern ist der Unterschied zwischen dem durchschnittlichen Jahresumsatz neu gegründeter Sozietäten und dem durchschnittlichen Umsatz der Sozietäten insgesamt deutlich geringer ausgeprägt. Der durchschnittliche Umsatz neu gegründeter Sozietäten in der Konsolidierungsphase übertraf sogar den durchschnittlichen Umsatz aller **örtlichen** Sozitäten.

Es zeigt sich damit, dass in den neuen Bundesländern gegründete Kanzleien ihr wirtschaftliches Entwicklungspotenzial bereits früh nach der Gründungsphase entfalten konnten. Die schwache Konkurrenz am Markt für Rechtsberatung gerade in den ersten Jahren nach der Wiedervereinigung ermöglichte diesen Kanzleien eine zügige Durchsetzung und Etablierung am Markt.

Betrachtet man die Jahresgewinne, so ergibt sich folgendes Bild: Die Gewinne neu gegründeter Einzelkanzleien bleiben deutlich hinter dem durchschnittlichen Gewinn aller Kanzleien. Dies gilt insbesondere für neu gegründete Einzelkanzleien in den alten Bundesländern (Abb. 67).

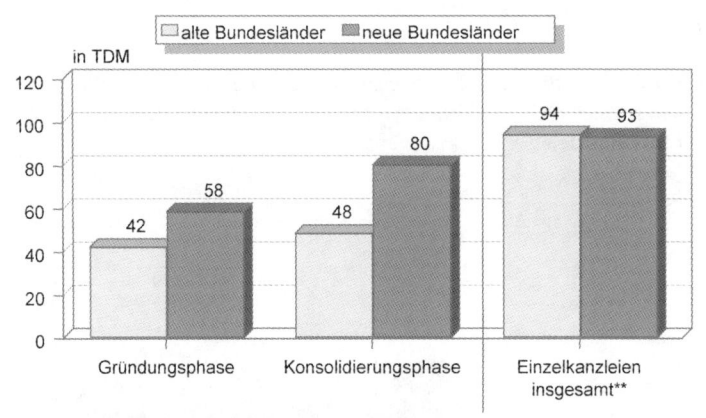

*einschließlich der in Bürogemeinschaften niedergelassenen Anwälte
**Ergebnisse der STAR-Untersuchung; Quelle: BRAK-Mitt. 6/1998

Abb. 67: Durchschnittlicher Jahresgewinn von neu gegründeten Einzelkanzleien im Vergleich mit dem durchschnittlichen Gewinn in allen Einzelkanzleien

Die Pro-Kopf-Gewinne neu gegründeter Sozietäten bleiben auch in den alten Bundesländern erwartungsgemäß deutlich hinter den Gewinnen aller Sozietäten zurück. Demgegenüber übersteigt der durchschnittliche Jahresgewinn neu gegründeter Sozietäten (Konsolidierungsphase) in den **neuen** Bundesländern mit 138 TDM den durchschnittlich erzielten Gewinn aller örtlichen Sozietäten (115 TDM). Den Gewinn der örtlichen Sozietäten in den alten Bundesländern (162 TDM) erreichen

F. Die berufliche Situation junger Rechtsanwältinnen und Rechtsanwälte Teil 1

die Sozietäten in den neuen Bundesländern, die in der Konsolidierungsphase sind, allerdings bei weitem nicht (Abb. 68).

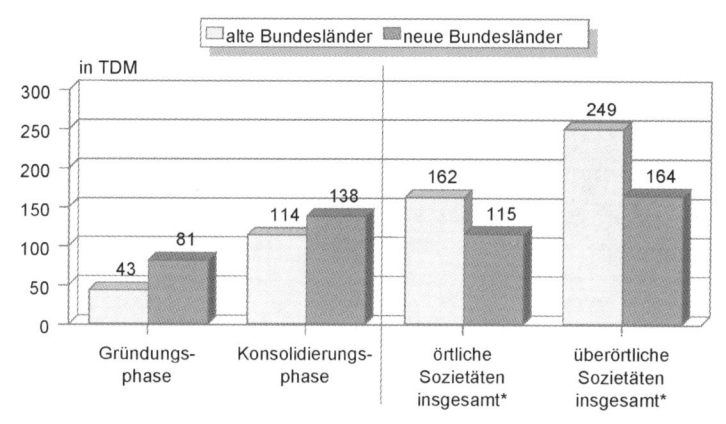

[Balkendiagramm: Durchschnittlicher Pro-Kopf-Jahresgewinn in TDM — alte Bundesländer / neue Bundesländer:
- Gründungsphase: 43 / 81
- Konsolidierungsphase: 114 / 138
- örtliche Sozietäten insgesamt*: 162 / 115
- überörtliche Sozietäten insgesamt*: 249 / 164]

* Ergebnisse der STAR-Untersuchung; Quelle: BRAK-Mitt. 6/1998

Abb. 68: Durchschnittlicher Pro-Kopf-Jahresgewinn neu gegründeter Sozietäten im Vergleich zu den Pro-Kopf-Gewinnen in allen Sozietäten

bb) Lebensunterhalt durch die Anwaltstätigkeit in eigener Kanzlei

Die Kanzleigründer wurden nicht nur nach den tatsächlichen Umsätzen und Kosten, sondern auch danach gefragt, ob sie aus ihrer anwaltlichen Tätigkeit ihren Lebensunterhalt bestreiten können. Dies bejahen 44 % der Gründer uneingeschränkt. Weitere 11% geben an, mit Einschränkungen aus der anwaltlichen Tätigkeit leben zu können. Nicht weniger als 45 % aller Gründer geben an, auf weitere Einnahmen angewiesen zu sein (Abb. 69).

Erwartungsgemäß ergeben sich in diesem Zusammenhang erhebliche Unterschiede nach Gründungs- und Konsolidierungsphase: Während jeder zweite Gründer während der ersten drei Jahre nach Gründung auf weitere Einnahmequellen angewiesen ist, sind es in der Konsolidierungsphase noch 30% der Gründer. Darüber hinaus ergeben sich Unterschiede nach Kanzleityp. So kann Tabelle 27 entnommen werden, dass Einzelanwälte sowohl in der Gründungsphase als auch in der Konsolidierungsphase deutlich häufiger auf weitere Einnahmequellen angewiesen sind als Gründer von Sozietäten. In der Konsolidierungsphase können 48% der Einzelanwälte und 67% der Anwälte in Bürogemeinschaften ohne weitere Einschränkungen ihren Lebensunterhalt aus den Einkünften aus der Anwaltstätigkeit bestreiten. Der Vergleichswert für die Sozien liegt demgegenüber bei 82%.

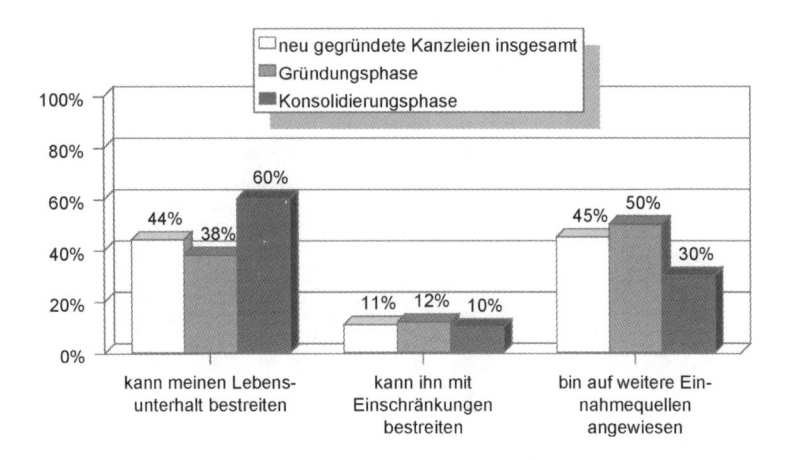

Teil 1 Zusammenfassung der wichtigsten Ergebnisse

Abb. 69: Bestreiten des Lebensunterhaltes durch die Tätigkeit in eigener Kanzlei (Gründer)

	Gründer von Einzelkanzleien		Gründer von Bürogemeinschaften		Gründer von Sozietäten	
	Gründungsphase	Konsolidierungsphase	Gründungsphase	Konsolidierungsphase	Gründungsphase	Konsolidierungsphase
kann meinen Lebensunterhalt bestreiten	27%	48%	42%	67%	59%	82%
kann den Lebensunterhalt nur mit Einschränkungen bestreiten	10%	10%	18%	16%	12%	6%
bin auf weitere Einnahmequellen angewiesen	63%	42%	40%	17%	29%	12%

Tabelle 27: Bestreiten des eigenen Lebensunterhaltes aus den Einkünften aus der Anwaltstätigkeit nach Kanzleibestehen und Kanzleityp

Soweit bei Kanzleigründung der Lebensunterhalt durch weitere Einnahmequellen gesichert werden muss, wird oft auf familiäre Unterstützung zurückgegriffen: Einkünfte des Ehepartners sowie finanzielle Unterstützung seitens der Familie tragen für 43% bzw. 20% der Gründer zur Sicherung des Lebensunterhalts bei.

17% der Gründer sind neben ihrer Tätigkeit in eigener Kanzlei zusätzlich als angestellte Anwälte oder freie Mitarbeiter beschäftigt.

Zusätzliche Einkünfte aus Vermögen beziehen 13% der Gründer. Eine Lehr- und Dozententätigkeit üben ebenfalls 13% der Gründer aus, die ihren Lebensunterhalt nicht ausschließlich aus ihrer Tätigkeit in eigener Kanzlei bestreiten können. Eine

F. Die berufliche Situation junger Rechtsanwältinnen und Rechtsanwälte Teil 1

fachfremde Tätigkeit übernehmen 12%, um ihren Lebensunterhalt bestreiten zu können und 9% arbeiten als freie Mitarbeiter in Betrieben und Unternehmen. Arbeitslosengeld und Sozialhilfe bezieht nur eine verschwindende Minderheit der Gründer (Anhang Abb. 86).

d) Die spezielle wirtschaftliche Situation der Gründerinnen

Die Analyse der Einkommenssituation der Gründer ergab deutliche Unterschiede der Einkommen von Gründerinnen im Vergleich zu ihren männlichen Kollegen. Ein Blick auf die wirtschaftliche Situation von Gründerinnen und Gründern in den 80er Jahren[104] macht deutlich, dass sich im Zusammenhang mit den geschlechtsspezifischen Unterschieden in der Einkommenssituation der Gründer in den letzten zehn Jahren keine nennenswerten Verschiebungen ergeben haben. Damals wie heute liegen die Einkommen der Gründerinnen erheblich unter denen ihrer männlichen Kollegen. Dementsprechend sind deutlich mehr Gründerinnen als Gründer auf weitere Einnahmequellen neben den Einkünften aus der Anwaltstätigkeit in eigener Kanzlei angewiesen (Abb. 70).

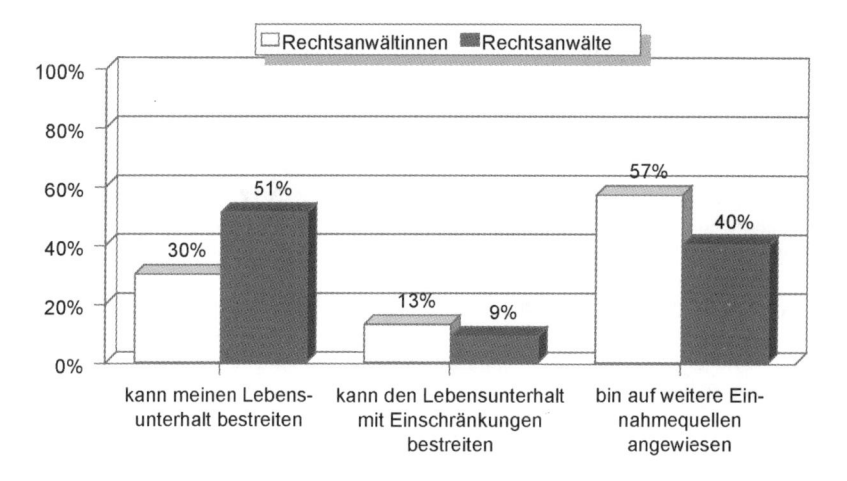

Abb. 70: Bestreiten des Lebensunterhaltes aus den Einkünften in eigener Kanzlei nach Geschlecht der Gründer

Diesen Unterschieden in der Einkommenssituation soll im Folgenden nachgegangen werden. Hierbei muss die Bedeutung zweier Determinanten geprüft werden: Zum einen könnten die geschlechtsspezifischen Einkommensunterschiede auf Unterschiede

---

104 *Hommerich* 1988, S. 108.

in der Intensität, mit der die Anwaltstätigkeit ausgeübt wird, und somit möglicherweise auf geschlechtsspezifische Unterschiede in den Lebensentwürfen zurückgehen. Zum anderen muss geprüft werden, ob Frauen unabhängig von möglichen Unterschieden in den Lebensentwürfen die Anwaltstätigkeit mit geringerem wirtschaftlichen Erfolg als ihre männlichen Kollegen ausüben.

Hinweise im Zusammenhang mit der Frage nach geschlechtsspezifischen Unterschieden in der Gewichtung beruflicher und familiärer Zielsetzungen können Untersuchungen über die berufliche und außerberufliche Orientierung von Frauen entnommen werden. Diese Untersuchungen weisen auf der einen Seite auf eine zunehmende Integration der Erwerbstätigkeit in die Lebensplanung junger Frauen hin.[105] Berufstätigkeit bedeutet für Frauen aber auf der anderen Seite nicht zwangsläufig auch Verzicht auf Familie und Kinder.[106] Vielmehr wird die Kombination von Beruf und Familie angestrebt.[107] Hiermit verbunden ist der Wunsch nach flexiblen Arbeitsbedingungen (Teilzeit, Gleitzeit, verbesserte Rückkehrmöglichkeiten, Beurlaubung etc.), um die teils konfligierenden beruflichen und familiären Zielsetzungen vereinbaren zu können.[108] Diese »Doppelorientierung« wird auch bei den befragten Gründerinnen deutlich. Die zeitliche Intensität, mit der die Anwaltstätigkeit ausgeübt wird, variiert deutlich nach der Familiensituation (Tabelle 28):

- 56 % der verheirateten Gründerinnen und 45% der Gründerinnen mit Kindern üben den Anwaltsberuf als Vollzeittätigkeit aus. Demgegenüber ist der Anteil der Gründerinnen, die eine Vollzeittätigkeit ausüben, in der Gruppe der ledigen und der mit einem Partner zusammenlebenden Rechtsanwältinnen mit 76% bzw. 79% deutlich höher.
- Bei männlichen Gründern variiert demgegenüber die Arbeitszeit **nicht** in Abhängigkeit von der Familiensituation. Insbesondere haben Kinder keinen nennenswerten Einfluss auf die zeitliche Arbeitsintensität.

---

105 Vgl. z. B. *Seidenspinner; Burger* 1982; *Erler* 1988 und *Schmidtchen* 1984, S. 16 ff. Die Erwerbsquote von Frauen ist im früheren Bundesgebiet in der Zeit von 1972 bis 1992 von 48% auf 60% gestiegen (Statistisches Bundesamt 1995, S. 48). Die Beteiligung von Frauen und insbesondere auch von Müttern am Erwerbsleben steigt sowohl aufgrund wirtschaftlicher Zwänge als auch wegen eines veränderten Selbstverständnisses von Frauen. Zu den neuesten Zahlen vgl. Statistisches Bundesamt 1998. Vgl. hierzu auch *Hassels; Hommerich* 1993.

106 *Beck-Gernsheim* 1988 und 1990; zu der Situation junger Rechtsanwältinnen mit Kindern vgl. *Frech* 1997.

107 *Seidenspinner, Burger* 1982, S. 82 ff.; *Erler* 1988, S. 25 ff.; *Beck-Gernsheim* 1988; *Bertram; Borrmann-Müller* 1988, S. 257 f.

108 Dieser Wunsch wurde bereits im Zusammenhang mit der beruflichen Orientierung der befragten Frauen als zentraler Grund für die Attraktivität des Justizdienstes deutlich. Zum Wunsch nach flexiblen Arbeitsbedingungen vgl. *Born; Vollmer* 1983; *Hoff* 1987; *Strümpel; Bielinski* 1987; *Beck-Gernsheim* 1988; *Busch; Hommerich* 1982, S. 23; *Beck* 1986, S. 184 und 189 ff. *Beck-Gernsheim* 1992, S. 39 f weist darauf hin, dass neben der Rollenstabilität auf seiten der Männer auch eine in Teilen fehlende institutionelle Infrastruktur, die dem gewandelten Rollenverständnis von Frauen Rechnung trägt, zur Überlastung von Frauen zwischen Familien- und Berufsleben beiträgt.

F. Die berufliche Situation junger Rechtsanwältinnen und Rechtsanwälte Teil 1

	Gründerinnen					Gründer				
	verheiratet	ledig	mit Partner lebend	keine Kinder	Kinder	verheiratet	ledig	mit Partner lebend	keine Kinder	Kinder
Vollzeittätigkeit (mehr als 38 Wochenstunden)	56%	76%	79%	79%	45%	88%	88%	99%	90%	89%

Tabelle 28: Familiensituation und wöchentliche Arbeitszeit von Kanzleigründern nach Geschlecht

Diese Ergebnisse decken sich mit den Ergebnissen der Untersuchung von 1988.[109] Damals wie auch heute ist davon auszugehen, dass die Dominanz des Berufes gegenüber der familiären Orientierung bei männlichen Anwälten das vorherrschende Lebensmodell ist. Anwältinnen lösen demgegenüber den Zielkonflikt zwischen Beruf und Familie weiterhin so, dass sie ihre Zeit zwischen Familie und Beruf aufteilen (Anhang Abb. 87).

Unabhängig von dem Unterschied in der zeitlichen Arbeitsintensität von Gründerinnen und Gründern war zu überprüfen, ob geschlechtsspezifische Unterschiede in der Einkommenssituation auch bei vergleichbarer zeitlicher Intensität in der Berufsausübung anzutreffen sind. Hierzu wird im Folgenden die berufliche Situation der Gründer analysiert, die die Anwaltstätigkeit in eigener Kanzlei als **Vollzeittätigkeit** (39 und mehr Wochenstunden) ausüben.

Die Analyse zeigt, dass erhebliche geschlechtsspezifische Unterschiede in der ökonomischen Situation bestehen: Abb. 71 ist zu entnehmen, dass in Bürogemeinschaften und in Sozietäten vollzeittätige Rechtsanwältinnen durchschnittlich deutlich geringere Jahresumsätze erwirtschaften als ihre männlichen Kollegen. In neu gegründeten Einzelkanzleien weisen die Umsätze demgegenüber keine geschlechtsspezifischen Unterschiede auf.

Im Folgenden wird untersucht, auf welche Faktoren diese geschlechtsspezifischen Unterschiede der wirtschaftlichen Situation vollzeittätiger Gründer zurückgeführt werden können. Hierzu werden als mögliche Determinanten die Kanzleiausstattung, die Investitionsbereitschaft, die inhaltliche Kanzleiausrichtung sowie die Mandantenstruktur überprüft.

Zunächst können mit Blick auf die Kanzleiausstattung und das Investitionsvolumen für die Gruppe der vollzeittätigen Gründer keine geschlechtsspezifischen Unterschiede festgestellt werden:
- Vollzeittätige Gründerinnen üben ihre Anwaltstätigkeit nicht häufiger als ihre männlichen Kollegen in sog. »Küchen-« oder »Wohnzimmerkanzleien« aus: Gründerinnen, die ihren Beruf als Vollzeittätigkeit ausüben, mieten ebenso häufig wie Gründer Büroräume bei Gründung der Kanzlei an (Anhang Abb. 88).

---

109 Vgl. *Hommerich* 1988, S. 108.

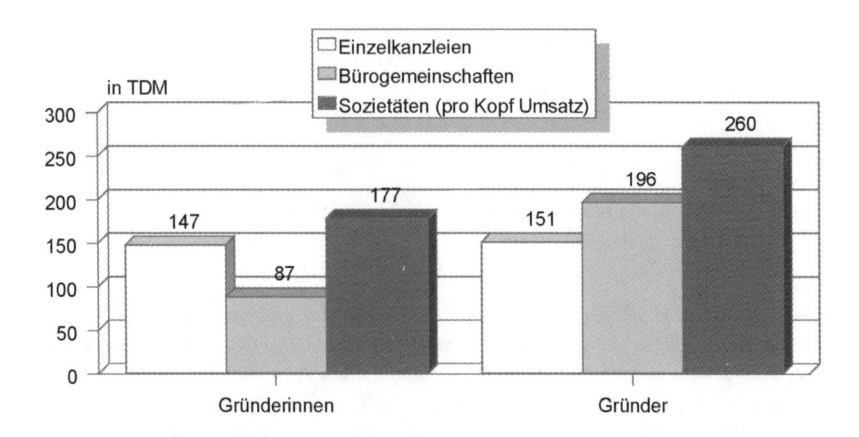

Teil 1 — Zusammenfassung der wichtigsten Ergebnisse

Abb. 71: Durchschnittlicher Jahresumsatz in neu gegründeten Kanzleien nach Geschlecht

Werte (in TDM):
- Gründerinnen: Einzelkanzleien 147, Bürogemeinschaften 87, Sozietäten (pro Kopf Umsatz) 177
- Gründer: Einzelkanzleien 151, Bürogemeinschaften 196, Sozietäten (pro Kopf Umsatz) 260

- Auch die Höhe des Investitionsvolumens bei Kanzleigründung weist keine geschlechtsspezifischen Unterschiede auf (Anhang Tabelle 7).[110] Es ist deswegen davon auszugehen, dass die sachliche Ausstattung der von Frauen (mit-)gegründeten Kanzleien im Vergleich zur Ausstattung der Kanzleien ihrer männlichen Kollegen nicht schlechter oder besser ist.
- In der personellen Besetzung neu gegründeter Einzelkanzleien und Bürogemeinschaften zeigen sich keine geschlechtsspezifischen Unterschiede. Hinsichtlich der personellen Besetzung neu gegründeter Sozietäten gibt es demgegenüber geschlechtsspezifische Unterschiede: Rechtsanwältinnen sind erheblich seltener in mittleren (sechs bis zehn Mitarbeiter) und größeren (mehr als zehn Mitarbeiter) Sozietäten tätig (Anhang Abb. 89) als ihre männlichen Kollegen.

Als Zwischenergebnis kann festgehalten werden, dass die Ausgangsbedingungen von Gründerinnen und Gründern keine nennenswerten geschlechtsspezifischen Unterschiede aufweisen.

Die Unterschiede in der ökonomischen Situation können auch nicht auf Unterschiede in der inhaltlichen Kanzleiausrichtung zurückgeführt werden. Hierzu wurden die fachliche Spezialisierung, sowie die schwerpunktmäßige Tätigkeitsausrichtung von Gründerinnen im Vergleich zu Gründern untersucht: Es zeigen sich keine geschlechtsspezifischen Unterschiede hinsichtlich der Selbsteinschätzung als Generalist oder Spezialist, der zielgruppenspezifischen Ausrichtung neu gegründeter Kanzleien und der eher forensischen oder beratenden Tätigkeitsausrichtung (Tabelle 29).

---

110 Insgesamt bleiben die Unterschiede im Bereich des Zufalls.

F. Die berufliche Situation junger Rechtsanwältinnen und Rechtsanwälte Teil 1

Kanzleiausrichtung	Gründerinnen	Gründer
Tätigkeitsschwerpunkt eher beratend	47%	47%
mittelfristige Ausrichtung auf spezielle Zielgruppen	57%	63%
Selbsteinschätzung als Spezialist	46%	42%

Tabelle 29: Ausrichtung neu gegründeter Kanzleien nach Geschlecht der Gründer

Feststellbar sind allerdings deutliche geschlechtsspezifische Unterschiede in der Mandantenstruktur und hier vor allem in der Betreuung oder Vertretung gewerblicher Mandate. So zeigt sich, dass deutlich mehr Einzelkanzleien von Gründern (37%) ihren Umsatz überwiegend mit **gewerblichen Mandaten** erwirtschaften als Einzelkanzleien von Gründerinnen (11%) (Abb. 72). In der Tendenz kann dieser Unterschied in der Klientenstruktur auch bei neu gegründeten Bürogemeinschaften und Sozietäten aufgezeigt werden. Insgesamt gilt demnach, dass vollzeittätige Gründerinnen seltener als ihre männlichen Kollegen gewerbliche Klienten betreuen oder vertreten.[111]

Darüber hinaus lässt sich zeigen, dass Gründerinnen, die ihren Beruf als Vollzeittätigkeit ausüben, im Vergleich zu ihren männlichen Kollegen durchschnittlich einen signifikant höheren Umsatzanteil über Beratungs- und Prozesskostenhilfe abwickeln (Anhang Abb. 90 und 91).

Im Ergebnis wird deutlich: Soweit bei vollzeittätigen Gründern geschlechtsspezifische Unterschiede in der Höhe der (pro Kopf) erwirtschafteten Umsätze bestehen, sind diese auf Unterschiede in der Mandantenstruktur zurückzuführen. Entweder werden gewerbliche Mandate seltener an Rechtsanwältinnen als an Rechtsanwälte vergeben, oder aber Gründerinnen zielen durch eine für Rechtsanwältinnen eher typische Spezialisierung weniger stark als ihre männlichen Kollegen auf gewerbliche Mandanten.[112] Für letztere Annahme spricht, dass Gründerinnen im Sozialrecht und im Familienrecht signifikant häufiger als ihre männlichen Kollegen einen bedeutenden fachlichen Schwerpunkt ihrer Kanzlei sehen. Handelsrecht und Gesellschaftsrecht werden demgegenüber von den Gründerinnen als Tätigkeitsschwerpunkte deutlich niedriger eingestuft als dies bei den Gründern der Fall ist (Abb. 73).[113]

---

111 Vgl. *Hommerich* 1988, S. 111 ff.
112 Zu den ökonomischen Folgen der geschlechtsspezifischen Unterschiede in der anwaltlichen Spezialisierung vgl. *Passenberger* 1996.
113 Dieses Ergebnis wird durch entsprechende Ergebnisse der STAR-Analyse gestützt. Vgl. hierzu *Schmucker; Lechner* 2000, S. 120.

Teil 1 Zusammenfassung der wichtigsten Ergebnisse

□ Gründerinnen ■ Gründer

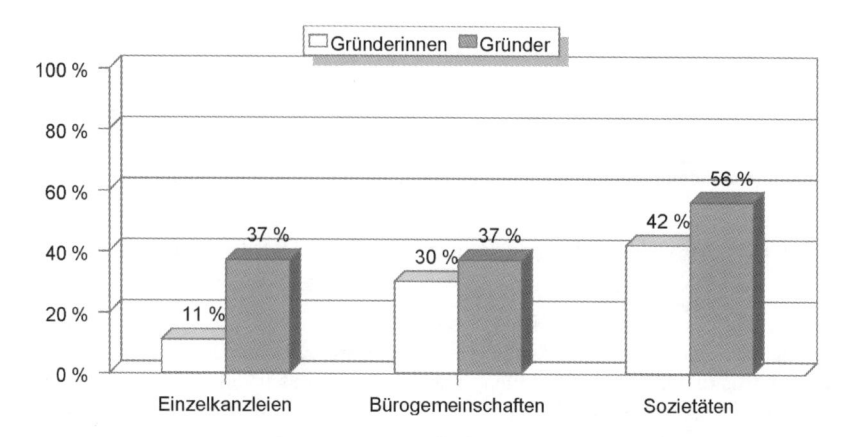

- Einzelkanzleien: 11 %, 37 %
- Bürogemeinschaften: 30 %, 37 %
- Sozietäten: 42 %, 56 %

Abb. 72: Anteil neu gegründeter Kanzleien, die ihren Umsatz überwiegend mit gewerblichen Mandaten erzielen, nach Geschlecht der Gründer (nur Gründer mit Vollzeittätigkeit)

1 bedeutender Tätigkeitsschwerpunkt — 5 unbedeutender Tätigkeitsschwerpunkt

	Familienrecht	Sozialrecht	Handelsrecht	Gesellschaftsrecht
Gründerinnen ●─	2,02	3,86	3,77	3,38
Gründer ▲─	2,75	4,1	3,04	2,8

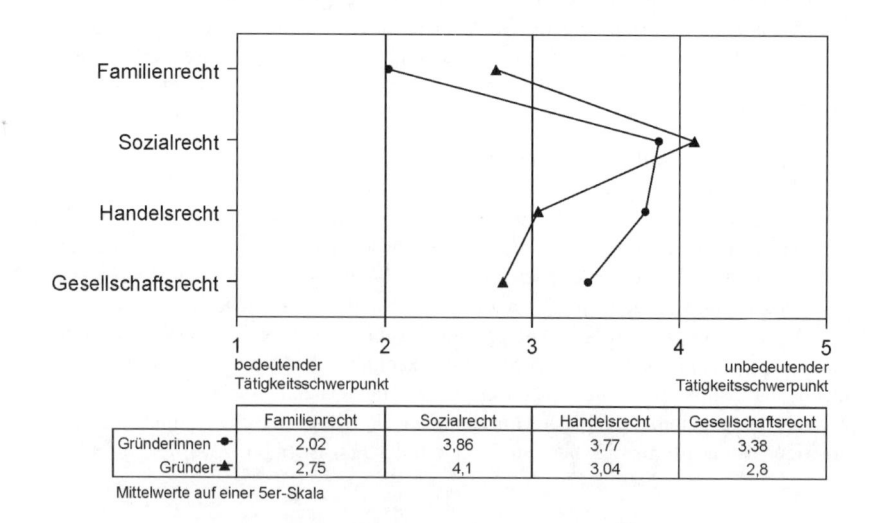

Mittelwerte auf einer 5er-Skala

Abb. 73: Bedeutung spezieller Rechtsgebiete in neu gegründeten Kanzleien (Selbsteinschätzung nach Geschlecht der Gründer)

F. Die berufliche Situation junger Rechtsanwältinnen und Rechtsanwälte **Teil 1**

II. Übernahme von Einzelkanzleien

Bei der Vorstellung der Typologie junger Rechtsanwältinnen und Rechtsanwälte wurde bereits deutlich, dass der Anteil derer, die eine bereits etablierte Anwaltskanzlei übernehmen, äußerst gering ist. Da die Übernahme von Kanzleien von vielen Gründern zumindest erwogen wird, sollen im Folgenden auf der Grundlage von 13 Kanzleikäufen einige zentrale Aussagen über Ablauf und Ergebnis dieser Käufe festgehalten werden.

- Kanzleikäufe sind in erster Linie dadurch motiviert, dass Neugründungen wegen der starken Konkurrenzsituation am Markt anwaltlicher Dienste vermieden werden sollen. Die Kanzleikäufer haben die Erwartung, durch den Kauf auf einen Mandantenstamm zurückgreifen und diese Mandanten auch für die Zukunft binden zu können.
- Die Käufer von Kanzleien haben ausnahmslos durch Zeitungsannoncen von der Möglichkeit eines Kanzleikaufes erfahren. Persönliche Bekanntschaften mit Verkäufern von Anwaltskanzleien spielten demgegenüber keine Rolle.
- Die Kaufpreise der Kanzleien lagen nach den Angaben der Kanzleikäufer durchschnittlich bei 187 TDM. Dieser Durchschnittswert verdeckt allerdings die Streubreite der Preise. In zwei Fällen wurden weniger als 50 TDM gezahlt. In sechs Fällen lag die Zahlung zwischen 50 TDM und 100 TDM. Ein Käufer zahlte zwischen 100 TDM und 200 TDM und für weitere vier Käufer lag der Kaufpreis bei mehr als 200 TDM.

Die entscheidende Frage nach dem Return on Investment lässt sich anhand der vorliegenden Umsatzzahlen nicht eindeutig beantworten: Die durchschnittlichen Pro-Kopf-Umsätze der Kanzleikäufer liegen bei 180 TDM und damit über den Durchschnittumsätzen von Einzelkanzleien in der Konsolidierungsphase (Vergleichswert 156 TDM). Die Kanzleigründer, die mehr als 100 TDM als Kaufpreis zahlten, erwirtschafteten einen Jahresumsatz von mehr als 280 TDM. In diesen Fällen kann davon gesprochen werden, dass sich die Investitionen relativ schnell amortisieren. Dies gilt zumindest dann, wenn man den Teil der Umsätze, der über dem Durchschnittswert aller Gründer von Einzelkanzleien in der Konsolidierungsphase liegt, zu Amortisationszwecken heranziehen würde.

Für diejenigen Käufer, die weniger als 50 TDM gezahlt haben, kann festgestellt werden, dass sie Durchschnittsumsätze von 145 TDM erwirtschaften und damit über den in der Gründungsphase von Einzelkanzleien erzielten Umsätzen liegen (Vergleichswert 96 TDM). Ein eindeutig schlechteres Bild ergibt sich für diejenigen Kanzleikäufer, bei denen die Kaufsumme zwischen 50 TDM und 100 TDM lag. Sie erwirtschaften einen durchschnittlichen Jahresumsatz von 119 TDM und liegen damit nur knapp über dem Vergleichswert für Anwälte, deren Kanzlei sich noch in der Gründungsphase befindet.

Diese Ergebnisse zeigen, dass Kanzleikäufe keineswegs ein garantierter Weg zu hohen Umsätzen sind. Es empfiehlt sich daher, jeden Einzelfall sehr genau zu prüfen und diese Prüfung vor allem darauf zu konzentrieren, welche Wahrscheinlichkeit besteht,

Teil 1 Zusammenfassung der wichtigsten Ergebnisse

dass nach dem Ausscheiden des Verkäufers einer Kanzlei dessen bisherige Mandanten auch weiterhin an die Kanzlei gebunden werden können. Bestehen hieran Zweifel, ist von einem Kauf nachhaltig abzuraten.

III. Einsteiger in Sozietäten

11% der jungen Anwaltschaft steigen als Partner in bereits länger bestehende Sozietäten ein. Wie bereits dargestellt, handelt es sich hierbei um überdurchschnittlich gut qualifizierte Anwälte. Darüber hinaus wurde deutlich, dass in dieser Teilgruppe junger Anwälte Frauen unterdurchschnittlich repräsentiert sind.

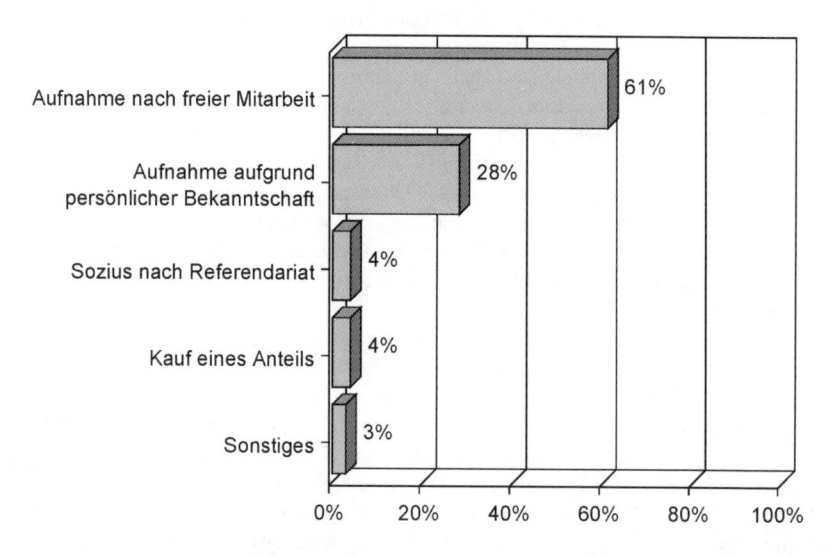

Aufnahme nach freier Mitarbeit	61%
Aufnahme aufgrund persönlicher Bekanntschaft	28%
Sozius nach Referendariat	4%
Kauf eines Anteils	4%
Sonstiges	3%

Abb. 74: Art der Aufnahme als Partner

Anders als bei der Übernahme einer Einzelkanzlei bestehen vor Aufnahme als Partner in der Regel persönliche Kontakte zu der Kanzlei. Entweder handelt es sich hierbei um private Kontakte zu Sozien bzw. um Kontakte, die über gemeinsame Mandanten bestehen. Teilweise bestand vor der Übernahme als Sozius ein Beschäftigungsverhältnis als Referendar oder freier Mitarbeiter in der Sozietät. Bemerkenswert ist, dass der Übergang in eine Partnerschaft nach vorheriger freier Mitarbeit, nicht aber aus einer Angestelltentätigkeit heraus erfolgt (Abb. 74).
Die Analyse des Status von Einsteigern in Sozietäten deutet ebenso wie die große Bedeutung vorheriger beruflicher und persönlicher Kontakte auf eine schrittweise Integration junger Rechtsanwälte in bestehende Sozietäten hin: Mehrheitlich werden

F. Die berufliche Situation junger Rechtsanwältinnen und Rechtsanwälte Teil 1

die Einsteiger als Sozien mit geringerem Anteil aufgenommen. 32% steigen bereits bei Beginn der Zusammenarbeit als Partner zu gleichen Teilen in eine Sozietät ein. 2% der Einsteiger steigen als Sozius mit größerem Anteil ein (Anhang Abb. 92). Im Zusammenhang mit der Aufnahme als Partner fallen für die Mehrheit (68%) der Einsteiger keine finanziellen Aufwendungen an (Anhang Abb. 93). Soweit Kapital aufgewendet werden muss, betragen die finanziellen Aufwendungen durchschnittlich 158 TDM. Die Höhe der finanziellen Aufwendungen bei Eintritt als Partner ist dabei sehr unterschiedlich. Abb. 75 markiert eine große Streubreite, die von unter 50 TDM bis hin zu deutlich über 200 TDM reicht.

> Die durchschnittliche Höhe der finanziellen Aufwendungen bei Einstieg in Sozietäten beträgt 158.000 DM.

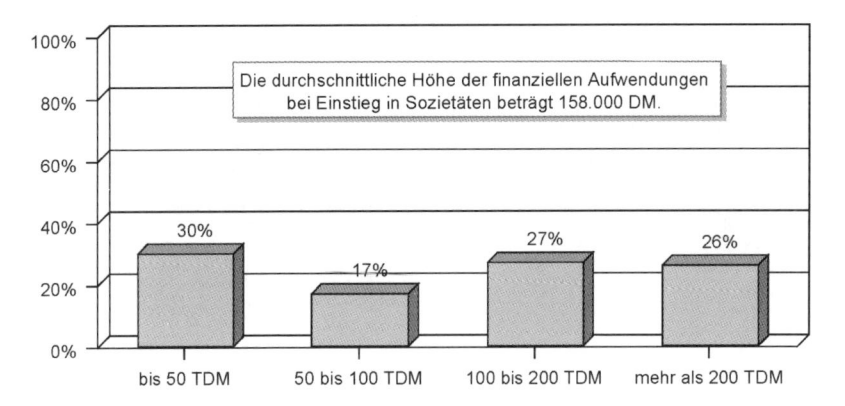

- bis 50 TDM: 30%
- 50 bis 100 TDM: 17%
- 100 bis 200 TDM: 27%
- mehr als 200 TDM: 26%

Abb. 75: Höhe finanzieller Aufwendungen bei Einstieg als Partner (nur Anwälte die Kapital aufwenden)

IV. Die wirtschaftliche Situation der Einsteiger in Sozietäten

Junge Anwälte, die in bereits bestehende Sozietäten als Sozius einsteigen, erzielen ein durchschnittliches Monatsbruttoeinkommen in Höhe von 13.000 DM. Ihre Einkünfte liegen damit mehr als doppelt so hoch wie die der Gründer von Sozietäten.[114]
Innerhalb der Gruppe der Einsteiger bestehen erhebliche Einkommensunterschiede nach Tätigkeitsdauer und persönlicher Qualifikation. Folgende Einzelergebnisse lassen sich festhalten:

- Mit zunehmender Dauer der Tätigkeit als Sozius steigen die Einkünfte. Junge Anwälte, die über 3–5 Jahre Berufserfahrung verfügen, erzielen mit rund 15.000 DM durchschnittlich höhere monatliche Einkünfte als solche, die zum Zeitpunkt der Betragung weniger als drei Jahre tätig waren (10.000 DM).

---

114 Zur sozialen Absicherung der Partner in bereits länger bestehenden Sozietäten vgl. Anhang Abb. 94 bis 96.

Teil 1 Zusammenfassung der wichtigsten Ergebnisse

	Einsteiger in Sozietäten
Berufserfahrung	
3-5 Jahre	15.400 DM
bis 3 Jahre	9.900 DM
1. Staatsexamen (ohne Diplom-Juristen)	
Prädikatsexamen	21.100 DM
befriedigend	12.200 DM
ausreichend	7.900 DM
Promotion	
Promotion abgeschlossen	17.800 DM*
keine Promotion	12.700 DM
Auslandserfahrung während des Studiums	
ja	15.500 DM
nein	12.200 DM
Fachanwalt	
ja	16.000 DM*
nein	12.700 DM

* N< 15

Tabelle 30: Monatliches Bruttoeinkommen als Sozius. Einsteiger in bereits länger bestehende Sozietäten

■ Neben der Tätigkeitsdauer als Sozius spielt die individuelle Kompetenz der Einsteiger in bereits bestehende Sozietäten eine wichtige Rolle für die Einkommenshöhe. Junge Einsteiger in Sozietäten mit einer überdurchschnittlich guten formalen Qualifikation (Examensergebnis und Promotion) sowie mit Zusatzqualifikationen wie Auslandsaufenthalte und Fachanwaltschaft erzielen im Vergleich zu ihren Kollegen mit geringerer Qualifikation erheblich höhere Einkünfte (Tabelle 30).

V. Typische Gründungsprobleme

Die Gründer neuer Kanzleien wurden im Rahmen der Befragung um eine Einschätzung gebeten, in welchem Maße sie mit typischen Gründungsproblemen zu tun haben. Hierbei ging es im Einzelnen um marktbezogene Probleme, aber auch um Fragen der anwaltlichen Kompetenz und um Kenntnisse in der Organisation von Anwaltskanzleien (Tabelle 31).

Das wichtigste Problem für alle Gründer besteht in starkem Konkurrenzdruck. Darüber hinaus beklagen sie in der Tendenz auch fehlende Organisationskenntnisse, mangelnde

F. Die berufliche Situation junger Rechtsanwältinnen und Rechtsanwälte — Teil 1

	Gründer Einzelkanzleien	Gründer Sozietäten	Gründer Bürogemeinschaften	Gründer insgesamt
schlechter Kanzleistandort	1,5*	1,2	1,4	1,4
Mangel an praxisbezogenen juristischen Kenntnissen	2,2	1,8	2,2	2,0
Probleme beim Auftreten vor Gericht	1,8	1,6	1,8	1,7
zu wenig Mandanten	2,6	2,1	2,8	2,4
starker Konkurrenzdruck	2,4	2,3	2,7	2,4
mangelnde berufspraktische Kenntnisse	2,3	2,0	2,2	2,1
zu wenig Startkapital	2,1	1,9	2,4	1,2
fehlende Organisationskenntnisse	2,2	2,0	2,1	2,1
Problem im Umgang mit Mandanten	1,4	1,4	1,4	1,4

* Mittelwerte auf einer Skala von 1 (kein Problem) bis 5 (großes Problem)

Tabelle 31: Problembereiche junger selbstständiger Anwälte (Selbsteinschätzung)

berufspraktische Kenntnisse und schließlich einen Mangel an praxisbezogenen juristischen Kenntnissen. Probleme im Umgang mit Mandanten oder auch beim Auftreten vor Gericht werden demgegenüber von den Gründern nicht konstatiert. Ebenso wenig klagen die Gründer über einen schlechten Kanzleistandort oder zu geringes Startkapital.
Die Betrachtung nach Kanzleitypen lässt einige signifikante Unterschiede erkennen. Die Gründer von Sozietäten klagen deutlich seltener über zu wenig Mandanten als die Gründer von Einzelkanzleien oder Bürogemeinschaften. Letztere sehen sich signifikant häufiger als die beiden anderen Gruppen zu starker Konkurrenz ausgesetzt. Es fällt auf, dass die Gründer von Sozietäten weit weniger als ihre Kollegen ein Defizit an praxisbezogenen juristischen Kenntnissen oder Probleme beim Auftreten vor Gericht registrieren.
Die Gründer von Bürogemeinschaften klagen am häufigsten über zu wenig Startkapital. Dies deckt sich mit dem Befund, dass sie von allen Gründern auch tatsächlich am wenigsten in die Kanzleigründung investiert haben.
Zum Abschluss der Analyse wurden die Gründer gefragt, ob sie für sich Beratungsbedarf in Fragen der Organisation einer Anwaltskanzlei sehen. Diese Frage bejaht gut ein Fünftel der Gründer (vgl. Anhang Abb. 97). Von den Gründern, die solche Beratung wünschen, geben nicht weniger als 64% an, die Beratung möge sich auf Controlling und Kostenmanagement richten. Hierin liegt ganz offenkundig einer der wichtigsten Defizitbereiche von Kanzleigründern. Darüber hinaus wird von 29% Beratung in Fragen der Buchführung und in steuerlichen Fragen gewünscht. Außerdem werden Beratung in Fragen der Personalführung, der Anwendung moderner Arbeitsmittel und -techniken sowie in Marketingfragen genannt (Abb. 76).

Diese Aussagen der Gründer unterstreichen deutlich, dass Kanzleimanagement einen größeren Stellenwert in der Anwaltsausbildung erhalten sollte.

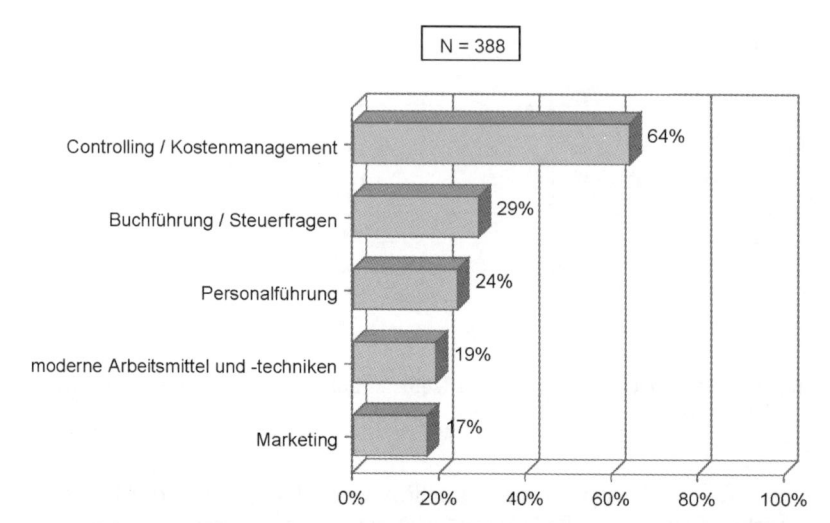

N = 388

- Controlling / Kostenmanagement: 64%
- Buchführung / Steuerfragen: 29%
- Personalführung: 24%
- moderne Arbeitsmittel und -techniken: 19%
- Marketing: 7%

Aufgrund der Möglichkeit von Mehrfachnennungen addieren sich die einzelnen Werte nicht zu 100%.

Abb. 76: Zentrale Organisationsfragen, zu denen Beratung gewünscht wird

VI. Die berufliche Situation angestellter Anwälte und freier Mitarbeiter

Für viele Absolventen eines Jurastudiums beginnt der Einstieg in den Anwaltsberuf mit der Übernahme einer Tätigkeit als angestellter Anwalt oder freier Mitarbeiter. Diese Tätigkeiten sind immer wieder in der öffentlichen Diskussion, einer Diskussion, die sich in erster Linie auf die Frage der rechtlichen Ausgestaltung der Arbeitsverhältnisse von Anwälten, die nicht Partner sind, bezieht.[115] Unter jungen Juristen wird darüber hinaus auch die Frage nach den Einstiegseinkommen stark diskutiert. Insbesondere diese Frage soll im Folgenden im Anschluß an eine Charakterisierung der angestellten Anwälte und freien Mitarbeiter genauer beantwortet werden.

---

115 Vgl. zur Diskussion über die Problematik der Scheinselbstständigkeit *Henssler* 2000, S. 213 ff.

F. Die berufliche Situation junger Rechtsanwältinnen und Rechtsanwälte Teil 1

1. Generelle Charakteristika der angestellten Anwälte und freien Mitarbeiter

Insgesamt 43% der jungen Rechtsanwältinnen und Rechtsanwälte sind als angestellte Anwälte oder freie Mitarbeiter tätig. Folgende generelle Charakteristika beschreiben diese Gruppe der jungen Anwaltschaft:[116]

- Der größte Anteil Angestellter und freier Mitarbeiter ist in Sozietäten beschäftigt. Im Vergleich zu den 80er Jahren ist eine deutliche Zunahme von jungen Anwältinnen und Anwälten, die in Sozietäten beschäftigt sind, festzustellen.[117] So stieg seit den 80er Jahren der Anteil der in Sozietäten angestellten Anwälte an der gesamten jungen Anwaltschaft von 10% auf 19%. Im gleichen Zeitraum stieg der Anteil der als freie Mitarbeiter in Sozietäten beschäftigten jungen Anwälte von 9% auf 12%. Diese Ausweitung der Beschäftigungsverhältnisse für junge Anwälte ist eine Folge der Zunahme größerer Sozietäten. In Einzelkanzleien (einschließlich Bürogemeinschaften) sind 6% der jungen Anwälte in einem Angestelltenverhältnis tätig. Ebenfalls 6% sind als freie Mitarbeiter in Einzelkanzleien beschäftigt. Im Vergleich zu den 80er Jahren kann für diese Gruppen keine nennenswerte Zunahme verzeichnet werden.
- Junge Anwälte, die ihre Anwaltstätigkeit im Rahmen eines Angestelltenverhältnisses in Sozietäten ausüben, gehören zusammen mit den Syndikusanwälten zu den am besten qualifizierten Anwälten innerhalb der jungen Anwaltschaft: 26% der angestellten Anwälte in Sozietäten haben ihr zweites Staatsexamen mit Prädikat abgeschlossen. 19% haben promoviert. Es zeigt sich also in der Tendenz, dass die Sozietäten die besten Absolventen eines Jurastudiums rekrutieren.[118]
- 45% angestellten Anwälte und 33% der freien Mitarbeiter in Einzelkanzleien sehen sich selbst als **Spezialisten** und nicht als Generalisten. Im Vergleich hierzu bezeichnen sich 58% der angestellten Anwälte und 52% der freien Mitarbeiter in Sozietäten als Spezialisten. Wie bereits im Zusammenhang mit der Analyse des Spezialisierungsgrades der Kanzleigründer wird auch hier ein höherer Spezialisierungsgrad der Anwaltstätigkeit in Sozietäten im Vergleich zu Einzelkanzleien deutlich.

Unabhängig vom Kanzleityp ist festzustellen, dass mehr angestellte Anwälte als freie Mitarbeiter sich selbst als Spezialisten bezeichnen.

Die Unterschiede im Spezialisierungsgrad nach Kanzleityp und Art des Beschäftigungsverhältnisses spiegeln sich nicht in signifikant unterschiedlichen Anteilen der

---

116 Vgl. zur Verteilung der jungen Anwaltschaft nach Anwaltstyp sowie der generellen Charakterisierung der unterschiedlichen Gruppen innerhalb der jungen Anwaltschaft die Kapitel D.II. bis D.V.
117 Zu den früheren Ergebnissen im Einzelnen vgl. *Hommerich* 1988, S. 36.
118 Vgl. Kapitel D.V.; weitere ausgewählte allgemeine Charakteristika der Gruppe der angestellten Anwälte und der freien Mitarbeiter sind der Tabelle 8 im Anhang zu entnehmen.

Teil 1 Zusammenfassung der wichtigsten Ergebnisse

Selbsteinschätzung als ☐ Generalist ■ Spezialist

- angestellte Anwälte in Einzelkanzleien: 55% / 45%
- freie Mitarbeiter in Einzelkanzleien: 67% / 33%
- angestellte Anwälte in Sozietäten: 42% / 58%
- freie Mitarbeiter in Sozietät: 48% / 52%

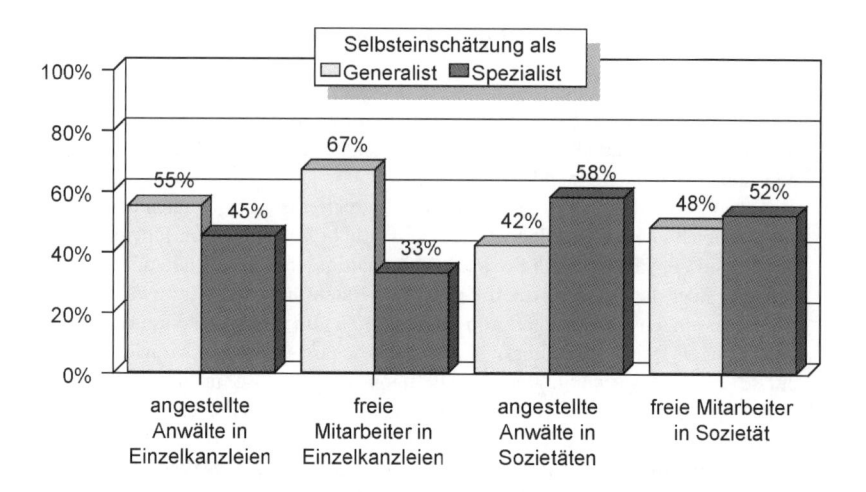

Abb. 77: Selbsteinschätzung angestellter Anwälte und freier Mitarbeiter als Generalist oder Spezialist

Fachanwälte wieder: Unabhängig vom Kanzleityp und von der Art des Beschäftigungsverhältnisses liegt dieser Anteil zwischen drei und fünf Prozent.[119]

- Im Vergleich zu ihren männlichen Kollegen sind Rechtsanwältinnen überdurchschnittlich häufig als angestellte Anwältinnen oder freie Mitarbeiterinnen in Einzelkanzleien tätig.

2. Motive für den Einstieg als angestellter Anwalt oder freier Mitarbeiter

Die angestellten Anwälte und freien Mitarbeiter wurden gebeten, ihre Beweggründe, keine eigene Kanzlei zu gründen bzw. nicht in eine Sozietät als Partner einzusteigen, detailliert anzugeben (Abb. 78):

75% der angestellten Anwälte und freien Mitarbeiter nennen als zentrales Motiv für die Ausübung der Anwaltstätigkeit im Rahmen eines Angestelltenverhältnisses oder als freie Mitarbeiter, dass im Rahmen solcher Beschäftigungsverhältnisse erste Berufserfahrungen gesammelt werden können.

41% der angestellten Anwälte und freien Mitarbeiter gaben als Motiv für ihre Wahl der Form der Berufsausübung den starken Konkurrenzdruck am Markt für anwaltliche Beratung an. Offenkundig schreckt vor dem Hintergrund des Größenwachstums der

---

119 Vgl. hierzu Tabelle 8 im Anhang.

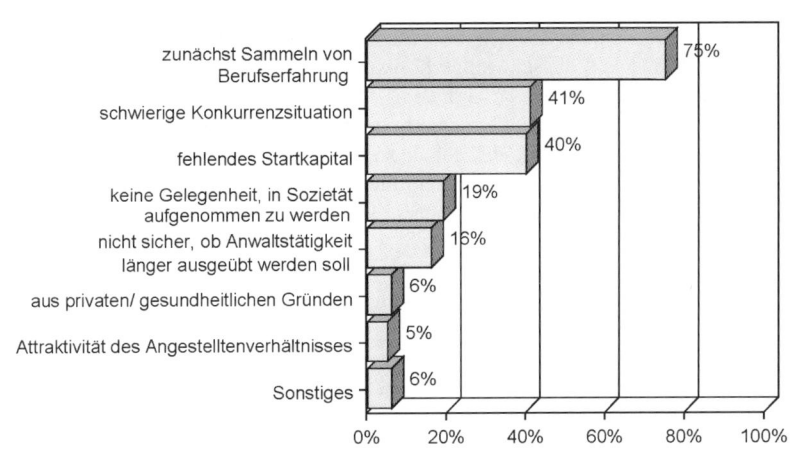

F. Die berufliche Situation junger Rechtsanwältinnen und Rechtsanwälte Teil 1

Grund	Prozent
zunächst Sammeln von Berufserfahrung	75%
schwierige Konkurrenzsituation	41%
fehlendes Startkapital	40%
keine Gelegenheit, in Sozietät aufgenommen zu werden	19%
nicht sicher, ob Anwaltstätigkeit länger ausgeübt werden soll	16%
aus privaten/ gesundheitlichen Gründen	6%
Attraktivität des Angestelltenverhältnisses	5%
Sonstiges	6%

Aufgrund der Möglichkeit zur Mehrfachnennung addieren sich die einzelnen Werte nicht zu 100%.

Abb. 78: Gründe, sich nicht in eigener Kanzlei niederzulassen

Anwaltschaft ein Teil der jungen Juristen vor der Gründung einer eigenen Kanzlei zurück. 40% der jungen angestellten Anwälte und freien Mitarbeiter fehlt nach eigenen Angaben das für eine Kanzleigründung benötigte Startkapital.

Nimmt man diese einzelnen Befunde zusammen, so wird deutlich, dass ein großer Teil der angestellten Anwälte und freien Mitarbeiter einen schrittweisen Einstieg in den Anwaltsberuf sucht. Insofern haben diese Beschäftigungsverhältnisse den Charakter einer Einarbeitungszeit, die nicht nur den Einstieg in einen Wettbewerbsmarkt mit zunehmender Konkurrenz ermöglicht, sondern – bei beabsichtigter Gründung einer neuen Kanzlei – auch die hierzu erforderliche Kapitalbildung.

Ein Teil der jungen Anwälte, die als Angestellte oder freie Mitarbeiter tätig wurden, hatte offenkundig andere Erwartungen an den Berufseinstieg: 19% gaben an, keine Gelegenheit zum Einstieg in eine Sozietät bekommen zu haben. In aller Regel war der Grund hierfür, ein Prädikatsexamen verpasst zu haben.

Die Tätigkeit als angestellter Anwalt oder als freier Mitarbeiter wird von 16% der jungen angestellten oder frei mitarbeitenden Anwälte als eine Art »Probezeit« im Sinne eines »transitional status« genutzt. Sie sind noch unschlüssig, ob die Anwaltstätigkeit auf Dauer die Berufstätigkeit ihrer Wahl ist. Die Tätigkeit als Angestellter oder frei mitarbeitender Anwalt hat für diese Anwälte die Funktion einer ersten beruflichen Orientierung im Anwaltsberuf.

Untersucht man die Zusammenhänge zwischen formaler Qualifikation und den Gründen, keine eigene Kanzlei aufzubauen, so ergeben sich einige interessante Zusammenhänge:

Teil 1 Zusammenfassung der wichtigsten Ergebnisse

- Anwälte mit Prädikatsexamen verweisen seltener als ihre Kollegen ohne ein solches Examen auf die schwierige Konkurrenzlage in der Anwaltschaft bzw. auf fehlendes Startkapital für die Gründung einer eigenen Kanzlei. Dieses Ergebnis deutet darauf hin, dass das Vertrauen in die Möglichkeiten und Fähigkeiten, sich am Markt in eigener Kanzlei behaupten zu können, bei angestellten Anwälten und freien Mitarbeitern mit überdurchschnittlicher Qualifikation stärker ausgeprägt ist als bei Anwälten mit durchschnittlicher Qualifikation.
- Die Anwaltstätigkeit als Erprobungsphase im Rahmen eines Angestelltenverhältnisses oder freier Mitarbeit wird häufiger von überdurchschnittlich gut qualifizierten Anwälten im Vergleich zu ihren weniger gut qualifizierten Kollegen genannt. Zu vermuten ist, dass diese Anwälte aufgrund ihrer breiten Qualifikation für sich ein Spektrum beruflicher Optionen sehen, die sie zunächst ausloten wollen.
- Lediglich 5% der angestellten Anwälte und freien Mitarbeiter, für die die Anwaltstätigkeit der Berufswunsch erster Priorität ist, sind sich nicht sicher, ob sie den Anwaltsberuf auf Dauer ausüben wollen. Ist demgegenüber eine Anwaltstätigkeit nicht der Berufswunsch erster Priorität, liegt der entsprechende Anteil bei 25%. Dieses Ergebnis unterstreicht die Orientierungsfunktion, die die Angestelltentätigkeit und die freie Mitarbeit für einen Teil der jungen Anwaltschaft hat.

	2. Staatsexamen			Berufswunsch erster Priorität	
	Prädikat	Befriedigend	Ausreichend	Anwaltstätigkeit als Berufswunsch 1. Priorität	Anwaltstätigkeit nicht Berufswunsch 1. Priorität
Berufserfahrung sammeln	73%	76%	77%	77%	73%
schwierige Konkurrenzsituation	32%	46%	41%	42%	43%
fehlendes Startkapital	28%	40%	43%	38%	42%
nicht sicher, ob Anwaltstätigkeit auf Dauer	23%	16%	12%	5%	25%
keine Gelegenheit, in Sozietät aufgenommen zu werden	13%	21%	18%	17%	21%
aus privaten/ gesundheitlichen Gründen	11%	6%	8%	6%	7%
Attraktivität des Angestelltenverhältnisses	6%	6%	3%	6%	5%
Sonstiges	10%	6%	5%	7%	4%

Tabelle 32: Gründe, sich nicht in eigener Kanzlei niederzulassen, nach zweitem Staatsexamen und Berufswunsch

F. Die berufliche Situation junger Rechtsanwältinnen und Rechtsanwälte Teil 1

Im Ergebnis zeigt sich, dass die Tätigkeit als Angestellter oder freier Mitarbeiter in der Regel als Durchgangsstadium anzusehen ist, in dem sich junge Anwälte Klarheit über ihren weiteren beruflichen Werdegang verschaffen. Allerdings ist davon auszugehen, dass ein Teil dieser angestellten Anwälte und freien Mitarbeiter den Anwaltsberuf nach einer solchen Orientierungsphase wieder verlässt. Darüber hinaus wird diese Form der Berufsausübung von einem Teil der jungen Anwaltschaft gewählt, um das Risiko einer Kanzleigründung vor allem vor dem Hintergrund der angespannten Situation am Anwaltsmarkt unmittelbar nach Abschluss der Ausbildung zunächst zu vermeiden.

3. Teilzeitbeschäftigung angestellter Anwälte und freier Mitarbeiter

Für Gründer neuer Anwaltskanzleien wurde bereits gezeigt, dass geschlechtsspezifische Unterschiede die zeitliche Intensität der Ausübung des Anwaltsberufes stark prägen. So wurde deutlich, dass Gründerinnen einer Kanzlei den Anwaltsberuf aus Gründen der Vereinbarkeit von Beruf und Familie mit zeitlich geringerer Intensität ausüben als Gründer.

Auch für die Gruppe der angestellten Anwälte und der freien Mitarbeiter zeigen sich deutliche geschlechtsspezifische Unterschiede in der zeitlichen Arbeitsintensität: Frauen gehen häufiger als Männer der Anwaltstätigkeit als Angestellte und freie Mitarbeiter im Rahmen einer Teilzeitbeschäftigung nach[120]. 46% aller in Einzelkanzleien angestellten Rechtsanwältinnen sind teilzeitbeschäftigt und 40% der freien Mitarbeiterinnen üben ihre Tätigkeit in Einzelkanzleien als Teilzeittätigkeit aus. In **Sozietäten** gehen 21% der angestellten Anwältinnen und 33% der freien Mitarbeiterinnen der Anwaltstätigkeit im Rahmen einer Teilzeittätigkeit nach. Der Anteil der teilzeitbeschäftigten Anwälte ist demgegenüber deutlich geringer: Unabhängig vom Kanzleityp kann mit Blick auf die männlichen Angestellten und freien Mitarbeiter festgehalten werden, dass weniger als 10% der männlichen Anwälte einer Teilzeitbeschäftigung nachgehen.

Noch klarer wird dieser Zusammenhang bei einer differenzierten Betrachtung der Familiensituation: Angestellte oder frei mitarbeitende Rechtsanwältinnen **mit Kindern** üben die Anwaltstätigkeit deutlich häufiger als ihre Kolleginnen ohne Kinder im Rahmen einer Teilzeitbeschäftigung aus (Tabelle 33). Demgegenüber ist auf Seiten der männlichen Rechtsanwälte kein Unterschied in der Inanspruchnahme von Teilzeittätigkeit in Abhängigkeit von ihrer familiären Situation festzustellen. Es wird deutlich, dass Frauen stärker als Männer Aufgaben in der Familie übernehmen. So kommt es zu einem Teilrückzug auf die angestammte Rollenverteilung. Bei den Männern bleibt demgegenüber die Dominanz des Berufes gegenüber den Aufgaben in der Familie das vorherrschende Rollenmodell. [121]

---

120 Hierin hat sich im Vergleich zu den 80er Jahren keine Veränderung ergeben. Vgl. Hommerich 1988, S. 116.
121 Zur Rollenstabilität bei Männern und zur gleichzeitigen Aufweichung alter Rollenmuster bei Frauen (vgl. Kapitel F.I.11.d.), vgl. auch *Hassels*; *Hommerich* 1993.

Teil 1 Zusammenfassung der wichtigsten Ergebnisse

Neben der geschlechtsspezifischen Differenz in der Ausübung der Anwaltstätigkeit im Rahmen einer Teilzeittätigkeit ergibt sich auch ein Unterschied nach Kanzleityp: Im Vergleich zu Einzelkanzleien sind deutlich weniger teilzeitbeschäftigte Rechtsanwältinnen und Rechtsanwälte in Sozietäten tätig.[122] Dies ist ein Hinweis darauf, dass Teilzeitmodelle in Sozietäten bislang wenig akzeptiert sind.

	Rechtsanwältinnen			Rechtsanwälte		
	Insgesamt	mit Kindern	ohne Kinder	Insgesamt	mit Kindern	ohne Kinder
angestellte Anwälte in Einzelkanzleien	46%	77%	29%	10%	12%	7%
angestellte Anwälte in Sozietäten	21%	66%	6%	3%	2%	4%
freie Mitarbeiter in Einzelkanzleien	40%	69%	25%	8%	0%	13%
freie Mitarbeiter in Sozietäten	33%	63%	24%	6%	3%	8%

Tabelle 33: **Teilzeitbeschäftigung angestellter Anwälte und freier Mitarbeiter nach Familienstand**

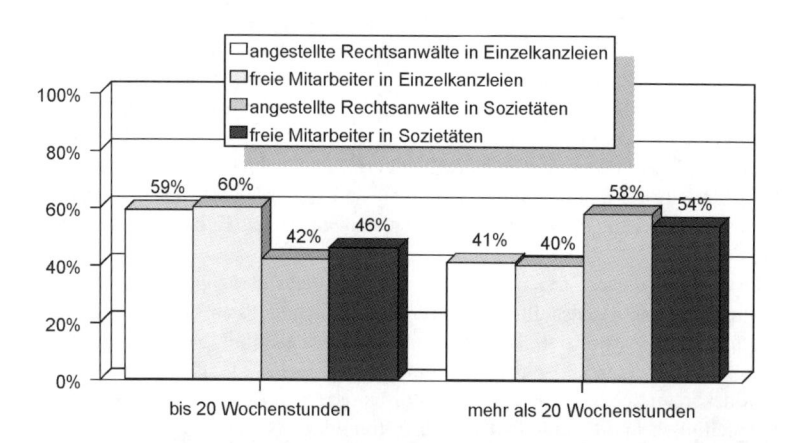

Abb. 79: **Zeitlicher Umfang der Teilzeitbeschäftigung angestellter Anwälte und freier Mitarbeiter**

---

122 Es zeigt sich nicht nur, dass in Einzelkanzleien im Vergleich zu Sozietäten ein größerer Anteil an teilzeitbeschäftigten Angestellten und freien Mitarbeitern tätig ist. Darüber hinaus ist zu erkennen, dass der Anteil an teilzeitbeschäftigten Anwälten mit der Größe der Sozietäten abnimmt (Anhang Abb. 98).

F. Die berufliche Situation junger Rechtsanwältinnen und Rechtsanwälte Teil 1

Die zeitliche Arbeitsintensität von angestellten Anwälten und freien Mitarbeitern, die einer **Teilzeitbeschäftigung** nachgehen, schwankt stark. Die durchschnittliche Arbeitszeit ist daher auch nur eigeschränkt aussagekräftig. Interessanter ist die Analyse nach **Größenklassen**. Hierbei werden Unterschiede nach Kanzleityp sichtbar (Abb. 79): Mehrheitlich arbeiten teilzeitbeschäftigte Angestellte und freie Mitarbeiter in Einzelkanzleien bis zu 20 Stunden. In Sozietäten sind sie mehrheitlich über 20 Stunden in der Woche beschäftigt. Es kann also für teilzeittätige Anwälte festgehalten werden, dass die zeitliche Arbeitsintensität in **Sozietäten** höher ist als in Einzelkanzleien.

Die teilzeitbeschäftigten Rechtsanwältinnen und Rechtsanwälte wurden danach gefragt, wie viele Wochenstunden im Rahmen ihrer Teilzeittätigkeit vorgesehen sind und wie viele Stunden sie durchschnittlich wöchentlich tatsächlich arbeiten. Der Vergleich zwischen formell geregelter und tatsächlicher Arbeitszeit führt zu folgenden Ergebnissen (Abb. 80):

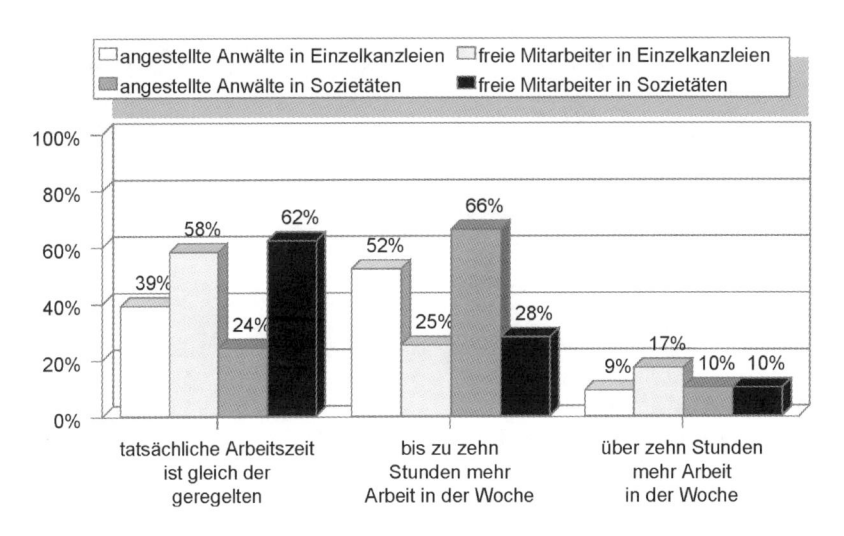

Abb. 80: Tatsächliche und geregelte Arbeitszeit teilzeittätiger angestellter Anwälte und freier Mitarbeiter

- Die vereinbarte Arbeitszeit wird bei Teilzeittätigkeit im Rahmen von **Angestellten**verhältnissen **in der Regel** überschritten. Bei 61% der angestellten Anwälte in Einzelkanzleien und bei 76% der angestellten Anwälte in Sozietäten überschreitet die tatsächliche Wochenarbeitszeit die vereinbarte Arbeitszeit. Jeder zehnte in Teilzeit angestellte Anwalt arbeitet über zehn Stunden länger in der Woche als seine vertraglich geregelte Arbeitszeit es vorsieht. Darüber hinaus muss von

Teil 1 Zusammenfassung der wichtigsten Ergebnisse

einer zeitlich stärkeren Arbeitsbelastung angestellter Anwälte in Sozietäten im Vergleich zu Einzelkanzleien ausgegangen werden.[123]

- Die wöchentliche Arbeitszeit **der Mehrheit** der **freien Mitarbeiter** liegt demgegenüber nicht über der vereinbarten Arbeitszeit: 58% der freien Mitarbeiter in Einzelkanzleien und 62% der freien Mitarbeiter in Sozietäten überschreiten die formell vereinbarte wöchentliche Arbeitszeit nicht.

4. Zeitliche Arbeitsintensität angestellter Anwälte und freier Mitarbeiter (Vollzeittätigkeit)

Auch innerhalb der Gruppe der vollzeittätigen angestellten Anwälte und freien Mitarbeiter bestehen deutliche Unterschiede in der zeitlichen Arbeitsbelastung:

Kategorie	angestellte Rechtsanwälte in Einzelkanzleien	freie Mitarbeiter in Einzelkanzleien	angestellte Rechtsanwälte in Sozietäten	freie Mitarbeiter in Sozietät
unter 40 Wochenstunden	2%	5%	0%	0%
zwischen 40 und 50 Wochenstunden	64%	69%	53%	53%
zwischen 51 und 60 Wochenstunden	30%	22%	38%	39%
mehr als 60 Wochenstunden	4%	4%	9%	8%

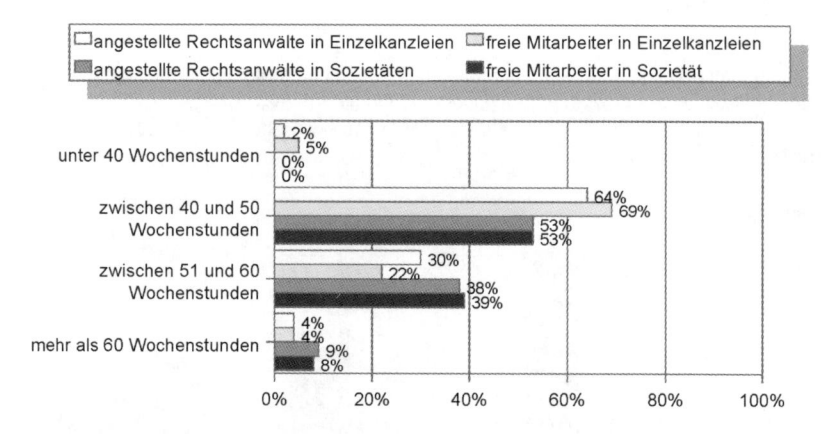

Abb. 81: Arbeitszeit vollzeitbeschäftigter angestellter Anwälte und freier Mitarbeiter

Aus Abb. 81 geht hervor, dass in Sozietäten kein vollzeittätiger angestellter Anwalt und freier Mitarbeiter weniger als 40 Stunden in der Woche arbeitet. Auch in Einzelkanzleien sind dies nur Einzelfälle. Die Arbeitszeit der Mehrheit liegt zwischen 40 und 50 Stunden in der Woche. Zwischen 51 und 60 Wochenstunden arbeiten fast 40% der in Sozietäten beschäftigten Anwälte. Die Vergleichswerte für Anwälte, die in Einzelkanzleien beschäftigt sind, liegen bei 30% der Angestellten und 22% der

---

123 Trotz der teils erheblichen Überschreitungen der geregelten Arbeitszeit ist die Überstundenvergütung in der Regel kein Bestandteil des Einkommens angestellter Anwälte und freier Mitarbeiter mit Teilzeittätigkeit. Auch Erfolgsbeteiligungen erhalten Anwälte mit Teilzeittätigkeit in der Regel nicht (vgl. Anhang Abb. 99).

F. Die berufliche Situation junger Rechtsanwältinnen und Rechtsanwälte — Teil 1

freien Mitarbeiter. Je nach Kanzleityp und Beschäftigungsverhältnis arbeiten 4% bis 9% der angestellten Anwälte und freien Mitarbeiter länger als 60 Stunden pro Woche. Insgesamt zeigt sich, dass die Arbeitsintensität nach Kanzleityp deutlich variiert. Die zeitliche Arbeitsintensität von vollzeittätig angestellten Anwälten und freien Mitarbeitern ist in **Sozietäten** höher als in Einzelkanzleien. Dieser Unterschied in der zeitlichen Arbeitsintensität wird auch in der Betrachtung der durchschnittlichen Arbeitszeit deutlich: In Sozietäten liegt die durchschnittliche Wochenarbeitszeit vollzeittätig angestellter Anwälte bei 53 Stunden. Der Vergleichswert für die in Einzelkanzleien angestellten Anwälte liegt bei 50 Wochenstunden. Freie Mitarbeiter in Sozietäten arbeiten durchschnittlich 52 Stunden in der Woche, ihre Kollegen in Einzelkanzleien durchschnittlich 49 Wochenstunden.

Zusammenfassend kann festgehalten werden, dass die Arbeitszeiten vollzeittätig angestellter Anwälte und freier Mitarbeiter teilweise deutlich über 40 Stunden in der Woche liegen. Dies ist ein Anzeichen für eine starke berufliche Belastung eines großen Teils dieser Gruppe der jungen Anwaltschaft. Gleichzeitig ist diese zeitlich hohe Arbeitsintensität ein Indikator dafür, dass vor allem in Sozietäten Beschäftigungspotenziale für junge Anwälte vorhanden sind.[124]

---

124 Das Ergebnis der zeitlich hohen Arbeitsintensität eines großen Teils angestellter Anwälte und freier Mitarbeiter wird dadurch bestätigt, dass ca. 40% der angestellten Anwälte nicht mehr als 20 Tage Urlaub im letzten vollen Jahr ihrer Berufstätigkeit gemacht haben. 65% der freien Mitarbeiter in Einzelkanzleien und 55% in Sozietäten hatten im letzten Jahr 20 Tage oder weniger Urlaub (Anhang Abb. 100).

5. Die wirtschaftliche Situation angestellter Anwälte und freier Mitarbeiter

Die Analyse der Einkommenssituation angestellter Anwälte und freier Mitarbeiter verlangt eine genaue Abgrenzung der zu analysierenden Teilgruppen[125]: Um die Vergleichbarkeit der Einkommen gewährleisten zu können, werden Anwälte in die Analyse einbezogen, die den Anwaltsberuf nach eigenen Angaben als **Vollzeittätigkeit** ausüben. Es wird zunächst die Höhe der Einkommen in dieser Gruppe der jungen Anwaltschaft beschrieben. Darüber hinaus wird nach unterschiedlichen Einkommensbestandteilen differenziert (Bruttogehalt im engeren Sinne, 13./14. Monatsgehalt, Überstundenvergütung und Erfolgsbeteiligung). Im Anschluss daran werden die zentralen Einkommensdeterminanten herausgearbeitet. Schließlich werden die freiwilligen betrieblichen Leistungen und die Maßnahmen zur sozialen Absicherung dargestellt.

a) Einkommen vollzeittätiger angestellter Anwälte und freier Mitarbeiter

Im Folgenden werden zunächst die Einkommen vollzeittätiger angestellter Anwälte und freier Mitarbeiter analysiert. Hierbei ergibt sich folgendes Bild:[126]
In Einzelkanzleien angestellte Rechtsanwälte erzielen bei Vollzeittätigkeit monatlich ein durchschnittliches Bruttogesamteinkommen von 6.400 DM. Das Einkommen ihrer Kollegen in Sozietäten beläuft sich auf durchschnittlich 7.600 DM. Freie Mitarbeiter haben in Einzelkanzleien ein durchschnittliches Einkommen von 5.800 DM und in Sozietäten von 7.700 DM (Abb. 82).

---

125 Der Tätigkeit angestellter Anwälte und freier Mitarbeiter liegt bei etwa einem Prozent aller angestellten Anwälte und freien Mitarbeiter ein **Praktikantenvertrag** zugrunde (Anhang Abb. 101).
126 Im Zusammenhang mit der Analyse der Einkommen angestellter Anwälte und freier Mitarbeiter wurde auch ermittelt, ob für angestellte Anwälte und freie Mitarbeiter eine Vorstellung über einen **Stundenlohn** zugrunde gelegt wird. Im Ergebnis wird deutlich, dass die Einkommen angestellter Anwälte und freier Mitarbeiter in aller Regel **nicht** auf der Grundlage eines Stundenlohnes berechnet werden. Lediglich bei 2% der in Sozietäten angestellten Anwälte und 6% ihrer Kollegen in Einzelkanzleien liegt der Bezahlung ein Stundenlohn zugrunde. Die Vergleichswerte für freie Mitarbeiter liegen zwar mit 14% in Sozietäten und 19% in Einzelkanzleien signifikant höher, aber auch bei freien Mitarbeitern erfolgt mehrheitlich die Bezahlung nicht auf Grundlage eines Stundenlohns (Anhang Abb. 102). Soweit Stundenlöhne zugrunde gelegt werden, betragen sie bei Angestellten durchschnittlich 39 DM und 42 DM bei freien Mitarbeitern (Anhang Abb. 103). Allerdings muss von einer großen Streubreite in der Höhe der zugrunde gelegten Stundenlöhne ausgegangen werden: So liegen die niedrigsten Stundenlöhne bei 25 DM und die höchsten bei 110 DM. (Für die Angaben über die Stundenlöhne wurden extreme Einzelnennungen nicht berücksichtigt.)
Im Verlauf der Einkommensanalyse wird sich erweisen (vgl. Kap. F.VI.5.b), dass Anwälte mit hoher zeitlicher Arbeitsintensität durchschnittlich höhere Einkommen erzielen als ihre Kollegen mit geringerer zeitlicher Arbeitsintensität. Offenkundig wird eine hohe zeitliche Belastung in der Regel im **Gesamteinkommen** berücksichtigt.

F. Die berufliche Situation junger Rechtsanwältinnen und Rechtsanwälte Teil 1

	monatliches Bruttogehalt	gesamte monatliche Bruttoeinkünfte
angestellte Rechtsanwälte in Einzelkanzleien	5.781 DM	6.445 DM
freie Mitarbeiter in Einzelkanzleien	5.431 DM	5.835 DM
angestellte Rechtsanwälte in Sozietäten	7.234 DM	7.627 DM
freie Mitarbeiter in Sozietäten	7.099 DM	7.709 DM

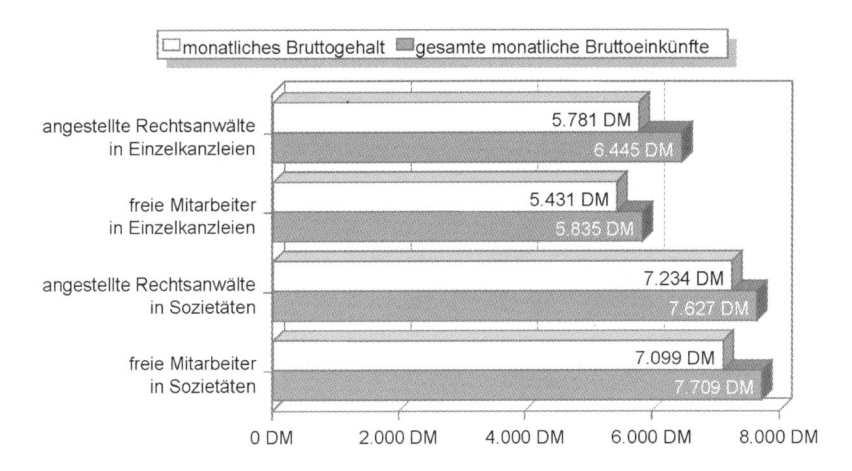

Abb. 82: Durchschnittliche monatliche Bruttoeinkünfte vollzeittätiger angestellter Anwälte und freier Mitarbeiter

Der Vergleich der durchschnittlichen monatlichen Bruttoeinkünfte differenziert nach Anwalts- und Kanzleityp ergibt folgendes Bild:

- Angestellte erzielen im Vergleich zu freien Mitarbeitern höhere (Einzelkanzleien) oder in etwa gleich hohe (Sozietäten) Einkünfte. Dies ist vor dem Hintergrund bemerkenswert, dass freie Mitarbeiter anders als Angestellte in der Regel die Aufwendungen für Krankheits- und Altersvorsorge in vollem Umfang selbst tragen. Als Zwischenergebnis kann also festgehalten werden, dass freie Mitarbeiter finanziell im Durchschnitt schlechter gestellt sind als ihre angestellten Kollegen.[127]
- Der Vergleich der Einkommen nach Kanzleityp zeigt, dass sowohl angestellte Anwälte als auch freie Mitarbeiter in Sozietäten finanziell besser gestellt sind als ihre Kollegen in Einzelkanzleien. Die durchschnittlichen Einkommensunterschiede betragen bei Angestellten ca. 1.000 DM und bei freien Mitarbeitern 2.000 DM pro Monat.
- Die Einkommen angestellter Anwälte und freier Mitarbeiter in Sozietäten unterscheiden sich stark nach Größe der Sozietäten (Abb. 83). So liegen die durchschnittlichen monatlichen Einkommen im Rahmen der Vollzeittätigkeit in Sozietäten mit zwei Sozien bei 6.300 DM für angestellte Anwälte und rund 7.300 DM für freie Mitarbeiter. In Sozietäten mit drei bis zehn Sozien betragen die durchschnittlichen Einkünfte 7.200 DM für angestellte Anwälte und 7.800 DM für freie Mitarbeiter. In Sozietäten mit mehr als zehn Sozien liegen

---

[127] Auch das IFB Nürnberg 2000, S. 121 ff. kommt in seiner Untersuchung zu dem Ergebnis, dass die freie Mitarbeit nicht so lukrativ ist wie die Angestelltentätigkeit.

Teil 1 Zusammenfassung der wichtigsten Ergebnisse

die durchschnittlichen Einkommen von Anwälten im Angestelltenverhältnis bei 10.800 DM monatlich. Der Vergleichswert für freie Mitarbeiter liegt bei monatlich 10.000 DM.

Anzahl der Sozien: ☐ angestellte Rechtsanwälte in Sozietäten ■ freie Mitarbeiter in Sozietäten

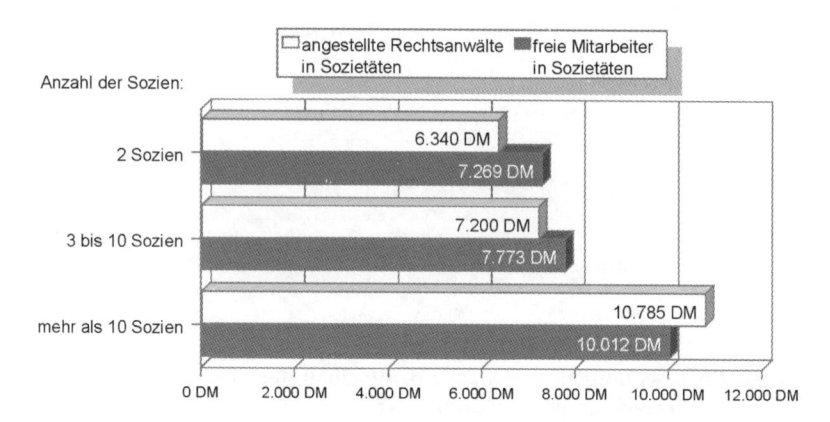

- 2 Sozien: 6.340 DM / 7.269 DM
- 3 bis 10 Sozien: 7.200 DM / 7.773 DM
- mehr als 10 Sozien: 10.785 DM / 10.012 DM

Abb. 83: Durchschnittliche monatliche Gesamtbruttoeinkünfte Angestellter und freier Mitarbeiter in Sozietäten nach Größe der Sozietäten (Anzahl der Sozien)

In der bisherigen Einkommensanalyse wurden die monatlichen **Bruttogesamteinkommen** betrachtet. Diese setzen sich neben dem Bruttogehalt aus Überstundenvergütung, 13./14. Monatsgehalt und Erfolgsbeteiligung als weiteren Einkommensbestandteilen zusammen.[128] Werden diese Einkommensbestandteile getrennt voneinander analysiert, zeigt sich zunächst, dass die Unterschiede in der Höhe der Gesamteinkommen im Wesentlichen auf Unterschiede in den Bruttogehältern zurückzuführen sind und nicht auf unterschiedlich hohe Zulagen.

Differenziert nach Anwalts- und Kanzleityp werden dennoch charakteristische Unterschiede mit Blick auf zusätzliche Einkommensbestandteile angestellter Anwälte und freier Mitarbeiter deutlich (Anhang Abb. 104 und Abb. 105):

- Trotz der bereits im Einzelnen analysierten hohen Arbeitsintensität erhalten angestellte Anwälte und freie Mitarbeiter in der Regel keine Überstundenvergütung.
- Mehr als die Hälfte aller angestellten Anwälte erhalten ein 13./14. Monatsgehalt. Dies trifft lediglich für ca. jeden zehnten freien Mitarbeiter zu. Soweit ein 13./14. Monatseinkommen Bestandteil des Gesamteinkommens ist, liegt es durchschnittlich bei rund 6.700 DM.
- Insgesamt erhält eine Minderheit der Angestellten und freien Mitarbeiter zusätzlich zu ihrem Bruttogehalt eine Erfolgsbeteiligung: Am häufigsten ist die

---

128 Das 13./14. Monatsgehalt sowie die Erfolgsbeteiligungen wurden auf den Monat umgerechnet.

F. Die berufliche Situation junger Rechtsanwältinnen und Rechtsanwälte **Teil 1**

Erfolgsbeteiligung bei freien Mitarbeitern in Sozietäten Bestandteil des Einkommens: 27% der freien Mitarbeiter in Sozietäten erhalten eine Erfolgsbeteiligung. Die Vergleichswerte für die übrigen im Rahmen eines Angestelltenverhältnisses oder freier Mitarbeit tätigen Anwälte liegen zwischen 12% und 15%. Soweit die Anwälte am Erfolg beteiligt werden, zeigt sich, dass die Erfolgsbeteiligung mit durchschnittlich 23.000 DM im Jahr für freie Mitarbeiter um ca. 8.000 DM über den durchschnittlichen Erfolgsbeteiligungen angestellter Anwälte liegt.

Die Betrachtung der durchschnittlichen monatlichen Einkünfte ermöglicht keine Aussagen über die **Streubreite** in den Einkommen angestellter Anwälte und freier Mitarbeiter. Genaueren Aufschluß ermöglicht die Übersicht über Einkommensintervalle. Hier wird insgesamt unabhängig von Anwalts- und Kanzleityp eine große Streubreite der Einkommen sichtbar, die von unter 3.000 DM monatlich bis zu über 9.000 DM reicht (Tabelle 34). Im Einzelnen ergibt sich folgendes Bild:

	ang. Anwälte in EK	freie Mitarbeiter in EK	ang. Anwälte in Sozietäten	freie Mitarbeiter in Sozietäten
bis zu 3000 DM	0%	4%	1%	4%
3000 bis 4000 DM	7%	14%	3%	4%
4000 bis 5000 DM	25%	19%	9%	10%
5000 bis 6000 DM	25%	26%	18%	14%
6000 bis 7000 DM	19%	17%	20%	17%
7000 bis 9000 DM	14%	14%	25%	24%
mehr als 9000 DM	10%	6%	24%	27%

Tabelle 34: **Monatliche Bruttoeinkommen** *vollzeittätiger* angestellter Anwälte und freier Mitarbeiter

- Bis zu 3.000 DM brutto im Monat verdienen weniger als 5% der vollzeittätigen Angestellten und freien Mitarbeiter. Zwischen 3.000 DM und 4.000 DM brutto verdienen 7% der angestellten Anwälte in **Einzelkanzleien** und 3% ihrer Kollegen in Sozietäten. 4% der freien Mitarbeiter in **Sozietäten** verdienen zwischen 3.000 DM und 4.000 DM. Deutlich mehr freie Mitarbeiter in Einzelkanzleien liegen in dieser Einkommensklasse: Das Einkommen von 14% der freien Mitarbeiter in Einzelkanzleien liegt zwischen 3.000 DM und 4.000 DM.
- Werden diese mit den freien Mitarbeitern, die bis zu 3.000 DM verdienen, zu einer Gruppe zusammengenommen, zeigt sich, dass die Einkünfte nahezu jedes fünften Anwalts, der seine Anwaltstätigkeit als freier Mitarbeiter in Einzelkanzleien ausübt, 4.000 DM monatlich nicht übersteigen. **Freie Mitarbeiter in Einzelkanzleien gehören somit überdurchschnittlich häufig zu den Anwälten in den unteren Einkommensgruppen.**
- 50% der angestellten Anwälte in Einzelkanzleien und 45% der freien Mitarbeiter in Einzelkanzleien verdienen zwischen 4.000 DM und 6.000 DM. Die

Teil 1 Zusammenfassung der wichtigsten Ergebnisse

Vergleichswerte für Anwälte, die in Sozietäten beschäftigt sind, liegen bei 27% der Angestellten und 24% der freien Mitarbeiter. Das Einkommen von fast 70% der in Sozietäten beschäftigten Anwälte übersteigt 6.000 DM. **Es wird deutlich, dass die Einkommen der in Einzelkanzleien beschäftigten Anwälte mehrheitlich in den unteren und mittleren Einkommenshöhen verbleiben. Die Einkommen ihrer Kollegen in Sozietäten liegen mehrheitlich in den gehobenen Einkommensgruppen.**

- 10% der angestellten Anwälte und 6% der freien Mitarbeiter in **Einzelkanzleien** verdienen monatlich mehr als 9.000 DM. Demgegenüber erhalten 24% bzw. 27% der jungen Anwälte, die als Angestellte oder freie Mitarbeiter in **Sozietäten** tätig sind, ein monatliches Bruttoeinkommen von über 9.000 DM.

Insgesamt liegt unabhängig von Kanzleityp und Anwaltstyp eine große Streubreite in den Einkommen vor. Differenziert nach Anwaltstyp zeigt sich, dass freie Mitarbeiter finanziell im Durchschnitt schlechter gestellt sind als ihre angestellten Kollegen. Differenziert nach Kanzleityp ist festzuhalten, dass vor allem in größeren Sozietäten beschäftigte Anwälte erheblich mehr als ihre Kollegen in Einzelkanzleien verdienen. Schließlich zeigt sich, dass freie Mitarbeiter in Einzelkanzleien zu den am schlechtesten verdienenden Anwälten gehören.

b) Determinanten des Einkommens angestellter Anwälte und freier Mitarbeiter

Um die erhebliche Streubreite der Einkommen angestellter Anwälte und freier Mitarbeiter in Vollzeittätigkeit genauer einschätzen zu können, soll im Folgenden detailliert untersucht werden, von welchen Determinanten die Einkommen abhängig sind. Im Einzelnen werden folgende Einzelfaktoren überprüft:[129]

Determinanten des Einkommens angestellter Anwälte und freier Mitarbeiter				
Individuelle Faktoren		Marktbezogene Faktoren		
Fachliche Kompetenz	Sonstige Faktoren	Ausrichtung des Angebotes	fachliche Spezialisierung	Standort
Examensnote	zeitliche Arbeitsintensität	eher forensisch	Generalist	Ortsgröße
Promotion	Geschlecht	eher beratend	Spezialist	Regionen
Beschäftigungsdauer				alte und neue Bundesländer
Auslandsaufenthalt während der Ausbildung				

[129] Zur Unterscheidung zwischen individuellen und marktbezogenen Determinanten vgl. Kapitel F.11. a)aa).

F. Die berufliche Situation junger Rechtsanwältinnen und Rechtsanwälte — Teil 1

Die durchschnittlichen monatlichen Bruttoeinkommen differenziert nach ausgewählten **individuellen Faktoren** werden in Tabelle 35 ausgewiesen. Hier zeigt sich vor allem die Bedeutung der fachlichen Kompetenz.

- Unabhängig vom Anwalts- und Kanzleityp liegen die durchschnittlichen monatlichen Gesamteinkommen der Anwälte mit Prädikatsexamen deutlich über den Einkommen der Anwälte mit einem befriedigenden oder ausreichenden Examen. Dies gilt für das erste wie auch für das zweite Staatsexamen.
- Promovierte Anwälte verdienen als Angestellte oder freie Mitarbeiter durchschnittlich erheblich mehr als ihre Kollegen ohne Promotion.
- Anwälte, die sich zeitweise während ihrer juristischen Ausbildung zu Studienzwecken im Ausland aufgehalten haben, erzielen durchschnittlich ein höheres Einkommen als ihre Kollegen ohne Auslandsaufenthalt.
- Mit steigender Beschäftigungsdauer und damit auch zunehmender Berufserfahrung steigen die durchschnittlichen Einkommen angestellter Anwälte und freier Mitarbeiter.

Neben der fachlichen Qualifikation ist auch die zeitliche Arbeitsintensität ein wichtiger Einflussfaktor auf die Entlohnung. Vollzeittätige angestellte Anwälte und freie Mitarbeiter mit hoher zeitlicher Arbeitsintensität erzielen durchschnittlich deutlich höhere Einkünfte als ihre Kollegen mit geringerer Arbeitszeit.

Nach wie vor ergeben sich in den Einkommen geschlechtsspezifische Unterschiede: Rechtsanwälte sind in der Regel finanziell besser gestellt als Rechtsanwältinnen. Eine Ausnahme bilden hier freie Mitarbeiterinnen und Mitarbeiter in Einzelkanzleien, die in etwa die gleichen Einkommen erzielen wie ihre männlichen Kollegen.

Weil ausschließlich Rechtsanwältinnen und Rechtsanwälte in die Analyse mit einbezogen wurden, die die Anwaltstätigkeit als **Vollzeittätigkeit** ausüben, kann die geschlechtsspezifische Differenz in den durchschnittlichen monatlichen Bruttoeinkünften nicht auf die unterschiedlich häufige Inanspruchnahme von Teilzeitarbeit zurückgeführt werden. Es ist daher zu prüfen, ob die Einkommensunterschiede zwischen Rechtsanwältinnen und Rechtsanwälten auf andere Faktoren, wie z. B. eine unterschiedliche zeitliche Arbeitsbelastung oder die unterschiedliche formale Qualifikation von Rechtsanwältinnen im Vergleich zu ihren männlichen Kollegen, zurückgeführt werden kann.

Teil 1 Zusammenfassung der wichtigsten Ergebnisse

	ang. Anwälte in EK	freie Mitarbeiter in EK	ang. Anwälte in Sozietäten	freie Mitarbeiter in Sozietäten
Dauer der Tätigkeit				
bis zu 2 Jahre	6.100 DM	5.400 DM	7.100 DM	7.000 DM
länger als 2 Jahre	6.700 DM	6.100 DM	8.000 DM	8.200 DM
Geschlecht				
Frauen	5.800 DM	6.000 DM	6.900 DM	6.700 DM
Männer	6.800 DM	5.800 DM	7.900 DM	8.200 DM
Wöchentliche Arbeitszeit (Vollzeittätigkeit)				
unter 50 Stunden	5.700 DM	5.300 DM	6.300 DM	6.500 DM
50 Stunden und mehr	6.900 DM	6.500 DM	8.100 DM	8.100 DM
1. Staatsexamen				
Prädikatsexamen	7.300 DM	7.000* DM	9.100 DM	8.900 DM
befriedigend	6.700 DM	5.900 DM	7.400 DM	7.500 DM
ausreichend	6.100 DM	5.600 DM	6.500 DM	7.300 DM
2. Staatsexamen				
Pädikatsexamen	9.300* DM	7.000* DM	9.400 DM	9.300 DM
befriedigend	6.100 DM	5.900 DM	7.600 DM	7.800 DM
ausreichend	6.100 DM	5.700 DM	6.300 DM	7.000 DM
Promotion				
Promotion abgeschlossen	-	8.200* DM	10.100 DM	11.000 DM
keine Promotion	-	5.700 DM	6.900 DM	7.100 DM
Auslandserfahrung während der Ausbildung				
nein	6.300 DM	5.700 DM	6.900 DM	7.400 DM
ja	7.200 DM	6.700 DM	8.900 DM	8.200 DM

* N < 15

Tabelle 35: Durchschnittliches monatliches Bruttogesamteinkommen angestellter Anwälte und freier Mitarbeiter nach ausgewählten Merkmalen und Anwaltstyp: Individuelle Faktoren

Die Analyse zeigt (vgl. Tabelle 36), dass angestellte Rechtsanwältinnen und freie Mitarbeiterinnen unabhängig von diesen Faktoren in der Regel geringere Einkünfte erzielen als ihre männlichen Kollegen: Einkommensunterschiede zwischen Rechtsanwältinnen und Rechtsanwälten hängen nicht von der zeitlichen Intensität (weniger oder mehr als 50 Stunden wöchentlicher Arbeitszeit) ab. Darüber hinaus können die Unterschiede nicht auf unterschiedliche Examensergebnisse zurückgeführt werden.[130]

Neben den aufgezeigten individuellen Faktoren haben auch **marktbezogene Faktoren** Einfluß auf die wirtschaftliche Situation angestellter Anwälte und freier Mitarbeiter. Tabelle 37 kann entnommen werden, dass Spezialisten besser verdienen als

---

[130] Die nach Examensergebnissen differenzierten durchschnittlichen Einkommen werden für angestellte Anwälte und freie Mitarbeiter in Einzelkanzleien wegen zu geringer Gruppenbesetzung nicht ausgewiesen.

F. Die berufliche Situation junger Rechtsanwältinnen und Rechtsanwälte Teil 1

	ang. Anwälte in EK		freie Mitarbeiter in EK		ang. Anwälte in Sozietäten		freie Mitarbeiter in Sozietäten	
	Frauen	Männer	Frauen	Männer	Frauen	Männer	Frauen	Männer
wöchentliche Arbeitszeit								
unter 50 Stunden	5.500 DM	5.900 DM	5.200 DM	5.300 DM	5.700 DM	6.500 DM	5.700 DM	7.100 DM
50 Stunden und mehr	6.100 DM	7.300 DM	6.900 DM	6.300 DM	7.200 DM	8.300 DM	7.300 DM	8.400 DM
1. Staatsexamen								
Prädikat	zu geringes N				7.800 DM	9.500 DM	8.600 DM*	8.900 DM
befriedigend					6.700 DM	7.600 DM	6.200 DM	8.000 DM
ausreichend					6.500 DM	6.600 DM	6.500 DM	7.900 DM

* N<15

Tabelle 36: Durchschnittliche monatliche Gesamtbruttoeinkommen vollzeittätiger angestellter Anwälte und freier Mitarbeiter nach Geschlecht und nach ausgewählten Merkmalen

Generalisten. Angestellte Anwälte und freie Mitarbeiter, die in schwerpunktmäßig **rechtsberatend** tätigen Kanzleien beschäftigt sind, erzielen durchschnittlich höhere Einkommen als ihre Kollegen, die in eher forensisch tätigen Kanzleien tätig sind.

	ang. Anwälte in EK	freie Mitarbeiter in EK	ang. Anwälte in Sozietäten	freie Mitarbeiter in Sozietäten
Selbsteinschätzung als Generalist oder Spezialist				
Generalist	6.200 DM	5.600 DM	6.900 DM	7.000 DM
Spezialist	7.000 DM	6.300 DM	8.200 DM	8.300 DM
Tätigkeitsschwerpunkt der Kanzlei				
forensischer Tätigkeitsschwerpunkt	6.200 DM	5.300 DM	6.600 DM	7.200 DM
beratender Tätigkeitsschwerpunkt	7.300 DM	6.700 DM	8.700 DM	8.700 DM
Ortsgröße				
bis unter 100.000 Einwohner	6.100 DM	5.700 DM	6.300 DM	6.800 DM
100.000 bis unter 500.000 Einwohner	6.000 DM	6.200 DM	7.000 DM	7.000 DM
500.000 Einwohner und mehr	7.800 DM	6.000 DM	9.100 DM	9.200 DM
Regionen**				
alte Bundesländer	6.100 DM	5.900 DM	7.500 DM	7.600 DM
neue Bundesländer	5.900 DM*	5.200 DM*	6.600 DM	6.700 DM

* N < 15
** Wegen teils geringer Gruppenbesetzung ist eine Auswertung nach Nielsengebieten nicht aussagekräftig.

Tabelle 37: Durchschnittliches monatliches Bruttogesamteinkommen angestellter Anwälte und freier Mitarbeiter nach ausgewählten Merkmalen und Anwaltstyp: Marktbezogene Faktoren

Teil 1 Zusammenfassung der wichtigsten Ergebnisse

Auch der Kanzleistandort hat Einfluss auf die Bezahlung: Es zeigt sich, dass angestellte Anwälte und freie Mitarbeiter in den **alten Bundesländern** höhere durchschnittliche Einkommen erzielen als ihre Kollegen in den neuen Bundesländern. Auch in Anwaltskanzleien spiegelt sich somit das insgesamt niedrigere Gehaltsniveau in den neuen Bundesländern wider.[131]

Mit Blick auf die Ortsgröße des Standortes der Kanzlei kann lediglich für angestellte Anwälte und freie Mitarbeiter in **Sozietäten** ein Zusammenhang mit der Einkommenshöhe festgestellt werden: Je größer der Standort einer Sozietät, desto höher die monatlichen Gesamtbruttoeinkünfte der Angestellten und freien Mitarbeiter.

c) Freiwillige betriebliche Leistungen und geldwerte Vorteile

Die Mehrheit der angestellten Anwälte und freien Mitarbeiter erhält freiwillige betriebliche Leistungen bzw. geldwerte Vorteile. Differenziert nach Anwaltstyp ergibt sich, dass signifikant mehr Angestellte als freie Mitarbeiter solche zusätzlichen Leistungen erhalten. Während etwas mehr als die Hälfte der freien Mitarbeiter freiwillige betriebliche Leistungen bzw. geldwerte Vorteile erhalten (52% in Einzelkanzleien und 59% in Sozietäten), sind es im Vergleich hierzu mehr als zwei Drittel der angestellten Anwälte (76% in Einzelkanzleien und 66% in Sozietäten; Anhang Abb. 106).

Im Einzelnen handelt es sich um folgende Leistungen (Anhang Abb. 107–109):

- Je nach Anwalts- und Kanzleityp werden zwischen 34% und 43% der angestellten Anwälte und freien Mitarbeiter die Prämien für die Schadenshaftpflichtversicherung erstattet (durchschnittlich zwischen 1.700 DM und 2.100 DM[132]).
- Einen Fahrtkostenzuschuß erhalten 39% der Angestellten in Einzelkanzleien und 25% der Angestellten in Sozietäten. Der Vergleichswert für die freien Mitarbeiter liegt deutlich niedriger bei 17% in Einzelkanzleien und 20% in Sozietäten. (Die entsprechenden Leistungsbezüge liegen durchschnittlich zwischen 1.200 DM und 2.000 DM.)
- Auch im Zusammenhang mit den vermögenswirksamen Leistungen werden Unterschiede zwischen Angestellten und freien Mitarbeitern deutlich. Während 21% der in Einzelkanzleien und 13% der in Sozietäten angestellten Anwälte vermögenswirksame Leistungen in einer durchschnittlichen Höhe von ca. 680 DM erhalten, spielt diese freiwillige betriebliche Leistung bei freien Mitarbeitern keine nennenswerte Rolle.
- Einen Geschäftswagen erhalten weniger als 10% der angestellten Anwälte bzw. freien Mitarbeiter.

---

131 Auf einen Vergleich mit den Ergebnissen der STAR-Untersuchung »Umsatz- und Einkommensentwicklung der Rechtsanwälte 1992 bis 1996« wird an dieser Stelle verzichtet, da die ausgewiesenen Einkommen aufgrund geringer Fallzahlen nur mit Vorsicht zu bewerten sind (vgl. *Wasilewski* u. a. 1998, S. 254).

132 Diese und alle weiteren durchschnittlichen Angaben beziehen sich lediglich auf die Anwälte, die die entsprechenden freiwilligen betrieblichen Leistungen bzw. geldwerten Vorteile erhalten.

Über diese freiwilligen betrieblichen Leistungen bzw. geldwerten Vorteile hinaus erhalten ca. 25% aller Angestellten und freien Mitarbeiter weitere Leistungen. Im Vordergrund stehen hierbei die (anteilige) Übernahme von Beiträgen für die Kammer bzw. für den Anwaltverein sowie die Übernahme von Versicherungsbeiträgen.
Leistungen im Rahmen einer betrieblichen Altersversorgung spielen in Anwaltskanzleien keine nennenswerte Rolle. Im Vordergrund der Altersvorsorge angestellter Anwälte und freier Mitarbeiter steht die Mitgliedschaft in einem anwaltlichen Versorgungswerk. Etwa 15% der angestellten Anwälte sind in der gesetzlichen Rentenversicherung pflichtversichert. Neben dem anwaltlichen Versorgungswerk und der gesetzlichen Rentenversicherung dienen vor allem Lebensversicherungen der zusätzlichen Altersvorsorge: Mehr als ein Drittel aller angestellten und frei mitarbeitenden Anwälte haben eine Lebensversicherung als Absicherung gegen Altersrisiken abgeschlossen. Die Versicherungssumme liegt je nach Art des Beschäftigungsverhältnisses und nach Kanzleityp zwischen 100.000 DM und 220.000 DM.[133] Darüber hinausgehende Risikoabsicherung durch altersbezogene Vermögensanlagen sowie durch Immobilien wird je nach Anwaltstyp von rund 10% bis 20% (Vermögensanlagen) bzw. unter 10% (Immobilien) der Angestellten und freien Mitarbeiter getroffen.[134]
Maßnahmen im Rahmen der Absicherung gegen Krankheitsrisiken variieren nach Anwaltstyp: Die größte Gruppe der Angestellten ist in der gesetzlichen Krankenversicherung. Ein Viertel der in Einzelkanzleien und 39% der in Sozietäten angestellten Anwälte sind privat krankenversichert. Demgegenüber sind freie Mitarbeiter in der Regel Mitglieder privater Krankenversicherungen. 40% der freien Mitarbeiter in Einzelkanzleien und 28% der freien Mitarbeiter in Sozietäten sind freiwillig in der gesetzlichen Krankenversicherung versichert (Anhang Tabelle 10).

6. Berufliche Ziele angestellter Anwälte und freier Mitarbeiter

Zum Abschluß der Analyse der Berufssituation angestellter Anwälte und freier Mitarbeiter sollen die beruflichen Ziele und Perspektiven dieses Teils der jungen Anwaltschaft näher betrachtet werden: Die angestellten Anwälte und freien Mitarbeiter in Anwaltskanzleien wurden gebeten, Auskunft über ihre weitergehenden beruflichen Ziele zu geben. Gerade hier zeigt sich (Abb. 84), dass der berufliche Status dieser Teilgruppe junger Anwälte durchweg als »transitional status«, also als berufliches Durchgangsstadium betrachtet werden kann. Lediglich ein Fünftel der angestellten

---

133 In der Tendenz haben mehr freie Mitarbeiter als Angestellte eine Lebensversicherung. Darüber hinaus liegt die durchschnittliche Versicherungssumme bei den freien Mitarbeitern, die eine Lebensversicherung abgeschlossen haben, über der Versicherungssumme der von Angestellten abgeschlossenen Lebensversicherungen (vgl. Anhang Tabelle 9).
134 Vgl. Anhang Tabelle 9.

Teil 1 Zusammenfassung der wichtigsten Ergebnisse

Anwälte und freien Mitarbeiter gibt an, das derzeitige Beschäftigungsverhältnis beibehalten zu wollen.[135]

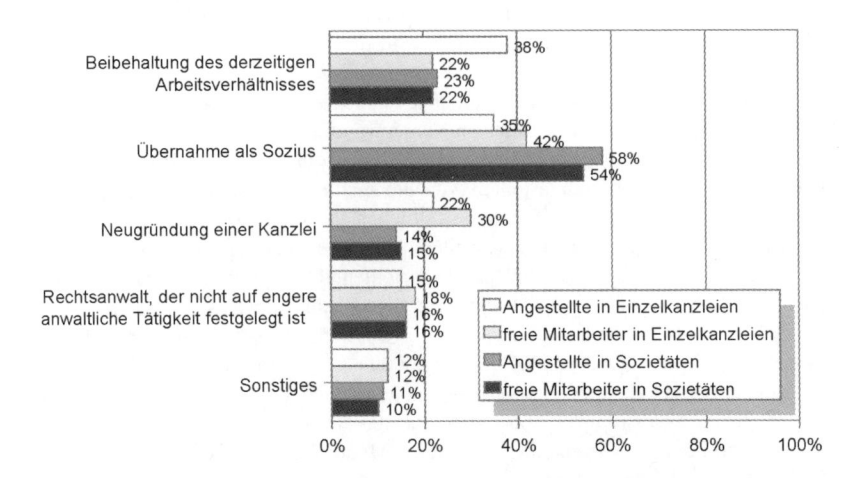

Abb. 84: Berufliche Ziele angestellter Anwälte und freier Mitarbeiter

Die beruflichen Ziele derer, die ihre aktuelle Tätigkeit als Durchgangsstadium betrachten, lassen sich in drei Gruppen zusammenfassen:
- Die größte Gruppe hat die Erwartung, nach einer Zeit als freier Mitarbeiter oder angestellter Anwalt als Partner in die beschäftigende Kanzlei aufgenommen zu werden. Dabei ist diese Erwartungshaltung bei angestellten und freien Mitarbeitern in Sozietäten deutlich stärker ausgeprägt als bei der Vergleichsgruppe in Einzelkanzleien.
- Eine weitere, deutlich kleinere Gruppe der angestellten Anwälte und freien Mitarbeiter beabsichtigt nach Durchlaufen des Durchgangsstadiums die Gründung einer eigenen Kanzlei. Da bei den Angestellten und freien Mitarbeitern in Einzelkanzleien die Erwartung auf Übernahme als Partner geringer ausgeprägt ist als bei ihren Kollegen in Sozietäten, liegt in dieser Gruppe der Anteil derer, die für die Zukunft eine Neugründung planen, erwartungsgemäß höher.
- Eine weitere Teilgruppe von ca. 16% der angestellten Anwälte und freien Mitarbeiter ist für die Zukunft nicht eindeutig auf den Anwaltsberuf festgelegt. Es handelt sich hier um junge Anwälte, die aus der Stellung als Rechtsanwalt heraus Bewerbungsversuche auch in anderen Beschäftigungsfeldern unternehmen. Eine weitere Gruppe von 10% der angestellten Anwälte und freien Mitarbeiter ist sich hinsichtlich der späteren beruflichen Ausrichtung noch weitgehend unschlüssig.

---

135 Deutlich höher ist dieser Anteil bei den Angestellten in Einzelkanzleien (vgl. Abb. 84)

F. Die berufliche Situation junger Rechtsanwältinnen und Rechtsanwälte Teil 1

Dies zusammengenommen verdeutlicht, dass von den angestellten Anwälten und freien Mitarbeitern ca. 25% noch nicht eindeutig auf den Anwaltsberuf festgelegt sind.

Die differenzierte Betrachtung nach **Geschlecht** zeigt, dass deutlich mehr Frauen als Männer ihr bestehendes Beschäftigungsverhältnis längerfristig beibehalten wollen. Während dies bei 37% der Frauen der Fall ist, liegt der Vergleichswert bei ihren männlichen Kollegen bei 17% (Anhang Tabelle 11).

Hinsichtlich der Perspektive, als Sozius/Sozia übernommen zu werden, zeigt sich ein diametral anderes Bild: 62% der Rechtsanwälte aber nur 35% der Rechtsanwältinnen erwarten eine solche Übernahme in das Anwaltsbüro bzw. die Sozietät, in der sie die Anwaltstätigkeit ausüben.

Unterschiede in den beruflichen Zielvorstellungen werden auch nach fachlicher Qualifikation deutlich: Im Vergleich zu Angestellten und freien Mitarbeitern mit Prädikatsexamen streben mehr Anwälte mit befriedigenden oder ausreichenden Examina als berufliche Zielvorstellung die Beibehaltung des derzeitigen Beschäftigungsverhältnisses an. Anwälte mit Prädikatsexamen erstreben demgegenüber deutlich häufiger als ihre Kollegen die Übernahme als Partner an.[136] Anders sieht es mit Plänen zur Gründung einer eigenen Kanzlei aus. Eine solche Gründung wird häufiger von Anwälten mit befriedigenden oder ausreichenden Examen als von solchen mit Prädikatsexamen angestrebt.

Berufliche Ziele	Frauen			Männer		
	Ergebnisse des 2. Staatsexamen			Ergebnisse des 2. Staatsexamen		
	Prädikat	befriedigend	ausreichend	Prädikat	befriedigend	ausreichend
Beibehaltung des derzeitigen Arbeitsverhältnisses	21%	32%	38%	8%	16%	24%
Übernahme als Sozius	58%	49%	30%	80%	65%	56%

Tabelle 38: Berufliche Ziele angestellter Anwälte und freier Mitarbeiter nach Geschlecht und Ergebnis im 2. Staatsexamen

Kontrolliert man den Zusammenhang zwischen beruflichen Zukunftszielen einerseits und Geschlecht sowie Examensnoten andererseits wird ein weiterer Unterschied deutlich: Rechtsanwältinnen mit Prädikatsexamen erwarten weit seltener die Übernahme als Partnerinnen als ihre männlichen Kollegen mit vergleichbaren Examina (58%

---

[136] Auch in diesem Zusammenhang ist darauf hinzuweisen, dass in Sozietäten angestellte und frei mitarbeitende Anwälte eher als ihre Kollegen in Einzelkanzleien zu der Gruppe der fachlich gut qualifizierten jungen Anwälte gehören. Anwälte mit Prädikatsexamen sind dementsprechend häufiger in Sozietäten tätig. Damit ergibt sich für diese auch eher eine Perspektive als Sozius.

Teil 1 Zusammenfassung der wichtigsten Ergebnisse

gegenüber 80%, vgl. Tabelle 38). Dies ist ein deutlicher Hinweis darauf, dass junge Anwältinnen auch bei überdurchschnittlicher Qualifikation schlechtere Chancen als ihren männlichen Kollegen eingeräumt werden.

Die angestellten Anwälte und freien Mitarbeiter wurden nach den drei Haupthindernissen gefragt, die sie bei der Verwirklichung ihrer Ziele sehen. Ca. 60% der jungen angestellten Anwälte und freien Mitarbeiter sehen Hindernisse bei der Verwirklichung ihrer beruflichen Ziele (Tabelle 39). Im Vordergrund steht hierbei die Sorge, dass der hohe Konkurrenzdruck innerhalb der Anwaltschaft und die unstete und schlechte wirtschaftliche Entwicklung den Einstieg in eine Kanzlei oder die Gründung einer eigenen Kanzlei schwierig werden läßt. Fehlendes Kapital bzw. zu hohe Anfangsinvestitionen bei Einstieg in eine Kanzlei oder bei Neugründung einer Kanzlei sieht ein Drittel der Anwälte in Einzelkanzleien als Hindernis bei der Realisierung der eigenen beruflichen Zielvorstellungen.

Anwälte, die als Angestellte oder freie Mitarbeiter in Sozietäten tätig sind, sehen demgegenüber neben der starken Konkurrenz vor allem mögliche Konflikte zwischen den Sozien als potentielle Hinderungsgründe bei der Verwirklichung ihrer beruflichen Ziele. In diesem Zusammenhang zeigt sich, dass die schrittweise Integration der jungen Anwaltschaft in die Professionsgemeinschaft eine schwierige Entscheidungslage für die »Senioren« einer Kanzlei darstellt, die sich vor dem Hintergrund wachsender Konkurrenz noch weiter verschärft.

	ang. Anwälte in EK	freie Mitarbeiter in EK	ang. Anwälte in Sozietäten	freie Mitarbeiter in Sozietäten
Hindernisse in der Verwirklichung beruflicher Ziele werden nicht gesehen	42%	39%	36%	39%
Soweit Hindernisse gesehen werden, sind dies:				
Konkurrenz unter Rechtsanwälten / unstetige wirtschaftliche Entwicklung / schlechte Arbeitsmarktsituation	71%	85%	65%	69%
fehlendes Kapital/ zu hohe Kosten	34%	33%	17%	20%
Verbindung von Beruf und Familie	33%	15%	22%	22%
fehlende Flexibilität und Belastbarkeit	19%	19%	26%	18%
unzureichende Qualifikation und Erfahrung	19%	26%	14%	18%
Konflikte zwischen den Partnern/Sozien hinsichtlich Aufnahme als Partner	10%	15%	32%	33%
fehlende Risikobereitschaft	8%	5%	9%	2%
Änderung von Prioritäten/ von Berufswegen	1%	7%	7%	5%
Sonstiges	1%	4%	2%	5%

Aufgrund der Möglichkeit zu Mehrfachnennungen addieren sich die einzelnen Werte nicht zu 100%.

Tabelle 39: **Hindernisse bei der Verwirklichung der beruflichen Ziele Angestellter und freier Mitarbeiter**

F. Die berufliche Situation junger Rechtsanwältinnen und Rechtsanwälte Teil 1

Ein wichtiger Hinderungsgrund für die Verwirklichung beruflicher Ziele liegt bei den angestellten Anwälten und freien Mitarbeitern in der Vereinbarkeit von Beruf und Familie. In diesem Zusammenhang zeigt sich erwartungsgemäß ein geschlechtsspezifischer Unterschied (Anhang Tabelle 12): Während für 42% aller angestellten und frei mitarbeitenden Rechtsanwältinnen die Vereinbarkeit von Beruf und Familie ein mögliches Hindernis für die Verfolgung ihrer beruflichen Ziele darstellt, trifft dies nur für 9% der Männer zu. Auch hier kommt deutlich zum Ausdruck, dass vor allem die Frauen im Anwaltsberuf einen starken Zielkonflikt zwischen Beruf und Familie erfahren, dem sich ihre männlichen Kollegen nicht ausgesetzt sehen.[137]

7. Zusammenfassung zentraler Ergebnisse

Die Analyse hat gezeigt, dass die Tätigkeit als angestellter oder frei mitarbeitender Anwalt in der Regel als Durchgangsstadium anzusehen ist. Junge Anwälte, die zunächst diese Form der Ausübung der Anwaltstätigkeit wählen, verschaffen sich Klarheit über ihren weiteren beruflichen Werdegang. Es ist davon auszugehen, dass ein Teil dieser angestellten Anwälte und freien Mitarbeiter den Anwaltsberuf nach einer solchen Erprobungsphase wieder verlässt. Die anderen werden schrittweise in die Anwaltschaft integriert.

Die Analyse der beruflichen Pläne angestellter Anwälte und freier Mitarbeiter macht deutlich, dass die Mehrheit dieser Anwälte kurz- bis mittelfristig ihr Beschäftigungsverhältnis aufgeben wollen. Sie streben in der Regel den Einstieg in Kanzleien als Partner an oder planen die Gründung einer eigenen Kanzlei. Die Angestelltentätigkeit und die freie Mitarbeit ermöglichen es, erste Berufserfahrungen zu sammeln. Darüber hinaus wird die Angestelltentätigkeit oder die freie Mitarbeit von einem Teil der jungen Anwaltschaft gewählt, um das mit einer Kanzleigründung vorhandene Risiko vor allem vor dem Hintergrund der gewachsenen Konkurrenz am Anwaltsmarkt zumindest zunächst zu vermeiden.

Ein Blick auf die berufliche Situation zeigt, dass von einer starken beruflichen Belastung der **vollzeittätigen** angestellten Anwälte und freien Mitarbeiter auszugehen ist. Die Arbeitszeit eines großen Teils dieser Gruppe junger Anwälte überschreitet deutlich 40 Stunden in der Woche. In Sozietäten liegt die zeitliche Arbeitsbelastung höher als in Einzelkanzleien.

Im Zusammenhang mit der **Teilzeittätigkeit** von Angestellten und freien Mitarbeitern können folgende Ergebnisse festgehalten werden:
- Deutlich mehr Rechtsanwältinnen als Rechtsanwälte sind **teilzeittätig** beschäftigt. In Einzelkanzleien sind 46% der angestellten Frauen und 40% der freien

---

[137] In diesem Zusammenhang muss darauf hingewiesen werden, dass sich im Laufe der letzten Jahre kaum Veränderungen ergeben haben. Die Untersuchung der jungen Anwaltschaft Anfang der 80er Jahre kam zu einem weitgehend ähnlichen Ergebnis (vgl. *Hommerich* 1988, S. 122).

Teil 1 Zusammenfassung der wichtigsten Ergebnisse

Mitarbeiterinnen in Teilzeit tätig. Demgegenüber sind es weniger als 10% der Rechtsanwälte. Dieses Ergebnis weist auf eine stärkere Doppelorientierung von Frauen im Vergleich zu einer weiterhin eindeutigen Berufsorientierung auf seiten der Männer hin.

- Der Anteil der teilzeittätigen Angestellten und freien Mitarbeiter liegt in Sozietäten unter dem entsprechenden Anteil in Einzelkanzleien.

Die Einkommen angestellter Anwälte und freier Mitarbeiter weisen unabhängig von Kanzleityp und Anwaltstyp eine große Streubreite auf. Differenziert nach Anwaltstyp zeigt sich, dass freie Mitarbeiter im Durchschnitt schlechter gestellt sind als ihre angestellten Kollegen. Differenziert nach Kanzleityp ist darüber hinaus festzuhalten, dass vor allem in größeren Sozietäten beschäftigte Anwälte erheblich mehr verdienen als ihre Kollegen in Einzelkanzleien. Freie Mitarbeiter in Einzelkanzleien erhalten die geringste Entlohnung unter den Angestellten und freien Mitarbeitern.

Die Analyse der Einkommen zeigt, dass die Bezahlung angestellter Anwälte und freier Mitarbeiter sowohl von individuellen als auch marktbezogenen Faktoren abhängig ist:

- Angestellte und freie Mitarbeiter mit überdurchschnittlicher Qualifikation erzielen signifikant höhere Einkommen als ihre Kollegen mit durchschnittlicher fachlicher Qualifikation.
- Die Einkommen der Anwälte mit hoher zeitlicher Arbeitsbelastung liegen über den Einkommen ihrer Kollegen mit einer durchschnittlich geringeren zeitlichen Arbeitsintensität.
- Darüber hinaus wird deutlich, dass Frauen finanziell schlechter gestellt sind als ihre männlichen Kollegen. Diese geschlechtsspezifischen Einkommensunterschiede können **nicht** auf Unterschiede in der Qualifikation oder der zeitlichen Arbeitsintensität von Rechtsanwältinnen und Rechtsanwälten zurückgeführt werden.
- Die Analyse der marktbezogenen Determinanten der Einkommenshöhe angestellter Anwälte und freier Mitarbeiter ergibt eine Parallele zu den Einkommensdeterminanten der Umsätze und Einkommen von Kanzleigründern: Angestellte und freie Mitarbeiter, die sich als Spezialisten einschätzen, erhalten höhere Einkommen als Generalisten.

Lediglich ein Fünftel der angestellten Anwälte und freien Mitarbeiter gibt an, das derzeitige Beschäftigungsverhältnis beibehalten zu wollen. An diesem Ergebnis wird deutlich, dass der berufliche Status dieser Teilgruppe junger Anwälte durchweg als »transitional status«, also als berufliches Durchgangsstadium betrachtet werden kann.

VII. Die Syndikusanwälte

Die Syndikusanwälte stellen jene Minderheit unter den Anwälten dar, die zugleich als niedergelassene Anwälte und als Angestellte in einem Unternehmen bzw. Verband tätig sind. Diese Doppelberufstätigkeit war und ist immer wieder Gegenstand intensiver berufspolitischer Diskussionen, die hier nicht im Einzelnen aufgegriffen

F. Die berufliche Situation junger Rechtsanwältinnen und Rechtsanwälte Teil 1

werden sollen.[138] Folgende charakteristische Merkmale der Gruppe der jungen Syndici lassen sich herausstellen:

- Bei der Vorstellung der Typologie der jungen Anwaltschaft wurde bereits deutlich, dass etwa 7% der Berufseinsteiger in den Anwaltsberuf eine Chance als Syndikusanwalt erhalten. Dies entspricht fast genau dem Anteil der Syndikusanwälte an der gesamten Anwaltschaft, der bei 6% liegt.[139]
- Es zeigt sich, dass 26% der jungen Syndikusanwälte ein Prädikatsexamen (zweites Staatsexamen) absolviert haben. Die Promotionsrate junger Syndici liegt bei 29%. Eine vergleichbar hohe formale Qualifikation wird lediglich von angestellten Anwälten in Sozietäten erreicht. Damit bestätigt sich der Befund aus den 80er Jahren, dass die jungen Syndici überdurchschnittlich gut qualifizierte Juristen sind.[140]
- Frauen sind unter den Syndici weit unterdurchschnittlich vertreten. Ihr Anteil liegt lediglich bei 24% in der Gruppe der Unternehmenssyndici und bei 16% in der Gruppe der jungen Verbandssyndici im Vergleich zu einem Frauenanteil von 34% in der gesamten jungen Anwaltschaft.
- Das Hauptgewicht der beruflichen Tätigkeit liegt bei den Syndikusanwälten eindeutig auf ihrer Angestelltentätigkeit in Unternehmen bzw. Verbänden. Ein Indikator hierfür ist der Umstand, dass nicht weniger als 66% der jungen Syndici ihren Kanzleisitz in den eigenen Wohnräumen haben (Anhang Abb. 110).[141]
- Die Arbeitsbelastung der jungen Syndikusanwälte ist überdurchschnittlich hoch. 44% arbeiten mehr als 50 Wochenstunden. 12% arbeiten mehr als 60 Wochenstunden (Anhang Abb. 112).[142]

Die Analyse der Einkünfte junger Syndikusanwälte bleibt hier auf die Einkünfte aus der Festanstellung beschränkt. Dies hat einen Grund darin, dass zu wenige der befragten Syndici vollständige Angaben über ihre Einkünfte aus eigener Kanzlei machten. Dies ist ein weiterer Hinweis darauf, dass junge Syndici vorrangig mit dem Karriereaufbau in Unternehmen und Verbänden beschäftigt sind, hinter den die freie Anwaltstätigkeit eindeutig zurücktritt.

58% der jungen Syndici in Unternehmen erhalten ein monatliches Bruttogesamteinkommen von 9.000 DM. Der Vergleichswert für junge Verbandssyndici liegt bei 44%

---

138 Vgl. hierzu *Hommerich*; *Prütting* 1998.
139 Vgl. *Hommerich*; *Prütting* 1998, S. 98.
140 Vgl. *Hommerich* 1988, S. 123.
141 Soweit Syndikusanwälte neue Kanzleien gründen handelt es sich in der überwiegenden Mehrheit um Einzelkanzleien (Anhang Abb. 111).
142 Die Charakteristika der Gruppe der jungen Syndikusanwälte spiegeln die Kennzeichen der Gruppe der Syndikusanwälte insgesamt wider. Das Berufsbild des Syndikusanwaltes sowie die berufliche Situation von Syndikusanwälten waren Gegenstand einer erst kürzlich veröffentlichten breit angelegten empirischen Untersuchung (vgl. *Hommerich*; *Prütting* 1998).

Teil 1 Zusammenfassung der wichtigsten Ergebnisse

(Abb. 85). Die Unterschiede in der Einkommenshöhe deuten darauf hin, dass Verbandssyndici im Vergleich zu ihren Kollegen in Wirtschaftsunternehmen ein stärkeres Gewicht auf ihre Anwaltstätigkeit in eigener Kanzlei legen.[143]
Im Ergebnis zeigt der Vergleich der wirtschaftlichen Situation junger Syndikusanwälte mit der Einkommenssituation junger Kanzleigründer sowie den Einkommen angestellter Anwälte und freier Mitarbeiter in Anwaltskanzleien eine wirtschaftliche Besserstellung der Syndikusanwälte.

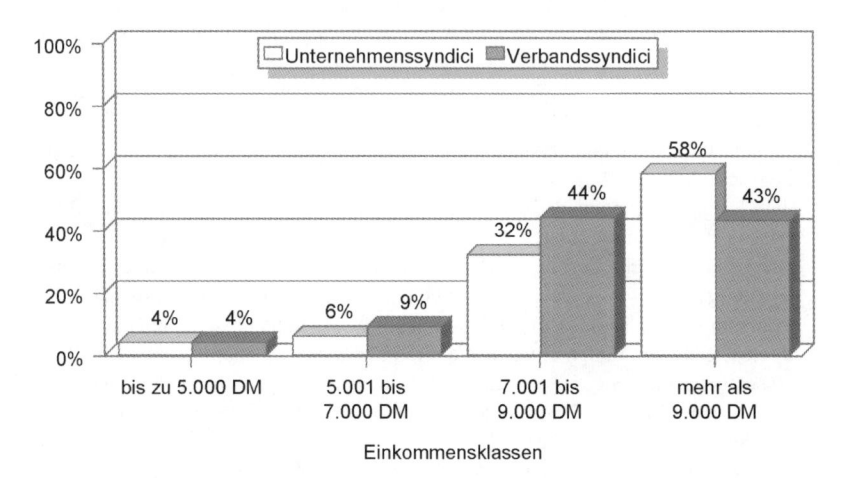

Abb. 85: **Monatliche Bruttogesamteinkünfte von (jungen) Syndikusanwälten aus ihrer Angestelltentätigkeit**

Als zentrale Determinanten der Einkommenshöhe erweisen sich wiederum die Dauer der Berufstätigkeit, das Geschlecht, die wöchentliche Arbeitszeit und die fachliche Qualifikation gemessen an Examensnoten und Promotion (Tabelle 40):
- Syndikusanwälte mit Prädikatsexamen im ersten oder zweiten Staatsexamen erzielen deutlich höhere durchschnittliche monatliche Bruttoeinkünfte als ihre Kollegen mit befriedigenden oder ausreichenden Examina. Die Bedeutung der

---

[143] Vgl. hierzu auch *Hommerich*; *Prütting* 1998, S. 145 ff. Dementsprechend fallen auch die Einnahmen aus der Tätigkeit in eigener Kanzlei unterschiedlich aus. Für die Syndikusanwälte in Wirtschaftsunternehmen und Verbänden ergab sich folgende Einkommenssituation: Durchschnittlich lag der Gewinn von Unternehmenssyndici aus Tätigkeit in eigener Kanzlei 1995 bei ca. 17.000 DM. Im Vergleich hierzu fiel der Gewinn der Verbandssyndici mit rund 41.000 DM 1995 höher aus. Vgl. hierzu *Hommerich*; *Prütting* 1998, S. 165 ff.

F. Die berufliche Situation junger Rechtsanwältinnen und Rechtsanwälte Teil 1

fachlichen Qualifikation der Syndikusanwälte als Determinante für die Einkommenshöhe wird zusätzlich dadurch unterstrichen, dass promovierte Syndikusanwälte monatlich durchschnittlich rund 1.500 DM höhere Einkünfte erzielen als ihre nichtpromovierten Kollegen.

- Rechtsanwältinnen erzielen als Syndikusanwältinnen durchschnittlich um 2.000 DM geringere Einkommen als ihre männlichen Kollegen.
- Je länger Syndikusanwälte für ihren Arbeitgeber tätig sind, desto höhere Einkommen erzielen sie aus ihrer Angestelltentätigkeit.
- Syndikusanwälte, die zeitlich besonders stark engagiert sind, erzielen höhere Einkommen als ihre Kollegen mit eher durchschnittlicher zeitlicher Arbeitsbelastung.

	Syndikusanwälte
Dauer der Tätigkeit	
bis zu 2 Jahre	9.200 DM
2 bis 4 Jahre	9.500 DM
länger als 4 Jahre	11.100 DM
Geschlecht	
Frauen	8.600 DM
Männer	10.600 DM
Wöchentliche Arbeitszeit (Vollzeittätigkeit)	
bis 50 Stunden	9.200 DM
51 Stunden und mehr	11.500 DM
1. Staatsexamen	
Prädikatsexamen	11.600 DM
befriedigend	9.900 DM
ausreichend	9.500 DM
2. Staatsexamen	
Pädikatsexamen	12.400 DM
befriedigend	9.800 DM
ausreichend	9.400 DM
Promotion	
Promotion abgeschlossen	11.300 DM
keine Promotion (auch nicht angestrebt)	9.700 DM

Tabelle 40: Durchschnittliche monatliche Bruttogesamteinkünfte von jungen Syndikusanwälten aus ihrer Angestelltentätigkeit nach ausgewählten Merkmalen[143]

Teil 1 Zusammenfassung der wichtigsten Ergebnisse

Sicherlich auch aufgrund ihrer guten finanziellen Situation besteht bei der überwiegenden Mehrheit der jungen Syndikusanwälte kein Wunsch, die Stelle zu wechseln.[145] Nach ihren beruflichen Zielen für die Zukunft befragt, gaben drei Viertel der Syndikusanwälte an, sie wollten ihr derzeitiges Arbeitsverhältnis beibehalten. 27% der Syndikusanwälte beabsichtigen zwar, weiterhin Rechtsanwalt zu bleiben, sind aber nach eigenen Angaben für die Zukunft nicht auf eine anwaltliche Tätigkeit im engeren Sinne festlegt. Demgegenüber spielen alle weiteren beruflichen Zielvorstellungen eine nur untergeordnete Rolle (Anhang Abb. 113).

Die jungen Syndikusanwälte betonen im Hinblick auf ihre berufliche Fortentwicklung im Wesentlichen zwei Risiken:
- Auf der einen Seite sehen mehr als die Hälfte aufgrund einer angespannten wirtschaftlichen Situation ihren Arbeitsplatz in Zukunft potenziell gefährdet. Tendenzen zum Outsourcing und zum Lean Management könnten vor allem in der Wirtschaft zum Abbau von Stellen in den Rechtsabteilungen der Unternehmen führen. In der Konkurrenz von Anwälten untereinander sieht demgegenüber lediglich eine Minderheit ein Gefährdungspotenzial für die Verwirklichung ihrer Berufsziele.
- 56% der jungen Syndikusanwälte sind sich nicht sicher, ob sie auch in Zukunft den Anforderungen und Belastungen ihrer Angestelltentätigkeit gewachsen sind. Dieses vergleichsweise hohe Potenzial an Verunsicherung über die eigene Leistungsfähigkeit deutet auf ein komplexes Anforderungsprofil an die Syndikusanwälte hin.[146]

G. Die Gruppe der arbeitslosen jungen Anwälte

Nach eigenen Angaben sind zwölf der befragten Anwälte ohne Beschäftigung bzw. auf Stellensuche.[147] Im Folgenden werden zentrale Aspekte der beruflichen Situation dieser Anwälte aufgelistet:
- Ihren Lebensunterhalt bestreitet diese Gruppe junger Anwälte überwiegend mit Arbeitslosengeld oder Arbeitslosenhilfe.
- Über die berufliche Zukunft gibt es unterschiedliche Vorstellungen: Ein Teil dieser Gruppe der jungen Anwaltschaft strebt weitere Qualifikationen an. Dabei handelt es sich im Wesentlichen um Spezialisierungen auf einzelne Rechtsgebiete. Ein anderer Teil der sich als beschäftigungslos bezeichnenden Anwälte ist sich

---

144 Wegen der geringen Zahl an Verbandssyndici wurden die Einkommen differenziert nach ausgewählten Merkmalen nicht getrennt für Unternehmenssyndici und Verbandssyndici ausgewiesen.
145 Zur Berufszufriedenheit von Syndikusanwälten vgl. Kap. F.VII.
146 Vgl. hierzu *Hommerich*; *Prütting* 1998.
147 Der Anteil an allen Befragten liegt somit unter einem Prozent. Zur Arbeitslosigkeit unter Juristen im Allgemeinen und Anwälten im Besonderen vgl. hierzu Kap. D.I.

weitgehend unschlüssig, was ihre berufliche Zukunft betrifft. Zur Anwaltstätigkeit alternative Berufspositionen zieht lediglich ein Befragter in Betracht.
- Entscheidender Beweggrund dafür, sich nicht unmittelbar als Einzelanwalt bzw. als Anwalt im Rahmen einer Sozietät niederzulassen, ist laut Angaben der Befragten in fehlendem Startkapital für eine Kanzleigründung zu sehen. Darüber hinaus sah jeder zweite der sich als beschäftigungslos bezeichnenden Anwälte wegen der schwierigen Konkurrenzsituation am Markt für Rechtsberatung von einer Kanzleigründung ab. Drei Anwälte wollen vor der Tätigkeit in eigener Kanzlei zunächst Berufserfahrung im Rahmen eines Angestelltenverhältnisses oder im Rahmen freier Mitarbeit sammeln. Ebenfalls drei Anwälte sind sich nach eigenen Angaben unsicher, ob sie auf Sicht als Anwalt tätig sein wollen. Insofern streben sie zunächst eine Angestelltentätigkeit oder freie Mitarbeit als Erprobungsphase an.
- Abschließend wurden die nach eigenen Angaben beschäftigungslosen Anwälte nach ihrer Bereitschaft gefragt, ihren derzeitigen Wohnort aufzugeben, um eine hauptberufliche Position zu übernehmen. Im Ergebnis zeigt sich, dass in dieser Gruppe der jungen Anwälte mehrheitlich Mobilitätsbereitschaft besteht. Demgegenüber signalisieren vier Anwälte keine Bereitschaft, ihren derzeitigen Wohnort für die Übernahme einer hauptberuflichen Tätigkeit zu wechseln. Familiäre Bindungen und die soziale Verwurzelung allgemein werden als Hinderungsgründe für einen Wohnortwechsel genannt.

H. Berufszufriedenheit junger Anwälte

Die jungen Anwälte wurden gebeten, 16 vorgegebene Aussagen danach zu bewerten, inwieweit sie auf ihre derzeitige Tätigkeit zutreffen. Mit Hilfe einer Faktorenanalyse lassen sich die vorliegenden Ergebnisse auf vier zentrale Bewertungsdimensionen reduzieren:
1. Einkommenszufriedenheit
2. Beurteilung des beruflichen Handlungsspielraums
3. Berufliche Belastung
4. Zufriedenheit mit den internen Arbeitsbedingungen.
Im Folgenden werden diese für die Berufssituation junger Anwälte zentralen Bewertungskriterien diskutiert (Tabelle 41).
Zunächst wird die **Einkommenszufriedenheit** der Anwälte betrachtet: Nur 38% der jungen Anwälte kommen zu der Einschätzung, dass ihr Einkommen ihrer beruflichen Leistung und ihrer Ausbildung entspricht. Differenziert nach Anwaltstyp zeigen sich erwartungsgemäß deutliche Unterschiede:
- Gründer von Anwaltsbüros sind mehrheitlich unzufrieden mit ihren Einkünften. Lediglich 34% der Gründer von Sozietäten sind der Meinung, dass ihr Einkommen ihrer beruflichen Leistung und Ausbildung entspricht. In der Gruppe der Gründer

Teil 1 Zusammenfassung der wichtigsten Ergebnisse

von Einzelkanzleien ist der Anteil der Anwälte, die mit den von ihnen erzielten Einkünften zufrieden sind, noch geringer. 28% der Gründer von Einzelkanzleien und nur 20% der Gründer von Bürogemeinschaften sind mit ihren Einkünften zufrieden.

- Die Einsteiger in bereits länger bestehende Sozietäten sind demgegenüber mehrheitlich mit Ihren Einkünften zufrieden. 57% halten ihr Einkommen für angemessen. Noch höher liegt die Zufriedenheit der Syndikusanwälte, von denen 59% angeben, mit ihrem Einkommen zufrieden zu sein.
- Demgegenüber ist nur eine Minderheit der angestellten Anwälte und freien Mitarbeiter mit dem Einkommen zufrieden. Die Einkommenszufriedenheit unterscheidet sich deutlich nach Kanzleityp: 21% der angestellten Anwälte in Einzelkanzleien und 18% der in Einzelkanzleien frei mitarbeitenden Anwälte halten ihre Einkommen für angemessen. Die Vergleichswerte für Sozietäten liegen bei 47% der angestellten Anwälte und 41% der freien Mitarbeiter.

Zufriedenheit mit:	insgesamt	Einzelanwalt	Sozius/Gründer	Anwalt in BG	Sozius/Einsteiger	Syndikus	Angest. in Ek.	Angest. in Soz.	freier Mitarb. in Ek	freier Mitarb. in Soz.
Einkommen	38%	28%	34%	20%	57%	59%	21%	47%	18%	41%
Handlungsspielraum	76%	67%	83%	73%	81%	86%	67%	81%	68%	75%
beruflicher Belastung	57%	59%	52%	60%	56%	56%	62%	53%	60%	59%
internen Arbeitsbedingungen	66%	78%	86%	79%	76%	45%	55%	47%	56%	59%

Tabelle 41: Berufszufriedenheit (ausgewählte Merkmale) nach Anwaltstyp (Anteile derer, die sehr zufrieden und zufrieden sind)

In den Ergebnissen zur Einkommenszufriedenheit spiegelt sich die **faktische** Einkommenssituation wider.
Berufszufriedenheit gründet allerdings nicht nur auf dem extrinsischen Faktor Einkommen, sondern auch auf intrinsischen Aspekten.[148] Hierzu gehören Möglichkeiten zum Einsatz eigener Fähigkeiten, Spielräume für die Verwirklichung eigener Ideen sowie gute berufliche Entwicklungsmöglichkeiten. Insgesamt können diese Aspekte unter dem Stichwort »beruflicher Handlungsspielraum« zusammengefasst werden.
Im Unterschied zur gering ausgeprägten Einkommenszufriedenheit wird deutlich, dass zwei Drittel der jungen Anwälte mit ihrem **beruflichen Handlungsspielraum** in hohem Maße zufrieden sind. Diese Zufriedenheit liegt bei Gründern von Sozietäten, bei

---

[148] In zahlreichen Untersuchungen wurde die enge Verbindung zwischen Motivation und Berufszufriedenheit herausgestellt. Dabei ergaben sich auch deutliche Hinweise auf die große Bedeutung intrinsischer Aspekte für die Arbeitszufriedenheit. Vgl. *Semmer; Udris* 1993, S. 143 ff.

I. Zukunftsperspektiven anwaltlicher Tätigkeit aus Sicht junger Anwälte **Teil 1**

Einsteigern in bestehende Sozietäten und bei Syndikusanwälten überdurchschnittlich hoch (jeweils über 80%). Die Zufriedenheit mit der **Arbeitsbelastung** (zeitliche Belastung, verbleibende Zeit für Familie bzw. Partnerschaft) fällt durchgängig bei allen Befragten deutlich verhaltener aus. Allerdings ergibt sich auch hier, dass eine Mehrheit (57%) insgesamt zufrieden ist.

Die vierte Dimension der Zufriedenheit bezieht sich auf die unmittelbaren **Arbeitsbedingungen**, die sich über Aspekte wie Unabhängigkeit oder internen Konkurrenzdruck abbilden lassen. Hier ergibt sich ein interessantes Bild: Anwälte, die in **eigener Kanzlei** arbeiten, sind mit den internen Arbeitsbedingungen deutlich zufriedener als Anwälte, die als Angestellte oder freie Mitarbeiter tätig sind. Den geringsten Zufriedenheitsgrad mit den internen Arbeitsbedingungen weisen mit 45% die Syndikusanwälte auf. Hierdurch dürfte indiziert werden, dass Syndikusanwälte in ihren Unternehmen und Verbänden hohem Konkurrenzdruck ausgesetzt sind.

I. Zukunftsperspektiven anwaltlicher Tätigkeit aus Sicht junger Anwälte

Zum Abschluss der Analyse wurden die jungen Anwälte gefragt, wo sie Zukunftsfelder anwaltlicher Tätigkeit sehen. Die Antworten auf diese ungestützte Frage lassen sich zwei Gruppen zuordnen. Zum einen werden unterschiedliche Grundausrichtungen anwaltlicher Tätigkeiten genannt; zum anderen werden einzelne Rechtsgebiete aufgelistet, die den jungen Anwälten besonders erfolgversprechend erscheinen. Im Einzelnen ergibt sich folgendes Bild (Abb. 86):

- Der größte Teil der Antworten lässt sich dem Bereich **präventive Rechtsberatung** zuordnen. Nicht weniger als 28% der jungen Anwälte verweisen darauf, dass hier ein zukunftsträchtiges Aktionsfeld der Anwaltschaft liegt. 19% nennen die zukünftig höhere Bedeutung außergerichtlicher Streitschlichtung. Weitere 11% setzen auf die Verbesserung der Dienstleistungsorientierung der Anwaltschaft und 9% favorisieren die Vernetzung mit anderen Beraterberufen.
  Insgesamt zeigt sich, dass gerade die jungen Anwälte die Tendenz unterstützen, den Anwaltsberuf in einen Dienstleistungsberuf umzuwandeln, der nicht nur auf Konflikte reagiert, sondern durch proaktive und präventive Einwirkung versucht, konfliktvermeidend tätig zu werden.
- Die restlichen Antworten lassen sich insgesamt dem Oberthema Spezialisierung zuordnen: 12% der Befragten verweisen allgemein auf die Notwendigkeit der Spezialisierung. Die restlichen Befragten listen in Form einzelner Rechtsgebiete zugleich Spezialgebiete anwaltlicher Tätigkeit auf.
  Damit wird insgesamt deutlich, dass die Chancen der Anwaltschaft auch aus Sicht junger Anwälte zukünftig vor allem in zwei Bereichen liegen: Zum einen in der

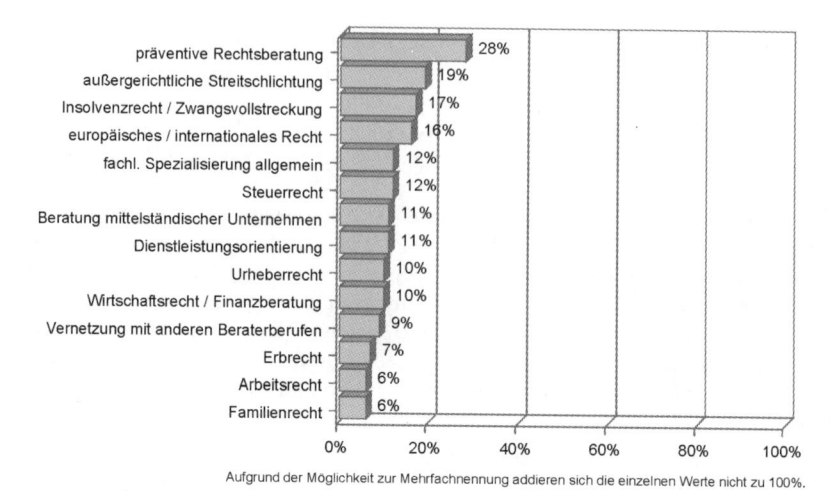

Teil 1 Zusammenfassung der wichtigsten Ergebnisse

Zukunftsfeld	%
präventive Rechtsberatung	28%
außergerichtliche Streitschlichtung	19%
Insolvenzrecht / Zwangsvollstreckung	17%
europäisches / internationales Recht	16%
fachl. Spezialisierung allgemein	12%
Steuerrecht	12%
Beratung mittelständischer Unternehmen	11%
Dienstleistungsorientierung	11%
Urheberrecht	10%
Wirtschaftsrecht / Finanzberatung	10%
Vernetzung mit anderen Beraterberufen	9%
Erbrecht	7%
Arbeitsrecht	6%
Familienrecht	6%

Aufgrund der Möglichkeit zur Mehrfachnennung addieren sich die einzelnen Werte nicht zu 100%.

Abb. 86: Zukunftsfelder anwaltlicher Tätigkeit. Einschätzung der jungen Anwaltschaft

Steigerung präventiver Rechtsberatung und zum anderen in der Lösung anfallender Rechtsprobleme durch Spezialisierung.

Teil 2

Teil 2: Leitfaden zur Gründung einer Kanzlei

A. Gründungsplanung und Gründungsberatung

Die Gründung einer Anwaltskanzlei verlangt eine systematische Gründungsplanung. Mehr als drei Viertel der jungen Anwältinnen und Anwälte, die eine neue Kanzlei gründen, sind der Ansicht, keine systematische Gründungsberatung zu benötigen. Dies ist angesichts der Komplexität einer Unternehmensgründung und vor allem angesichts des Umstandes, dass Gründungsplanung und Anwaltmanagement nach wie vor keine Ausbildungsfächer sind, eine Fehleinschätzung.[1]
Fehlende Kenntnisse in strategischer Unternehmensplanung, im Management von Anwaltskanzleien oder auch in strategischer Marketingplanung können ein Gründungsvorhaben von vornherein zum Scheitern verurteilen. Es ist darum dringend zu raten, vor der und begleitend zur Kanzleigründung Beratungsangebote für Existenzgründer in Anspruch zu nehmen. Spezielle Beratung für Existenzgründer bieten
- der Deutsche Anwaltverein, die Bundesrechtsanwaltskammer und die örtlichen Kammern mit ihren jeweiligen Fortbildungsinstituten (Deutsche Anwaltakademie, Deutsches Anwaltinstitut) und speziellen Untergliederungen wie dem Forum junger Rechtsanwältinnen und Rechtsanwälte des DAV;
- Banken;
- Finanzämter, Arbeitsämter;
- beratende Berufe (Steuerberater, Wirtschaftsprüfer, Unternehmensberater und nicht zuletzt Rechtsanwälte).

Der folgende Leitfaden bietet eine erste Orientierung für eine systematische Gründungsplanung. Er gibt zugleich Hinweis auf weiterführende Literatur zum Kanzleimanagement, die bei Durchführung einer Gründungsplanung herangezogen werden sollte.

B. Zur Methodik der Gründungsplanung

Bei der Gründung einer Anwaltskanzlei handelt es sich um einen außerordentlich komplexen Planungs-, Entscheidungs- und Umsetzungsprozess, der in der Praxis häufig naturwüchsig vollzogen wird.[2] Angesichts der Risiken, die mit einer Kanzleigründung verbunden sind, ist es allerdings geboten, sich nicht auf Kräfte der Selbstregulation

---

1 Ausbildungsprobleme im Zusammenhang mit den Anforderungen im Rahmen einer Existenzgründung wurden bereits 1981 in einem Symposion von der Industrie- und Handelskammer zu Koblenz und dem Planungsseminar der Universität zu Köln zum Thema (vgl. *Szyperski* u. a. 1983, S. 56). Im Kern hat sich seitdem an der Aktualität dieses Themas nichts geändert.
2 Vgl. zur Erstellung von Businessplänen: *Steuck* 1999; *Egger*; *Gronemeier* 1996; *Kubr* u. a. 1997.

oder gar das »Prinzip Hoffnung« zu verlassen, sondern die Kanzleigründung **systematisch** zu betreiben. Hierzu gehört zunächst einmal, dass die Gründungsplanung in Schriftform erfolgt (»Think it and ink it!«). Dies zwingt in aller Regel zu größerer Präzision der Planung und ist darüber hinaus Voraussetzung für eine spätere Kontrolle der Planungsziele.

Drei Phasen einer solchen Gründungsplanung sind zu unterscheiden: Zunächst müssen im Rahmen einer Informations- und Orientierungsphase fundierte berufliche Grundentscheidungen getroffen werden. Falls diese eindeutig zu Gunsten des Anwaltsberufs ausfallen, kann in die Phase der Konzipierung und Planung einer Kanzlei eingetreten werden. Erforderlich ist auch hier eine Vielzahl von Einzelentscheidungen, die nicht intuitiv getroffen werden sollten, sondern die – trotz aller Planungsunsicherheit auf Grund unzureichender Information – im Einzelnen zu begründen sind.

Erst im Anschluss an die Formulierung einer Grundkonzeption für die spätere strategische Ausrichtung einer Anwaltskanzlei sollte die operative Planung und Umsetzung erfolgen.

C. Informations- und Orientierungsphase

Viele Gründer stellen gleich zu Beginn der Auseinandersetzung mit dem Anwaltsberuf die falschen Fragen: Wo finde ich den optimalen Standort? Wo verdiene ich das meiste Geld? Welche Werbung ist mir erlaubt? Fragen dieser Art signalisieren ein erhebliches Unverständnis des Charakters anwaltlicher Dienstleistungen. Anwaltliche Dienste sind geistige Dienstleistungen, deren Qualität in erster Linie von der fachlichen und außerfachlichen Kompetenz derer abhängig ist, die sie erbringen. Dies bedeutet im Klartext, dass jede Gründungsplanung mit der kritischen Prüfung beginnen muss, ob der Gründer sich für fachlich kompetent hält und zudem zu der Einschätzung kommt, dass auch seine außerfachlichen Fähigkeiten und Fertigkeiten sowie seine berufliche Motivation die Gründung einer Anwaltskanzlei nahe legen. Eingeschlossen ist hier der zusätzliche Aspekt, dass ein Gründer prüfen muss, ob eine anwaltliche Tätigkeit in seine gesamte mittelfristige Lebensplanung passt.

I. Prüfung beruflicher Alternativen

Ein Jurastudium wird von der weit überwiegenden Mehrheit der Studierenden deswegen aufgenommen, weil ihm der Ruf vorausgeht, ein breites Spektrum beruflicher Alternativen zu eröffnen. Im Verlaufe dieses Studiums wird vielen Studierenden klar, dass ein Berufseinstieg in wichtige Zielmärkte für Juristen nur schwer zu realisieren ist. Dies gilt in erster Linie für den öffentlichen Dienst und den Justizbereich. In beiden Bereichen wird seit Jahren lediglich Ersatzbedarf abgedeckt. Ihr Personalbestand expandiert nicht, sondern wird eher verkleinert. Hierdurch wird eine Einstellungspolitik ermöglicht, die den Berufseinstieg an ein Prädikatsexamen bindet, wodurch der Bewerberkreis stark eingeschränkt wird. Bewerber mit Prädikatsexamen bewegen sich nach Abschluss ihrer Ausbildung in einem Anbietermarkt, da sie sowohl im öffentlichen Sektor als auch im Bereich der Anwaltschaft und der Privatwirtschaft stark begehrt sind. Dies steigert ihren Marktwert, was insbesondere an der dynamischen Aufwärtsentwicklung der Einstellungsgehälter in großen Anwaltskanzleien abgelesen werden kann. Für den verbleibenden Rest der Absolventen eines Jurastudiums, der immerhin rund 85% ausmacht, verengen sich demgegenüber die beruflichen Perspektiven nach Ausbildungsabschluss. Viele Bewerber müssen erkennen, dass sie für Managementpositionen in der Wirtschaft, die im Kern keine juristische Tätigkeit beinhalten, nicht ausreichend qualifiziert sind. Im Wesentlichen fehlen ihnen hier die betriebswirtschaftlichen und volkswirtschaftlichen Grundkenntnisse. Dies führt im Ergebnis dazu, dass die Anwaltschaft seit Jahren ein Auffangbecken für junge Juristen ist.

Für die Fundierung der individuellen Berufsentscheidung ist es allerdings äußerst problematisch, wenn aus Arbeitsmarktdaten vorschnell auf individuelle Chancen geschlossen wird. Solche Schlussfolgerungen sind nicht nur logisch falsch (sog. ökologischer Fehlschluss); sie tragen vielmehr auch dazu bei, dass die endgültige Berufsentscheidung ohne weitere Prüfung der tatsächlichen Arbeitsmarktchancen aus purer Verlegenheit zu Gunsten des Anwaltberufes ausfällt.

Die hier vorgelegte Analyse hat allerdings gezeigt, dass junge Anwälte nur dann erfolgreich am Markt für Rechtsberatung und -vertretung agieren können, wenn sie bereit sind, Risiken zu übernehmen und darüber hinaus über die nötige fachliche und unternehmerische Kompetenz verfügen, um eine Anwaltskanzlei in einem Wettbewerbsmarkt durchzusetzen. Unter diesen Vorzeichen ist es für jeden jungen Juristen, der nach Abschluss seiner Ausbildung die endgültige Berufsentscheidung zu treffen hat, geboten, seine beruflichen Alternativen sowohl unter den Aspekt seiner Neigungen als auch unter dem Aspekt seiner Kompetenzen genau abzuwägen. Insbesondere ist jungen Juristen, die bei kritischer Selbstprüfung zu dem Ergebnis gelangen, dass der Anwaltsberuf nicht ihre erste Wahl ist, anzuraten, zunächst andere berufliche Alternativen systematisch auszutesten.

Konkret bedeutet dies, dass zunächst einmal Bewerbungsversuche in den Feldern »erster Wahl« unternommen werden sollten. In diesem Zusammenhang ist immer wieder festzustellen, dass sich junge Juristen durchaus vorstellen könnten, im Bereich der Wirtschaft tätig zu werden, ohne allerdings in Richtung konkreter Bewerbungen initiativ zu werden. Ein solches Verhalten, das nicht selten durch eine gewisse Abschreckungspropaganda interessierter Kreise begünstigt wird, kann langfristig wirksame berufliche Fehlentscheidungen nach sich ziehen.[3] Absolventen sind also gut beraten, wenn sie sich nicht einfach auf Ratgeber und die in ihnen kommunizierten

---

3 In diesem Zusammenhang ist immer wieder festzustellen, dass die einschlägigen Karriereratgeber selbstverständlich nur den am besten qualifizierten Absolventen gute Aussichten versprechen und hierdurch – gewollt oder ungewollt – den Rest der potenziellen Bewerber eher verunsichern.

Einschätzungen der verschiedenen Teilarbeitsmärkte verlassen, sondern zunächst einmal ihre individuellen Marktchancen austesten. In diesem Zusammenhang sind gegebenenfalls auch Überlegungen dahingehend anzustellen, ob der Wunschberuf durch bestimmte zusätzliche Qualifizierungsmaßnahmen (z. B. Traineeprogramme) besser erreichbar wird.

II. Selbsttest

Vor der Entscheidung für den Anwaltsberuf sollte zunächst ein Selbsttest erfolgen, durch den festgestellt werden kann, ob dieser Beruf den persönlichen Fähigkeiten, Neigungen und Orientierungen entspricht. Anhand der im Folgenden dargestellten Schemata kann eine solche Selbstprüfung erfolgen.

Im Einzelnen muss zunächst ermittelt werden, ob im engeren Sinne ausreichendes juristisches Fachwissen vorhanden ist, um eine anwaltliche Tätigkeit in eigener Kanzlei verantwortungsbewusst ausüben zu können. Für die Prüfung dieser Frage ist es unabdingbar, auf einschlägige Erfahrungen mit anwaltlicher Arbeit etwa im Rahmen der Referendarausbildung oder aber in Praktika zurückgreifen zu können. Junge Juristen, die auf der Grundlage dieser Erfahrungen daran zweifeln, ob sie fachlich für den Anwaltsberuf ausreichend qualifiziert sind, sollten unter keinen Umständen das Wagnis der Gründung einer eigenen Kanzlei eingehen.

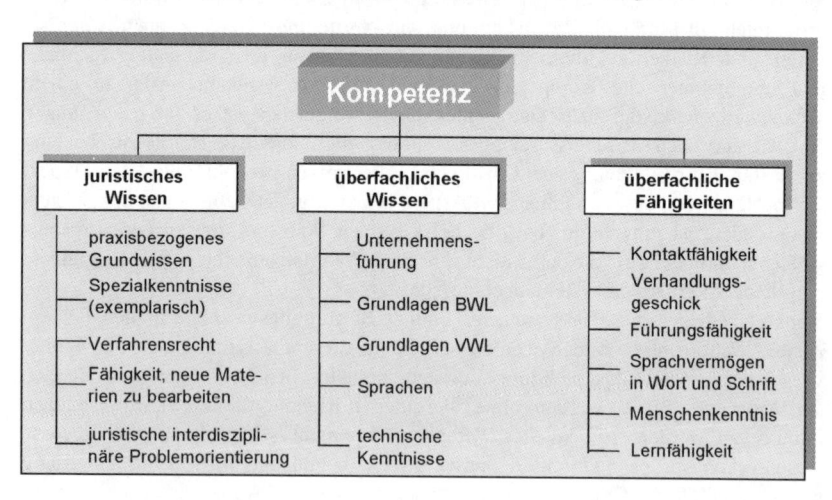

Kompetenz		
juristisches Wissen	**überfachliches Wissen**	**überfachliche Fähigkeiten**
praxisbezogenes Grundwissen	Unternehmensführung	Kontaktfähigkeit
Spezialkenntnisse (exemplarisch)	Grundlagen BWL	Verhandlungsgeschick
Verfahrensrecht	Grundlagen VWL	Führungsfähigkeit
Fähigkeit, neue Materien zu bearbeiten	Sprachen	Sprachvermögen in Wort und Schrift
juristische interdisziplinäre Problemorientierung	technische Kenntnisse	Menschenkenntnis
		Lernfähigkeit

Gleiches gilt, wenn die kritische Selbstprüfung ergibt, dass fachliche Kompetenzen hinsichtlich der Führung eines (mittelständischen) Unternehmens fehlen. Jeder Kanzleigründer muss sich darüber im Klaren sein, dass er unternehmerisch tätig wird.

Dies wird nur erfolgreich sein, wenn zumindest Basiskenntnisse in (strategischer) Unternehmensplanung und -führung vorhanden sind. Zum Anwaltsberuf gehören nicht nur Kenntnisse, sondern auch Fähigkeiten wie Kontaktfähigkeit, Verhandlungsgeschick, Führungsfähigkeit, ein ausgeprägtes Sprachvermögen, Menschenkenntnis sowie die Fähigkeit und Bereitschaft, ständig neues Wissen aufzunehmen, zu verarbeiten und beruflich zu nutzen. Auch bezogen auf diese Fähigkeiten ist ein kritischer Selbsttest dringend erforderlich, um das Risiko auszuschalten, in der späteren anwaltlichen Tätigkeit weder mit Mandanten noch mit den eigenen Mitarbeitern adäquat umgehen zu können. Gerade der Anwaltsberuf ist ein »Kontaktberuf«, in dem erfolgreich nur agieren kann, wer in der Lage ist, zu Mandanten ein Vertrauensverhältnis aufzubauen und zugleich die richtige Mischung aus Nähe und Distanz zu finden.

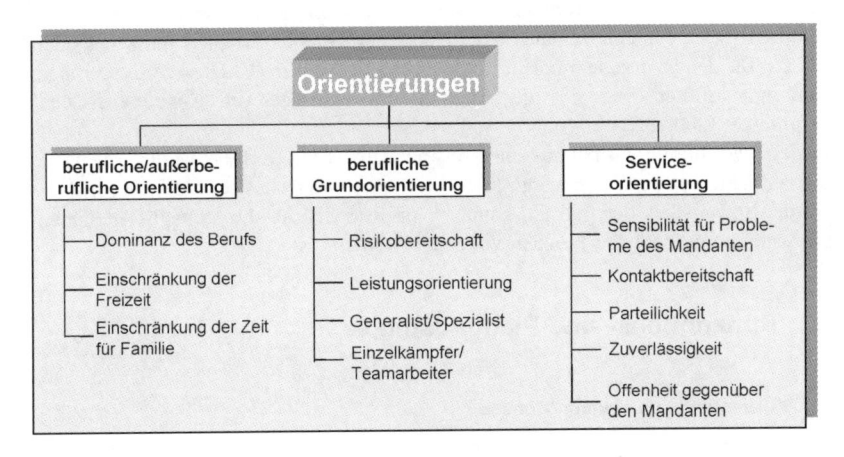

Orientierungen

berufliche/außerberufliche Orientierung
- Dominanz des Berufs
- Einschränkung der Freizeit
- Einschränkung der Zeit für Familie

berufliche Grundorientierung
- Risikobereitschaft
- Leistungsorientierung
- Generalist/Spezialist
- Einzelkämpfer/Teamarbeiter

Serviceorientierung
- Sensibilität für Probleme des Mandanten
- Kontaktbereitschaft
- Parteilichkeit
- Zuverlässigkeit
- Offenheit gegenüber den Mandanten

In jedem Beruf ist der Erfolg davon abhängig, ob das berufliche Handeln von unmittelbar berufsbezogenen, aber auch außerberuflichen Wertorientierungen getragen wird. Jeder potenzielle Gründer einer Anwaltskanzlei muss sich darüber im Klaren sein, dass er sich für einen freien Beruf entscheidet, der in aller Regel mit Einschränkungen der Freizeit und auch der verfügbaren Zeit für Partnerschaft oder Familie verbunden ist. Dieses Grundproblem sollte jeder Gründer genau durchdenken und eine mittelfristige Lebensplanung formulieren.[4]

Neben der Abwägung zwischen konkurrierenden beruflichen und außerberuflichen Lebenszielen muss vor der Gründung einer Anwaltskanzlei auch die eigene Risikobereitschaft überprüft werden. Jeder Gründer geht ein unternehmerisches Risiko ein, mit dem er nicht nur in wirtschaftlicher, sondern auch in psychischer Hinsicht leben

---

[4] Vgl. hierzu *Seiwert* 1998 und *Pedler*, u. a. 1994.

muss. Die vorliegende Analyse hat gezeigt, dass Erfolg im Anwaltsberuf nur dann wahrscheinlich ist, wenn junge Gründer von Anwaltskanzleien eine entsprechende Risikobereitschaft mitbringen.

Vor Gründung einer Anwaltskanzlei muss abgewogen werden, ob die anwaltliche Tätigkeit alleine oder im Team, etwa im Rahmen einer Sozietät, ausgeübt werden soll. Dies ist nicht allein eine strategische Frage. Vielmehr muss gesehen werden, dass auch persönliche Voraussetzungen vorhanden sein müssen, um erfolgreich im Team arbeiten zu können. Anwälte, die von der Orientierung her klassische Einzelkämpfer sind, haben häufig große Schwierigkeiten, sich in Sozietäten konstruktiv für eine gemeinsame Strategie einzusetzen.

Erfolg im Anwaltsberuf, der ein Dienstleistungsberuf ist, setzt zwingend eine unbedingte Serviceorientierung voraus. Der Anwalt handelt im Dienste seines Mandanten, für dessen Probleme er sensibel sein muss, für dessen Interessen er kämpfen muss, für den er dauerhaft in höchster Qualität arbeiten muss und nicht zuletzt, für den er in einem hohen Maße erreichbar sein muss. Diese Anforderungen kann nur erfüllen, wer sich der Maxime des »Diensts am Kunden« ernsthaft verpflichtet fühlt.

Insgesamt sollte die Gründung einer Anwaltskanzlei nur verfolgt werden, wenn der hier in seinen Grundzügen vorgestellte persönliche Selbsttest erfolgreich absolviert wurde. Soweit dies der Fall ist, kann der nächste Schritt, die strategische Planung einer neu zu gründenden Kanzlei, vollzogen werden.

D. Konzeptions- und Planungsphase

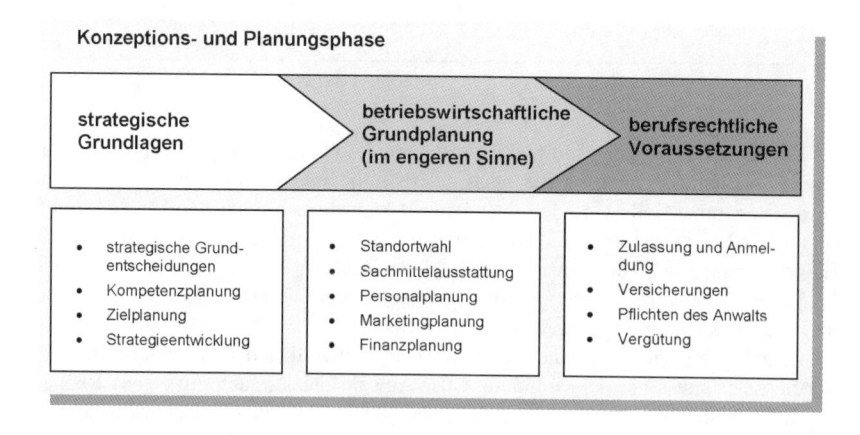

Konzeptions- und Planungsphase

strategische Grundlagen	betriebswirtschaftliche Grundplanung (im engeren Sinne)	berufsrechtliche Voraussetzungen
• strategische Grundentscheidungen • Kompetenzplanung • Zielplanung • Strategieentwicklung	• Standortwahl • Sachmittelausstattung • Personalplanung • Marketingplanung • Finanzplanung	• Zulassung und Anmeldung • Versicherungen • Pflichten des Anwalts • Vergütung

D. Konzeptions- und Planungsphase Teil 2

In der Konzeptions- und Planungsphase wird die strategische Grundlage der neu zu gründenden Kanzlei ausformuliert. Darüber hinaus erfolgt eine betriebswirtschaftliche Grundplanung im engeren Sinne. Schließlich ist die Erfüllung der berufsrechtlichen Voraussetzungen zu prüfen.

I. Strategische Grundplanung

strategische Grundentscheidungen → Kompetenzplanung → Ziel- und Strategieplanung

Jeder Gründer muss sich darüber im Klaren sein, dass er sich an einem Wettbewerbsmarkt durchsetzen muss, der – zumindest in seinen klassischen Formen – Sättigungserscheinungen aufweist. Diese Herausforderung kann erfolgreich nur derjenige bestehen, der mit klaren strategischen Konzepten an diesen Markt herantritt. Die Planung einer solchen Strategie kann nur sehr bedingt auf Marktdaten gestützt werden. Gesicherte Marktdaten liegen vor allem deswegen nicht vor, weil eine systematische Marktforschung bislang nicht existiert und auch für die nähere Zukunft wegen der mit ihr verbundenen vielfältigen methodischen Schwierigkeiten kaum zu erwarten ist. Dies hat zur Folge, dass Gründerinnen und Gründer neuer Anwaltskanzleien ihre strategische Planung unter der Bedingung unvollständiger Information durchführen müssen. Indikatoren wie die Wirtschaftsentwicklung an einem angezielten Standort, die (Fach-)Anwaltsdichte an diesem Standort, die Nähe von Gerichten etc. haben je nach Kanzleistrategie keine oder nur geringe Bedeutung für den späteren Erfolg. So ist es durchaus denkbar und sogar wahrscheinlich, dass spezialisierte Kanzleien auch und gerade an Standorten durchgesetzt werden können, die bereits eine hohe Anwaltsdichte aufweisen. In nahezu jeder Großstadt ist die Anwaltsdichte hoch. Dennoch entstehen gerade hier immer wieder neue, spezialisierte Kanzleien, die in wirtschaftlicher Hinsicht schnell erfolgreich werden.

Für die Gründungsplanung muss hieraus die Überlegung resultieren, dass in Zukunft vor allem solche Gründungskonzepte erfolgreich sein werden, die den Anwaltsmarkt durch innovative Angebote neu definieren. Demgegenüber werden so genannte »Metoo-Strategien«, mit denen bislang erfolgreiche Kanzleien kopiert werden sollen, immer weniger zum Erfolg führen. Besonders erfolgversprechend erscheinen für die mittlere Zukunft vor allem solche Gründungskonzepte, die darauf ausgerichtet sind, spezialisierte Lösungen für bestimmte Marktsegmente im Sinne einer differenzierten Bearbeitung solcher Teilmärkte (Strategie differenzierter Marktbearbeitung) anzubieten. Gründer neuer Kanzleien sind also gut beraten, wenn sie von vornherein darauf verzichten, andere Kanzleien zu kopieren und stattdessen neue Konzepte entwickeln, um auf diese Weise ein eigenes unverwechselbares Profil am Anwaltsmarkt zu gewinnen.

Strategische Grundentscheidungen

- Festlegung einer mittel- bis langfristigen Zukunftsvorstellung („Vision") vom angestrebten Sollzustand einer Kanzlei und ihre Überführung in einen Realisierungsauftrag („Mission")
- Entwicklung bestimmter Marktszenarien, für die eine Anwaltskanzlei Lösungen bereitstellen möchte
- Entwicklung spezifischer Problemlösungen im Sinne angestrebter Sollzustände, mit denen eine Kanzlei bestimmte (antizipierte) Mandantenprobleme lösen möchte
- Systematischer Aufbau von Kompetenzen (fachliche Kompetenzen der Anwälte und der nichtanwaltlichen Mitarbeiter) und die Schaffung sächlicher Ressourcen als Voraussetzung für die Leistungserstellung
- Schriftliche Fixierung von Plänen zur Umsetzung der Kanzleistrategien oder einzelner strategischer Elemente
- Aufbau eines entsprechenden Projektmanagements im Sinne einer klaren Festlegung von Verantwortlichkeiten für Durchführung und Kontrolle strategischer Vorhaben
- Systematische Kontrolle der Durchführung von Einzelschritten im Rahmen laufender strategischer Vorhaben (operative Kontrolle)
- Kontrolle der gesamten Zielerreichung unter dem Aspekt der Überprüfung von Schlüssigkeit, Realisierbarkeit und Erfolgswahrscheinlichkeit einer Strategie (strategische Kontrolle)

Die strategische Planung muss darauf ausgerichtet sein, die eigenen begrenzten Kräfte auf die Verfolgung klarer Ziele zu konzentrieren, auf diese Weise die Stoßkraft des eigenen Handelns zu erhöhen und zugleich diesem Handeln eine klare Richtung zu geben. Darüber hinaus kann nur durch zielorientiertes Handeln an einem Wettbewerbsmarkt, der bisher durch viele ähnliche Angebote charakterisiert ist, Profil gewonnen werden. Diese zentralen strategischen Grundregeln missachten nicht nur viele Gründer, sondern auch Rechtsanwältinnen und Rechtsanwälte, die schon lange beruflich tätig sind. Die Folgen sind Motivationskrisen, Verzettelungskrisen, Profilverlust und nicht zuletzt ausbleibender wirtschaftlicher Erfolg.

Unter diesen Vorzeichen müssen Kanzleigründer Angebote entwickeln, deren Nutzen sich unterschiedlichen Zielgruppen klar erschließt. Dies wiederum setzt voraus, dass sich Gründer mit den Problemen unterschiedlicher Mandantengruppen intensiv auseinander setzen, dass sie diese Probleme antizipieren und auf dieser Grundlage Nutzen stiftende Konzepte für rechtliche Beratung oder Vertretung entwickeln. Solche Konzeptentwicklung ist Voraussetzung für die aktive Erschließung neuer Märkte. Junge Juristen, die am Anwaltsmarkt erfolgreich sein wollen, müssen also ein Verhaltensmuster vermeiden, dem frühere Generationen von Anwälten nahezu durchgängig gefolgt sind: Der Anwalt wartet auf Konflikte, um sie zu lösen, nachdem sie ihm von Mandanten vorgetragen wurden. Diese reaktive Strategie haben zwar vor allem beratend tätige Anwälte bereits erfolgreich durchbrochen; dennoch sind Anwälte nach wie vor in der Minderheit, die aktiv juristische Produktentwicklung im Sinne der Ausarbeitung fertiger Beratungs- und Problemlösungskonzepte betreiben und am Markt durchsetzen. Dieses Defizit bezeichnet zugleich eine Chance für die Gründer neuer Kanzleien. Sie sollten nicht abwarten, ob ihre Leistung nachgefragt wird, sondern versuchen, bestimmte Problemlösungen aktiv anzubieten und Nachfrage zu induzieren.

1. Strategische Grundentscheidungen

Zur Formulierung einer eigenen profilierten Kanzleistrategie ist die Beantwortung folgender Fragen erforderlich:

Strategische Grundentscheidungen

1. An welche Zielgruppen ist das Angebot der neu zu gründenden Kanzlei gerichtet?
2. Wurden diese Zielgruppen genau abgegrenzt (Berufsgruppen, Unternehmen in bestimmten Branchen, Unternehmen mit speziellen Vermarktungsansätzen wie z. B. Franchise, Leasing, Vertrieb über Internet etc., Privatleute in bestimmten Lebenslagen mit jeweils typischen Konflikten)?
3. Welche rechtlichen Probleme treten bei diesen Zielgruppen regelmäßig auf? Lassen sich Risiken identifizieren, denen diese Zielgruppen regelmäßig begegnen?
4. Durch welche rechtlichen Problemlösungen können auftretende Konflikte vermieden oder schonend und nachhaltig gelöst werden?
5. Sind interdisziplinäre Problemlösungen erforderlich, die die Zusammenarbeit unterschiedlicher Berater (z. B. Anwälte, Steuerberater, Wirtschaftsprüfer, Unternehmensberater, beratende Ingenieure etc.) erforderlich machen?
6. In welchem regionalen Raum ("Marktareal") sollen diese Zielgruppen angesprochen werden (lokal, regional, bundesweit, international)?
7. Wie breit oder eng soll die Leistung erbracht werden? (Enges Angebot mit hoher Leistungstiefe oder breites Angebot mit geringer Leistungstiefe?
8. Handelt es sich um eine standardisierte oder um eine individualisierte Dienstleistung, die jedesmal neu erbracht werden muss?

---

2. Kompetenzplanung

Nach Beantwortung dieser Fragen müssen Gründer von Anwaltskanzleien prüfen, ob sie über die zur Lösung der antizipierten Probleme ihrer zukünftigen Mandanten erforderlichen Kompetenzen verfügen. Wird diese Frage verneint, sollten zunächst Überlegungen dazu angestellt werden, wie die vorhandene Kompetenzlücke durch entsprechende Fortbildungsmaßnahmen geschlossen werden kann. Gerade dieser Schritt ist besonders wichtig, weil ohne entsprechenden Kompetenzaufbau das Risiko besteht, dass Gründer für Ihre Mandanten suboptimale Lösungen liefern und sie auf diese Weise enttäuschen. Darüber hinaus ist ein vorausschauender Kompetenzaufbau eine wichtige Voraussetzung, um gegenüber potenziellen Mandanten sicher auftreten und sie von der Notwendigkeit einer Inanspruchnahme anwaltlicher Leistung überzeugen zu können. Damit wird zugleich deutlich, dass anwaltliche Tätigkeit zwingend ständige Fort- und Weiterbildung verlangt.

3. Zielformulierung

Im Anschluss an diese Planungsschritte müssen im Rahmen der Gründungsplanung Ziele formuliert werden. Solche Zielformulierungen sollten Angaben darüber enthalten, welche Leistungen für welche Mandanten in welchem Zeitraum und in welcher Reihenfolge (Priorität) angeboten werden sollen. Wichtig ist in diesem Zusammenhang, dass sich Kanzleigründer Ziele setzen, deren Erreichung nach einem gewissen Zeitraum gemessen werden kann. Wird hierauf verzichtet, besteht die Gefahr, dass die strategische Planung auf bloße Absichtserklärungen reduziert wird. Hierdurch aber wäre ein effizientes Controlling, welches wiederum Voraussetzung für die ständige Weiterentwicklung einer Kanzlei ist, praktisch ausgeschlossen. Ziele können in Form von Angaben über die Zahl erwünschter Mandate in einem bestimmten strategischen Handlungsfeld oder auch als Angaben über den in einem Handlungsfeld angestrebten Sollumsatz formuliert werden.

Eine klare Zielformulierung ist Voraussetzung für die Planung operativer Strategien, über welche diese Ziele erreicht werden können. Hierauf wird bei der Beschreibung der Anforderungen an eine Marketingplanung zurückzukommen sein.

II. Betriebswirtschaftliche Grundplanung

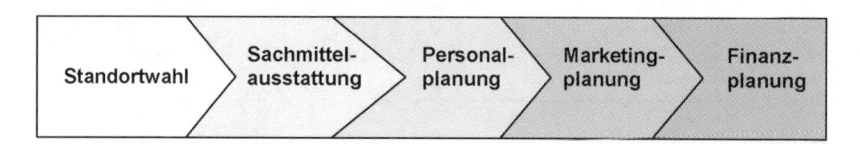

| Standortwahl | Sachmittel-ausstattung | Personal-planung | Marketing-planung | Finanz-planung |

Auf der Basis der strategischen Grundentscheidungen erfolgt die engere betriebswirtschaftliche Grundplanung.

D. Konzeptions- und Planungsphase **Teil 2**

1. Standortwahl

Grundsätzlich gilt, dass es keine gültige Vorhersage eines »guten« oder aber »erfolgreichen« Standortes geben kann. Es gibt kaum mehr Standorte in der Bundesrepublik Deutschland, an denen nicht bereits Anwälte anzutreffen wären. Dies macht die Standortentscheidung nicht leicht. Hinzu kommt, dass durch die Möglichkeit der Gründung virtueller Kanzleien die Standortfrage zusätzlich relativiert wird.
Dies schliesst nicht aus, einen avisierten Standort kritischer Prüfung zu unterziehen, um zumindest offenkundige Fehlentscheidungen zu vermeiden. So ist es wichtig, die Wirtschaftsstruktur, Wirtschaftsentwicklung, Bevölkerungsstruktur und Bevölkerungsentwicklung am Ort im Einzelnen zu untersuchen, um das Risiko einzuschränken, an Orten mit erkennbar wirtschaftlich absteigender Tendenz rechtliche Dienste anzubieten. Hierzu gehört auch, lokale Entscheidungszentren im politischen und vorpolitischen Raum zu analysieren und sich zu vergewissern, in welchen Bereichen anwaltliche Dienste aktuell und zukünftig in nennenswertem Umfang anfallen und ausgehandelt werden. Hierzu gehört selbstverständlich auch eine Konkurrenzanalyse, bei der die Anwaltsdichte am Ort – soweit dies möglich ist – analysiert wird. Hierbei ist im Einzelnen auch zu untersuchen, welche Möglichkeiten sich gegebenenfalls für Spezialisten etwa im Sinne von Fachanwälten ergeben. Darüber hinaus ist das Angebot an Beratungsdiensten, die anwaltlichen Diensten benachbart sind, zu analysieren. Aus alledem ergibt sich ein Tableau von Hilfsgrössen zur Fundierung der Gründungsentscheidung.
Wichtig ist insgesamt, dass die Standortentscheidung nicht ausschließlich von persönlichen Bequemlichkeiten abhängig gemacht wird. Hierzu zählt vor allem die Verfügbarkeit eigenen Büroraums (z. B. im eigenen Haus), die für viele Gründer Argument genug ist, alle anderen strategischen Standortüberlegungen systematisch zu verdrängen. Gerade dies aber erweist sich in aller Regel als schwerer strategischer Fehler.
Die Standortentscheidung hängt vielmehr vom anvisierten Zielmarkt und vom Verhalten der Zielgruppen ab. Unabhängig von diesen strategischen Grundüberlegungen müssen einige eher pragmatische Aspekte berücksichtigt werden. So sollte die Kanzlei mit öffentlichen Verkehrsmitteln erreichbar sein. Darüber hinaus sollten Parkgelegenheiten vorhanden sein.
Insgesamt ist das Screening eines Standortes eine notwendige, für den Kanzleierfolg jedoch bei weitem nicht hinreichende Entscheidungshilfe.

2. Kanzleiausstattung

Um von Beginn an einen gut funktionierenden Kanzleibetrieb gewährleisten zu können, müssen eine entsprechende Arbeitsumgebung sowie die notwendigen Arbeitsmittel bereitgestellt werden. Eine falsche Planung der Kanzleiausstattung birgt

Teil 2   Leitfaden zur Gründung einer Kanzlei

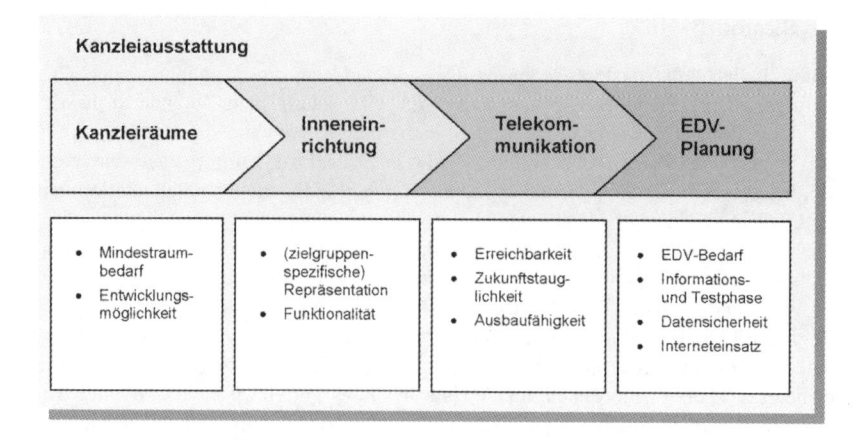

Kanzleiausstattung

Kanzleiräume	Inneneinrichtung	Telekommunikation	EDV-Planung
• Mindestraumbedarf • Entwicklungsmöglichkeit	• (zielgruppenspezifische) Repräsentation • Funktionalität	• Erreichbarkeit • Zukunftstauglichkeit • Ausbaufähigkeit	• EDV-Bedarf • Informations- und Testphase • Datensicherheit • Interneteinsatz

die Gefahr von Reibungsverlusten in den Arbeitsabläufen. Darüber hinaus können mittelfristig hohe Kosten entstehen, wenn die vorhandene Kanzleiausstattung nicht entwicklungsfähig ist. Die Erstausstattung einer Kanzlei sollte daher so angelegt sein, dass sie ausbaufähig ist und an ein späteres Wachstum angepasst werden kann.

Die hier vorgelegte Studie hat gezeigt, dass die Höhe der Anfangsinvestitionen **ein** Indikator für den späteren Berufserfolg ist. Jede halbherzige Gründung und damit auch Kanzleiausstattung ist ein Signal für fehlende Risikobereitschaft und fehlenden Glauben an den späteren Berufserfolg. Dieser Zusammenhang muss bei der Planung der Kanzleiausstattung bedacht werden.

Die folgenden Ausführungen dienen als erste Orientierungshilfe für die Planung der Kanzleiausstattung.[5] Im Einzelnen wird auf die Räumlichkeiten und die Inneneinrichtung einer Kanzlei, die Telekommunikation sowie die EDV-Planung eingegangen.

a) Kanzleiräume und Inneneinrichtung der Kanzlei

Bevor auf Aspekte der Einrichtung von Kanzleiräumen eingegangen wird, zunächst einige Anmerkungen zu den Räumlichkeiten selbst:
Über Anzahl und Größe der Räume einer Kanzlei lassen sich keine verbindlichen Aussagen treffen. Auszugehen ist von einem Mindestraumbedarf. Dieser umfasst

- ein Arbeits-/Besprechungszimmer des Anwalts,
- ein Arbeitszimmer für Mitarbeiter (Sekretariat),
- ein Wartezimmer oder zumindest eine Wartezone sowie
- sanitäre Anlagen und eine Teeküche.[6]

---

[5] Es folgt keine vollständige Liste aller notwendigen Arbeitsmittel. Ein Überblick über die einzelnen Posten ist dem Abschnitt über die Finanzplanung zu entnehmen.
[6] Vgl. weiterführend: *Wolf* 1992; *Ruby* 2001a, S. 56 ff.

D. Konzeptions- und Planungsphase Teil 2

Diese räumlichen Gegebenheiten lassen allerdings keinen Spielraum für eine personelle Erweiterung der Kanzlei. Soweit möglich sollte bei der Auswahl der Kanzleiräume auf solche Erweiterungsmöglichkeiten geachtet werden. Viele Kanzleigründer beklagen schon nach kurzer Zeit, dass ihre Räumlichkeiten eine Wachstumsbarriere darstellen.

Bei der Raumaufteilung muss Funktionalität die zentrale Rolle spielen. So ist auf kurze Wege zu achten. Die unterschiedlichen Funktionsbereiche dürfen sich nicht gegenseitig in ihrer Funktionalität beeinträchtigen (Durchgangszimmer, Hellhörigkeit etc.).

Bei der Inneneinrichtung der Kanzleiräume sind zwei grundlegende Aspekte zu berücksichtigen: Das Erscheinungsbild der Kanzlei und ihre Funktionalität.

b) Erscheinungsbild der Kanzlei

Das äußere Erscheinungsbild spielt im Dienstleistungsbereich im Allgemeinen und bei Anwaltskanzleien im Besonderen eine wichtige Rolle. Die fachliche Leistung eines Anwalts kann von den Mandanten in der Regel nicht beurteilt werden. Sie greifen daher auf Hilfsgrößen zurück, die ihnen Rückschlüsse auf die Qualität der angebotenen anwaltlichen Leistung erlauben. Zu diesen Hilfsgrößen gehört auch das äußere Erscheinungsbild einer Kanzlei.

Die Gestaltung des äußeren Erscheinungsbildes sollte auf der Grundlage eines Konzeptes zur **integrierten Unternehmenskommunikation** und eines hierauf basierenden Corporate Design erfolgen.[7] Hierzu sind folgende Leitfragen zu beantworten:

- Welche kommunikativen Signale sollen an welche Zielgruppen gesendet werden? Entscheidend ist in diesem Zusammenhang, wie die Einrichtung einer Kanzlei durch aktuelle und potenzielle Mandanten wahrgenommen wird. Die Einrichtung ist damit wesentlicher Faktor der Imagebildung in einer Kanzlei.
- Durch welche Einrichtungsgegenstände oder gestalterische Maßnahmen kann eine Atmosphäre geschaffen werden, in der Vertrauen entsteht? Dazu gehört beispielsweise ein Aktenmanagement, durch das herumliegende Akten vermieden werden. Dies ist nicht nur zur Wahrung des Mandantengeheimnisses zwingend geboten, sondern auch, um Inkompetenzsignale des Anwalts gegenüber dem Mandanten zu vermeiden.

Die Farbgestaltung der Kanzlei und die Ausstattung mit Bildern soll zur Entspannung von Mandanten beitragen, für die der Weg zum Anwalt häufig psychisch belastend ist.

---

7 Vgl. zur Bedeutung des visuellen Erscheinungsbilds: *Korn-Hornung* 2001, S. 154 ff.

c) Funktionalität

Die Einrichtung muss zweckmäßig sein, ergonomischen Gesichtspunkten und berufsgenossenschaftlichen Vorschriften entsprechen. Kurze Wege, genügend Ablageflächen, ausreichend große Arbeitsflächen etc. ermöglichen effiziente Arbeitsabläufe. Geeignete Sitzmöbel und eine sorgfältige Beleuchtungsplanung speziell für Computerarbeitsplätze sind aus Gründen der Vermeidung vorschneller Ermüdung und des Gesundheitsschutzes unverzichtbar.

Insgesamt wird deutlich, dass an die Inneneinrichtung einer Kanzlei sowohl in gestalterischer als auch in funktionaler Hinsicht hohe Anforderungen zu stellen sind. Fachliche Beratung z. B. durch Innenarchitekten oder durch die kostenlose Fachberatung der verschiedenen Kanzleiausstatter[8] kann helfen, die Kanzleiausstattung als wichtiges Instrument der Unternehmenskommunikation zu nutzen.

3. Planung der Telekommunikation

Der Telekommunikation muss besondere Aufmerksamkeit geschenkt werden. Sie bildet die Schnittstelle einer Anwaltskanzlei nach außen. In den folgenden Überlegungen zur Planung der Telekommunikation eines Anwaltsbüros werden Grundanforderungen beschrieben, die helfen sollen, sich in der Vielzahl möglicher Lösungen zurecht zu finden. Im Wesentlichen sind es zwei grundlegende Aspekte, die bei der Planung berücksichtigt werden müssen:

a) Sicherstellung der Erreichbarkeit

Die Analyse der Situation in neugegründeten Kanzleien ergab, dass 41% der Gründer ihre Anwaltstätigkeit zunächst ohne Unterstützung durch nichtanwaltliche Mitarbeiter ausüben. In diesen Kanzleien können eingehende Anfragen und Mitteilungen in Abwesenheit des Anwalts bzw. der Anwälte nicht direkt entgegengenommen werden. Hier schafft auch kein Handy Abhilfe: Handys ermöglichen zwar theoretisch die durchgängige telefonische Verfügbarkeit und wecken dadurch die Erwartung der permanenten Erreichbarkeit des Anwalts. Diese Erwartungshaltung wird aber häufig enttäuscht werden müssen, weil bei wichtigen Terminen (z. B. bei Gericht) das Handy ausgeschaltet bleiben muss, um Störungen zu vermeiden. Es ist darum zu überlegen, die Rufnummer des Handys nur einem kleinen Kreis mitzuteilen.

Eingehende Nachrichten können bei Abwesenheit per Mailbox und Anrufbeantworter entgegengenommen werden. Bei häufiger und längerer Abwesenheit muss allerdings sichergestellt sein, dass eingegangene Nachrichten regelmäßig abgehört und abgerufen werden können. Eine neue Möglichkeit, ortsungebunden auf diese Nachrichten

---

8 Eine Übersicht über die Erstausstattung einer Anwaltskanzlei liefert die *Hans Soldan* GmbH 2000, S. 547 ff.

zugreifen zu können, bildet das »virtuelle Büro«, in dem telefonische Nachrichten, E-Mails und Faxe per Internet oder auch telefonisch abgerufen werden können. Ein Nachteil solcher Lösungen ist, dass es zu keiner persönlichen Ansprache kommt. Dies kann dazu führen, dass eine Kontaktaufnahme unterbleibt, weil einem technischen Gerät ein persönliches Anliegen oder eine Information nicht anvertraut wird. Aus diesem Grund ist zu überlegen, die Unterstützung eines Dienstleisters (Call-Centers) in Anspruch zu nehmen, der extern Empfangs- und Sekretariatstätigkeiten während der Hauptgeschäftszeiten übernimmt.

b) Zukunftstauglichkeit technischer Lösungen

Bei allen Anschaffungen im Bereich der Telekommunikation muss gewährleistet sein, dass diese über einen längeren Zeitraum hinweg in der Kanzlei eingesetzt werden können. Das Problem der Zukunftstauglichkeit der Telekommunikationstechnik stellt sich in zweifacher Hinsicht:

- Zum einen muss geklärt werden, ob die technischen Standards zukunftstauglich sind. Allerdings darf die Entwicklungsgeschwindigkeit im Telekommunikationsbereich nicht als Grund herhalten, anstehende Investitionen für technische Kommunikationsmittel hinauszuschieben.[9]
- Die in einer Kanzlei eingesetzte Telekommunikationstechnik muss den Anforderungen auch nach einer ersten Expansionsphase der Kanzlei gerecht werden können. Der Einsatz »modularer« ISDN-Anlagen ermöglicht es, die Telefonanlage einer Kanzlei nach und nach mit weiteren Modulen und dadurch mit Zusatzfunktionen, mehr Nebenstellen und mehr externen Leitungen auszustatten. Hierdurch entfällt die kostspielige Neuanschaffung einer Anlage, sobald die Zahl der Kanzleimitarbeiter wächst.

4. EDV-Planung[10]

Computer gehören mittlerweile zur Standardausstattung von Anwaltsbüros. In nahezu allen Kanzleien kommen Computer zum Zweck der Textverarbeitung zum Einsatz. Neben der Textverarbeitung können Computer im Rahmen vieler anderer Arbeitsabläufe unterstützend eingesetzt werden. Je nach Art der Aufgabe werden unterschiedliche Anforderungen an die EDV gestellt.
Der Planung des EDV-Bedarfs bei Neugründung muss aus diesem Grund die Planung der Einsatzfelder vorangehen. Es ist sorgfältig zu überlegen, in welchen Arbeitsfeldern EDV sinnvoll zum Einsatz kommen kann. Grundsätzlich ist hierbei anzumerken, dass durch Standardisierung und Routinisierung von Aufgaben durch die EDV nicht nur Einsparungs- und Rationalisierungspotenziale bestehen. Auch für die Bereiche Qualitätsmanagement und -sicherung ergeben sich durch den Einsatz von EDV

---

9 Vgl. hierzu auch *Ullrich* 1997, S. 78.
10 Vgl. zum Folgenden: *Disterer* 1999, S. 683–725; *Eichler* 2000, S. 335–358; *Ruby* 2001a, S. 65–82.

Teil 2 Leitfaden zur Gründung einer Kanzlei

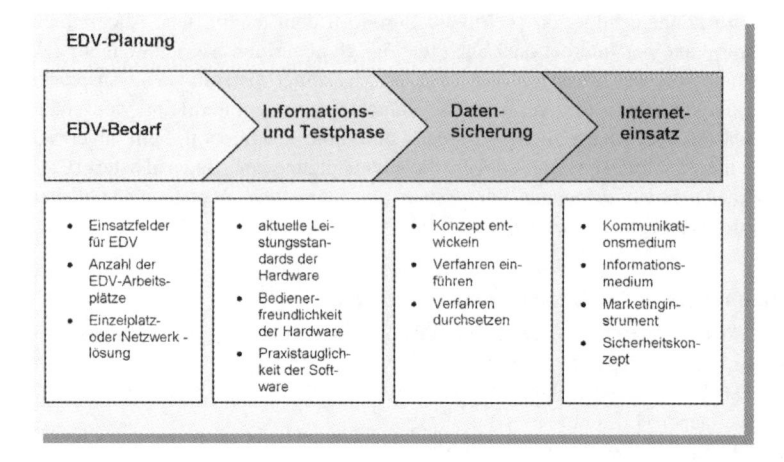

EDV-Planung

EDV-Bedarf	Informations- und Testphase	Datensicherung	Interneteinsatz
• Einsatzfelder für EDV • Anzahl der EDV-Arbeitsplätze • Einzelplatz- oder Netzwerk-lösung	• aktuelle Leistungsstandards der Hardware • Bedienerfreundlichkeit der Hardware • Praxistauglichkeit der Software	• Konzept entwickeln • Verfahren einführen • Verfahren durchsetzen	• Kommunikationsmedium • Informationsmedium • Marketinginstrument • Sicherheitskonzept

Vorteile (z. B. beim Fristen-, Wissens- und Informationsmanagement). Angesichts der zunehmenden Konkurrenz am Markt für anwaltliche Dienstleistungen sollte der EDV-Einsatz als möglicher Wettbewerbs- und Kostenvorteil gegenüber Konkurrenten sorgfältig überlegt werden.

Einsatzfelder für EDV

• Textverarbeitung • Stammdatenverwaltung • Finanzbuchhaltung • Kontenführung • Termin- und Fristenkalender • Mahnwesen und Zwangsvollstreckung • Gebührenwesen • Expertenprogramme	• Datenbankverwaltung • CD-ROM-Einsatz (z.B. Sammlung von Gesetzestexten) • Einsatz als Kommunikationsmittel (z.B. Fax) • Internetzugang • Onlinerecherchen • Reiseroutenplaner • Spracherkennung

Sind die Einsatzfelder festgelegt, muss die Anzahl der benötigten EDV-Arbeitsplätze festgesetzt werden. Bei der Einrichtung mehrerer Arbeitsplätze ist zu überlegen, ob ein vernetztes EDV-System installiert werden soll oder ob Einzelplatzlösungen bevorzugt werden. Letztere Lösung hat den Vorteil, dass durch die Dezentralisierung in der Regel auch nur dezentrale Ausfälle auftreten.

Nachteilig für den reibungslosen Ablauf täglicher Arbeitsroutinen ist im Fall von Einzelplatzlösungen allerdings, dass der Datenaustausch nur über den umständlichen

D. Konzeptions- und Planungsphase Teil 2

Weg der Datenträger (Disketten, Zip-Bänder) möglich ist. Dieses Austauschverfahren stellt darüber hinaus eine mögliche Fehlerquelle dar, da innerhalb der Kanzlei Dokumente in verschiedenen Versionen kursieren können. Eine Vernetzung der Rechner ist daher sinnvoll. Werden mittelfristig nicht mehr als drei Rechner miteinander vernetzt, kann ein Peer-to-Peer-Netz ausreichend sein (diese Möglichkeit ist standardmäßig Bestandteil bei Windows 95 und höher). Ansonsten sind Netzwerklösungen wie z. B. Novell oder Windows NT anzuraten. Bei diesen Lösungen sollte aus Gründen der Datensicherheit auch ein Zentralrechner (Server) mit eingeplant werden.[11]

Die Festlegung der EDV-Einsatzgebiete, die Bestimmung der Anzahl der EDV-Arbeitsplätze und die Entscheidung für oder gegen eine Netzwerklösung legen den Bedarf einer Kanzlei an Hard- und Software fest. Darüber hinausgehende konkrete Vorgaben für den technischen Standard einer EDV-Ausstattung in Anwaltskanzleien zu erstellen ist zum einen wegen der unterschiedlichen Anforderungen je nach Kanzlei, zum anderen aber auch wegen der Entwicklungsgeschwindigkeit im Computer-Bereich nicht sinnvoll.

Einen Einblick in den aktuellen Stand der Entwicklung geben einschlägige Computerzeitschriften. In der Regel empfiehlt es sich, nicht die jeweils allerneuste Hardwareausstattung anzuschaffen, die unverhältnismäßig teuer und gelegentlich auch anfällig ist. Insbesondere bei der Arbeit mit Spracherkennungssystemen empfiehlt sich allerdings eine optimale Ausrüstung des internen Arbeitsspeichers. Generell gilt, dass für reibungslosen und zügigen Softwareeinsatz die Prozessorleistung und vor allem auch der Arbeitsspeicher die vorgegebenen Systemanforderungen überschreiten sollten.

Insgesamt muss eine auf den mittelfristigen Bedarf abgestimmte Lösung gefunden werden. Hierbei ist zu berücksichtigen, dass Computertechnik in vergleichsweise kurzen Zeiträumen veraltert.

Bei der **Zusammenstellung der Computer und der Erweiterung um Peripheriegeräte** (wie z. B. Drucker oder Scanner) muss vorab geklärt werden, ob das Zusammenspiel der unterschiedlichen Hardwarekomponenten problemlos funktioniert. Experimentierfreudige Anwälte mit einiger Computererfahrung werden ihre EDV-Anlage mit mehr oder weniger Zeitaufwand selbst einrichten können. Ersparnisse durch günstige Discountangebote stellen sich aufgrund des hohen eigenen Zeitaufwands für die Einrichtung der EDV sowie des fehlenden oder mangelhaften technischen Supports häufig als eine ökonomisch ungünstige Lösung heraus. Aus diesem Grund ist der Fachhandel den Discountern vorzuziehen. Spätestens mit der Einrichtung vernetzter Computerlösungen sollte auf jeden Fall Rat und Tat von Spezialisten eingeholt werden.

Bei der **Anschaffung von Hardware** muss auf einfache Bedienbarkeit der Geräte geachtet werden. Darüber hinaus müssen ergonomische und gesundheitliche Aspekte

---

11 Über den Server geschieht die zentrale Datenverwaltung. Deswegen sollte der Server in jedem Fall mit einer Datensicherung (Dat-Laufwerk, Wechselplatte etc.) ausgerüstet sein. Zur Datensicherung siehe weiter unten.

(z. B. Qualität der Bildschirme, Belastung des Raumklimas durch Laserdrucker, Lärmbelästigung etc.) berücksichtigt werden.

Die **Auswahl der Software** bedarf besonderer Sorgfalt, da ein Wechsel von einem Programm zu einem anderen oft nicht ohne Probleme oder zumindest nicht ohne zeitintensive Umstellungsarbeiten vor sich geht. Aus diesem Grund sollte unterschiedliche Software auf ihre Praxistauglichkeit getestet werden, bevor die Entscheidung für bestimmte Programme fällt. Eine Probeinstallation der Software oder eine ausführliche Demonstration beim Händler ist in diesem Zusammenhang ratsam. An der Auswahl der geeigneten Software sollten auf jeden Fall auch diejenigen Mitarbeiter beteiligt werden, die mit diesen Programmen im Kanzleialltag am häufigsten arbeiten. Aufgrund ihrer Erfahrung sind diese Mitarbeiter Experten in Sachen Software für ihr Arbeitsgebiet. Darüber hinaus erhöht die Mitarbeiterbeteiligung am Auswahlprozess die Akzeptanz neuer Technologien und unterstützt einen effektiven Umgang mit den Programmen.

Grundsätzlich können drei verschiedene Arten von Software in Anwaltbüros zum Einsatz kommen: Standardsoftware, spezielle Anwaltsoftware und Expertenprogramme:

- **Standardsoftware** gibt es z. B. in den Bereichen Textverarbeitung, Tabellenkalkulation und Finanzbuchhaltung. Der Vorteil von Standardsoftware liegt darin, dass sie vergleichsweise schnell erlernt und angewendet werden kann. Der Nachteil von Standardsoftware besteht darin, dass die Programmfunktionen nicht für die Aufgaben in Anwaltskanzleien optimiert sind. Zwar können heute die meisten Standardprogramme den individuellen Arbeitsanforderungen angepasst werden. Für eine optimale Anpassung an die kanzleispezifischen Erfordernisse sind allerdings mehr als nur Grundkenntnisse erforderlich.

- Demgegenüber ist **Anwaltsoftware** bereits auf den Einsatz in Anwaltskanzleien zugeschnitten. Sie ist modular aufgebaut, d. h. sie besteht aus einzelnen Programmpaketen, die alle aufeinander abgestimmt sind. Dies hat zwei Vorteile: Module können nach und nach hinzugefügt werden. Dadurch kann die EDV-Technik sukzessive in immer mehr Tätigkeitsbereiche integriert werden. Darüber hinaus ermöglicht die Vernetzung der Module einen problemlosen Datenaustausch. Dies heißt konkret, dass z. B. die Adresse eines Mandanten nur einmal erfasst werden muss, um daran anschließend allen Modulen zur Verfügung zu stehen. Mit wenig Aufwand lassen sich die Daten so in Schriftstücke und Formulare einbauen.

- Schließlich können zusätzlich **Expertenprogramme** in Anwaltskanzleien zum Einsatz kommen, in denen zumeist für spezielle Tätigkeitsfelder und Rechtsgebiete Expertenwissen standardisiert angeboten wird (z. B. Berechnungsprogramme für Ehegatten- und Kindesunterhalt).

Bei der Auswahl von Software müssen unterschiedlich gelagerte Aspekte berücksichtigt werden.

D. Konzeptions- und Planungsphase Teil 2

Auswahl von Software
• Das Programm muss einfach und intuitiv zu bedienen sein. • Es muss stabil und fehlerfrei arbeiten. • Online-Hilfe muss in ausreichendem Umfang bereitstehen. • Es müssen ausführliche Handbücher (Offline) vorliegen. • Der Datenaustausch mit anderen Programmen muss gewährleistet sein. • Es muss sichergestellt sein, dass die Software gepflegt und weiterentwickelt wird. Andernfalls könnten zum einen Programminformationen veralten und damit die Software unbrauchbar werden. Zum anderen ist unter Umständen die Kompatibilität zu anderen Programmen ab einem bestimmten Zeitpunkt nicht mehr gewährleistet, so dass ein Datenaustausch nicht mehr möglich ist. • Mit der Software muss gegebenenfalls eine Netzwerklösung realisierbar sein.

a) Datensicherheit

Mit der Einbindung der EDV in den Kanzleialltag stellt sich die Frage nach der Datensicherheit. Es ist wichtig, von Beginn an ein Konzept zur standardisierten Datensicherung zu entwickeln und einzuüben. Erfahrungswerte weisen darauf hin, dass andernfalls die Sicherung der Daten zunehmend sporadisch geschieht. Offensichtlich wächst das Gefühl der Sicherheit mit jedem Arbeitstag, an dem keine Daten verloren gehen.
Hiermit einher geht eine wachsende Nachlässigkeit in Bezug auf die Sicherung aktueller Daten. Es ist daher von besonderer Bedeutung, dass die Datensicherung zur täglichen Routine wird. Einfach zu bedienende Hard- und Software unterstützen diesen Prozess: Es muss ein für die Kanzleizwecke geeignetes Speichermedium ausgewählt werden (Diskette; Zip-Laufwerk; CD-ROM; CD-RW; Streamer; Wechselplatten). Durch den Einsatz einfach zu handhabender und zuverlässiger Software kann die Datensicherung nach voreingestellten Kriterien weitgehend automatisiert erledigt werden. Hierbei sind festgelegte Regeln zu beachten.

Regeln der Datensicherung
• Täglich sichern. • Mehrere Sicherungsbänder abwechselnd einsetzen. Nur so ist gewährleistet, dass bei fehlerhafter Sicherung auf einem Datenträger zumindest auf die Daten des Vor-Vortags zurückgegriffen werden kann. • Nach dem „Drei-Kreis-System" („Großvater-Vater-Sohn-Prinzip") sichern: Gesichert wird monatlich (zwölf Sicherungsmedien im Wechsel), wöchentlich (vier Sicherungsmedien im Wechsel) und täglich (fünf Sicherungsmedien im Wechsel). • Wochen- oder Monatssicherungen sollten außerhalb der Kanzlei aufbewahrt werden. Datensicherungen sind nicht vor Diebstahl oder Feuer- und Wasserschäden geschützt. • Der Inhalt der Sicherungsbänder muss überprüft werden: Sind Daten überspielt worden? Sind die richtigen Daten gesichert worden? Lassen sich die Daten fehlerfrei lesen?

b) Internetzugang in Anwaltskanzleien[12]

Die vorliegenden Ergebnisse zur Einstellung der Anwälte bezüglich des Einsatzes des Internets in Anwaltskanzleien deuten darauf hin, dass sich in der Anwaltschaft erst langsam die Bereitschaft durchsetzt, das Potenzial des Internets auch für Anwaltsbüros zu nutzen.

In drei Bereichen kann das Internet sinnvoll im Rahmen der Anwaltstätigkeit eingesetzt werden:[13]

- Das Internet als **Kommunikationsmedium** ermöglicht die Versendung und den Empfang von elektronischer Post (E-Mail).[14] Dies geht schnell und preisgünstig. Außerdem können Schriftstücke direkt auf dem eigenen PC weiterverarbeitet werden. Der Internetzugang kann das Faxgerät aber nicht vollständig ersetzen, da als E-Mail ausschließlich digitalisierte Informationen versendet werden können. Schriftstücke müssen erst digitalisiert (gescannt) werden, um anschließend über das Internet verschickt werden zu können. Ein weiteres Problem elektronischer Post besteht darin, dass unverschlüsselte E-Mails mit Postkarten zu vergleichen sind: Sie können mit nur geringem Aufwand auch von Dritten gelesen werden. Es ist deswegen ratsam, E-Mails standardmäßig zu verschlüsseln und sie dadurch nur noch den Personen, die über den passenden Schlüssel verfügen, zugänglich zu machen. Eine weit verbreitete Verschlüsselungssoftware für E-Mails ist z. B. PGP (Pretty Good Privacy).[15]
- Das Internet dient zur **Informationsbeschaffung**. Suchmaschinen helfen, beinahe jede Information im weltweiten Computernetz aufzuspüren. Allerdings bedarf es einiger Erfahrung in der Internetrecherche, um Suchabfragen so gestalten zu können, dass eine sinnvolle Selektion relevanter Informationen aus der Vielzahl von Informationen gelingt. Darüber hinaus ermöglicht das Internet den Zugang zu Online-Datenbanken (z. B. zur am weitesten verbreiteten Datenbank Juris; http://www.juris.de) und somit (im Gegensatz zu Offline-Datenbanken) zu laufend aktualisierten Informationen. Der Zugriff auf eine Reihe von Datenbeständen bietet ein Internet-Angebot der Soldan GmbH, das unter http://www.alexis.de zu erreichen ist[16]: Es handelt sich hierbei um eine Anlaufstelle, von der aus der Zugang zu Datenbeständen von *Juris*, *Ecodata* (elektronisches Handelsregister),

---

12 Vgl. zum Folgenden: *Ruby* 2001b, S. 545–580.
13 In einer gemeinsamen Veranstaltung der Arbeitsgemeinschaft Informationstechnologie und des Ausschusses Informationsrecht des DAV beim 51. Anwaltstag am 2. Juni 2000 in Berlin waren zehn Grundregeln der Anwaltschaft im Internet Gegenstand der Diskussion. »Die zehn Gebote der Anwaltschaft im Internet« sind in AnwBl 8+9 / 2000, S. 503 ff. nachzulesen.
14 Einsatzmöglichkeiten als Telefon, Bildtelefon und Videokonferenzen bleiben in diesem Zusammenhang noch unberücksichtigt. Teils sind die technischen Lösungen in diesen Bereichen noch nicht ausgereift, teils sind diese Kommunikationsformen mit höherem technischen und finanziellen Aufwand verbunden.
15 Zur Funktionsweise und zum Einsatz von PGP in Anwaltsbüros vgl. *Lapp* 1998, S. 134–135.
16 Vgl. hierzu *Scherf* 1998, S. 108–110.

D. Konzeptions- und Planungsphase Teil 2

Creditreform (Bonitätsauskünfte), GB (Gesellschaft für betriebswirtschaftliche Informationen), ZAP (Rechtsprechungsdatenbank der Bundesgerichte), EZA (Entscheidungssammlung zum Arbeitsrecht) und Medizinrecht (Urteilsdatenbank zum Gesundheitsrecht) besteht.[17] Eines der umfassendsten Internetportale für Anwälte findet sich unter http:/www.marktplatzrecht.de

▪ Die vorliegende Untersuchung konnte zeigen, dass systematische Anstrengungen im Bereich des Marketings in der Regel eher vernachlässigt werden. In dieses Bild passt, dass lediglich eine Minderheit der jungen Anwälte im Medium Internet Chancen für das **Kanzleimarketing** und für die **Kundenakquisition** sehen. Dem steht entgegen, dass bei der rasanten Entwicklung im Telekommunikationsmarkt das Internet für immer größere Kreise der Bevölkerung interessant wird und dadurch die Verbreitung des Internets rasch voranschreitet.

Folgendes muss bei der Einrichtung einer eigenen Kanzleihomepage beachtet werden:

▪ Zum einen muss die Kanzleihomepage den gängigen technischen und gestalterischen Standards entsprechen. Wegen der Vielzahl programmtechnischer Details [Kompatibilitätsprobleme unterschiedlicher Programme (Browser), mit denen im Internet geblättert wird] ist es ratsam, zumindest die technische Umsetzung Experten zu überlassen. Aber auch bei der Gestaltung einer Homepage reicht es in der Regel nicht, Kanzleibroschüren einfach in Internetseiten umzusetzen. Bei einem solchen Vorgehen werden die spezifischen Anforderungen und auch Möglichkeiten des Internets nicht adäquat berücksichtigt.

▪ Zum anderen muss die Kanzlei im Internet gefunden werden können, d. h., dass die Homepage in den wichtigsten Suchmaschinen (unter geeigneten Schlagworten) eingetragen sein muss. Darüber hinaus ist dafür zu sorgen, dass nach und nach auf anderen Internetseiten Verweise (»Links«) auf die Kanzleiseite hinzukommen. Im Idealfall entsteht auf diese Weise im Internet ein professions- und beraterinternes Empfehlungsnetz.

▪ Das Internet ist ein interaktives Medium: Der Informations- und Kommunikationsfluss ist in zwei Richtungen möglich. Dies führt zu grundsätzlichen Sicherheitsproblemen, da von außen Zugriffsmöglichkeiten auf Kanzleirechner bestehen. Es müssen darum Schutzmaßnahmen gegen Computerviren und gegen das Ausspähen von Festplatten getroffen werden. Die sicherste Lösung der Sicherheitsprobleme besteht darin, einen eigenen Rechner für das Internet einzusetzen, der keine Verbindung zu den übrigen Kanzleirechnern hat. Durch diese Maßnahme besteht kein direkter Zugriff von außen auf kanzleiinterne Daten. Nachteilig bei diesem Verfahren ist, dass durch den zusätzlichen Rechner höhere Kosten für Hardware anfallen. Darüber hinaus bleibt auch bei vernetzten EDV-Anlagen der Internetzugang nur eine Einzelplatzlösung. Soll deswegen der Internetzugang in das EDV-System einer Kanzlei integriert werden, müssen Sicherheitsmaßnahmen, die von einfachen Virenschutzprogrammen bis hin zu komplexen Sicherungen, wie z. B. einer »firewall« reichen können, geprüft und eingesetzt werden.

17 Stand Juli 2000.

Teil 2 Leitfaden zur Gründung einer Kanzlei

Einen ersten Überblick über Aufgaben und Verfahren sowie weiterführende Literatur sind auf der Homepage des Bundesamtes für Sicherheit in der Informationstechnik unter http://www.bsi.de zu finden.

5. Personalplanung und -auswahl

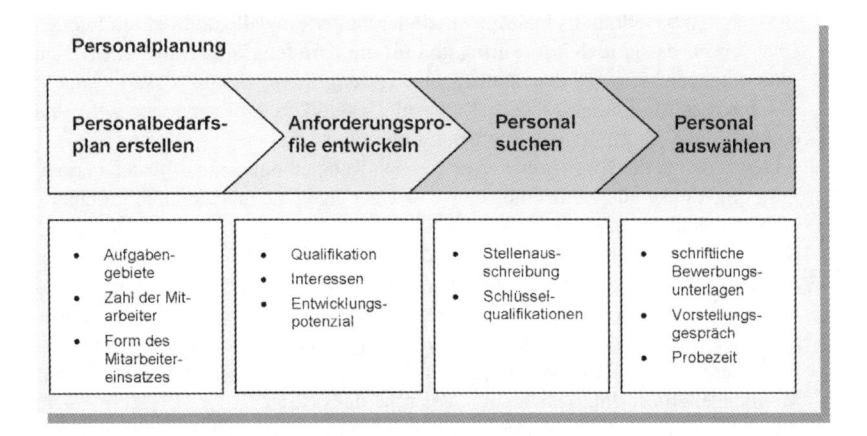

Personalplanung

Personalbedarfs-plan erstellen	Anforderungsprofile entwickeln	Personal suchen	Personal auswählen
• Aufgabengebiete • Zahl der Mitarbeiter • Form des Mitarbeitereinsatzes	• Qualifikation • Interessen • Entwicklungspotenzial	• Stellenausschreibung • Schlüsselqualifikationen	• schriftliche Bewerbungsunterlagen • Vorstellungsgespräch • Probezeit

Mit der fortschreitenden Differenzierung und Spezialisierung anwaltlicher Tätigkeit geht eine Zunahme arbeitsteiliger Prozesse in Anwaltskanzleien einher. Im Rahmen dieser Entwicklung tritt das Berufsbild des Anwalts als Einzelkämpfer stärker zugunsten des Anwalts als Teamarbeiter zurück. Dies zeigt sich sowohl in der zunehmenden Zusammenarbeit von Anwälten mit Partnern (z. B. Steuerberater, Rechtsanwälte anderer Fachrichtungen etc.) als auch in der Delegation von Routineaufgaben an nichtanwaltliche Mitarbeiter (z. B. Literaturbeschaffung, Stammdatenaufnahme etc.). Angesichts dieser Entwicklung nimmt die Bedeutung der Personalplanung und -auswahl für den Kanzleierfolg zu.[18]

Bei Kanzleigründung werden Personalfragen in der Regel zunächst eine untergeordnete Rolle spielen. Es ist jedoch dringend geboten, bei jeder Anstellung mit größter Sorgfalt vorzugehen. Dabei sind zwei Dinge zu beachten: Zum einen beeinflusst die Personalauswahl die Außendarstellung einer Kanzlei. Zum anderen wird entschieden, ob ein reibungsloser Arbeitsablauf möglich wird.

---

18 Vgl. hierzu *Hommerich* 2001, S. 167 ff.

D. Konzeptions- und Planungsphase Teil 2

a) Personalbedarfsplan

Welche Aufgaben fallen im Kanzleialltag an? Durch wen sollen diese Aufgaben erledigt werden? Diese auf den ersten Blick einfach klingenden Fragen bilden den Ausgangspunkt jeder Personalplanung. Einfach zu beantworten sind diese Fragen aber nur auf den ersten Blick. Es bedarf nicht nur einer genauen Analyse des aktuellen Arbeitsanfalls einschließlich der Urlaubs- und Ausfallzeiten. Darüber hinaus muss berücksichtigt werden, welche mittel- bis langfristigen Ziele die Kanzlei verfolgt. Die Personalbedarfsplanung ist damit direkt auf die strategische Ausrichtung einer Anwaltskanzlei bezogen, und dies in zweifacher Hinsicht:

- Zum einen ergibt sich der Personalbedarf aus der strategischen Kanzleiausrichtung. Angestrebte Spezialisierungen, Kooperationen etc. legen fest, wie viele und welche Mitarbeiter für die Umsetzung der strategischen Ziele gebraucht werden. Die Personalbedarfsplanung darf nicht lediglich als Deckung des aktuell bzw. kurzfristig anfallenden Arbeitsbedarfs missverstanden werden.
- Zum anderen stellt die Beschäftigung geeigneter Mitarbeiter eine Grundbedingung für die Erreichung der Kanzleiziele dar. Von großer Bedeutung ist hierbei, dass die beruflichen Fähigkeiten, Interessen und Ziele der Mitarbeiter mit den Entwicklungszielen der Kanzlei abgestimmt werden. Dies führt zu einer stärkeren Integration der Mitarbeiter in die Kanzlei und trägt dazu bei, Unzufriedenheit bei den Mitarbeitern zu vermeiden. (Häufiger Personalwechsel und sog. »innere Kündigungen« sind kostspielig!)

Gerade in der Gründungsphase verzichtet eine Vielzahl junger Anwälte auf Unterstützung durch anwaltliches und nichtanwaltliches Personal, um Lohn- und Lohnnebenkosten einzusparen.[19] Dies ist in zweierlei Hinsicht problematisch:

- Der Arbeitsalltag eines Rechtsanwalts beinhaltet eine Vielzahl unterschiedlicher Aufgaben: vom Schreiben der Schriftsätze über anwaltstypische Aufgaben (z. B. die Berechnung und Erstellung von Kostennoten und Zwangsvollstreckungsmaßnahmen) bis hin zum Auftritt vor Gericht. Es besteht die Gefahr, dass wichtige Aufgaben, die zur Etablierung und Weiterentwicklung einer Kanzlei notwendig sind, zu Gunsten dringender Aufgaben im Alltagsgeschäft unerledigt bleiben.
- Ein anderes Problem stellt die telefonische Erreichbarkeit der Kanzlei dar, die ohne Unterstützung nichtanwaltlicher Mitarbeiter während der Hauptgeschäftszeiten nicht gewährleistet ist (Gerichtstermine etc.). Die Besetzung des Kanzleitelefons kann allerdings einem Call-Center übertragen werden.

Es ist ernsthaft zu prüfen, ob nicht von Beginn an auf die Unterstützung durch Mitarbeiter zurückgegriffen werden soll. Die hierdurch entstehenden Kosten können auch durch die im Rahmen der Personalbedarfsplanung festgelegte Form des Mitarbeitereinsatzes (Aushilfen, Vollzeit – Teilzeit) für die ersten Jahre begrenzt werden.

---

19 In diesem Zusammenhang muss generell auf die relativ große Rolle hingewiesen werden, die unentgeltlich mithelfende Familienangehörige gerade in der Start- und Anfangsphase von Unternehmungen spielen (vgl. *Weitzel* 1986, S. 64).

b) Personalauswahl

Nur wenn genaue Vorstellungen über die Anforderungen bestehen, die künftige Mitarbeiter erfüllen sollen, bleibt die Entscheidung für qualifizierte Mitarbeiter nicht dem Zufall überlassen. Aus dem Personalbedarfsplan müssen Anforderungs- und Fähigkeitsprofile entwickelt und **schriftlich** niedergelegt werden. Das Prinzip der Schriftlichkeit hilft, nicht bei vagen Vorstellungen stehen zu bleiben. Schriftlich festgehalten werden muss:

- eine Liste aller Arbeitsaufgaben und Tätigkeiten, die im Rahmen der zu besetzenden Stelle anfallen, gegliedert nach Kerntätigkeit und Randaufgaben;
- eine Liste der entsprechend der strategischen Planung mittelfristig zusätzlich anfallenden Tätigkeiten und Aufgaben.

Die präzise Definition des Anforderungsprofils ist die Grundbedingung für eine systematische und differenzierte Personalauswahl, in der das Qualifikations- und Fähigkeitsprofil eines Bewerbers mit dem Anforderungsprofil verglichen wird. Im Einzelnen muss geprüft werden, ob die Kenntnisse und Fähigkeiten des Bewerbers den beruflichen Anforderungen gerecht werden, ob die Tätigkeit den Interessen und Vorstellungen des Bewerbers entsprechen und ob der Bewerber über ausreichendes Entwicklungspotenzial verfügt. Diese Prüfung geschieht in einem systematischen Auswahlverfahren, das in Anwaltsbüros in der Regel die Schritte Stellenausschreibung, schriftliche Bewerbung, Bewerbungsgespräch und Probezeit umfasst[20]:

- Zunächst muss die Stelle ausgeschrieben werden. Es ist darauf zu achten, dass die Personalsuche nicht auf das persönliche Umfeld beschränkt bleibt. Anzeigen in geeigneten Tageszeitungen und Fachzeitschriften sowie die Personalsuche über das Internet ermöglichen die Ansprache eines großen potenziellen Interessentenkreises. Alle relevanten Schlüsselqualifikationen und -anforderungen müssen in der Ausschreibung aufgeführt werden. Dies trägt dazu bei, den Aufwand der Vorauswahl zu minimieren, da offensichtlich ungeeignete Bewerber von vornherein herausgefiltert werden.
- Schriftliche Bewerbungsunterlagen bieten die Möglichkeit, eine Vorauswahl zu treffen und nur besonders geeignete Bewerber zu den organisatorisch und zeitlich aufwendigen persönlichen Vorstellungsgesprächen einzuladen. Neben den Qualifikationsnachweisen, die den Bewerbungsunterlagen beiliegen, ist das Anschreiben für die Beurteilung der Unterlagen von zentraler Bedeutung. Dem Bewerbungsschreiben können Hinweise auf das sprachliche Ausdrucksvermögen des Bewerbers sowie Bewerbungsmotive und berufliche Entwicklungswünsche entnommen werden. Im beigefügten Lebenslauf werden Entwicklungslinien in der beruflichen und privaten Sphäre deutlich. Die Einbeziehung des Lichtbildes in das Auswahlverfahren verlangt Zurückhaltung, um vorschnelle Fehldeutungen zu vermeiden. Diese Forderung nach Zurückhaltung gilt auch für andere Aspekte

---

20 Eine ausführlichere Beschreibung der Auswahlschritte findet sich in *Hommerich* 1997, S. 214 ff; *Hommerich* 2001, S. 167 ff.

D. Konzeptions- und Planungsphase Teil 2

einer Bewerbung: Generell ist festzuhalten, dass die Personalauswahl kein geeignetes Übungsfeld für Hobbygraphologen und -psychologen ist.
- Die Struktur der Vorstellungsgespräche sollte vorab skizziert werden. Unstrukturierte Vorstellungsgespräche mit unterschiedlichen Bewerbern können untereinander nicht verglichen werden. Für eine systematische Personalauswahl ist es deswegen wichtig, die Gespräche mit Hilfe eines Interview-Leitfadens, in dem alle zentralen Themenbereiche durch vorgegebene Fragestellungen erschlossen werden, zu strukturieren.[21]
- Die Probezeit ist eine zeitlich ausgedehnte Arbeitsprobe. Sie ermöglicht eine Personalauswahl auf der Grundlage umfangreicherer Erfahrungen mit dem Bewerber. Die Probezeit als Instrument der Personalauswahl sinnvoll einzusetzen gelingt nur, wenn genügend Zeit für Einarbeitung und Betreuung reserviert wird. Neue Mitarbeiter sollten systematisch, kritisch und konstruktiv eingearbeitet werden. Erfahrungswerte zeigen, dass die hierin liegenden Chancen aufgrund hoher Arbeitsbelastung ungenutzt bleiben.

Festzuhalten ist, dass es sich bei der Personalauswahl um einen komplexen Prozess handelt, in den viel Zeit investiert werden muss. Zwar bleibt jede Personalentscheidung immer auch eine Risikoentscheidung. Dieses Risiko kann durch eine systematische Bewertung der Bewerber anhand einheitlicher Bewertungskriterien jedoch reduziert werden.

6. Konzeption des Marketingplans

Die Analyse des faktischen Gründungsverhaltens hat gezeigt, dass die Gründer nur in äußerst geringem Maße in Marketingmaßnahmen investieren. Dies dürfte ein Indikator dafür sein, dass jungen Rechtsanwältinnen und Rechtsanwälten das Denken in Marketingkategorien nach wie vor fremd ist. Sie lassen damit wichtige Möglichkeiten aus, im Anschluss an die Gründung ihrer Kanzlei zunächst einmal Marktpräsenz herzustellen.

Anwaltliches Marketing kann als systematische Ausrichtung des gesamten Dienstleistungsangebots auf aktuelle und potenzielle Bedürfnisse von Mandanten definiert werden. Bereits diese Definition signalisiert, dass Marketing unter keinen Umständen mit Werbung verwechselt werden darf, ein Vorurteil, dem nach wie vor viele Anwälte anhängen.

Anhand des folgenden Schemas wird deutlich, dass ein systematisches Marketingmanagement unmittelbar an die Kanzleistrategie anknüpfen muss.[22] Erst dann ist es möglich, einen Marketingmix zu definieren, der die Beschaffungspolitik, die Leistungspolitik, die Distributionspolitik, die Entgeltpolitik und schließlich die Kommunikationspolitik umfasst. Dieses Spektrum der Marketinginstrumente muss im

---

21 Ein Beispiel eines Interview-Leitfadens findet sich in *Hommerich* 1997.
22 Vgl. insgesamt *Mauer; Krämer* 1996.

Phasen des Marketing-Management-Prozesses

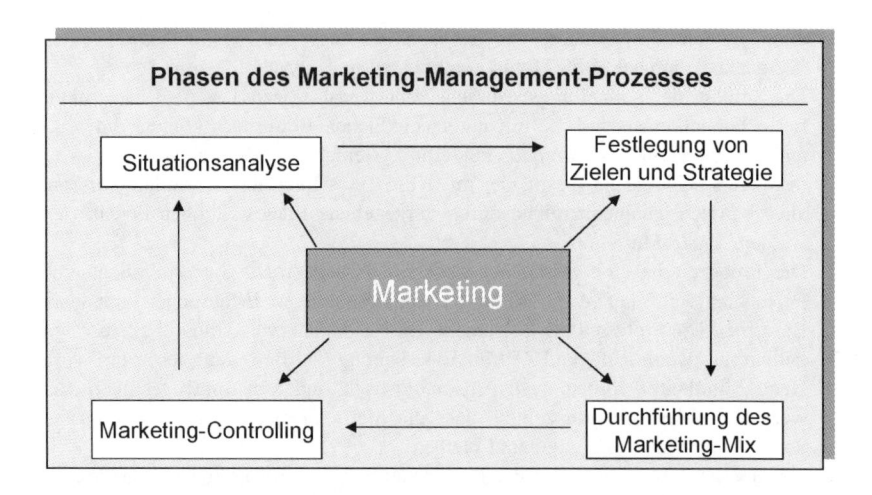

```
Situationsanalyse  ──────►  Festlegung von
        ▲                    Zielen und Strategie
        │                           │
        ▼                           ▼
              ┌──────────┐
              │ Marketing│
              └──────────┘
        ▲                           │
        │                           ▼
Marketing-Controlling  ◄──────  Durchführung des
                                Marketing-Mix
```

Einzelnen genau auf die jeweilige Kanzleistrategie abgestimmt werden. So müssen die Gründer von Anwaltskanzleien im Rahmen der Beschaffungspolitik zunächst dafür Sorge tragen, dass sie selber die nötige Kompetenz besitzen, um die von ihnen an den Markt herangetragenen rechtlichen Dienstleistungen auch erbringen zu können. Gegebenenfalls muss auch das Personal so geschult werden, dass es befähigt wird, ganz bestimmte Aufgaben im Rahmen der verabredeten Kanzleistrategie zu übernehmen. Darüber hinaus muss die Sachmittelausstattung einer Kanzlei so gestaltet werden, dass die strategischen Ziele angemessen unterstützt werden.

Anwaltsmarketing: Integrierter Marketingmix I

Beschaffungspolitik:	Leistungspolitik:	Distributionspolitik:	Entgeltpolitik:
Bereitstellung des Leistungspotenzials	Beschreibung des Leistungsprogramms	Verteilung der Leistung	Entgelt für Leistung
• Personal (Anwälte, nichtanwaltliche Mitarbeiter) • Kompetenzaufbau • Sachmittel	• Art der Leistung (Beratung, Betreuung) • Leistungsinhalt • Leistungsqualität (Standards) • Zielgruppen • Leistungszeiten (Dauer)	• Distributionsnetzwerke schaffen • Netzwerk bekannt machen	• Höhe der Entgelte gegenüber Mandanten transparent machen

D. Konzeptions- und Planungsphase **Teil 2**

Anwaltsmarketing: Integrierter Marketingmix II			
Kommunikationspolitik:			
Public Relations (Öffentlichkeitsarbeit)	(Media-) Werbung	Direct-Marketing	Direkte persönliche Kommunikation
Bekanntmachung des Leistungsangebotes	• Bekanntmachung des Leistungsangebotes • Aktivierung zur Inanspruchnahme	Dialog mit einzelnen (potenziellen) Klienten / Klientengruppen über die Dienste der Kanzlei	Aufbau persönlichen Vertrauens zum Anwalt

Bei der Diskussion strategischer Grundentscheidungen wurde bereits darauf hingewiesen, dass jeder Gründer das Leistungsprogramm seiner Kanzlei genau beschreiben muss. Diese Aufgabe wird im Marketing der Leistungspolitik zugeordnet. Im Zentrum der Beschreibung von Leistungen neu gegründeter Kanzleien sollten genaue Charakterisierungen der von der Kanzlei angebotenen »juristischen Produkte« stehen. Gerade unter Marketingaspekten ist dabei von besonderer Bedeutung, dass die Dienstleistungen in einer Form beschrieben werden, die zugleich den **Nutzen** für aktuelle und potenzielle Mandanten erkennen lässt. Mit anderen Worten: Es müssen Leistungsbeschreibungen erstellt werden, deren **Sollergebnis aus der Sicht eines Mandanten** beschrieben wird. Nur auf diese Weise wird es später möglich sein, die Leistung angemessen nach außen zu kommunizieren.

Die Distribution (Verteilung) anwaltlicher Leistung kann auf den Ort der Kanzleigründung beschränkt sein. Möglich ist aber auch, dass Anwälte sich zu überörtlichen Sozietäten zusammenschließen und damit ihre Leistung über lokale Räume hinaus anbieten. Denkbar sind in diesem Zusammenhang auch Kooperationen im Rahmen nationaler oder internationaler Anwaltsnetzwerke.

Im Rahmen des anwaltlichen Marketings ist die Frage der Entgelte für die anwaltliche Leistung ein besonders heikles Thema. Die Gebührenordnung für Rechtsanwälte erschließt sich Mandanten in keinster Weise. Gründer neuer Kanzleien sind daher gut beraten, wenn sie hinsichtlich der dem Anwalt entstehenden Kosten möglichst große Transparenz herstellen. Es empfiehlt sich, offen über anwaltlichen Aufwand zu sprechen und vor allem dafür zu sorgen, dass Mandanten über unerwarteten Mehraufwand frühzeitig unterrichtet werden. Geschieht dies nicht, kann sehr schnell die Vertrauensbasis zwischen dem Anwalt und seinem Mandanten zerstört werden.

Teil 2 Leitfaden zur Gründung einer Kanzlei

Durch die Lockerung des Werbeverbots für Rechtsanwälte haben die Anwälte nunmehr die Möglichkeit, aktive Kommunikationspolitik zu betreiben.[23] Solche Kommunikation ist gerade für junge Anwälte absolut unerlässlich, um zunächst einmal öffentliche Präsenz herzustellen. Die wichtigsten Mittel hierzu liegen im Bereich seriöser Öffentlichkeitsarbeit, im Direct-Marketing und nicht zuletzt auch in persönlicher Kommunikation mit aktuellen und potenziellen Mandanten. Der Bereich der bezahlten Mediawerbung steht gerade jungen Gründern angesichts der in der Regel hohen Kosten nur sehr bedingt zur Verfügung.

Das folgende Schema gibt einen Überblick über wichtige Maßnahmen der Öffentlichkeitsarbeit.

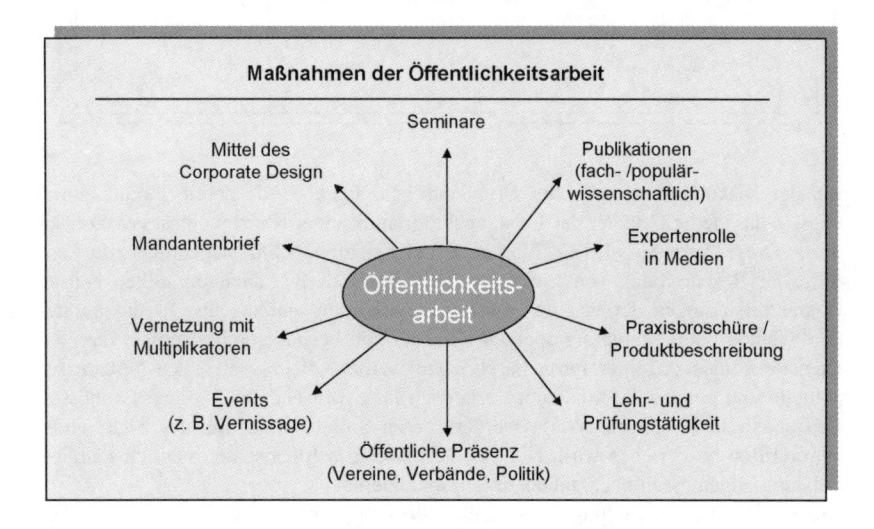

Maßnahmen der Öffentlichkeitsarbeit

- Seminare
- Mittel des Corporate Design
- Publikationen (fach- /populärwissenschaftlich)
- Mandantenbrief
- Expertenrolle in Medien
- Vernetzung mit Multiplikatoren
- Praxisbroschüre / Produktbeschreibung
- Events (z. B. Vernissage)
- Lehr- und Prüfungstätigkeit
- Öffentliche Präsenz (Vereine, Verbände, Politik)

(zentral: Öffentlichkeitsarbeit)

Diese vielfältigen Maßnahmen müssen genau auf die jeweilige Kanzleistrategie zugeschnitten werden. Für junge Gründer empfiehlt es sich zunächst, erstklassige Briefbögen und Visitenkarten erstellen zu lassen. Dabei ist es sinnvoll, die professionelle Hilfe eines Grafikdesigners in Anspruch zu nehmen. In diesem Zusammenhang sollte grundsätzlich darauf verzichtet werden, in die Kommunikation Klischees einzubauen, wie etwa das Paragraphenzeichen, Justitia mit der Waage o.ä. Solche Klischees sind in der Zwischenzeit abgegriffen und tragen nicht zur Profilierung einer Anwaltskanzlei bei.

Gründer sollten frühzeitig eine Kanzleibroschüre erstellen, in der sie ihre zentralen Aktionsfelder für Mandanten verständlich beschreiben und vor allem verdeutlichen,

---

23 Vgl. hierzu *Kleine-Cosack* 1999; *Henssler*; *Prütting* 1996; *Eylmann* 1999.

worin der Nutzen ihrer Leistung für den Mandanten liegt. Hierauf wurde bereits bei der Diskussion der Leistungspolitik hingewiesen. Kanzleibroschüren haben imagebildende Funktion. Allerdings kann ein Gründer nicht vom Image leben, sondern nur von der Bearbeitung einzelner Mandate. Gerade aus diesem Grund ist es zweckmäßig, nicht nur Imagebroschüren zu erstellen, sondern einzelne Produktbeschreibungen, die gezielt an bestimmte potenzielle Interessenten verteilt werden können. Ein Beispiel kann dies verdeutlichen: Ein junger Anwalt könnte sich speziell dem Problem der Nachfolgeplanung mittelständischer Unternehmer widmen und zu diesem Zweck eine spezielle Leistungsbeschreibungen erstellen, die er gezielt an mittelständische Unternehmer verteilt. Der Vorteil solcher Produktbeschreibungen liegt zum einen in der Möglichkeit zu gezielter Ansprache von Interessenten und zum anderen darin, dass nicht nur allgemeine Absichtserklärungen hinsichtlich der Leistungsstandards abgegeben oder Rechtsgebiete aufgelistet werden, sondern sehr konkrete Erträge anwaltlichen Handelns benannt werden.

Grundsätzlich sollte jeder junge Anwalt möglichst frühzeitig dazu übergehen, mit den ersten Mandanten auch über Mandantenbriefe zu kommunizieren. Hier bietet es sich an, Rechtsprechung, die für bestimmte Mandantengruppen von Interesse ist, in einer Weise aufzubereiten, die für Laien verständlich ist und die zudem klar erkennbar macht, wie der Mandant sich angesichts solcher Rechtsprechung zukünftig verhalten soll.

Insbesondere in der Gründungsphase einer Anwaltskanzlei ist es wichtig, dass der Gründer öffentliche Präsenz zeigt. Gelegenheiten zu unmittelbarer Kontaktaufnahme mit den jeweiligen Zielgruppen sollten systematisch gesucht werden. In diesem Zusammenhang bietet es sich an, solchen Zielgruppen aktiv bestimmte Informationsangebote etwa in Form von Seminaren oder Vorträgen zu unterbreiten.

Die insgesamt geplanten Marketingmaßnahmen sollten in einem schriftlichen **Marketingplan** festgehalten werden. Darüber hinaus sollte ein Marketingbudget vorgesehen werden. Dies sollte zu Beginn einen Betrag von 5.000 DM keinesfalls unterschreiten. Beabsichtigt ein Gründer Anzeigen etwa in Tageszeitungen oder Wochenblättern zu schalten, wird dieses Budget keinesfalls ausreichen. Wichtig ist, dass die Reaktionen auf unterschiedliche Kommunikationsmaßnahmen schriftlich dokumentiert werden, um eine genaue Kontrolle über ihre Wirksamkeit zu erhalten und darüber hinaus eine Entscheidungsgrundlage hinsichtlich weiterer Kommunikationsmaßnahmen zu gewinnen.

7. Finanzplan

Zur Planung der Gründungsfinanzierung werden Angaben zur finanziellen Entwicklung der Kanzlei benötigt, die mit einem Finanzplan untermauert werden.[24]

---

[24] Vgl. zum Folgenden: *Römermann*; *Fischedick* 1999, S. 180 ff.; *Ruby* 2001a, S. 43 ff.

Teil 2 Leitfaden zur Gründung einer Kanzlei

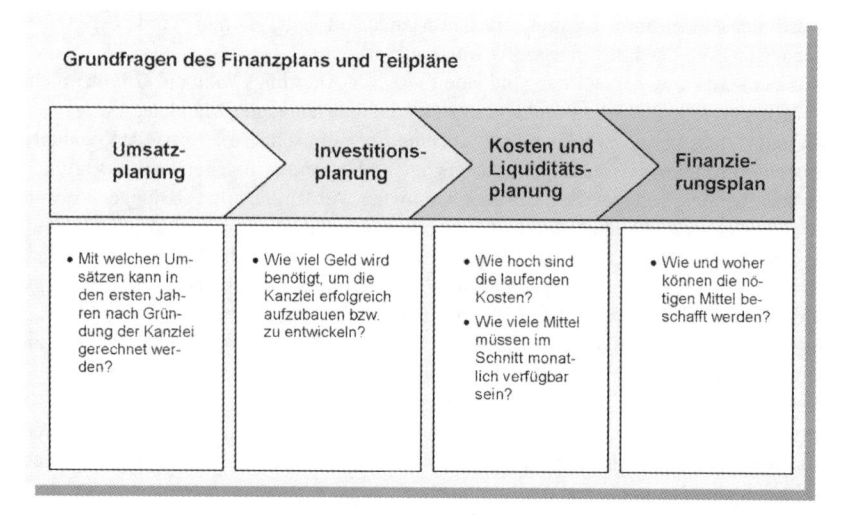

Grundfragen des Finanzplans und Teilpläne

Umsatzplanung	Investitionsplanung	Kosten und Liquiditätsplanung	Finanzierungsplan
• Mit welchen Umsätzen kann in den ersten Jahren nach Gründung der Kanzlei gerechnet werden?	• Wie viel Geld wird benötigt, um die Kanzlei erfolgreich aufzubauen bzw. zu entwickeln?	• Wie hoch sind die laufenden Kosten? • Wie viele Mittel müssen im Schnitt monatlich verfügbar sein?	• Wie und woher können die nötigen Mittel beschafft werden?

Der Finanzplan basiert auf Schätzungen von Planungsgrößen: Da in der Regel nicht alle Fakten und Zahlen bekannt sind, kann keine vollständig korrekte bzw. genaue Festlegung der Planungsgrößen erfolgen. Umso wichtiger ist es, möglichst realitätsnahe Einschätzungen vorzunehmen. Hierbei sind folgende Aspekte zu beachten:

- **logisches Vorgehen**: Eine Schätzung muss nachvollziehbar sein. Alle Annahmen, auf denen die Schätzung basiert, sind anzugeben. Gedankensprünge sind zu vermeiden.
- **solide Basis**: Jede Schätzung ist nur so gut wie die Basisdaten, auf denen sie aufbaut. Daher sollten sich Schätzungen immer auf überprüfbare bzw. belegbare Daten beziehen.
- **Quellen vergleichen**: Informationen und Daten sollten – wenn möglich – anhand verschiedener Quellen überprüft werden (z. B. durch Befragung mehrerer Kollegen zu ihren Erfahrungen in der Phase der Kanzleigründung).
- **Plausibilität überprüfen**: Jede Schätzung sollte dahin gehend überprüft werden, ob das Ergebnis sinnvoll erscheint. (Hierzu können gegebenenfalls erfahrene Kollegen zu Rate gezogen werden.)

8. Umsatzplanung

In der Vorbereitungsphase zwingt die Umsatzplanung zu einer realistischen Einschätzung des Auftragsvolumens und damit des Kanzleierfolgs in den ersten Jahren nach der Gründung. Wichtige Hintergrundinformationen hierzu liefert die hier vorgelegte Analyse der Umsatzentwicklungen in neu gegründeten Kanzleien.

D. Konzeptions- und Planungsphase Teil 2

Darüber hinaus müssen in der Umsatzschätzung Einflussfaktoren auf die wirtschaftliche Situation neu gegründeter Kanzleien berücksichtigt werden. Determinanten des wirtschaftlichen Erfolgs sind:

- die Mandantenstruktur (hoher Anteil an Wirtschaftsmandaten oder geringer Anteil an Mandaten, die über Beratungs- und Prozesskostenhilfe abgewickelt werden);
- Form der Kanzlei (Einzelanwalt, Bürogemeinschaft, Sozietät);
- die Kooperation mit benachbarten Beraterberufen (Wirtschaftsprüfer, Steuerberater);
- die schwerpunktmäßige Ausrichtung neu gegründeter Kanzleien auf beratende Tätigkeit (z. B. Vertragsgestaltung, Unternehmensberatung etc.);
- die fachliche Spezialisierung sowie
- die zielgruppenspezifische Kanzleiausrichtung.

Die umfangreiche Liste der Faktoren, die den wirtschaftlichen Kanzleierfolg beeinflussen, macht deutlich, dass Erfahrungswerte und statistische Durchschnittswerte nur mit Einschränkung auf die einzelne Kanzleigründung und die Prognose für die jeweilige wirtschaftliche Entwicklung übertragen werden können. Dies bedeutet, dass der Kanzleigründer bei der Prognose der Umsatzentwicklung einen relativ großen Unsicherheitsfaktor in Kauf nehmen muss.

Die Umsatzplanung sollte die ersten drei Geschäftsjahre abdecken und alle Einnahmen, auch die aus nicht anwaltlicher Tätigkeit (z. B. Referententätigkeit) beinhalten. Ein Beispiel verdeutlicht die Umsatzentwicklung:

Jahresumsatz	1. Geschäftsjahr	2. Geschäftsjahr	3. Geschäftsjahr
geschätzter Umsatz	60.000,- DM	75.000,- DM	100.000,- DM
Sonstige Einnahmen	1.000,- DM	2.500,- DM	2.500,- DM
Gesamtumsatz	61.000,- DM	77.500,- DM	102.500,- DM

9. Investitionsplanung

Der Investitionsplan weist den Kapitalbedarf aus, der für die Erstinvestitionen bei der Kanzleigründung benötigt wird. Dazu muss eine Aufstellung aller geplanten Investitionen und ihrer geschätzten Höhe erfolgen. Die Gliederung eines typischen Investitionsplanes zur Gründung einer Anwaltskanzlei muss alle wichtigen Kostenbereiche beinhalten.

Bei der Erstellung des Investitionsplans sollte auf Schätzungen bzw. pauschale Angaben verzichtet werden. Angebotsabfragen und Preisangaben aus Katalogen ermöglichen eine genaue Kostenplanung der Erstinvestitionen. Zur ersten Orientierung können die hier vorgelegten Daten genutzt werden.

Teil 2 Leitfaden zur Gründung einer Kanzlei

Gliederung eines Investitionsplans

- Raumkosten
- Beschaffungskosten (z.B. Maklercourtage, Anzeige etc.)
- Renovierungskosten
- Kosten der Büroausstattung
    - Einrichtung (Möbel, Beleuchtung)
    - Telekommunikationstechnik (z.B. Telefonanlage, Fax, Handy)
    - EDV-Technik (Hardware und Software)
    - sonstige Betriebsmittel der Büroausstattung (z.B. Fotokopierer, Aktenvernichter, Briefwaage, Frankiermaschine etc.)
    - allgemeiner Bürobedarf (z.B. Briefpapier, Stempel, Ordner, Ablagen, Unterschriftenmappe, Kanzleischild, Robe etc.)
    - Dekoration der Räume (z. B. Pflanzen, Bilder, Gardinen, Teppich)
- Geschäftsfahrzeug
- Kosten für die Erstausstattung der Bibliothek (Bücher, Zeitschriften)
- sonstige gründungsbedingte Einmalkosten (z.B. für die Zulassung)
- Beratungskosten (für Gründungs- und Steuerberatung, Seminargebühren)
- Kosten für Werbemaßnahmen zur Eröffnung
- Kosten der Eröffnungsfeier

---

10. Planung der laufenden Kosten

Neben der Planung der Kosten für die Erstinvestition müssen auch die laufenden Kosten für die ersten Geschäftsjahre ermittelt werden. Hierbei müssen fixe und variable Kosten berücksichtigt werden:

- Fixe Kosten sind solche Kosten, die unabhängig von der Umsatzlage ständig anfallen und daher als feste Größen in die laufende Kostenplanung einzubinden sind (z. B. Miete, Versicherung, Telefongrundgebühr). Fixkosten ändern sich lediglich langfristig (z. B. aufgrund der Anschaffung eines zweiten Geschäftswagens oder der Vergrößerung der Räumlichkeiten der Kanzlei). Kurzfristig reagieren sie nicht auf Umsatzschwankungen.
- Variable Kosten sind demgegenüber abhängig vom Umsatz einer Kanzlei. Sie steigen mit wachsendem Umsatz und sinken bei fallendem Umsatz (z. B. Telefonkosten, Kopierkosten, in gewissem Umfang auch Personalkosten). In einer dreijährigen Kostenplanung muss der Kostenanstieg entsprechend der Umsatzentwicklung berücksichtigt werden.

Die laufenden Kosten werden als durchschnittliche Kosten pro Monat ausgewiesen. Aufwendungen, die die Mandanten erstatten (z. B. Reisekosten, Porti, Kopierkosten etc.), werden im Kostenplan nicht erfasst (»durchlaufende Posten«).

Bei der Erstellung des Kostenplans sind Kostensteigerungen einzukalkulieren: Der durchschnittliche Kostenanstieg beträgt für das 2. und 3. Geschäftsjahr 5%.

D. Konzeptions- und Planungsphase **Teil 2**

Plan für die laufenden Kosten einer Anwaltskanzlei[25]	

• **Raumkosten**
  - Miete
  - Instandhaltung / Reparaturen
• **Kosten des Geschäftswagens**
  - Benzinkosten
  - Kfz-Steuer
  - Kfz-Versicherung
  - evtl. Kfz-Leasingrate
  - Wartung / Reparaturen / TÜV / ASU
  - Parkgebühren
  - Reinigung
• **Kosten der Kommunikation**
  - Portogebühren
  - Telefongebühren
  - FAX – Gebühren
  - Online-Dienste
• **Personalkosten**
  - Gehälter
  - Nebenkosten der Gehälter (Arbeitgeberanteile zu den Sozialversicherungen)
  - Zusatzleistungen (z.B. Weihnachtsgeld, Urlaubsgeld)
  - Personalmanagement (z.B. Personalsuche, Einarbeitung, Weiterbildung)
  - sonstige Personalkosten (Verwaltungskosten, Weihnachtsfeier / -essen, Geschenke)
• **Akquisitionskosten**
  - Reisekosten
  - Bewirtungskosten
  - Werbekosten
	• **Kosten für Beratung / unterstützende Dienstleistungen**
	  - Steuerberatung / Buchungsbüro
	  - Marketing- / Werbeberatung
	  - EDV-Beratung
	• **Allgemeine Bürokosten**
	  - Bürobedarf
	  - Fachliteratur / Zeitschriften
	  - Wartung / Reparaturen (z.B. Kopierer, Frankiermaschine)
	  - Leasing
	  - Strom- / Wasserverbrauch
	  - Versicherungen
	  - evtl. betriebliche Steuern
	• **Sonstige Kosten**
	  - Beiträge an Berufsverbände / Kammer
	  - Weiterbildungskosten
	• **Abschreibungen (Wertverzehr des Anlagevermögens)**
	  - Möbel / Einrichtung
	  - Geschäftswagen
	  - Technische Ausstattung (Computer, Kopierer)
	• **Zinszahlungen / Tilgungszahlungen**
	• **Unvorhergesehene Ausgaben** (Der Finanzplan sollte finanzielle Puffer enthalten, so dass er nicht bei jeder unvorhergesehenen Vergrößerung des Finanzbedarfs in sich zusammenbricht!)

11. Liquiditätsplanung

Üblicherweise arbeitet eine neugegründete Kanzlei mit Verlust: Die ersten Einnahmen fließen häufig erst nach Wochen bzw. Monaten zu, während die laufenden Kosten wie z. B. Miete, Gehälter etc. bezahlt werden müssen. Daher muss die Liquidität immer gesichert sein.

Da der Liquiditätsstand kurzfristig gewährleistet sein muss, sollte neben einer jährlichen Liquiditätsrechnung auch eine quartalsbezogene Berechnung vorgenommen werden. Auf diese Weise wird ersichtlich, in welchen Quartalen bzw. Monaten Liquidität fehlt, so dass rechtzeitig Maßnahmen zur Deckung des zusätzlichen Kapitalbedarfs eingeleitet werden können (z. B. Mobilisierung von Außenständen, Vereinbarungen über geänderte Zahlungsziele mit Zulieferern und Mandanten, Absprachen über zusätzliche kurzfristige Kredite etc.).

Im Liquiditätsplan werden den laufenden Einnahmen (die im Umsatzplan ausgewiesenen Umsätze) den laufenden Ausgaben (laufende Kosten aus der Kostenplanung) gegenübergestellt. Darüber hinaus müssen Kredittilgungen, Steuerzahlungen und Kosten des persönlichen Lebensunterhalts auf der Ausgabenseite berücksichtigt werden. Im Einzelnen bedeutet dies, dass vom erwarteten Umsatz die laufenden Betriebskosten, die Kosten der Kredittilgung sowie die Kosten des Lebensunterhalts abzuziehen sind. Das Ergebnis kann positiv (Überdeckung) oder negativ sein (Fehlbetrag). In der Regel weist die Anfangsphase der Liquiditätsplanung Fehlbeträge bzw. Liquiditätsengpässe aus. Diese Lücken sind durch zusätzlichen, in der Regel kurzfristigen Kapitalbedarf zu schließen.

12. Finanzierungsplan

Die Finanzplanung orientiert sich am Investitionsplan und damit an der Erstausstattung der Kanzlei. Im Finanzierungsplan wird die Mittelherkunft aufgezeigt.

Mittelherkunft

- eigene Mittel (aus dem Privatvermögen in das Kanzleivermögen übertragene Mittel wie z. B. Barkapital, Sacheinlagen z.B. Kfz, EDV-Anlage, Literatur etc.);
- zinslose bzw. zinsgünstige Darlehen von Verwandten, Freunden;
- Kredite der Geschäftsbanken (Auskünfte erteilen die jeweiligen Banken);
- staatliche Finanzierungsprogramme für Existenzgründer; im Einzelnen:
    - Existenzkreditprogramm der Deutschen Ausgleichsbank,
    - Mittelstandsprogramme der Kreditanstalt für Wiederaufbau,
    - Überbrückungsgeld durch das Arbeitsamt zur Finanzierung des Lebensunterhalts in der ersten Zeit der Existenzgründung.
- Darüber hinaus bieten die einzelnen Bundesländer spezielle Förderprogramme an (z.B. Existenzförderung von Frauen, Beratungsförderung etc.)[26]

Vor allem aus Gründen der Risikostreuung empfiehlt sich bei der Fremdfinanzierung eine Kombination aus verschiedenen Finanzierungsquellen.
Im Folgenden werden die für Anwälte wichtigsten Programme dargestellt, die öffentliche Finanzierungshilfen für Existenzgründer bereitstellen. Da die Konditionen laufend geändert werden, kann an dieser Stelle nur ein erster Überblick über die öffentlichen Fördermöglichkeiten erfolgen. Die aktuellen Konditionen müssen bei den

---

[25] Vgl. ergänzend zur Berechnung der laufenden Kosten *Ruby* 2001a, S. 61.
[26] Weitere Informationen hierzu bei den Wirtschaftsministerien der Länder und/oder den zuständigen Staatskanzleien.

jeweiligen Institutionen oder über die Hausbank abgefragt werden, über die solche Fördermittel beantragt werden.

a) Existenzkreditprogramme der Deutschen Ausgleichsbank[27]

Speziell die Existenzgründungsprogramme der Deutschen Ausgleichsbank bieten jungen Unternehmern und Freiberuflern wichtige Finanzhilfen. Hierzu bietet die Deutsche Ausgleichsbank folgende Finanzierungsinstrumente an:

- Die **ERP-Eigenkapitalhilfe zur Aufstockung vorhandener Eigenmittel** (EKH-Programm) dient dazu, Lücken im Eigenkapital zu schließen.»Gefördert werden sowohl die Eröffnung einer eigenen Praxis als auch die Kanzleiübernahme, die Gründung einer Sozietät oder die Beteiligung an einer bestehenden Sozietät, sofern ausreichende Eigenmittel nicht vorhanden sind und die Investition eine nachhaltige tragfähige Vollexistenz erwarten lässt.«[28] Die Fördermittel sind zweckgebunden und können nur zur Finanzierung des unternehmerischen Vorhabens und nicht zur Deckung des Lebensunterhalts verwendet werden.
- Das **ERP-Existenzgründungsdarlehen** ermöglicht die Finanzierung von 50% (in den alten Bundesländern) bzw. 75% (in den neuen Bundesländern) der Investitionskosten. Gefördert werden neben der Kanzleigründung auch die Folgeinvestitionen, sofern sie innerhalb von drei Jahren nach der Gründung anfallen. Dieses Programm kann darüber hinaus mit dem ERP-Eigenkapitalhilfeprogramm gekoppelt in Anspruch genommen werden.
- Beim **DtA-Existenzgründungsdarlehen** (Darlehen aus eigenen Mitteln der Deutschen Ausgleichsbank) handelt es sich um Fördermittel für die Gründung einer anwaltlichen Praxis und für Investitionen zur Festigung der selbständigen Existenz innerhalb von acht Jahren nach der Kanzleigründung.
- Das **DtA-Startgeld** ermöglicht eine Existenzgründung im Nebenerwerb. Sozialversicherungspflichtigen Anwälten, die noch in eine andere Kanzlei eingebunden sind, kann mit Hilfe dieses Programms der Start in die Selbstständigkeit erleichtert werden. Es wird jedoch vorausgesetzt, dass der Nebenerwerb mittelfristig zur vollen Selbstständigkeit führt. Bei Inanspruchnahme des DtA-Startgeldes können allerdings keine anderen Fördermittel der Deutschen Ausgleichsbank beantragt werden.

b) Mittelstandsprogramm der Kreditanstalt für Wiederaufbau

Fallen bei der Existenzgründung bereits hohe Investitionssummen an (z. B. weil mehrere Gründer eine bestehende große Praxis übernehmen und das Haus, in dem sich die Praxisräume befinden, kaufen wollen), bietet das Mittelstandsprogramm der Kreditanstalt für Wiederaufbau Fördermöglichkeiten.»Anders als bei den Krediten der

---

27 Zu den folgenden Ausführungen vgl. weiterführend: *Fischedick* 2000, S. 303 ff.
28 *Fischedick* 2000, S. 306.

Deutschen Ausgleichsbank können die Mittel der Kreditanstalt für Wiederaufbau nicht nur für Sachinvestitionen, sondern auch zur Deckung laufender Kosten, insbesondere der Personalkosten, verwendet werden.«[29]
Im Ergebnis müssen die Förderprogramme und Kreditangebote auf ihre Rahmenbedingungen hin überprüft und verglichen werden. Richtlinien und Durchführungsbestimmungen schreiben genau vor, für welche Investitionen bzw. Kostenarten Finanzmittel in welcher Höhe zur Verfügung gestellt werden können.

c) Überbrückungsgeld

Das Überbrückungsgeld dient zur Sicherung des Lebensunterhalts und der sozialen Absicherung in der Zeit der Existenzgründung. Anspruch auf diese Fördermittel haben Anwälte, die Arbeitslosengeld bzw. Arbeitslosenhilfe beziehen und Anwälte, die an einer Arbeitsbeschaffungsmaßnahme teilnehmen. Daher kommen Überbrückungsgelder nur für Anwälte in Betracht, die bereits sozialversicherungspflichtig gearbeitet haben und in der Zeit vor der Existenzgründung Leistungsempfänger des Arbeitsamtes sind.[30]

d) Vorgehen bei der Auswahl der Finanzierungsquellen

Zu jeder Finanzierungsquelle sind folgende Eckdaten der Kreditvergabe zu ermitteln und zu vergleichen:

Prüfung von Kreditangeboten

- Laufzeit des Kredits
- Zinshöhe und Art des Zinssatzes
- für einen bestimmten Zeitraum festgeschriebene Verzinsung (Konsequenz: Die Zinskosten bleiben für den festgelegten Zeitraum konstant, was für langfristige Kredite positiv zu bewerten ist).
- variable Verzinsung in Abhängigkeit von Marktschwankungen (Konsequenz: Zinsbelastungen können fallen, aber auch steigen. Variable Zinssätze sind nur bei kurzfristigen Krediten und überschaubaren Zinsentwicklungen von Interesse).
- Zahl der Jahre ohne Zinszahlung
- Zahl der Jahre ohne Tilgung
- Auszahlungsbetrag / Disagio (Der Auszahlungsbetrag wird durch ein Disagio gekürzt, um den Nominalzins zu senken oder steuerliche Vorteile zu nutzen.)
- Gebührenhöhe
- Provision
- Art und Umfang der Sicherheiten

---

29 *Fischedick* 2000, S. 310.
30 Vgl. *Fischedick* 2000, S. 310; alle Arbeitsämter erteilen Auskunft zum Überbrückungsgeld.

D. Konzeptions- und Planungsphase **Teil 2**

Die Antragstellung für öffentliche Fördermittel erfolgt in der Regel über die Hausbank. Alle größeren Geschäftsbanken bieten zusätzlich eine kostenlose Existenzgründungsberatung an, so dass Unsicherheiten bei der Finanzierung der Kanzleigründung mit professioneller Hilfe geklärt werden können. Im Regelfall wird eine Mischfinanzierung aus öffentlichen Förderprogrammen, Krediten der Geschäftsbanken und Eigenmitteln vorgenommen. Ein Vergleich zwischen den Unterstützungs- und Beratungsleistungen unterschiedlicher Geschäftsbanken erleichtert darüber hinaus die Wahl der Hausbank.

III. Berufsrechtliche Voraussetzungen

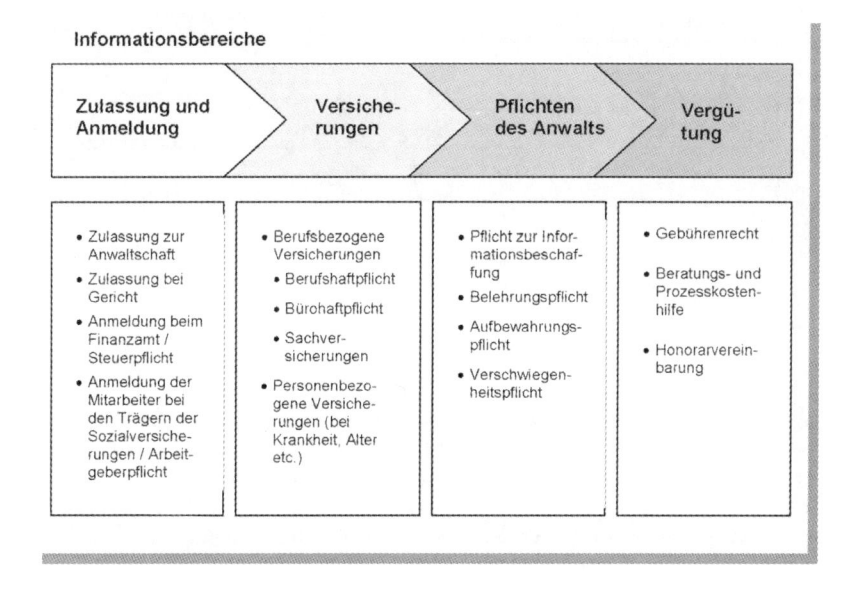

Informationsbereiche

Zulassung und Anmeldung	Versicherungen	Pflichten des Anwalts	Vergütung
• Zulassung zur Anwaltschaft • Zulassung bei Gericht • Anmeldung beim Finanzamt / Steuerpflicht • Anmeldung der Mitarbeiter bei den Trägern der Sozialversicherungen / Arbeitgeberpflicht	• Berufsbezogene Versicherungen • Berufshaftpflicht • Bürohaftpflicht • Sachversicherungen • Personenbezogene Versicherungen (bei Krankheit, Alter etc.)	• Pflicht zur Informationsbeschaffung • Belehrungspflicht • Aufbewahrungspflicht • Verschwiegenheitspflicht	• Gebührenrecht • Beratungs- und Prozesskostenhilfe • Honorarvereinbarung

1. Zulassung zur Anwaltschaft und bei Gericht

Ein wichtiger Schritt während der Konzeptions- und Planungsphase der Kanzleigründung besteht darin, sich über alle berufsrechtlichen Voraussetzungen der anwaltlichen Tätigkeit zu informieren.[31]

---

31 Vgl. zum Für und Wider des anwaltlichen Berufsrechts: *Koch* 2000, S. 75–87.

Voraussetzung für die Niederlassung als Rechtsanwalt ist eine staatliche Zulassung. Erst die Zulassung zur Rechtsanwaltschaft berechtigt dazu, die Berufsbezeichnung Rechtsanwalt bzw. Rechtsanwältin zu führen und rechtsberatend tätig zu werden. Da die Abläufe des Zulassungsverfahrens uneinheitlich geregelt sind, müssen zunächst bei der zuständigen[32] Rechtsanwaltskammer Informationen über das Zulassungsverfahren eingeholt werden.
Das für die Zulassung zur Anwaltschaft und bei Gericht erforderliche Antragsformular ist bei der jeweils zuständigen Stelle (örtliche Kammer, Justizverwaltung) erhältlich. Dieses muss ausgefüllt zusammen mit weiteren Unterlagen bei der zuständigen Stelle eingereicht werden:[33]

Für Zulassung und Anmeldung benötigte Unterlagen

- Lebenslauf und Lichtbild,
- Geburtsurkunde und ggf. beglaubigte Abschrift der Heiratsurkunde,
- eine beglaubigte Kopie des Examenszeugnisses (Zweite juristische Staatsprüfung oder Abschlussprüfung der einstufigen Juristenausbildung oder Eignungsprüfung),
- Nachweis der Berufshaftpflichtversicherung (z.B. durch eine vorläufige Deckungszusage der Versicherung),
- ggf. beglaubigte Kopie der Promotionsurkunde,
- bei ausländischen Antragstellern: Aufenthaltsgenehmigung.

Die Gebühr für die Bearbeitung des Zulassungsantrags liegt je nach Kammerbezirk bzw. Justizverwaltung zwischen 150 DM und 500 DM. Rechtsanwaltsgesellschaften müssen mit höheren Zulassungsgebühren rechnen (Stand: 2000).
Die Zulassung zur Rechtsanwaltschaft wird mit der Übergabe der Urkunde wirksam.[34] Die Ausübung des Anwaltsberufs ist allerdings erst nach der Eintragung in die Liste der Rechtsanwältinnen und Rechtsanwälte bei Gericht möglich. Voraussetzungen für diese Eintragung sind

- die Vereidigung am zuständigen Landgericht und
- die Anzeige des Kanzleisitzes.

---

32 Zuständig ist die Rechtsanwaltskammer, in deren Bezirk die Zulassung angestrebt wird. Auskunft zu der Frage, welche örtliche Rechtsanwaltskammer zuständig ist, bieten die Geschäftsstellen der örtlichen Rechtsanwaltskammern und die Bundesrechtsanwaltskammer, vgl. einführend hierzu auch: *Ratgeber* 2000, S. 699 f.

33 Hinsichtlich der Dauer des Zulassungsverfahrens ist von sechs bis zwölf Wochen auszugehen; vgl. *Ratgeber* 2000, S. 700.

34 Vgl. zum Folgenden: *Ratgeber* 2000, S. 700.

Mit der Zulassung wird der Anwalt gleichzeitig Mitglied in der örtlich zuständigen Rechtsanwaltskammer.[35] An diese Pflichtmitgliedschaft ist ein jährlicher Beitrag geknüpft, der zwischen 300 DM und 600 DM liegt (Stand: Frühjahr 2000).

2. Anmeldung beim Finanzamt und Steuerpflicht[36]

a) Anmeldung beim Finanzamt

Mit der Kanzleigründung treffen den Anwalt Anzeigepflichten gegenüber dem Finanzamt: Dies bedeutet, dass der Anwalt das zuständige Finanzamt über die Eröffnung der Kanzlei formlos informieren muss.[37] Dabei sind die Art der ausgeübten Tätigkeit sowie der Sitz der Kanzlei zu nennen. Nach Eingang dieser Informationen teilt das Finanzamt die künftige Steuernummer mit.

Darüber hinaus benötigt das Finanzamt Angaben zum Unternehmen, wie z. B. die erwarteten Umsätze und Gewinne. Diese Daten werden im sog. Betriebseröffnungsbogen erhoben, den das Finanzamt Ihnen automatisch nach Bekanntgabe der Kanzleieröffnung zusendet. Das Finanzamt erhält auf diese Weise Anhaltspunkte zur Festlegung der Höhe der Einkommensteuervorauszahlung.

b) Einkommensteuer

Selbstständige Anwälte müssen Ihre Einnahmen als Einkünfte aus selbstständiger Tätigkeit versteuern.[38] Im Hinblick auf die Gewinnermittlung kann gewählt werden zwischen

- einer Gegenüberstellung von Einnahmen und Ausgaben (Einnahmen-/Überschussrechnung) und
- der Bilanzierung (Bilanz und Jahresabschluss).[39]

Von Rechtsanwälten wird üblicherweise die Einnahmen-/Überschussrechnung bevorzugt, da sie im Vergleich zur Bilanzierung deutlich weniger aufwendig ist.

Unabhängig von der Art der Gewinnermittlung müssen ordnungsgemäße Belege für alle Ausgaben der anwaltlichen Tätigkeit gesammelt werden.[40]

---

35 Hauptaufgabe der Kammer ist es, ihre Mitglieder in berufsrechtlichen Fragen zu beraten und die Einhaltung des Berufsrechts zu überwachen.
36 Vgl. zum Folgenden: *Römermann*; *Fischedick* 1999, S. 188 f.
37 Für die Einkommensteuer ist das Finanzamt des Wohnsitzes, für die Umsatzsteuer das Finanzamt des Kanzleisitzes zuständig.
38 Vgl. hierzu grundlegend: *Seer* 1999, S. 337-403; *Möller* 2001, S. 450 ff.
39 Bei der Gründung einer anwaltlichen Kapitalgesellschaft (z. B. GmbH) besteht eine Verpflichtung zur Bilanzierung.
40 Von Beginn an sollte auf ein systematisches Belegemanagement geachtet werden. Dies spart Kosten und erleichtert die Vorbereitung der Steuererklärung.

c) Umsatzsteuer

Unabhängig von der Einkommensteuer sind Anwälte ab einer bestimmten Umsatzhöhe umsatzsteuerpflichtig. Die Umsatzsteuer muss der Anwalt (oder ein Steuerberater) selbst berechnen. Sie wird den Mandanten in Rechnung gestellt und monatlich oder quartalsbezogen an das Finanzamt abgeführt.[41] Von dieser Steuersumme können die sog. Vorsteuerbeträge einbezogen werden. Bei der Vorsteuer handelt es sich um Steuerbeträge, die an andere Unternehmen im Rahmen der Geschäftsausgaben gezahlt wurden (z. B. Mehrwertsteuer, die beim Kauf eines Geschäftswagens oder bei der Anschaffung von Möbeln oder Büromaterial gezahlt wurden.).

Kanzleigründer haben zunächst die Möglichkeit, die Umsatzsteuerregelung für Kleinunternehmer in Anspruch zu nehmen. Danach wird von der Umsatzsteuer befreit, wenn die Bruttoeinnahmen (inkl. Umsatzsteuer) des Vorjahres 32.500 DM und des laufenden Kalenderjahres 100.000 DM nicht übersteigen (Stand: 2000).

In der Aufbauphase der Kanzlei fallen mehr oder weniger hohe Investitionen und Ausgaben an. Umsatzpflichtige Selbstständige sind berechtigt, die dabei gezahlte Vorsteuer (= Mehrwertsteuer) geltend zu machen, d. h. von der Umsatzsteuer, die an das Finanzamt abgeführt werden muss, abzuziehen. Gerade im ersten Jahr ist es möglich, dass die Umsatzsteuersumme kleiner ist als die Vorsteuersumme, so dass mit einer Vorsteuererstattung des Finanzamtes gerechnet werden kann. Allerdings ist zu beachten: Mittel- und langfristig ist die Umsatzsteuer **keine** zusätzliche Einnahmenquelle.

d) Weitere Pflichten gegenüber dem Finanzamt

Wenn bereits in der Aufbauphase der Kanzlei Mitarbeiter eingestellt werden, kommen auf den Arbeitgeber weitere Pflichten zu, die das Finanzamt betreffen:

Arbeitgeberpflichten
• Berechnung der Lohnsteuer, die die Mitarbeiter zahlen müssen,
• Einbehalten dieser Steuersumme vom Gehalt,
• Anmeldung der Steuer beim Finanzamt und
• Abführung der Steuer an das Finanzamt.

---

41 Ob die Umsatzsteuer pro Monat oder pro Quartal abgeführt werden muss, ist abhängig von den Einnahmen. Das Finanzamt teilt mit, in welchen Zeitabständen die Umsatzsteuer gezahlt werden muss.

3. Anmeldung der Mitarbeiter bei Sozialversicherungsträgern und der Verwaltungsberufsgenossenschaft/Arbeitgeberpflicht

Soweit sozialversicherungspflichtige Mitarbeiter beschäftigt werden, müssen diese bei der Krankenkasse, die diese Mitarbeiter frei wählen können, angemeldet werden. Dies gilt auch für teilzeitbeschäftigte Mitarbeiter.

Zu diesem Zweck wird eine sogenannte Betriebsnummer benötigt, die beim örtlichen Arbeitsamt (Vergabestelle für Betriebsnummern) telefonisch oder schriftlich formlos beantragt werden muss. Der Bescheid mit der Betriebsnummer wird vom Arbeitsamt schriftlich zugestellt.

Auskunft darüber, welche Arbeitnehmer bei den Sozialversicherungsträgern anzumelden sind und wie das Meldeverfahren im Einzelnen gestaltet ist, bieten die gesetzlichen Krankenkassen. Die Kassen geben Hilfestellungen beim Ausfüllen der Anmeldung und sorgen dafür, dass die Anmeldungen an die anderen Sozialversicherungsträger (Renten- und Arbeitslosenversicherung) weitergeleitet werden. Die Krankenkassen informieren auch über die weiteren Pflichten als Arbeitgeber (z. B. Jahresmeldung zum 31.12., Abmeldung etc.).

Die in der Kanzlei beschäftigten Mitarbeiter müssen darüber hinaus bei der Verwaltungsberufsgenossenschaft angemeldet werden. Die Verwaltungsberufsgenossenschaft ist der Träger der gesetzlichen Unfallversicherung. Sie bietet finanziellen Schutz bei Unfällen während der Berufsausübung in- und außerhalb der Kanzlei sowie auf dem Weg von und zur Kanzlei.[42] Die Höhe der Beiträge richtet sich nach der sogenannten Gefahrenklasse des ausgeübten Berufs und der Anzahl der Mitarbeiter oder dem Umsatz der Kanzlei.[43]

4. Versicherungen

Die Planung der Versicherungsstruktur sollte darauf gerichtet sein, eine geeignete Risikovorsorge zu gewährleisten. Es muss entschieden werden, welche freiwilligen Versicherungen neben den Pflichtversicherungen für den Kanzleigründer von Bedeutung sind.[44]

Im Folgenden soll ein kurzer Überblick über die wichtigsten Versicherungen eine erste Orientierung geben. Dabei wird zwischen Haftpflicht-, Sach- und Personenversicherungen unterschieden.

---

42 Vgl. weiterführend *Martin* 1997, S. 489 f
43 Alle Sozialversicherungsträger bieten kostenlose Materialien, die über die Gestaltung der Arbeitgeberpflichten informieren.
44 Hilfestellungen liefern hierbei Verbraucherberatungsstellen, Versicherer und Versicherungsberater.

a) Haftpflichtversicherungen

aa) Berufshaftpflichtversicherung

Die für einen Anwalt wichtigste berufsbezogene Versicherung ist **die Berufshaftpflichtversicherung**.[45] Sie ist seit 1994 eine gesetzliche Pflichtversicherung. Ihr Abschluss ist Voraussetzung für die Zulassung zur Anwaltschaft. Bei der Berufshaftpflichtversicherung handelt es sich um eine Haftpflichtversicherung bei Vermögensschäden, die der Rechtsanwalt bzw. seine Mitarbeiter im Rahmen der beruflichen Tätigkeit schuldhaft verursachen.

Diese Versicherung ist deshalb von zentraler Bedeutung, weil auch kleine Fehler und Unachtsamkeiten große Schäden verursachen können. Daher sollte eine ausreichend hohe Schadenssumme abgedeckt sein. Die gesetzlich vorgeschriebene Mindestversicherungssumme beträgt 500.000 DM. Diese Summe wird von Experten als »absolut unzureichend« bezeichnet.[46] »Die Versicherungssumme muss so gewählt werden, dass die in einem Jahr aus verschiedenen Mandaten entstehenden Schadensersatzansprüche abgedeckt sind und dass der Rechtsanwalt auch dann noch ruhig schläft, wenn ein sehr hoher Betrag von ihm verlangt wird. Auch Mandate mit einem Gegenstandswert von nur 10.000 DM oder weniger können Millionenschäden verursachen.«[47] Darüber hinaus ist zu bedenken, dass die Versicherungssumme regelmäßig der Kanzleientwicklung angepasst werden sollte.

Den Gründern einer Anwaltskanzlei bieten die Versicherer eine Reihe von finanziellen Erleichterungen, so dass sich die Beitragszahlungen für die ersten Berufsjahre reduzieren:

- Für das erste Geschäftsjahr gewähren die Versicherungsgesellschaften einen sogenannten Anfängerrabatt, der eine Halbierung des Beitrags beinhaltet.
- Die meisten Versicherungsgesellschaften bieten darüber hinaus bei Abschluss einer Versicherung mit mindestens fünfjähriger Laufzeit einen Beitragsnachlass von 10% pro Jahr an.[48]

bb) Bürohaftpflichtversicherung

Die Betriebs- bzw. **Bürohaftpflichtversicherung** ist eine freiwillige Versicherung. Sie bietet dem Rechtsanwalt und seinen Mitarbeitern (für die der Rechtsanwalt haftet) Schutz bei Vermögens-, Personen- und Sachschäden, die Dritten im Rahmen des Kanzleibetriebs zugefügt werden (z. B. Schäden durch die Büroeinrichtung, Schäden, die bei Hausbesuchen der Mandanten entstehen etc.). Der Abschluss dieser

---

45 Vgl. weiterführend zur Berufshaftpflichtversicherung: *Brieske* 2000, S. 123 ff.; *Pott* 1997, S. 475–479; *Sassenbach* 2001, S. 481–499.
46 *Brieske* 2000, S. 124 ff.; vgl. auch *Sassenbach* 2001, S. 484.
47 *Brieske* 1991, S. 485.
48 Beitragsberechnungen bei alternativen Versicherungssummen bietet *Brieske* 2000, S. 139 ff.

Versicherung ist empfehlenswert, da berechtigte Schadensersatzansprüche abgedeckt und unberechtigte Forderungen abgewehrt werden.[49]

b) Sachversicherungen

Zu den ebenfalls freiwilligen **Sachversicherungen** zählen folgende Einzelversicherungen:

- Die **Geschäftsversicherung** bietet Versicherungsschutz bei Schäden aufgrund von Feuer, Einbruch/Diebstahl, Vandalismus und Leitungswasser.
- Die **Elektronikversicherung** bietet Schutz bei Schäden an elektronischen Geräten bzw. des gesamten EDV-Systems.
- Die **Betriebsunterbrechungsversicherung** ersetzt die fortlaufenden Kosten einer Kanzlei (wie z. B. Gehälter und Miete) sowie den entgangenen Kanzleigewinn, falls eine Störung (wie z. B. nach einem Brand in den Büroräumen einer Kanzlei) eine Fortführung des Kanzleibetriebs nicht ermöglicht.

Welche dieser Sachversicherungen notwendig sind, muss jeweils im Einzelfall abgewogen werden. So ist z. B. eine Versicherung der Datenträger unnötig, wenn regelmäßig gesichert wird und die Datensicherung zusammen mit den Originaldisketten der Programme an einem sicheren Ort gelagert werden.

c) Personenbezogene Versicherungen[50]

Zu den personenbezogenen Versicherungen zählen die Versicherungen, die dem Anwalt bei gesundheits- und lebensbezogenen Risiken Schutz bieten. Hierzu zählen vorrangig die Kranken- und Pflegeversicherung, die Absicherung durch das Versorgungswerk der Anwälte sowie eine bedarfsgerechte Altersvorsorge.

Angesichts der Vielfalt der Versicherungsmöglichkeiten und der persönlichen Risikolage können die folgenden Ausführungen nur einen ersten Überblick über die Grundentscheidungen bieten, die im Hinblick auf personenbezogene Versicherungen bei der Gründung einer Anwaltskanzlei zu treffen sind. Hierbei werden die wichtigsten Versicherungen vorgestellt.

aa) Krankenversicherung

Für den Kanzleigründer ist die Krankenversicherung die wichtigste personenbezogene Versicherung, da für ihn ein längerer krankheitsbedingter Arbeitsausfall schnell zur Existenzfrage werden kann.

Bei der Krankenversicherung sind zunächst zwei unterschiedliche Versicherungssysteme zu unterscheiden:

- Die gesetzliche Krankenversicherung bietet allen Mitgliedern einen einheitlichen Versicherungsschutz. Der freiberuflich tätige Anwalt kann sich allerdings

---

[49] Vgl. weiterführend: *Pott* 1997, S. 503 ff.; *Sassenbach* 2001, S. 489 ff.
[50] Vgl. zum Folgenden weiterführend: *Schmitz-Krummacher* 2000, S. 189–205.

freiwillig in **der gesetzlichen Krankenversicherung** nur unter bestimmten Bedingungen versichern.[51] Die gesetzliche Krankenversicherung bietet zwar keine individuellen Versicherungslösungen, hat aber den großen Vorteil, dass Familienangehörige (Partner und Kinder) kostenlos über den Versicherungsnehmer mitversichert werden können.

Die übliche Versicherungsform für freiberuflich tätige Anwälte ist die **private Krankenversicherung**. Die privaten Krankenversicherungen bieten individuelle Versicherungslösungen. Vorteilhaft ist darüber hinaus die Tatsache, dass die Beitragshöhe nicht vom Einkommen, sondern vom Eintrittsalter des Versicherungsnehmers abhängt, so dass man bei frühzeitigem Eintritt in die private Krankenversicherung mit relativ niedrigen Beiträgen rechnen kann. Der Nachteil der privaten Krankenversicherung besteht darin, dass Familienangehörige gesondert versichert werden müssen.[52]

bb) Krankentagegeldversicherung

Mit Hilfe der Krankentagegeldversicherung können Einkommensausfälle infolge einer längeren Arbeitsunfähigkeit abgedeckt werden. Damit sichert die Krankentagegeldversicherung den Unterhalt der Familie und den Fortgang des Kanzleibetriebs. Die Beitragshöhe ist abhängig

- von der Höhe des gewünschten Krankentagegelds. Dies kann »bis zur Höhe des auf den Tag umgerechneten Nettoeinkommens betragen«;[53]
- vom Beginn des Versicherungsschutzes. Je früher der Versicherungsschutz gewünscht wird, desto höher sind die Beiträge.

In der Regel steigen die Verdienstausfälle mit der Dauer der Arbeitsunfähigkeit. Daher empfiehlt sich die Absicherung eines hohen Krankentagegelds erst zu einem späten Zeitpunkt (z. B. ab dem 29. Tag der Arbeitsunfähigkeit). Um Beiträge zu sparen, kann auch ein gestaffeltes Tagegeld vereinbart werden (z. B. ab dem achten Tag der Arbeitsunfähigkeit erhält der Anwalt 100 DM, ab dem 15. Tag 200 DM und ab dem 29. Tag 300 DM.). Darüber hinaus sollte das Krankentagegeld regelmäßig der Einkommensentwicklung angepasst werden.

---

51 Entscheidend ist hierbei die gesetzliche Vorversicherung; vgl. hierzu weiterführend das Informationsmaterial der gesetzlichen Krankenkassen.

52 Einen ersten Einstieg liefert hierzu die *Deutsche Krankenversicherung* AG 1997, S. 483 ff. Darüber hinaus bietet die DKV in ihren Geschäftsstellen einen kostenlosen und individuellen Beratungsservice zu Fragen der Kranken- und Pflegeversicherung an.
Kostensparend ist es, keinen 100%-Tarif zu wählen, bei dem im Krankheitsfall die vollen Behandlungskosten abgedeckt sind. Ökonomisch sinnvoller ist eine Selbstbeteiligung. Im Wesentlichen gibt es zwei Formen der Selbstbeteiligung: Beim Ambulanttarif handelt es sich um einen absoluten Betrag (z. B. 600 DM, 800 DM oder 1.000 DM), »nach dessen Überschreitung eine 100%-ige Erstattung der Kosten erfolgt« (*Deutsche Krankenversicherung AG* 1997, S. 485). Bei Zahnbehandlungen sind demgegenüber prozentuale Selbstbeteiligungen üblich (z. B. 40%, 50% oder 80% jeder Zahnbehandlung).

53 *Deutsche Krankenversicherung* AG 1997, S. 486.

D. Konzeptions- und Planungsphase Teil 2

cc) Pflegeversicherung

Seit dem 1. Januar 1995 ist die Pflegeversicherung eine Pflichtversicherung für die gesamte Bevölkerung. Sie bietet eine finanzielle Absicherung im Falle der Pflegebedürftigkeit, und zwar für Leistungen der häuslichen Pflege wie der vollstationären Pflege. »Die Leistungen der privaten und der gesetzlichen Pflegeversicherung sind gleich und bieten den vom Gesetzgeber geforderten Mindestschutz.«[54] Dieser Mindestschutz ist eine Art Grundabsicherung, die mit Hilfe der Ergänzungsversicherungen der privaten Krankenversicherungen, den Bedürfnissen entsprechend, verbessert werden kann.

dd) Altersvorsorge sowie Vorsorge im Falle der Berufs- und Erwerbsunfähigkeit

In der Phase der Existenzgründung werden häufig Fragen nach einer ausreichenden Altersabsicherung und einer Vorsorge bei frühzeitiger Berufs- und Erwerbsunfähigkeit durch Krankheit oder Unfall vernachlässigt. Dies ist ein gravierender Fehler:
- Eine finanzielle Absicherung ist hinsichtlich des Risikos der Berufs- und Erwerbsunfähigkeit gerade deshalb von Bedeutung, da beim Berufseinstieg in der Regel noch keine ausreichenden finanziellen Reserven für den Ernstfall vorhanden sind.
- Eine angemessene Altersvorsorge ist umso leichter aufzubauen, je früher man damit beginnt.

Da Kanzleigründer nicht Mitglied der gesetzlichen Rentenversicherung sind, müssen sie auf andere Weise Vorsorge treffen. Ein wichtiger Baustein ist hierbei die Mitgliedschaft im Versorgungswerk der Rechtsanwälte. »Ihr Gegenstand ist die Versorgung bei Invalidität, für das Alter und die Hinterbliebenen bei Tod.«[55] In den meisten Bundesländern wird jeder neu zugelassene Anwalt, der jünger als 45 Jahre ist, automatisch Mitglied im Versorgungswerk.[56] Bemessungsgrundlage für den Beitrag ist das Nettoeinkommen, das der Kanzleigründer durch den Einkommensteuerbescheid des vorletzten Kalenderjahres nachweisen muss. Folgende Risiken deckt die Mitgliedschaft im Versorgungswerk der Anwälte ab:
- Nach einer dreimonatigen Wartezeit ist der Anwalt im Falle der Berufsunfähigkeit versichert. Die Ursachen der Berufsunfähigkeit werden nicht überprüft. Durch einen Facharzt wird lediglich überprüft, ob der Anwalt seinen Beruf noch ausüben kann oder nicht. Eine **Berufsunfähigkeitsrente** wird allerdings nur dann gezahlt, wenn die Zulassung zurückgegeben wird.
- Der frühe Tod eines Mitglieds führt zur Auszahlung einer **Hinterbliebenenrente**.

---

54 *Kilger* 1991, S. 517; vgl. weiterführend: *Schmitz-Krummacher* 2000, S. 200 ff, *Kilger* 2000, S. 167-188; *Sassenbach* 2001, S. 496 ff.

55 *Kilger* 1991, S. 517.

56 Eine Ausnahme bilden hier Hamburg und Sachsen-Anhalt (Stand: Juni 2000), wobei in Hamburg der Aufbau eines Versorgungswerks in Angriff genommen wurde; vgl. weiterführend *Kilger* 1991, S. 515 ff. und 2000, S. 167 ff.

- »Die **Altersrente** orientiert sich an der Erreichung des 65. Lebensjahrs. Allerdings bieten die Satzungen in der Regel die Möglichkeit, den Rentenbezug um drei Jahre vorzuziehen oder hinauszuziehen, jeweils mit versicherungsmathematischen Zu- oder Abschlägen. Hierfür bedarf es lediglich eines Antrags, keiner Begründung. Im Übrigen findet keinerlei Anrechnung anderweitigen Einkommens statt.«[57]

Insgesamt betrachtet bietet das Versorgungswerk der Anwälte eine angemessene Grundversorgung für den Kanzleigründer. Diese Grundversorgung kann durch zusätzliche private Absicherung der Risiken aufgestockt werden:[58]

- Das Risiko der Berufs- und Erwerbsunfähigkeit kann durch eine private Berufsunfähigkeitsversicherung weitergehend abgedeckt werden.
- Für die finanzielle Absicherung im Alter bieten sich Kapitallebensversicherungen, aber auch die unterschiedlichen Möglichkeiten der Kapitalanlage bei Banken als individuelle Sparformen an.

d) Auswahl der Versicherungen und Beratung

Bei der Planung der Versicherungsstruktur sind folgende Grundentscheidungen zu treffen:

- Zunächst muss die Frage nach der **Risikobereitschaft** geklärt werden. Der Wunsch nach einer umfassenden Absicherung gegen alle nur denkbaren Risiken ist naheliegend. Die Realisierung dieses Wunsches ist allerdings teuer und führt dazu, dass die Fixkosten in der Anlaufphase des Kanzleibetriebes sehr hoch sind. Zu empfehlen ist eine ausgewogene Mischung von Versicherungen, die eine möglichst weitgehende Risikoabdeckung bietet. Mit steigendem Ertrag der Kanzlei kann der Versicherungsschutz schrittweise ausgebaut werden.
- Die Voraussetzung für die Planung der optimalen Versicherungsstruktur bildet eine zeitaufwändige Phase der **Informationsbeschaffung**:
- Einen ersten Einstieg und Überblick bieten die unterschiedlichen Beratungsleistungen der Verbraucherzentralen und -beratungsstellen.
- Informationsmaterial und telefonische Beratung stellen selbstverständlich alle Versicherer kostenlos zur Verfügung.
- Darüber hinaus ist eine fachkundige Beratung durch einen unabhängigen Versicherungsmakler möglich.

5. Informationen zum Anwaltsvertrag – Pflichten des Anwalts

Aus der Übernahme von Mandaten, dem Rechtsverhältnis zwischen Mandant und Anwalt und dem Anwaltsvertrag ergeben sich Pflichten für den Anwalt. Für

---

57 *Kilger* 1991, S. 518.
58 Vgl. hierzu weiterführend *Heininger* 1997, S. 480 ff.

D. Konzeptions- und Planungsphase **Teil 2**

Berufseinsteiger und vor allem für Kanzleigründer ist es wichtig, sich über die Pflichten des Anwalts zu informieren.[59]

Informationsbereiche zu den Anwaltspflichten

- das Zustandekommen des Anwaltsvertrages;
- die Möglichkeit, ein Mandat abzulehnen (Fürsorgepflicht gegenüber den potenziellen Mandanten);
- der Umfang der Beratungsleistungen;
- die Pflicht zur Informationsbeschaffung und zur Überprüfung der Informationen;
- die Belehrungspflicht des Anwalts;
- die Pflicht zur Aufklärung des Mandanten über die Kosten der anwaltlichen Leistung (hierzu zählt auch die Beantragung von Prozesskostenhilfe bzw. Beratungshilfe) und evtl. eines Prozesses bzw. eines Vergleichs;
- das Weisungsrecht des Mandanten und die Bindung des Anwalts an die Mandantenweisungen;
- die Niederlegung des Mandats bzw. Kündigung des Anwaltsvertrags (von Seiten des Anwalts oder des Mandanten) und die damit verbundene Konsequenzen;
- das Aktenmanagement und die damit verbundene Aufbewahrungspflicht des Anwalts sowie die Rechte und Pflichten des Mandanten;
- die Verschwiegenheitspflicht des Anwalts.

---

6. Informationen zur Abrechnung des Mandats

a) Gebührenrecht

Die Vergütung der anwaltlichen Tätigkeit ist gesetzlich geregelt (Bundesgebührenordnung für Rechtsanwälte BRAGO). »Eine von dem Rechtsanwalt ausgestellte Rechnung muss der Sach- und Rechtslage entsprechen, will sich der Rechtsanwalt nicht einer strafbaren Gebührenerhebung (§ 352 StGB) schuldig machen.«[60] Dies macht deutlich, wie wichtig es ist, umfassende Kenntnisse zum Gebührenrecht zu erwerben. Die Anwaltakademie des Deutschen Anwaltvereins bietet mehrmals im Jahr Seminare bzw. Lehrgänge an, in denen die Grundlagen des Gebührenrechts und deren Anwendung in der Praxis vermittelt werden.[61]

---

59 Vgl. grundlegend hierzu: *Borgmann*; *Haug* 1995; *Borgmann* 2000, S. 151 ff.; vgl. ergänzend: *Heussen* 1999, S. 106 f.
60 *Madert* 2000; S. 522; vgl. weiterführend: *Enders* 1993; vgl. weiterführend: *Heussen* 1999, S. 65–80; *Madert* 2001, S. 381–414.
61 Termine können dem Veranstaltungskalender der Deutschen Anwaltakademie entnommen werden.

b) Beratungshilfe und Prozesskostenhilfe

Mit der Beratungs- und Prozesskostenhilfe kommt der Staat der Pflicht nach, Kostenbarrieren bei der Verwirklichung der Rechtssicherheit bzw. des Rechtsschutzes abzubauen. Dies ist notwendig, da die Chance, Recht durchzusetzen bzw. zu erhalten, auch von den finanziellen Möglichkeiten der Konfliktparteien abhängt. Die rechtliche Grundlage[62] bilden

- das Gesetz über Rechtsberatung und Vertretung für Bürger mit geringem Einkommen (**Beratungshilfegesetz** BerHG); »Beratungshilfe ist Hilfe für die Wahrnehmung von Rechten außerhalb eines gerichtlichen Verfahrens (§ 1 Abs. 1 BerHG)« und umfasst Rechtsberatung und Vertretung, soweit diese erforderlich ist.[63]
- das **Prozesskostenhilfegesetz** (PKHG); »Prozesskostenhilfe ist Kostenhilfe für die Führung eines Prozesses, d. h. die Rechtsverfolgung oder Rechtsverteidigung vor inländischen Gerichten ...«.[64]

Zur Inanspruchnahme dieser finanziellen Hilfen muss der Mandant spezielle (subjektive) Voraussetzungen erfüllen.[65] Die Bewilligungsverfahren sind in den jeweiligen Gesetzen näher ausgeführt.

c) Honorarvereinbarung

Honorarvereinbarungen bieten die Möglichkeit, anwaltliche Dienste zu einer angemessenen und nachvollziehbaren Vergütung (jenseits der Gebührenordnung) anzubieten.[66] Honorare werden z. B. bei Beratungsverträgen vereinbart, um Konflikte über die Höhe der anfallenden Gebühren zu vermeiden oder um die Abrechnung für den Mandanten insgesamt transparenter zu machen.

Honorarvereinbarungen können

- auf eine Vergütung abzielen, die über den gesetzlichen Gebühren liegt (wobei spezielle Vorgaben zu berücksichtigen sind);[67]
- zu einem Honorar führen, das unter den gesetzlichen Gebühren liegt (z. B. für außergerichtliche Angelegenheiten).

Honorarvereinbarungen können unterschiedlich ausgestaltet werden. Deswegen ist eine umfassende Information über Ausgestaltungsmöglichkeiten und Detailregelungen erforderlich.

---

62 Einen Überblick hierzu bietet: *Greißinger* 2000, S. 541–546; vgl. weiterführend *Madert* 2001, S. 394 ff.
63 *Greißinger* 2000, S. 543.
64 *Greißinger* 2000, S. 545.
65 Vgl. zu den Voraussetzungen: *Greißinger* 2000, S. 544 ff.
66 Einen wichtigen Einstieg bietet: *Kindermann* 2000, S. 529–539; weiterführend: *Brieske* 1997; *Krämer* 1999, S. 787 ff.
67 Vgl. *Kindermann* 2000, S. 529–539.

Anhang

A. Anhang – Tabellen

Bundesländer	Anteil der Sozien in überörtl. Sozietäten	Bundesländer	Anteil der Sozien in überörtl. Sozietäten
Sachsen	63%	Nordrhein-Westfalen	18%
Thüringen	58%	Saarland	17%
Sachsen-Anhalt	45%	Baden-Württemberg	16%
Brandenburg	42%	Bremen	15%
Mecklenburg-Vorpommern	35%	Rheinland-Pfalz	15%
Hessen	27%	Bayern	14%
Berlin	26%	Niedersachsen	9%
Hamburg	22%	Schleswig-Holstein	6%

Tabelle 1: Anteil der Sozien in überörtlichen Sozietäten nach Bundesländern

Anwaltstyp	Größe des Arbeitsortes (Einwohnerzahl)					
	unter 10.000	10.000 bis 50.000	50.000 bis 100.000	100.000 bis 500.000	500.000 bis 1 Mio.	1 Mio. und mehr
junge Anwaltschaft insgesamt	7%	23%	10%	26%	14%	20%
Einzelanwalt in einer von Ihnen neu gegründeten Kanzlei	13%	30%	9%	23%	9%	16%
Partner in einer von Ihnen (mit-) gegründeten Sozietät	8%	25%	15%	24%	10%	18%
Einzelanwalt im Rahmen einer von Ihnen (mit-) gegründeten Bürogemeinschaft	7%	17%	6%	29%	12%	29%
Einzelanwalt nach Übernahme einer Einzelkanzlei	5%	37%	21%	21%	11%	5%
Partner in einer schon länger bestehenden Sozietät	4%	21%	14%	27%	13%	21%
Einzelanwalt im Rahmen einer schon länger bestehenden Bürogemeinschaft	4%	9%	13%	26%	11%	37%
Syndikusanwalt in einem Unternehmen	2%	8%	3%	29%	29%	29%
Syndikusanwalt in einem Verband	4%	8%	4%	40%	28%	16%
Angestelltenverhältnis in einer Einzelkanzlei	8%	34%	13%	24%	9%	12%
Angestelltenverhältnis in einer Sozietät	2%	21%	10%	26%	21%	20%
Angestelltenverhältnis im Rahmen einer Bürogemeinschaft	0%	0%	50%	50%	0%	0%
Freie Mitarbeit in einer Einzelkanzlei	11%	29%	9%	22%	6%	23%
Freie Mitarbeit in einer Sozietät	2%	21%	10%	32%	14%	21%
Freie Mitarbeit in Rahmen einer Bürogemeinschaft	10%	15%	10%	20%	15%	30%
ohne Beschäftigung, auf Stellensuche	0%	18%	0%	37%	18%	27%

Tabelle 2: Anwaltstyp nach Größe des Arbeitsortes

Anhang

	Einzelkanzleien	Bürogemeinschaften	Sozietäten
EDV-Anlage	90%	93%	94%
Telefonanlage	89%	84%	92%
Telefax	86%	80%	95%
Kopiergerät	74%	73%	91%
sonstige Bürotechnik	56%	55%	73%
Grundausstattung Bibliothek	89%	87%	93%
Möblierung / Einrichtung	88%	95%	96%
Renovierung der Büroräume	52%	53%	56%
Geschäftsfahrzeug	51%	49%	62%
allgemeiner Bürobedarf	89%	84%	86%
spezieller Berufsbedarf	83%	84%	84%
Eröffnungsfeier	28%	38%	44%
spezielle Gründungskosten	6%	5%	12%

Tabelle 3: Anteil der Gründer, die in den einzelnen Feldern bei Kanzleigründung investieren

	Einzelkanzleien	Bürogemeinschaften	Sozietäten
Arbeitsrecht	2.8*	2.34	2.18
Sozialrecht	3.96	3.83	4.24
Erbrecht	3.3	3.25	3.06
Familienrecht	2.61	2.28	2.4
Mietrecht	2.53	2.38	2.41
privates Baurecht	3.6	3.26	2.73
Umweltrecht	4.62	4.5	4.47
Verkehrsrecht	2.55	2.54	2.6
Insolvenzrecht	3.94	3.64	3.46
Zwangsvollstreckung	2.97	2.54	2.58
Handelsrecht	3.54	3.2	2.98
Gesellschaftsrecht	3.34	2.92	2.68
Steuerrecht	4.02	3.65	3.59
Versicherungsrecht	3.86	3.82	3.8
Wettbewerbsrecht	4.37	3.96	3.99
gewerblicher Rechtsschutz	4.51	4.14	4.08
öffentliches Recht	3.87	3.63	3.5
Grundstücksrecht	3.6	3.5	3.01
Bau- / Bauplanungsrecht	4.14	3.99	3.54
Ausländer- / Asylrecht	4.42	3.88	4.33
internationales Recht	4.64	4.36	4.56
EU-Recht	4.64	4.47	4.57
Strafrecht	3.28	2.65	2.92

*Mittelwerte einer 5er Skala (1 = bedeutender Tätigkeitsschwerpunkt; 5 = unbedeutender Tätigkeitsschwerpunkt).

Tabelle 4: Fachliche Schwerpunkte neu gegründeter Kanzleien. Eischätzung der Bedeutsamkeit einzelner Rechtsgebiete.

	Gründer von Einzelkanzleien	Gründer von Bürogemeinschaften	Gründer von Sozietäten
2. Staatsexamen			
Prädikatsexamen	38%	40%	56%
kein Prädikatsexamen	42%	38%	52%
Promotion			
keine Promotion	38%	40%	51%
Promotion abgeschlossen	53%	50%	61%
Ortsgröße; Ort der Berufsausübung			
bis unter 100.000 Einwohner	33%	43%	52%
100.000 und mehr Einwohner	50%	38%	53%
Gründungsjahr der Kanzlei			
bis einschl. 1992	39%	60%	58%
1993 bis 1996	40%	33%	51%

Tabelle 5: Anteile an Spezialisten (Selbsteinschätzung) nach ausgewählten Merkmalen und Anwaltstyp

Art der Mandantenrekrutierung	Kanzleigründer			
	Nach Geschlecht		Nach Ortsgröße	
	Frauen	Männer	bis unter 100.000 Einw.	mehr als 100.000 Einw.
Laufkundschaft	3,4*	3,4	3,1	3,8
Weiterempfehlung durch andere Mandanten	1,7	1,7	1,7	1,7
durch Empfehlung anderer Anwaltskollegen	2,8	3,1	3,1	2,9
durch Empfehlung aus der Verwandtschaft bzw. aus dem Bekannten- und Freundeskreis	2,2	2,6	2,5	2,4
durch Publikationen (eigene Publikationen, Publikationen von Partnern)	4,5	4,5	4,6	4,3
Empfehlung durch Steuerberater	3,7	3,5	3,5	3,7
durch persönlichen Kontakt im Rahmen von Verbands-, Vereins- und Clubmitgliedschaften	3,2	3,1	3,1	3,2
Empfehlung durch Verband	4,2	4,1	4,3	3,9
durch Kontakte aus politischer Betätigung	4,4	4,3	4,3	4,4
durch Vorträge (eigene Vorträge, Vorträge von Partnern)	4,1	4,0	4,1	4,0
Empfehlung durch Versicherungen	3,8	3,6	3,5	3,9
durch den Anwaltssuchservice	4,1	4,3	4,4	4,1
durch Empfehlung der Bank	4,4	4,1	4,0	4,3
durch Bekanntwerden der Spezialisierung (eigene Spezialisierung, Spezialisierung der Partner)	2,9	3,0	3,1	2,8
durch Korrespondenzmandate	3,3	3,6	3,5	3,5

* Mittelwerte auf einer 5er-Skala: Der Wert 1 bedeutet „häufig", der Wert 5 bedeutet „nie".

Tabelle 6: Art der Mandantenrekrutierung in neu gegründeten Kanzleien nach Geschlecht der Kanzleigründer und nach Standort neu gegründeter Kanzleien.

Anhang

Investitionsvolumen	Einzelkanzleien		Bürogemeinschaften		Sozietäten	
	Gründerinnen	Gründer	Gründerinnen	Gründer	Gründerinnen	Gründer
bis zu 20.000 DM	37%	31%	22%	26%	12%	10%
>20.000 bis 50.000 DM	29%	30%	33%	34%	42%	25%
>50.000 bis 100.000 DM	26%	32%	34%	23%	25%	35%
mehr als 100.000 DM	8%	7%	11%	17%	21%	30%

Tabelle 7: Investitionsvolumen bei Kanzleigründung nach Geschlecht (Gründer – Vollzeittätigkeit)

Ausgewählte Merkmale angestellter Anwälte und freier Mitarbeiter	ang. Anwälte in EK	freie Mitarbeiter in EK	ang. Anwälte in Sozietäten	freie Mitarbeiter in Sozietäten
sofortiger Einstieg in den Anwaltsberuf	69%	82%	73%	72%
Kombination der Anwaltstätigkeit mit weiterer Tätigkeit	24%	20%	14%	21%
Fachanwälte	4%	3%	4%	5%

Tabelle 8: Allgemeine Beschreibung der Gruppe der angestellten Anwälte und freien Mitarbeiter nach ausgewählten Merkmalen

	ang. Anwälte in EK	freie Mitarbeiter in EK	ang. Anwälte in Sozietäten	freie Mitarbeiter in Sozietäten
Mitglied eines anwaltlichen Versorgungswerks	91%	85%	86%	87%
Lebensversicherung	28%	39%	33%	42%
durchschnittliche Versicherungssumme:	99.231 DM	182.738 DM	171.181 DM	217.292 DM
pflichtversichert in der gesetzlichen Rentenversicherung	16%	2%	15%	2%
Risikoabsicherung durch gesicherte Altersversorgung des Ehepartners	11%	10%	4%	8%
Risikoabsicherung durch altersbezogene Vermögensanlagen	9%	11%	12%	17%
Immobilien	6%	2%	2%	2%
freiwillig versichert in der gesetzlichen Rentenversicherung	3%	0%	2%	3%
pflichtversichert über Arbeitsamt oder sonstigen Sozialversicherungsträger	2%	0%	2%	0%
bisher keine Absicherung	0%	5%	1%	3%
Sonstiges	5%	10%	4%	7%

Aufgrund der Möglichkeit zu Mehrfachnennungen addieren sich die einzelnen Werte nicht zu 100%.

Tabelle 9: Absicherung angestellter Anwälte und freier Mitarbeiter gegen Altersrisiken

	ang. Anwälte in EK	freie Mitarbeiter in EK	Ang. Anwälte in Sozietäten	freie Mitarbeiter in Sozietäten
gesetzlich krankenversichert	71%	6%	48%	7%
privat krankenversichert	26%	56%	39%	72%
freiwillig krankenversichert	10%	40%	20%	28%
private Zusatzversicherungen: Krankenhaustagegeld etc.	8%	5%	8%	3%
Sonstiges	4%	4%	3%	3%

Aufgrund der Möglichkeit zu Mehrfachnennungen addieren sich die einzelnen Werte nicht zu 100%.

Tabelle 10: Maßnahmen angestellter Anwälte und freier Mitarbeiter zur Absicherung gegen Krankheitsrisiken

Berufliche Ziele	Geschlecht		1. Staatsexamen			2. Staatsexamen		
	Frauen	Männer	Prädikat	befriedigend	ausreichend	Prädikat	befriedigend	ausreichend
Beibehaltung des derzeitigen Arbeitsverhältnisses	37%	17%	17%	25%	29%	13%	22%	33%
Übernahme als Sozius	35%	62%	61%	54%	44%	69%	54%	41%
Neugründung einer eigenen Kanzlei	21%	14%	15%	16%	21%	6%	16%	23%
Rechtsanwalt, der nicht auf Anwaltstätigkeit im engeren Sinne festgelegt ist	17%	16%	15%	19%	16%	13%	17%	18%
Sonstiges	13%	9%	10%	9%	11%	11%	11%	10%

Aufgrund der Möglichkeit zu Mehrfachnennungen addieren sich die einzelnen Werte nicht zu 100%.

Tabelle 11: Berufliche Ziele angestellter Anwälte und freier Mitarbeiter nach ausgewählten Merkmalen

	Insgesamt	Frauen	Männer
Konkurrenz unter Rechtsanwälten / unstetige wirtschaftliche Entwicklung / schlechte Arbeitsmarktsituation	70%	66%	73%
fehlendes Kapital/ zu hohe Kosten	22%	22%	23%
Verbindung von Beruf und Familie	22%	42%	9%
fehlende Flexibilität und Belastbarkeit	22%	17%	25%
unzureichende Qualifikation und Erfahrung	17%	19%	16%
Konflikte zwischen den Partnern/Sozien hinsichtlich Aufnahme als Partner	27%	21%	31%
fehlende Risikobereitschaft	6%	5%	7%
Änderung von Prioritäten/ von Berufswegen	6%	3%	8%
Sonstiges	3%	1%	4%

Tabelle 12: Hindernisse bei der Verwirklichung der beruflichen Ziele Angestellter und freier Mitarbeiter nach Geschlecht

B. Anhang – Abbildungen

N = 1571

keine weitere Tätigkeit neben dem Anwaltsberuf
73%

27% weitere Tätigkeit neben dem Anwaltsberuf

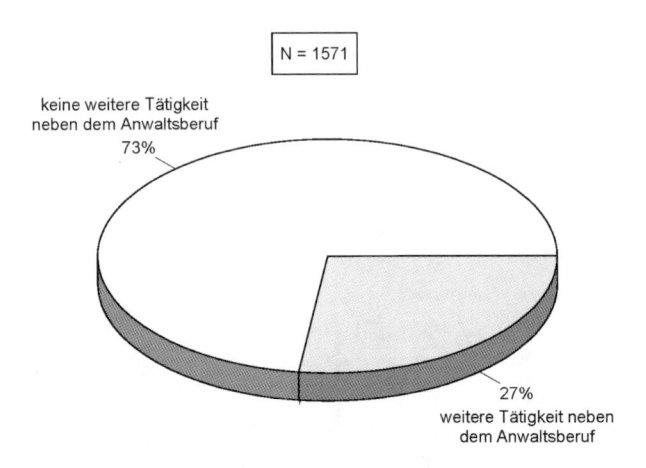

Abb. 1: Ausübung einer weiteren Tätigkeit neben dem Anwaltsberuf

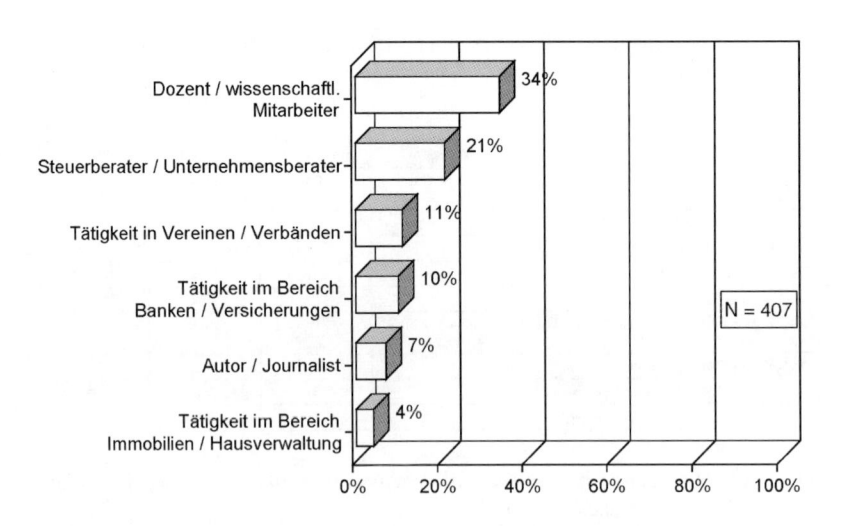

- Dozent / wissenschaftl. Mitarbeiter: 34%
- Steuerberater / Unternehmensberater: 21%
- Tätigkeit in Vereinen / Verbänden: 11%
- Tätigkeit im Bereich Banken / Versicherungen: 10%
- Autor / Journalist: 7%
- Tätigkeit im Bereich Immobilien / Hausverwaltung: 4%

N = 407

Abb. 2: Tätigkeiten neben dem Anwaltsberuf (häufigste Nennungen)

Abbildungen

Kanzlei als Bestandteil der eigenen Wohnung

- weitere Tätigkeit neben der Anwaltstätigkeit in eigener Kanzlei: 47%
- keine weitere Tätigkeit neben der Anwaltstätigkeit in eigener Kanzlei: 19%

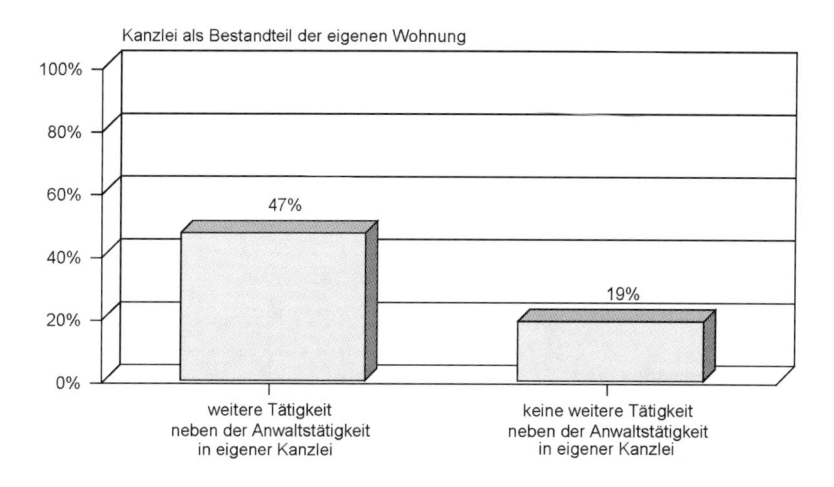

Abb. 3: Kanzlei als Bestandteil der eigenen Wohnung nach weiterer Tätigkeit neben der Anwaltstätigkeit in eigener Kanzlei

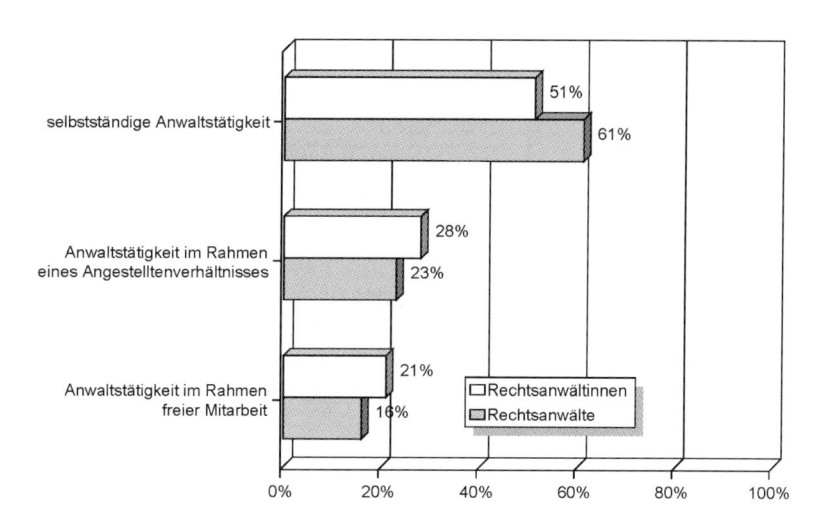

- selbstständige Anwaltstätigkeit: Rechtsanwältinnen 51%, Rechtsanwälte 61%
- Anwaltstätigkeit im Rahmen eines Angestelltenverhältnisses: Rechtsanwältinnen 28%, Rechtsanwälte 23%
- Anwaltstätigkeit im Rahmen freier Mitarbeit: Rechtsanwältinnen 21%, Rechtsanwälte 16%

Abb. 4: Ausübung der Anwaltstätigkeit nach Geschlecht

Anhang

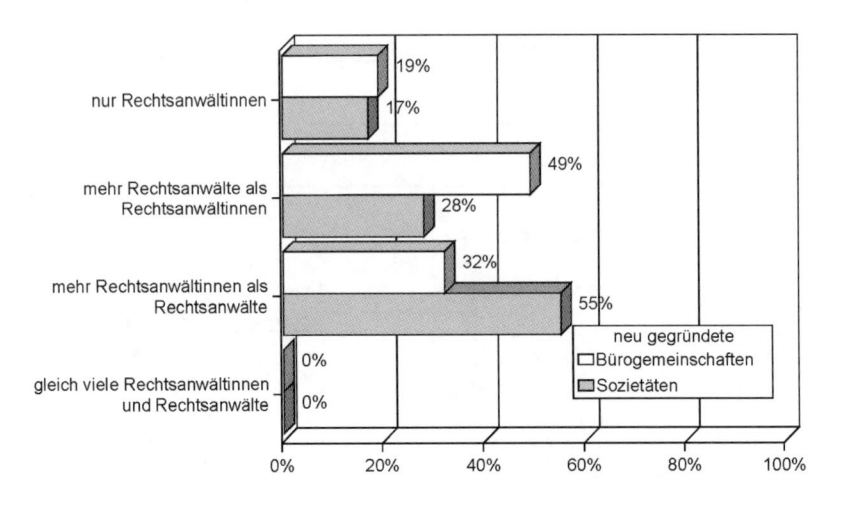

Abb. 5: Rechtsanwältinnen und Rechtsanwälte als Partner/Sozien in neu gegründeten Kanzleien

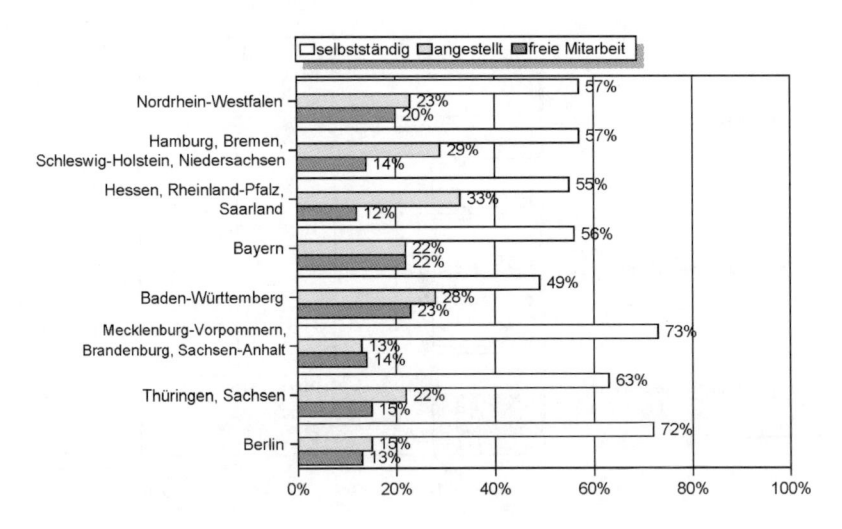

Abb. 6: Verteilung der jungen Anwaltschaft nach Nielsen-Gebiete

Abbildungen

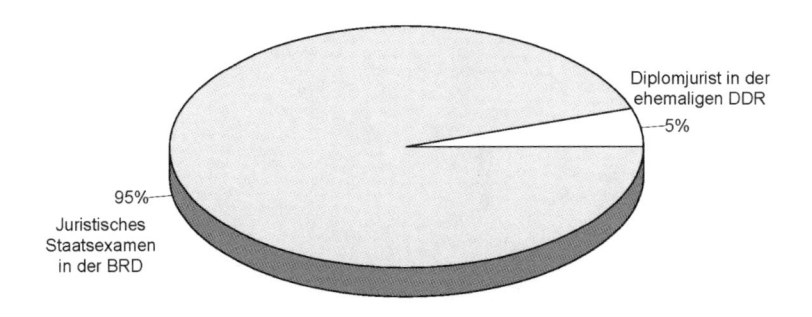

Abb. 7: Art des juristischen Examens

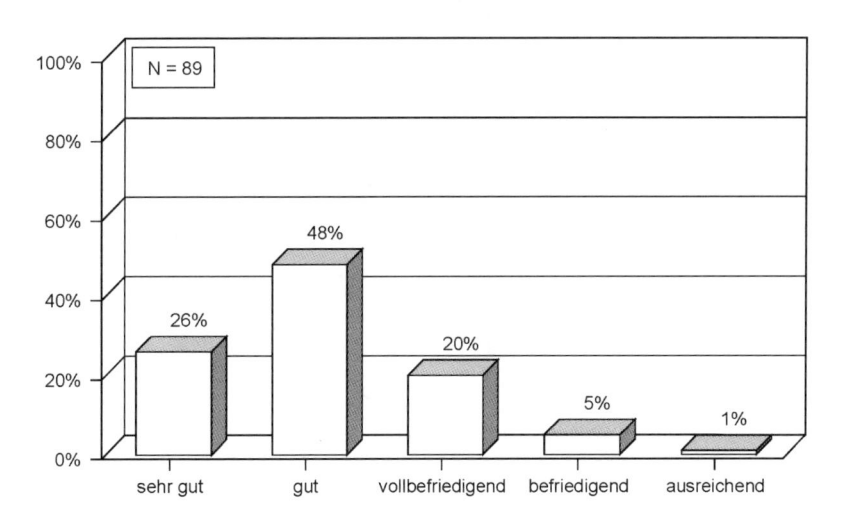

Abb. 8: Abschlussnoten der Diplomjuristen (ehem. DDR)

Anhang

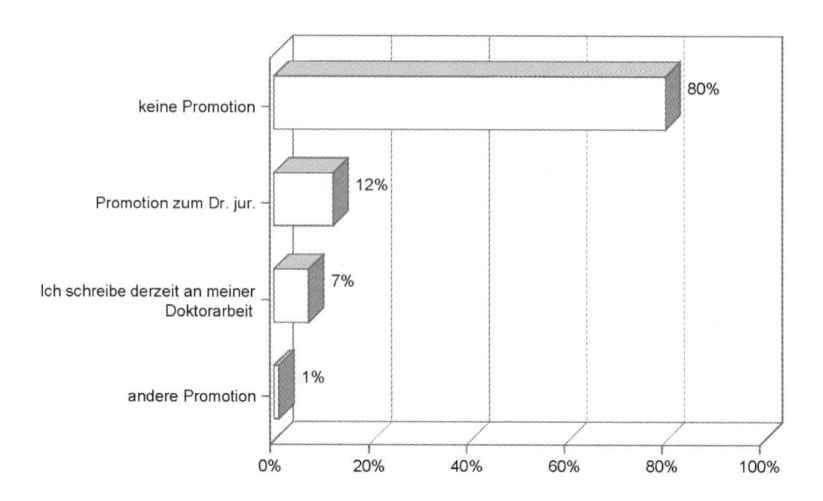

Abb. 9: Promotionen in der jungen Anwaltschaft

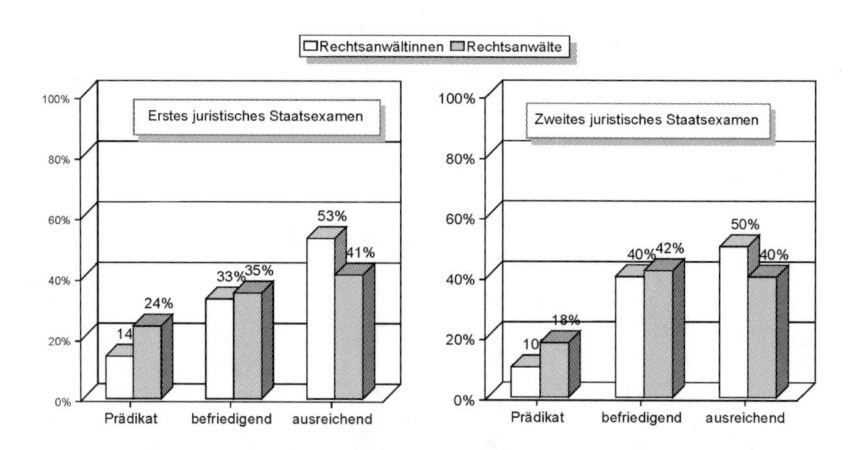

Abb. 10: Examensnoten nach Geschlecht der Befragten

Abbildungen

☐ Rechtsanwältinnen ☐ Rechtsanwälte

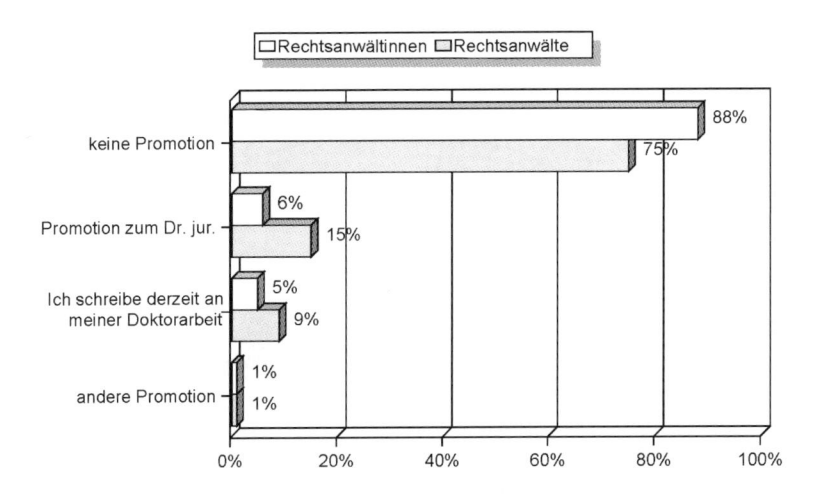

- keine Promotion: 88% / 75%
- Promotion zum Dr. jur.: 6% / 15%
- Ich schreibe derzeit an meiner Doktorarbeit: 5% / 9%
- andere Promotion: 1% / 1%

Abb. 11: Promotion nach Geschlecht der Befragten

☐ Auslandsaufenthalt ☐ kein Auslandsaufenthalt zu Studienzwecken

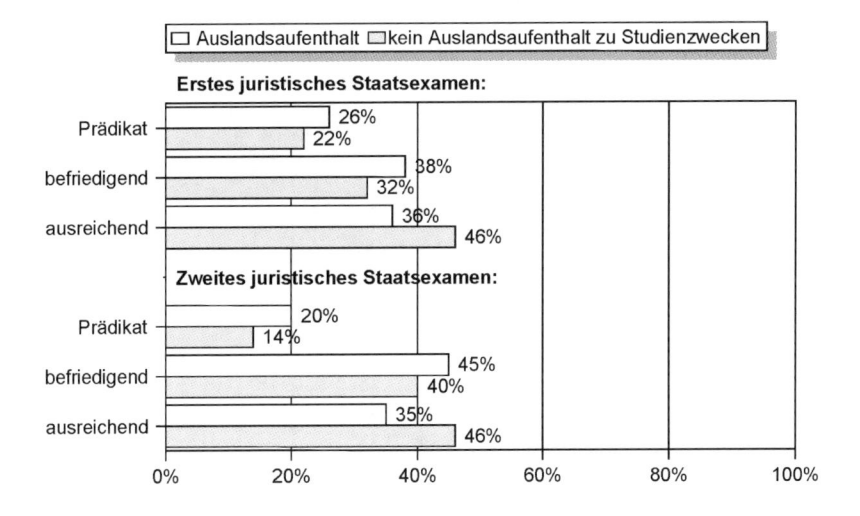

Erstes juristisches Staatsexamen:
- Prädikat: 26% / 22%
- befriedigend: 38% / 32%
- ausreichend: 36% / 46%

Zweites juristisches Staatsexamen:
- Prädikat: 20% / 14%
- befriedigend: 45% / 40%
- ausreichend: 35% / 46%

Abb. 12: Examensergebnisse nach Auslandsaufenthalt zu Studienzwecken

Anhang

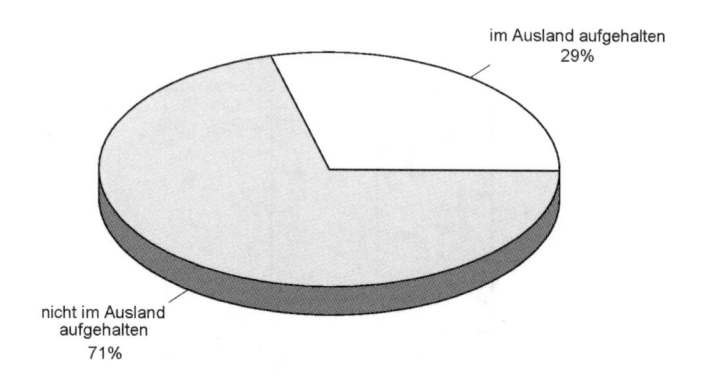

im Ausland aufgehalten
29%

nicht im Ausland aufgehalten
71%

Abb. 13: Zeitweiser Auslandsaufenthalt während der juristischen Ausbildung

- Anwaltskanzlei: 59%
- Universität / Studienseminar: 48%
- öffentl. Verwaltung / Handelskammer / Bezirksregierung: 13%
- Botschaft / Konsulat / UNO / EU-Kommission: 11%
- Unternehmen: 6%
- Gericht / Staatsanwaltschaft: 2%
- Banken / Versicherungen: 2%

N = 651

Aufgrund der Möglichkeit zur Mehrfachnennung addieren sich die einzelnen Werte nicht zu 100%.

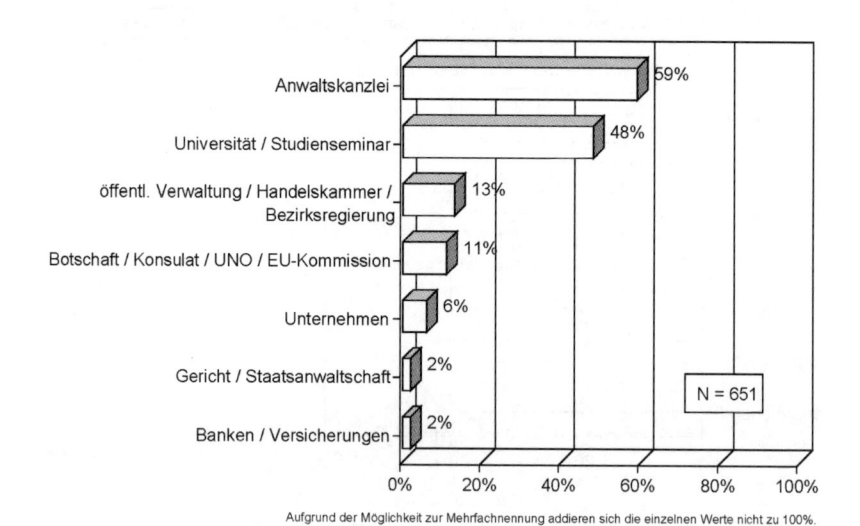

Abb. 14: Ausbildungsinstitutionen während des Auslandsaufenthaltes

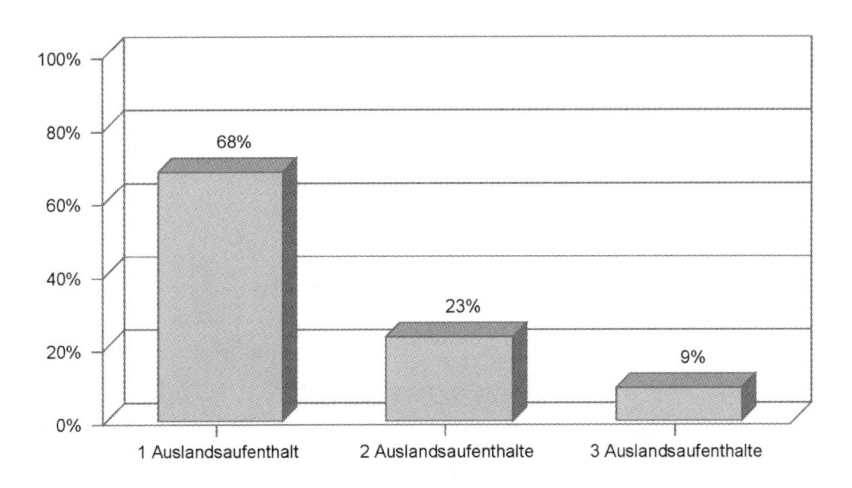

Abb. 15: Anzahl der Auslandsaufenthalte zu Studienzwecken

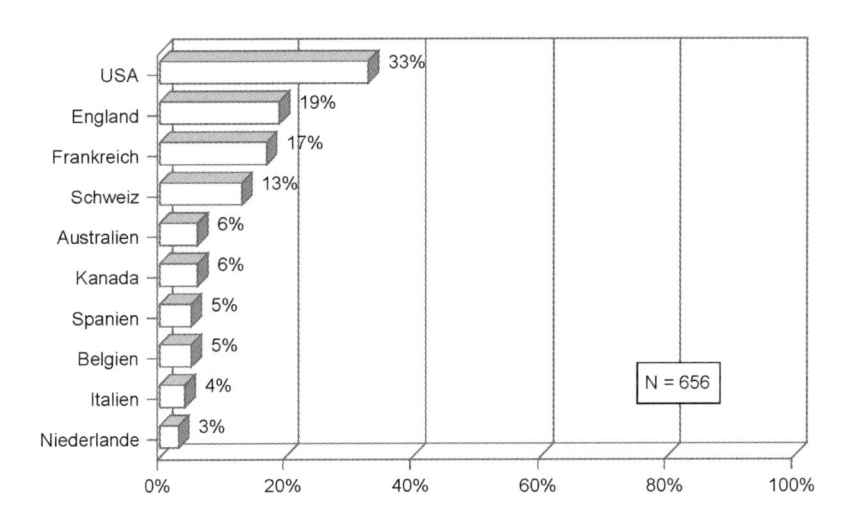

Abb. 16: Rangliste der zehn bevorzugt besuchten Länder für den Auslandsaufenthalt

Anhang

Pflichtstationen
36%

Pflichtstationen und
zusätzliche Tätigkeit bei einem Anwalt
64%

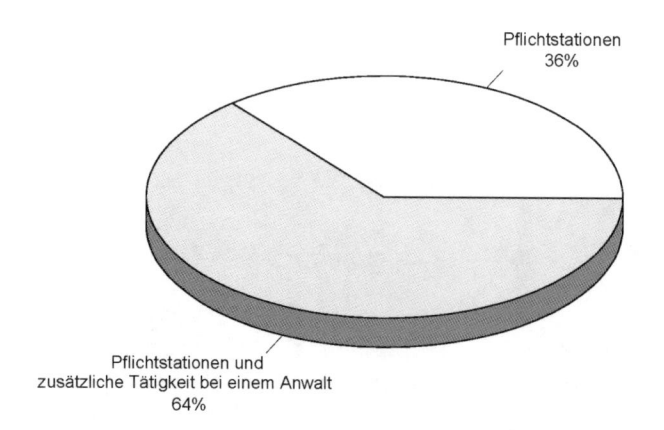

Abb. 17: Tätigkeit bei einem Anwalt während der Referendarzeit

☐Pflichtstation(en) ☐zusätzliche Tätigkeit

11 Monate

5 Monate

Durchschnittsdauer

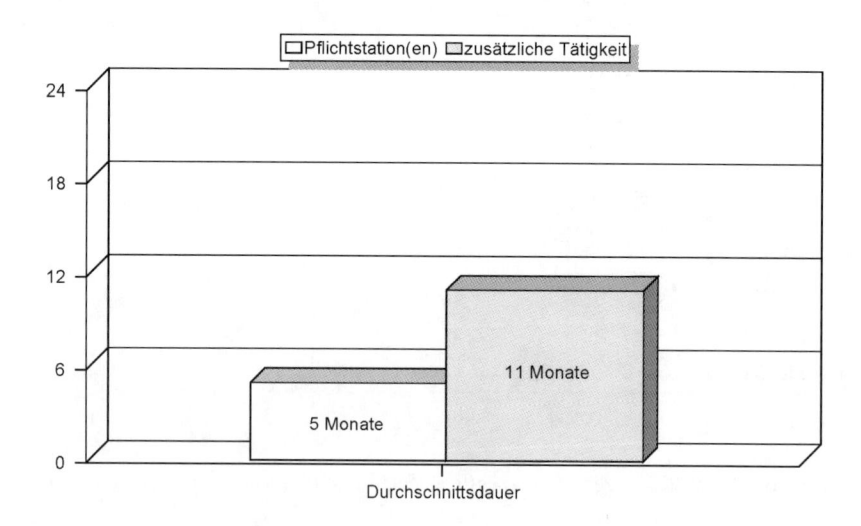

Abb. 18: Durchschnittliche Dauer der Pflichtstation(en) und der zusätzlichen Tätigkeit bei einem Anwalt

Abbildungen

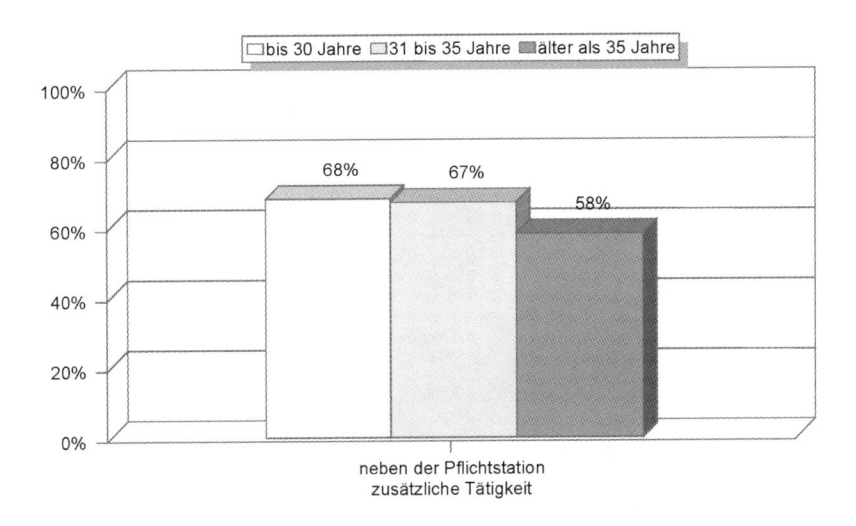

[Balkendiagramm: bis 30 Jahre 68%, 31 bis 35 Jahre 67%, älter als 35 Jahre 58% — neben der Pflichtstation zusätzliche Tätigkeit]

Abb. 19: Tätigkeit in Anwaltskanzleien während der Ausbildungsphase nach Alter der Befragten

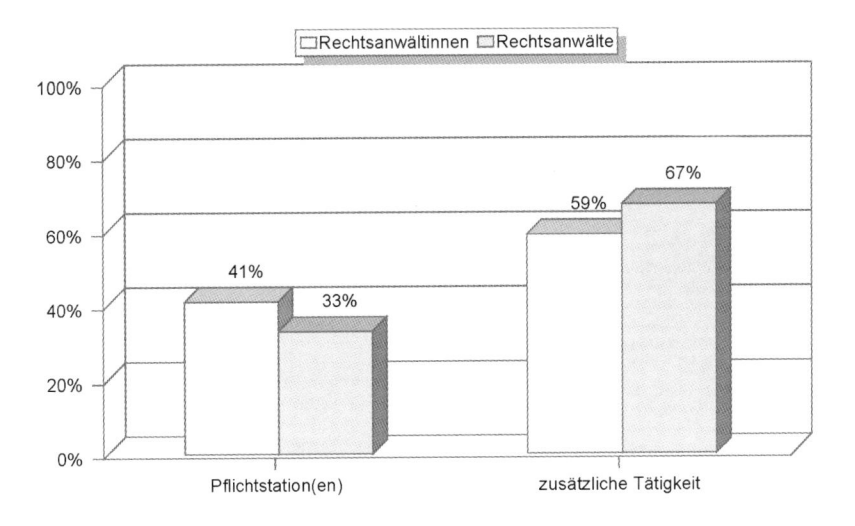

[Balkendiagramm: Rechtsanwältinnen/Rechtsanwälte — Pflichtstation(en): 41% / 33%; zusätzliche Tätigkeit: 59% / 67%]

Abb. 20: Tätigkeit in Anwaltskanzleien während der Referendarzeit nach Geschlecht der Befragten

243

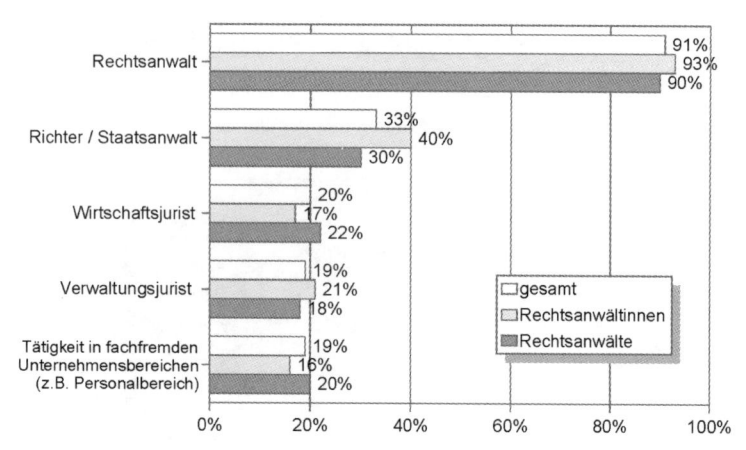

Anhang

Abb. 21: Wunschvorstellung von der zukünftigen beruflichen Tätigkeit (1. bis 3. Priorität) nach Geschlecht

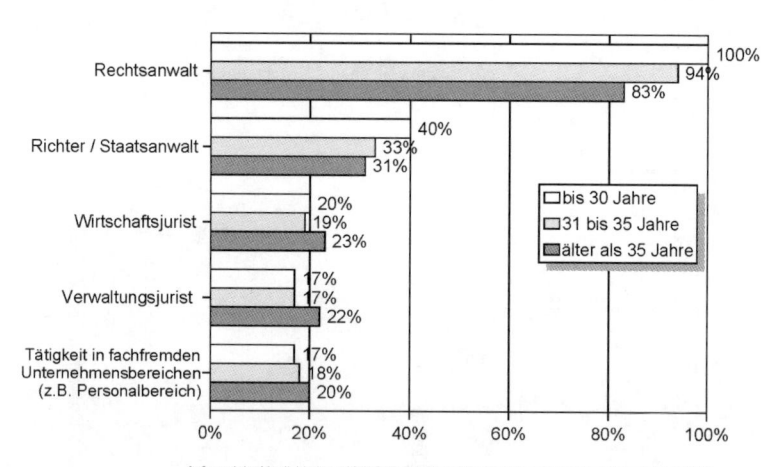

Abb. 22: Wunschvorstellung von der zukünftigen beruflichen Tätigkeit (1. bis 3. Priorität) nach Alter

Abbildungen

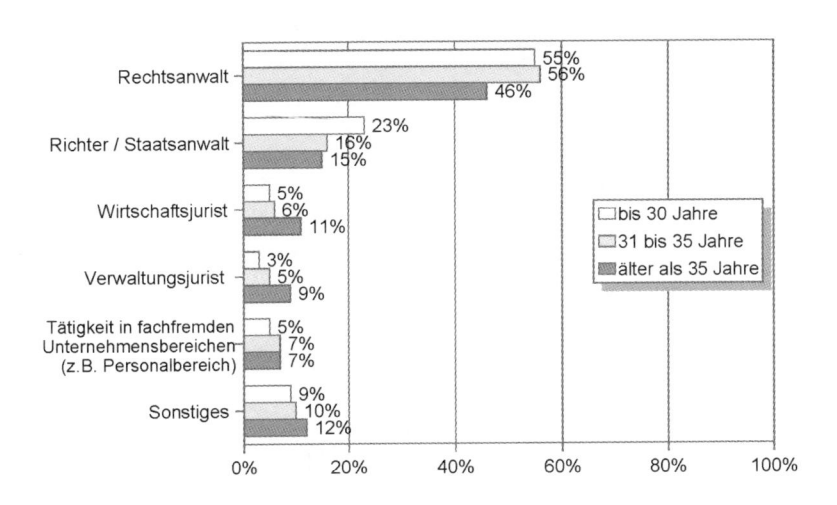

Abb. 23: Wunschvorstellung von der zukünftigen beruflichen Tätigkeit (1. Priorität) nach Alter

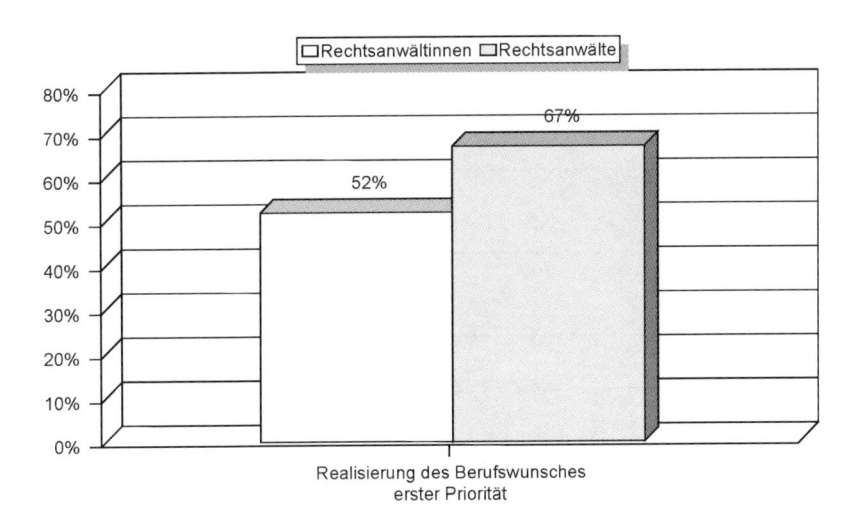

Abb. 24: Verwirklichung des Berufswunsches erster Priorität nach Geschlecht

245

Anhang

N = 1554

arithmetisches Mittel 21
häufigster Wert 1

- bis zu zehn Bewerbungen: 61%
- 11 - 50 Bewerbungen: 30%
- mehr als 50 Bewerbungen: 9%

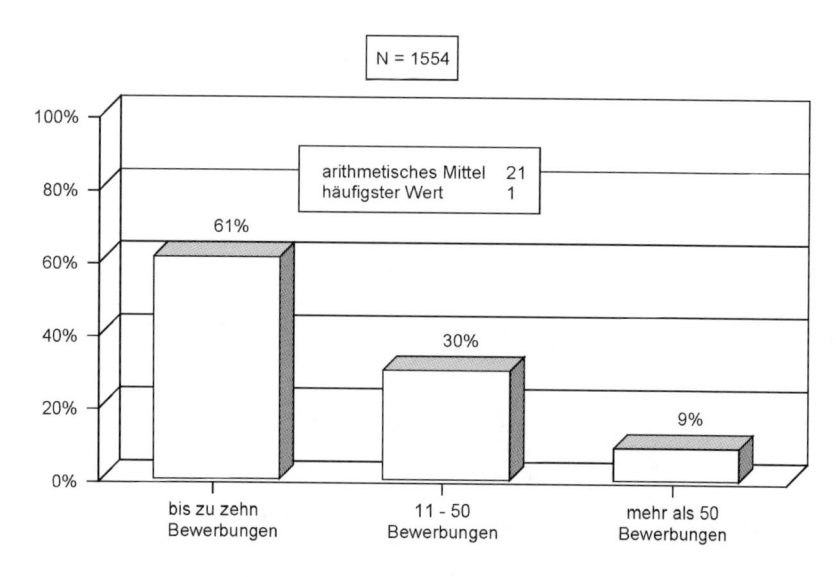

Abb. 25: Zahl der Bewerbungen

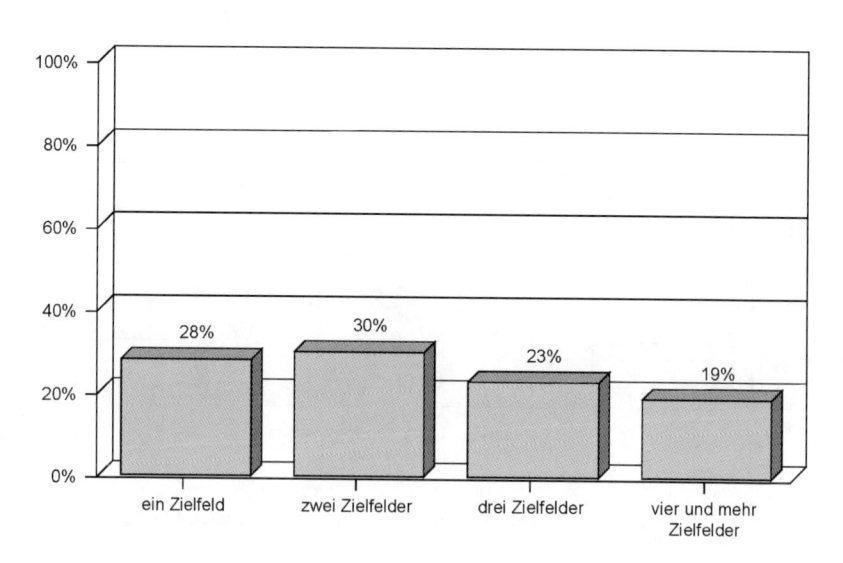

- ein Zielfeld: 28%
- zwei Zielfelder: 30%
- drei Zielfelder: 23%
- vier und mehr Zielfelder: 19%

Abb. 26: Anzahl bei der Bewerbung berücksichtigter beruflicher Zielfelder

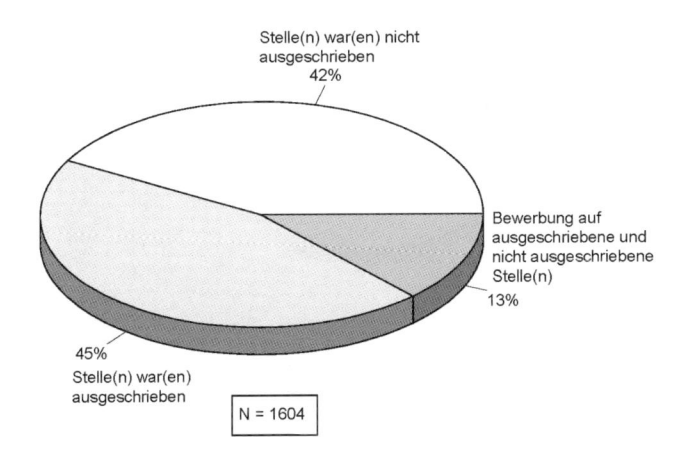

Abb. 27: Reaktive und aktive Bewerbungsstrategien

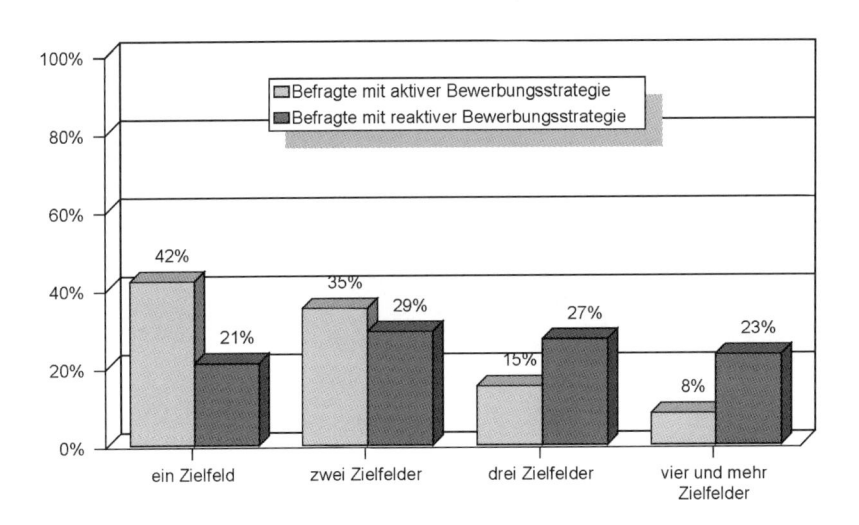

Abb. 28: Anzahl bei der Bewerbung berücksichtigter beruflicher Zielfelder nach Bewerbungsstrategie

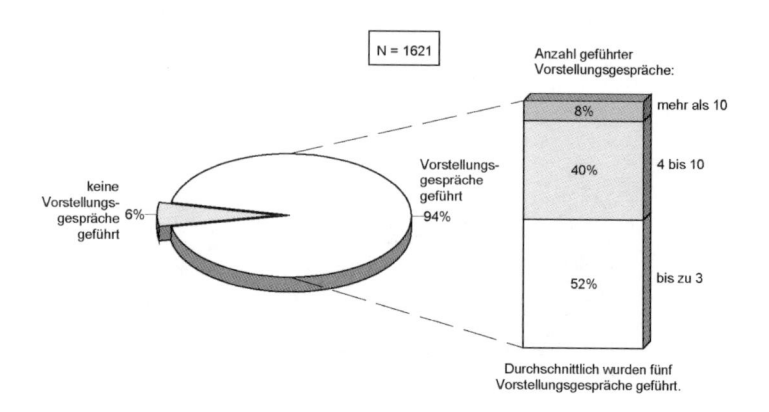

Anhang

N = 1621

Anzahl geführter Vorstellungsgespräche:
- 8% mehr als 10
- 40% 4 bis 10
- 52% bis zu 3

keine Vorstellungsgespräche geführt 6%

Vorstellungsgespräche geführt 94%

Durchschnittlich wurden fünf Vorstellungsgespräche geführt.

Abb. 29: Vorstellungsgespräche

N = 1536

Bewerbung hat zum Erfolg geführt 99%

Bewerbungen laufen derzeit noch 1%

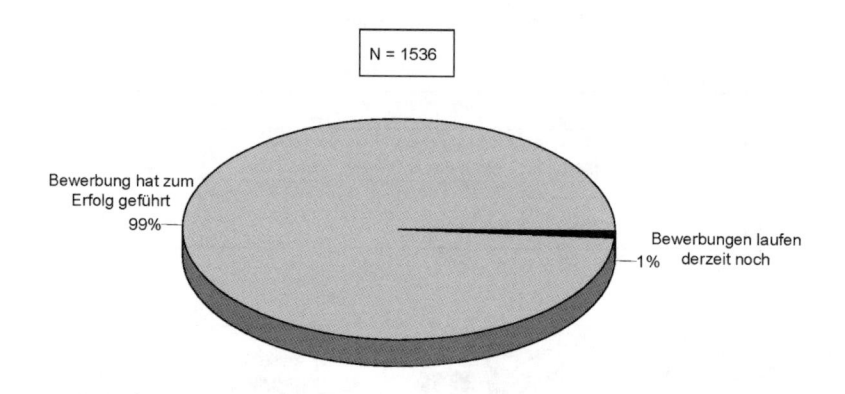

Abb. 30: Bewerbungserfolg

Abbildungen

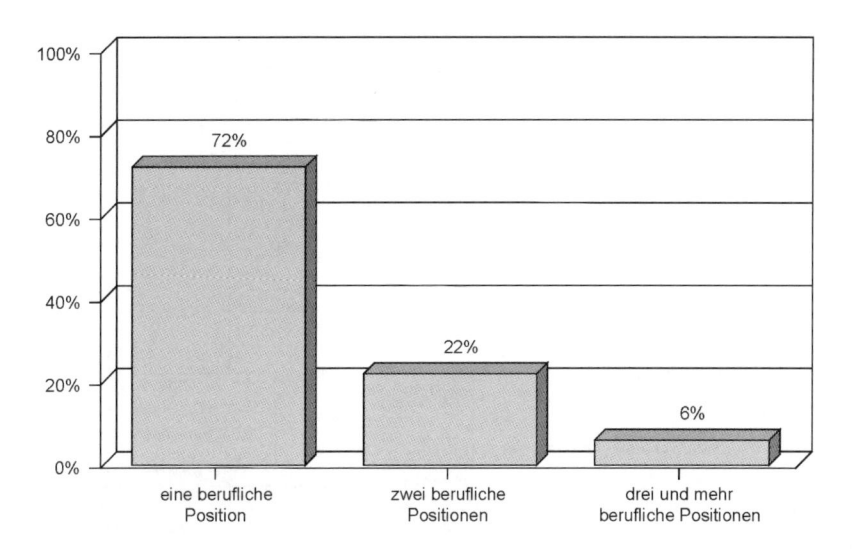

Abb. 31: Anzahl beruflicher Tätigkeitsfelder vor dem Einstieg in den Anwaltsberuf

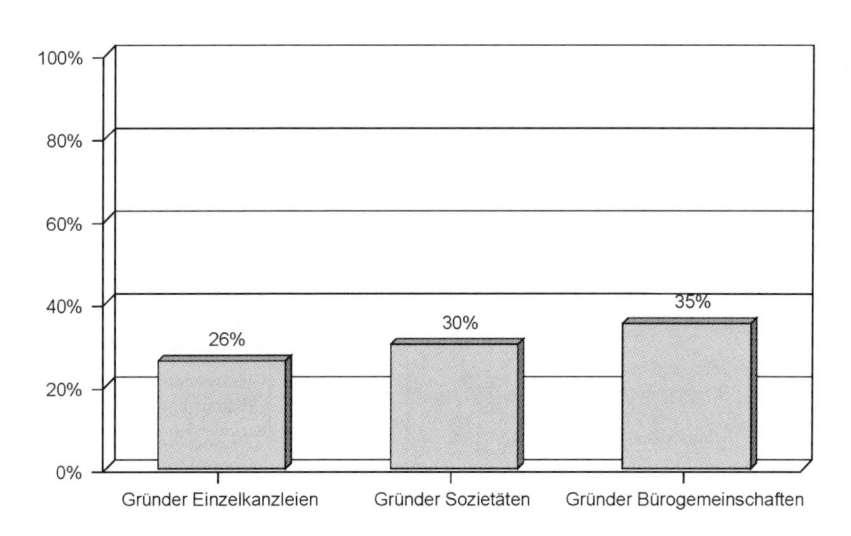

Abb. 32. Inanspruchnahme von Gründungsberatung

Anhang

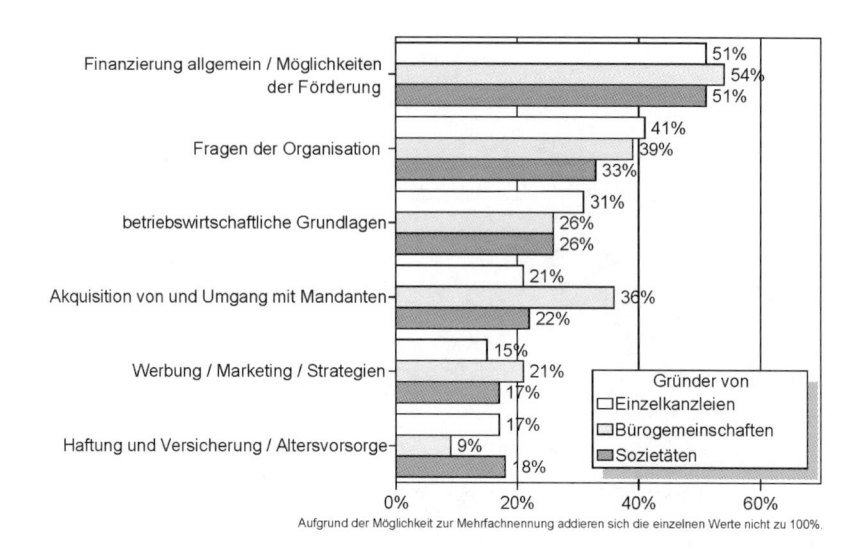

Abb. 33: Beratungsfelder, die von einer Gründungsberatung erwartet werden (I)

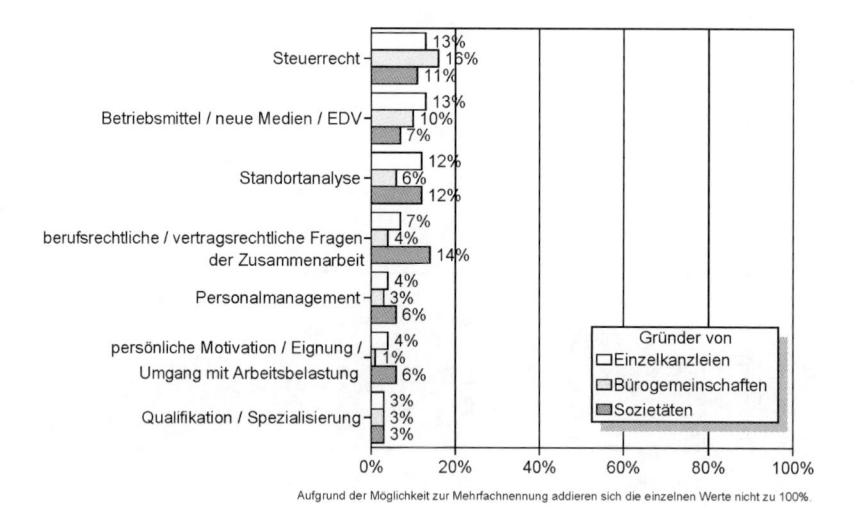

Abb. 34: Beratungsfelder, die von einer Gründungsberatung erwartet werden (II)

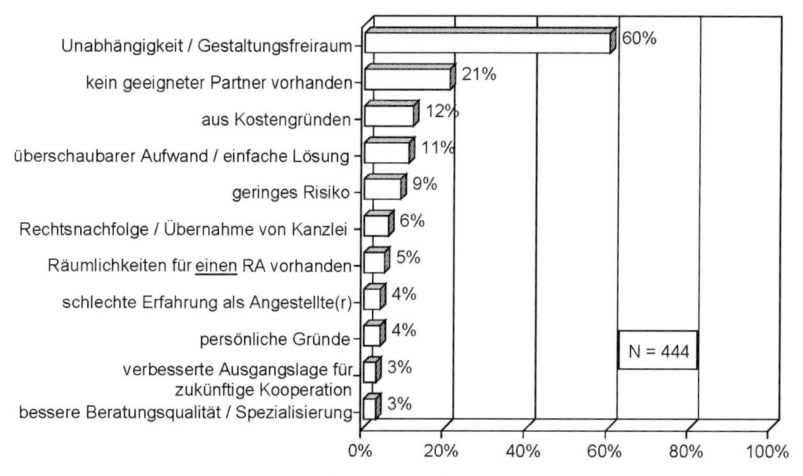

Abbildungen

Entscheidungsgrund	%
Unabhängigkeit / Gestaltungsfreiraum	60%
kein geeigneter Partner vorhanden	21%
aus Kostengründen	12%
überschaubarer Aufwand / einfache Lösung	11%
geringes Risiko	9%
Rechtsnachfolge / Übernahme von Kanzlei	6%
Räumlichkeiten für einen RA vorhanden	5%
schlechte Erfahrung als Angestellte(r)	4%
persönliche Gründe	4%
verbesserte Ausgangslage für zukünftige Kooperation	3%
bessere Beratungsqualität / Spezialisierung	3%

N = 444

Aufgrund der Möglichkeit zur Mehrfachnennung addieren sich die einzelnen Werte nicht zu 100%.

Abb. 35: Entscheidungsgründe für die Organisationsform Einzelkanzlei

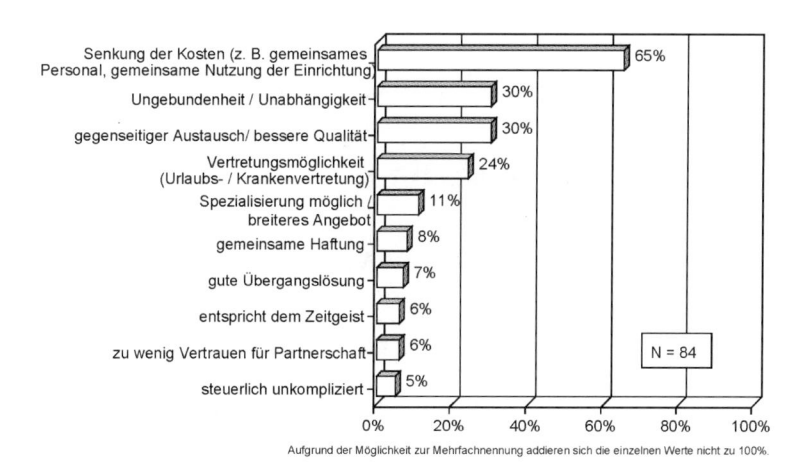

Entscheidungsgrund	%
Senkung der Kosten (z. B. gemeinsames Personal, gemeinsame Nutzung der Einrichtung)	65%
Ungebundenheit / Unabhängigkeit	30%
gegenseitiger Austausch / bessere Qualität	30%
Vertretungsmöglichkeit (Urlaubs- / Krankenvertretung)	24%
Spezialisierung möglich / breiteres Angebot	11%
gemeinsame Haftung	8%
gute Übergangslösung	7%
entspricht dem Zeitgeist	6%
zu wenig Vertrauen für Partnerschaft	6%
steuerlich unkompliziert	5%

N = 84

Aufgrund der Möglichkeit zur Mehrfachnennung addieren sich die einzelnen Werte nicht zu 100%.

Abb. 36: Entscheidungsgründe für die Organisationsform Bürogemeinschaft

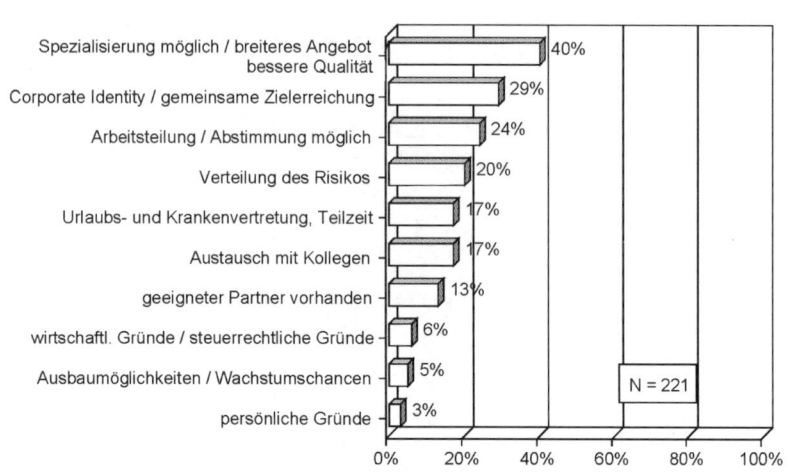

Anhang

Entscheidungsgründe für die Organisationsform Sozietät:

- Spezialisierung möglich / breiteres Angebot bessere Qualität: 40%
- Corporate Identity / gemeinsame Zielerreichung: 29%
- Arbeitsteilung / Abstimmung möglich: 24%
- Verteilung des Risikos: 20%
- Urlaubs- und Krankenvertretung, Teilzeit: 17%
- Austausch mit Kollegen: 17%
- geeigneter Partner vorhanden: 13%
- wirtschaftl. Gründe / steuerrechtliche Gründe: 6%
- Ausbaumöglichkeiten / Wachstumschancen: 5%
- persönliche Gründe: 3%

N = 221

Aufgrund der Möglichkeit zur Mehrfachnennung addieren sich die einzelnen Werte nicht zu 100%.

Abb. 37: Entscheidungsgründe für die Organisationsform Sozietät

Kriterien für die Wahl des Kanzleistandortes (I):

- eigener Wohnort: 70% / 75% / 68% / 62%
- Anwaltsdichte / Nähe zu Kollegen: 28% / 27% / 23% / 31%
- Großstadtcharakter: 28% / 22% / 39% / 35%
- Nähe zu Mandanten / Mandantenpotenzial: 24% / 21% / 18% / 31%
- Kostenaspekte / Finanzierbarkeit: 18% / 19% / 33% / 9%

Gründer von:
- ☐ Anwaltskanzleien insgesamt
- ☐ Einzelkanzleien
- ▨ Bürogemeinschaften
- ■ Sozietäten

Aufgrund der Möglichkeit zur Mehrfachnennung addieren sich die einzelnen Werte nicht zu 100%.

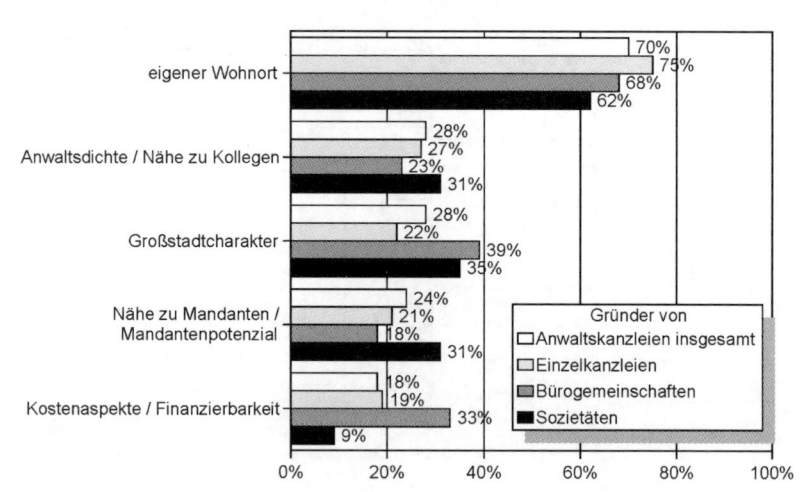

Abb. 38: Kriterien für die Wahl des Kanzleistandortes (I)

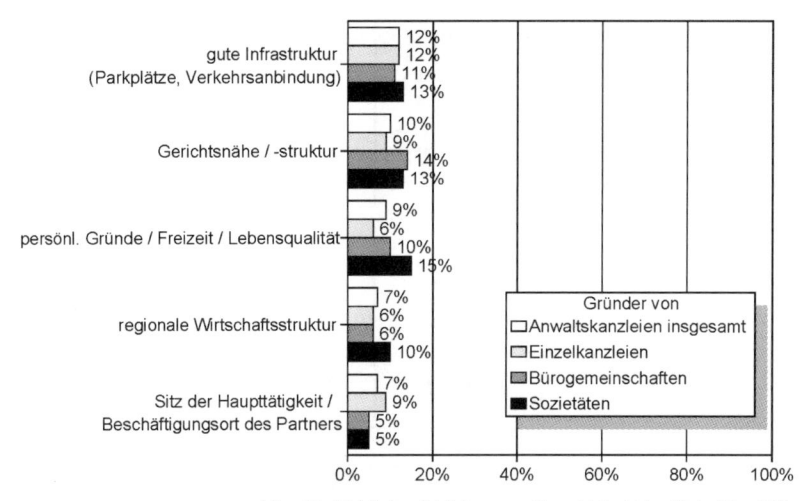

Abbildungen

Kriterien für die Wahl des Kanzleistandortes (II):

- gute Infrastruktur (Parkplätze, Verkehrsanbindung): 12%, 12%, 11%, 13%
- Gerichtsnähe / -struktur: 10%, 9%, 14%, 13%
- persönl. Gründe / Freizeit / Lebensqualität: 9%, 6%, 10%, 15%
- regionale Wirtschaftsstruktur: 7%, 6%, 6%, 10%
- Sitz der Haupttätigkeit / Beschäftigungsort des Partners: 7%, 9%, 5%, 5%

Gründer von:
- ☐ Anwaltskanzleien insgesamt
- ☐ Einzelkanzleien
- ■ Bürogemeinschaften
- ■ Sozietäten

Aufgrund der Möglichkeit zur Mehrfachnennung addieren sich die einzelnen Werte nicht zu 100%.

Abb. 39: Kriterien für die Wahl des Kanzleistandortes (II)

Kriterien für die Wahl des Kanzleistandortes nach Geschlecht (I):

- eigener Wohnort: 81%, 65%
- Anwaltsdichte / Nähe zu Kollegen: 27%, 25%
- Großstadtcharakter: 24%, 27%
- Nähe zu Mandanten / Mandantenpotential: 16%, 26%
- Kostenaspekte / Finanzierbarkeit: 16%, 8%

☐ Rechtsanwältinnen
☐ Rechtsanwälte

Aufgrund der Möglichkeit zur Mehrfachnennung addieren sich die einzelnen Werte nicht zu 100%.

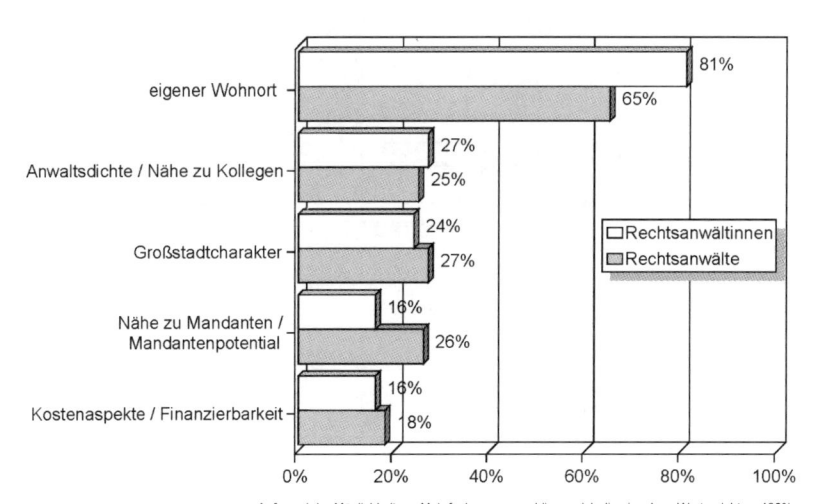

Abb. 40: Kriterien für die Wahl des Kanzleistandortes nach Geschlecht (I)

Anhang

Abb. 41: Kriterien für die Wahl des Kanzleistandortes nach Geschlecht (II)

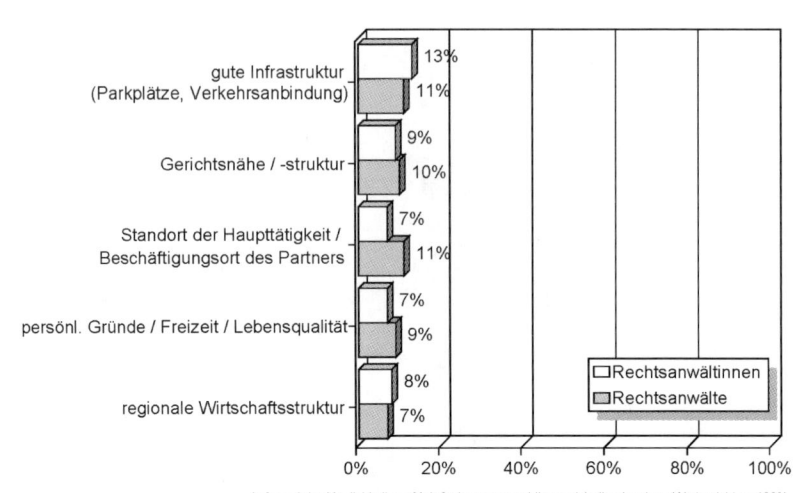

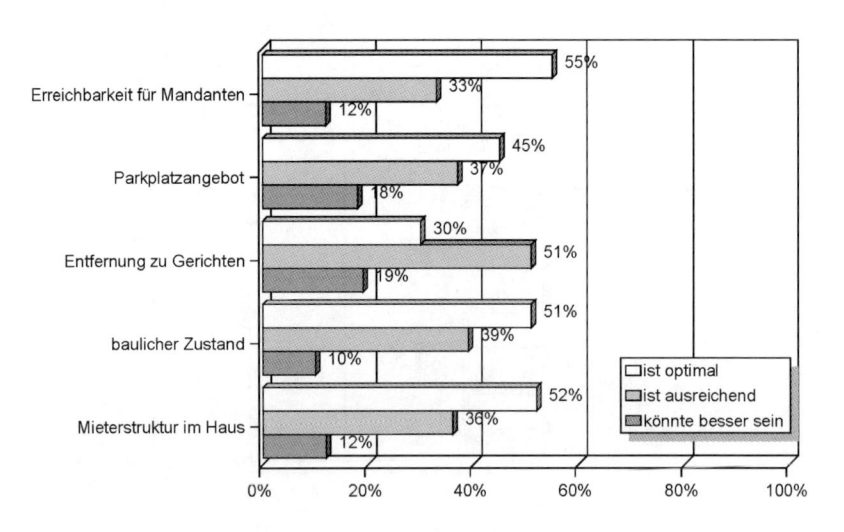

Abb. 42: Bewertung der eigenen Büroräume; Gründer Einzelkanzleien (I)

Abbildungen

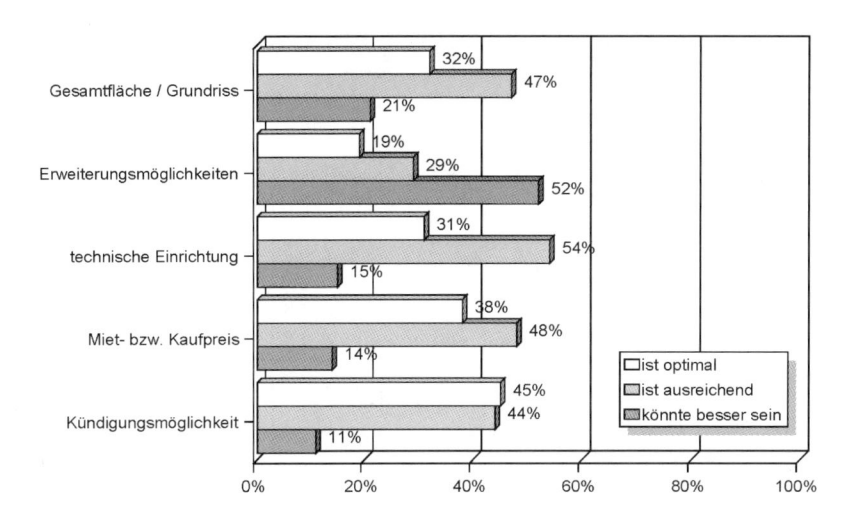

Abb. 43: Bewertung der eigenen Büroräume; Gründer Einzelkanzleien (II)

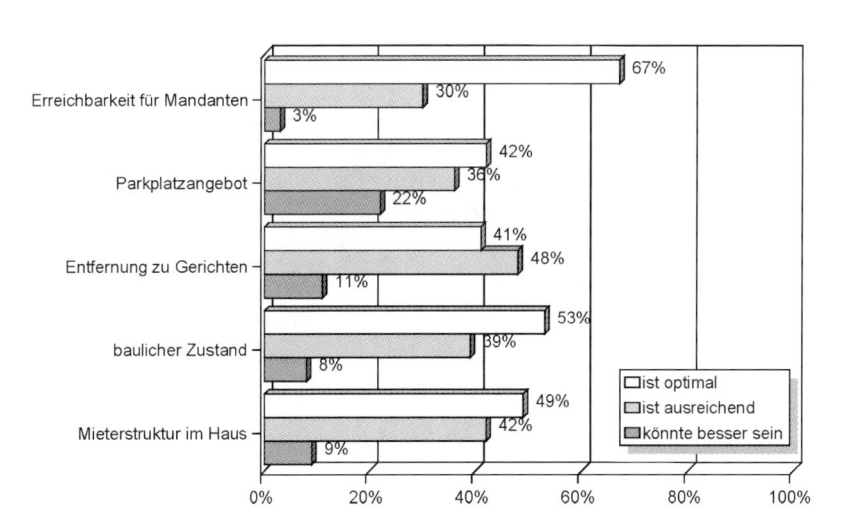

Abb. 44: Bewertung der eigenen Büroräume; Gründer Sozietät (I)

Anhang

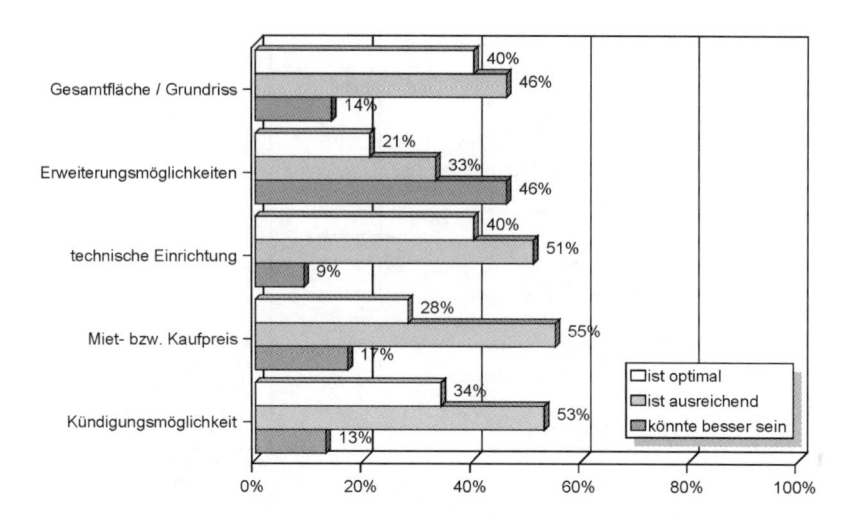

Abb. 45: Bewertung der eigenen Büroräume; Gründer Sozietät (II)

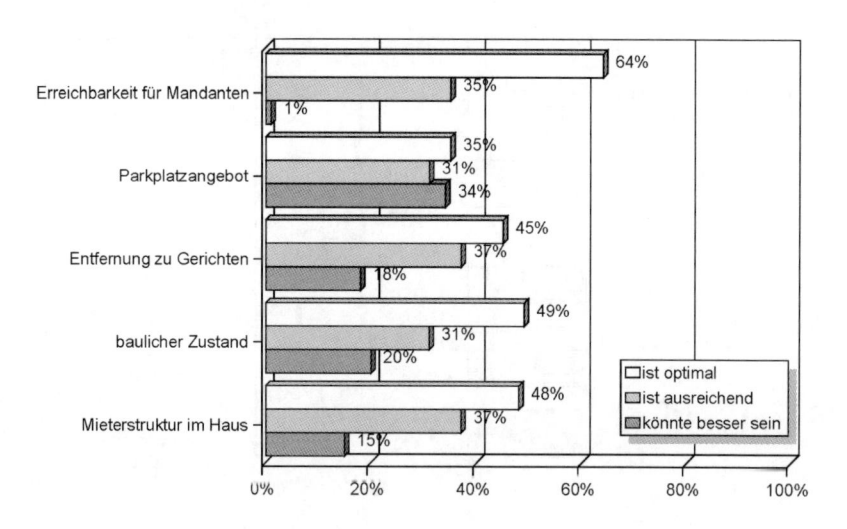

Abb. 46: Bewertung der eigenen Büroräume; Gründer Bürogemeinschaften (I)

Abbildungen

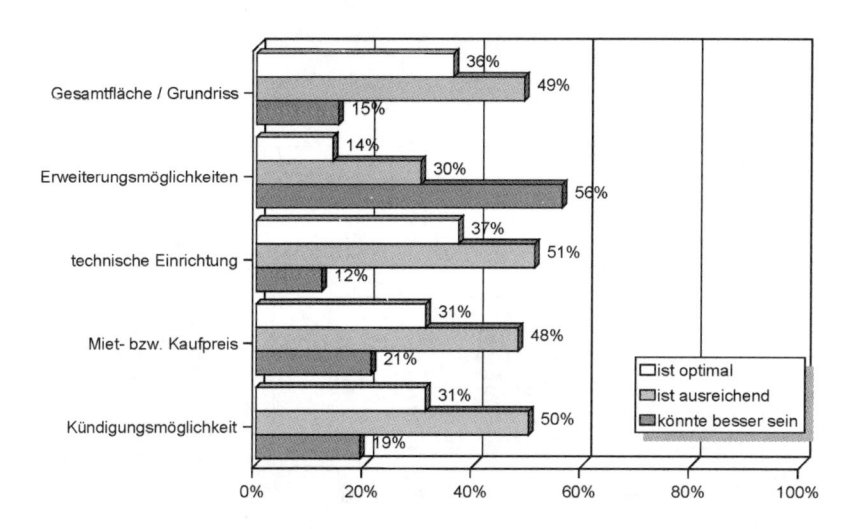

Abb. 47: Bewertung der eigenen Büroräume; Gründer Bürogemeinschaften (II)

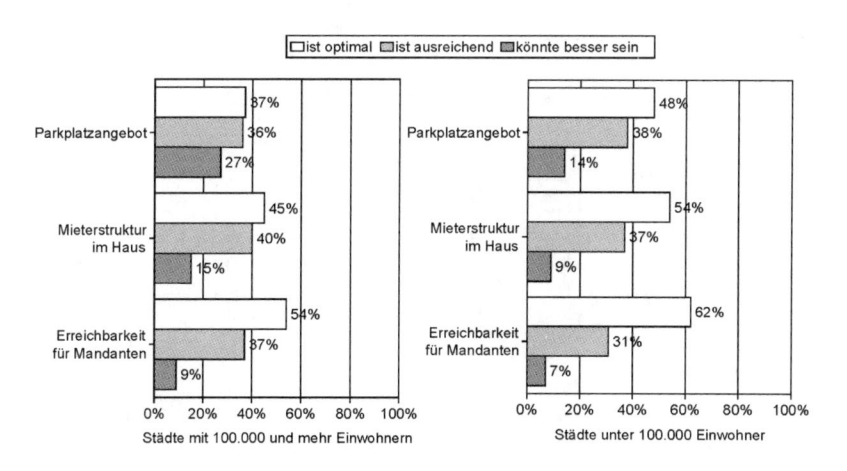

Abb. 48: Bewertung der Büroräume nach Kanzleistandort (Ortsgröße)

257

Anhang

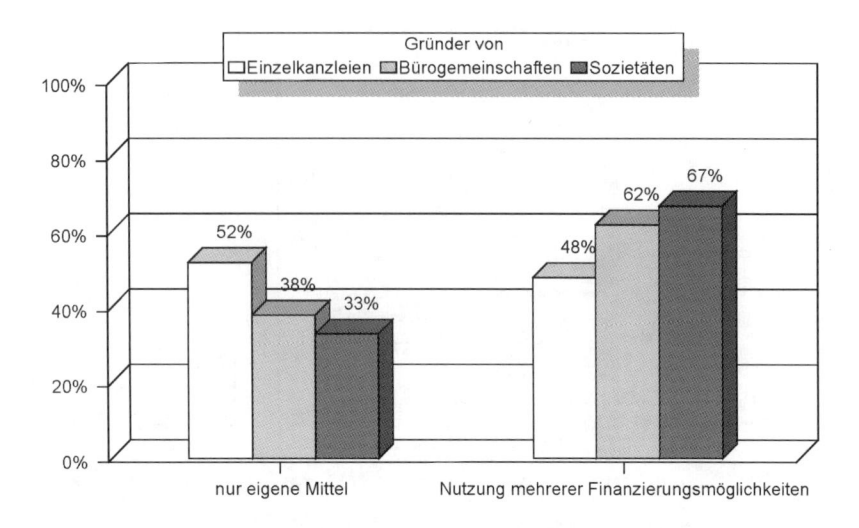

Abb. 49: Zur Gründungsfinanzierung eingesetzte Mittel

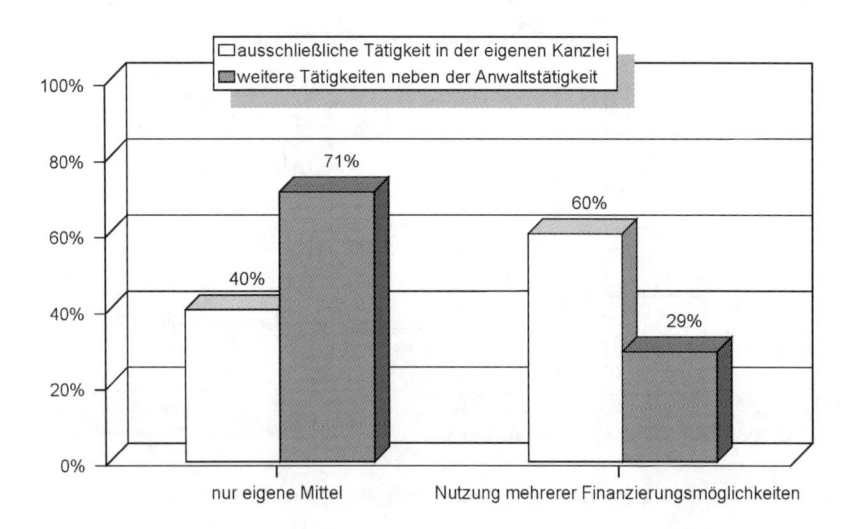

Abb. 50: Zur Gründungsfinanzierung eingesetzte Mittel – Gründer von Einzelkanzleien

Abbildungen

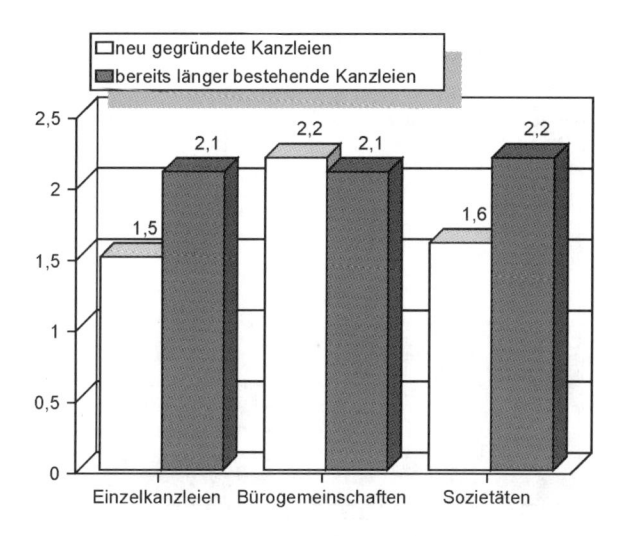

Abb. 51: Durchschnittliche Anzahl an Kanzleimitarbeitern, die sich einen Computer teilen

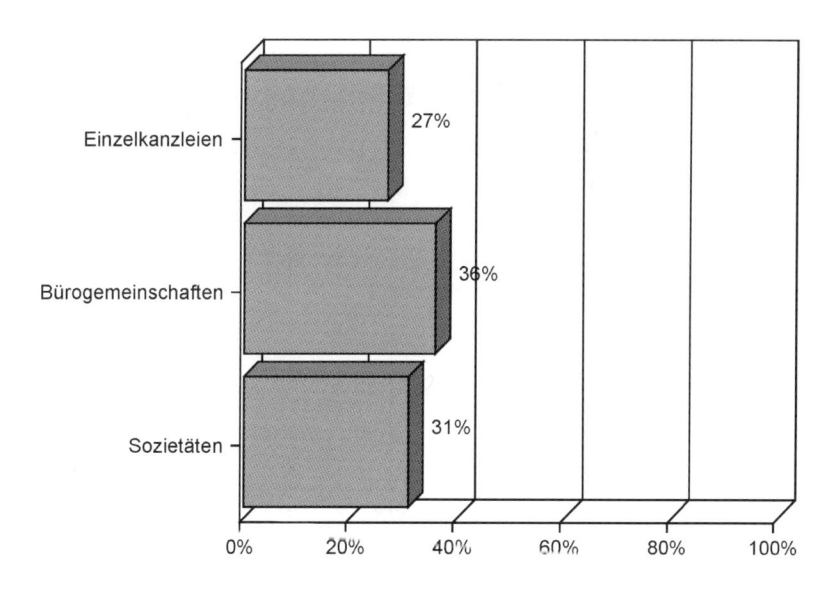

Abb. 52: Plan zur Neuanschaffung von Computern

Anhang

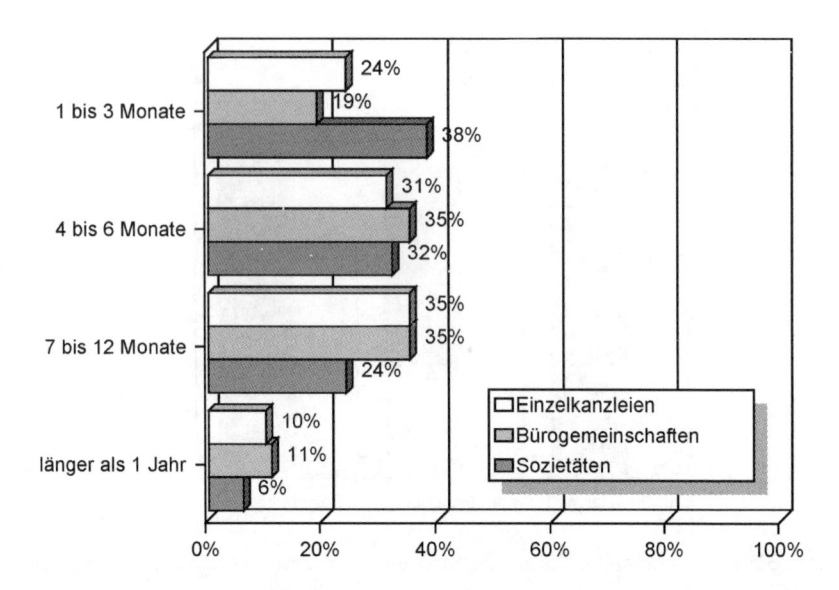

Abb. 53: Zeitraum, in dem neue Computer angeschafft werden sollen

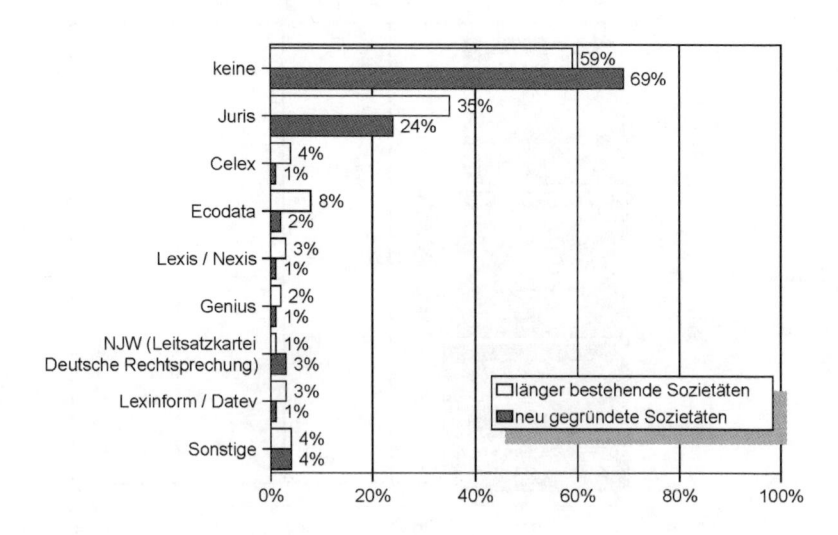

Abb. 54: Einsatz juristischer Datenbanken in Sozietäten nach Gründungsjahr

Abbildungen

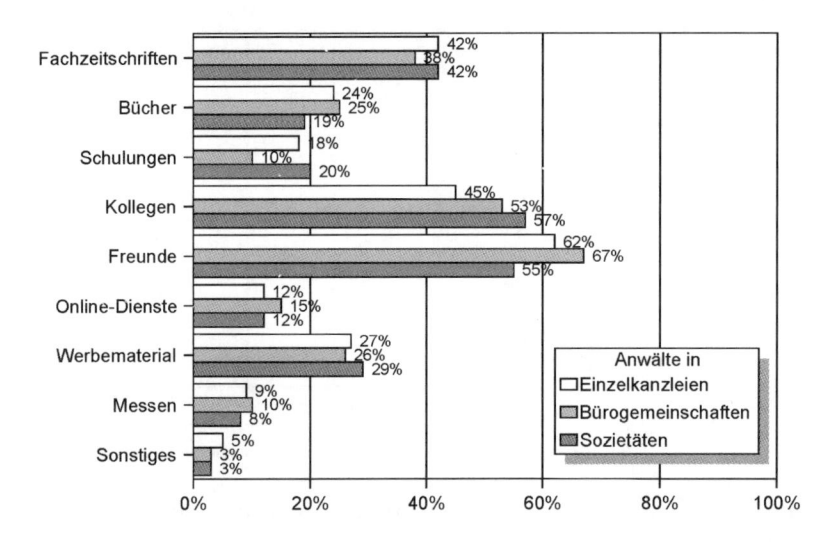

Abb. 55: Informationsquellen über Computer

(Anwälte in: ☐ Einzelkanzleien, ☐ Bürogemeinschaften, ■ Sozietäten)

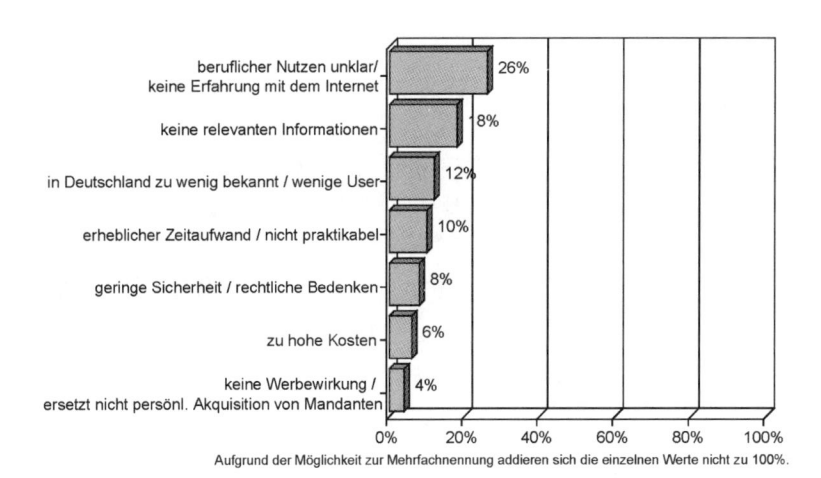

- Fachzeitschriften: 42% / 38% / 42%
- Bücher: 24% / 25% / 19%
- Schulungen: 10% / 18% / 20%
- Kollegen: 45% / 53% / 57%
- Freunde: 62% / 67% / 55%
- Online-Dienste: 12% / 15% / 12%
- Werbematerial: 27% / 26% / 29%
- Messen: 9% / 10% / 8%
- Sonstiges: 5% / 3% / 3%

Abb. 56: Gründe für die negative Bewertung des Internets im Rahmen der beruflichen Tätigkeit

- beruflicher Nutzen unklar / keine Erfahrung mit dem Internet: 26%
- keine relevanten Informationen: 8%
- in Deutschland zu wenig bekannt / wenige User: 12%
- erheblicher Zeitaufwand / nicht praktikabel: 10%
- geringe Sicherheit / rechtliche Bedenken: 8%
- zu hohe Kosten: 6%
- keine Werbewirkung / ersetzt nicht persönl. Akquisition von Mandanten: 4%

Aufgrund der Möglichkeit zur Mehrfachnennung addieren sich die einzelnen Werte nicht zu 100%.

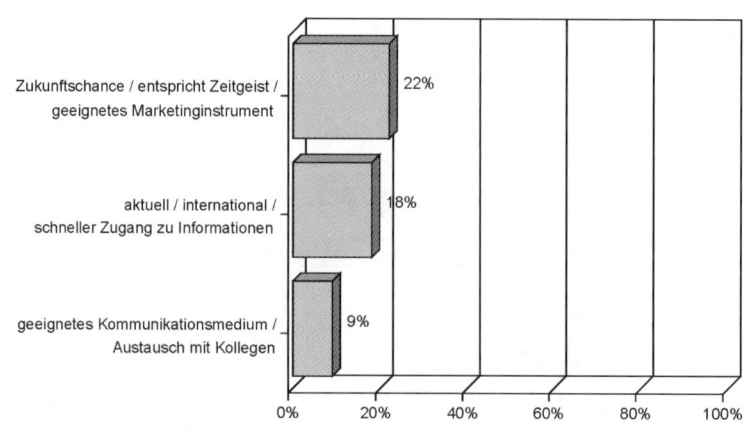

Anhang

Zukunftschance / entspricht Zeitgeist / geeignetes Marketinginstrument — 22%

aktuell / international / schneller Zugang zu Informationen — 18%

geeignetes Kommunikationsmedium / Austausch mit Kollegen — 9%

Aufgrund der Möglichkeit zur Mehrfachnennung addieren sich die einzelnen Werte nicht zu 100%.

Abb. 57: Gründe für die positive Bewertung des Internets im Rahmen der beruflichen Tätigkeit

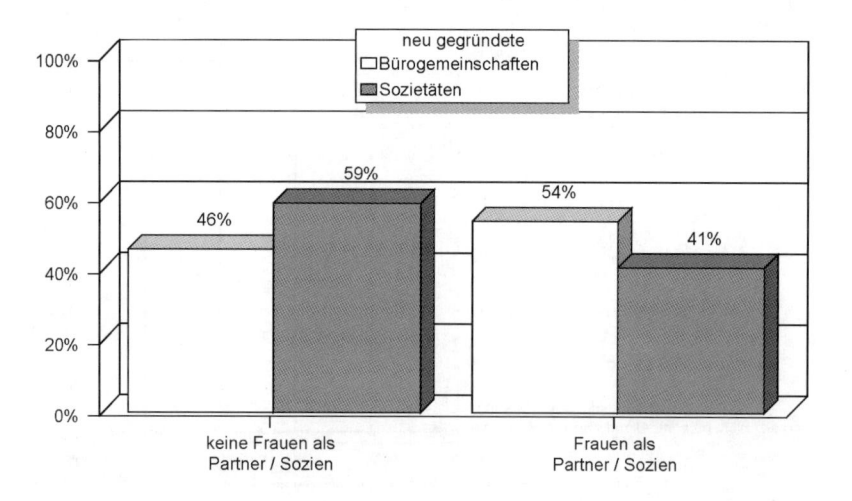

neu gegründete
☐ Bürogemeinschaften
■ Sozietäten

keine Frauen als Partner / Sozien: 46% / 59%
Frauen als Partner / Sozien: 54% / 41%

Abb. 58: Frauen als Partner/Sozien

Abbildungen

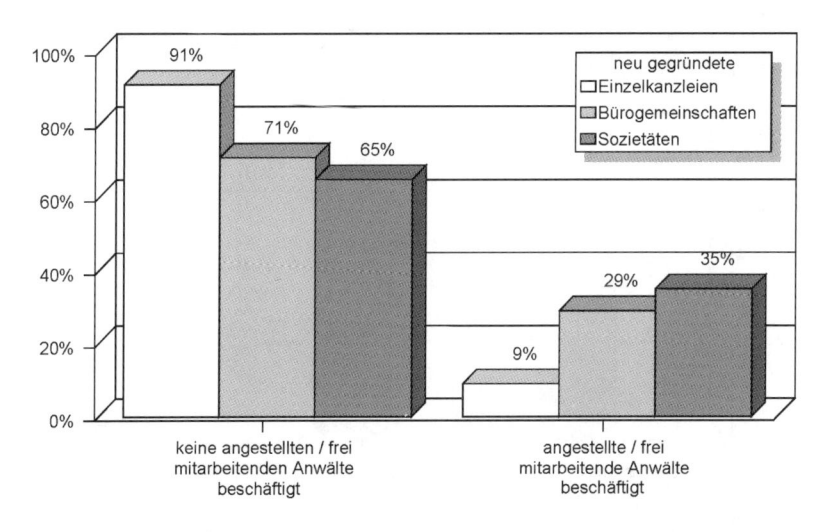

Abb. 59: Angestellte oder freie Mitarbeiter in neu gegründeten Kanzleien

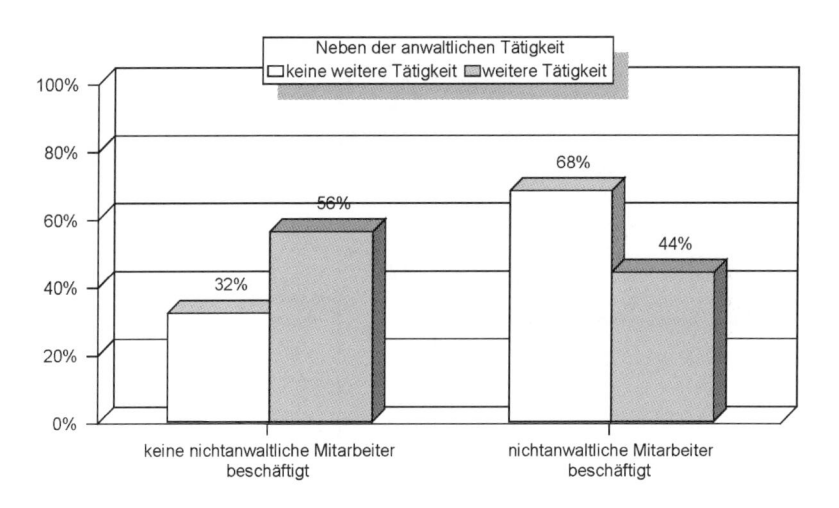

Abb. 60: Beschäftigung von nichtanwaltlichen Mitarbeitern in Einzelkanzleien

Anhang

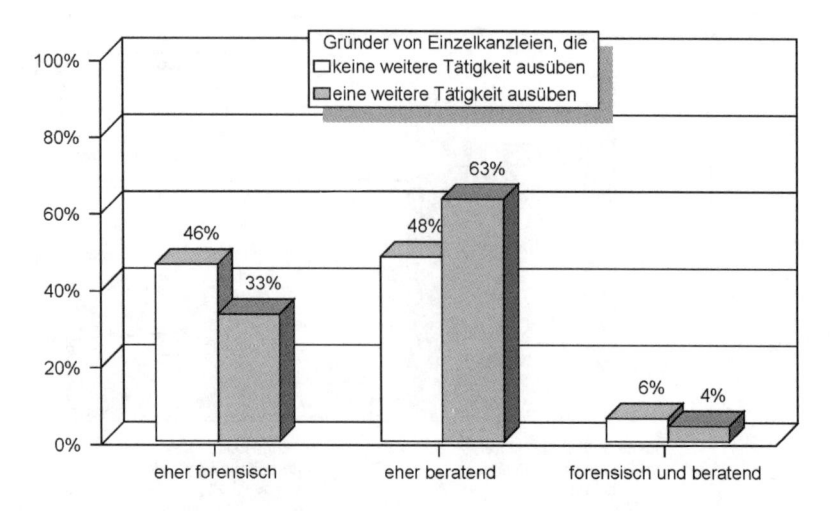

Abb. 61: Schwerpunktmäßige Tätigkeitsausrichtung in neu gegründeten Einzelkanzleien nach Ausübung einer weiteren Tätigkeit

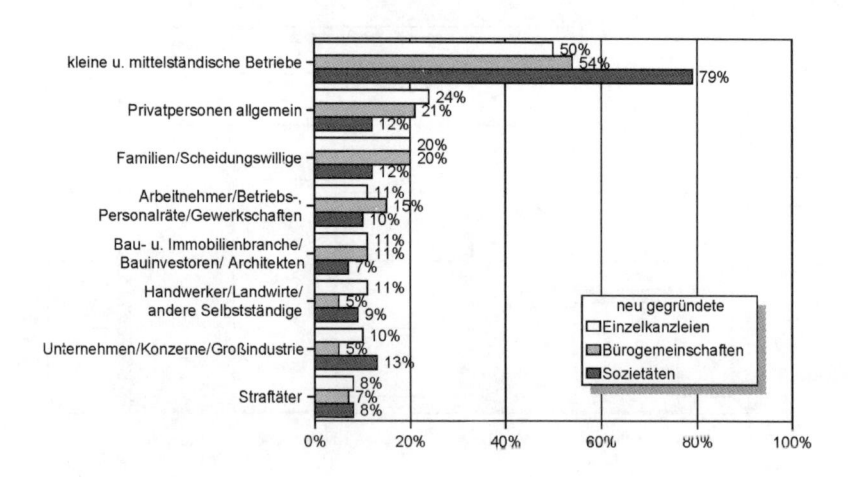

Abb. 62: Zielgruppen (I)

Abbildungen

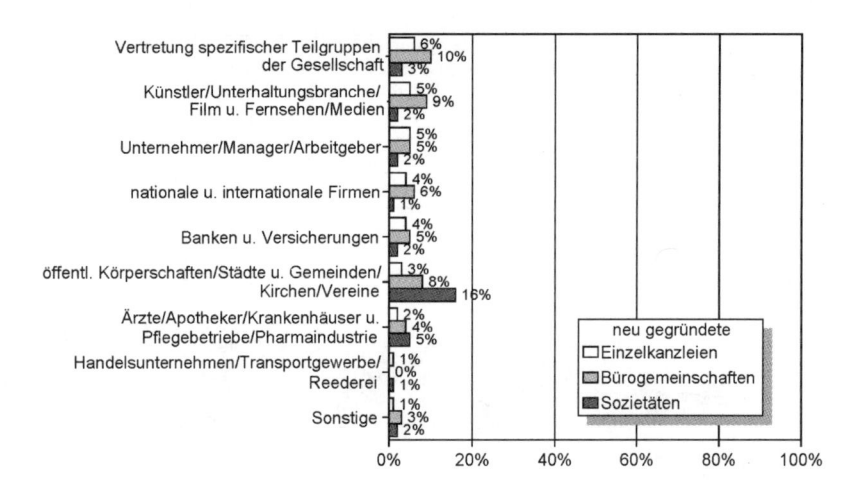

Abb. 63: Zielgruppen (II)

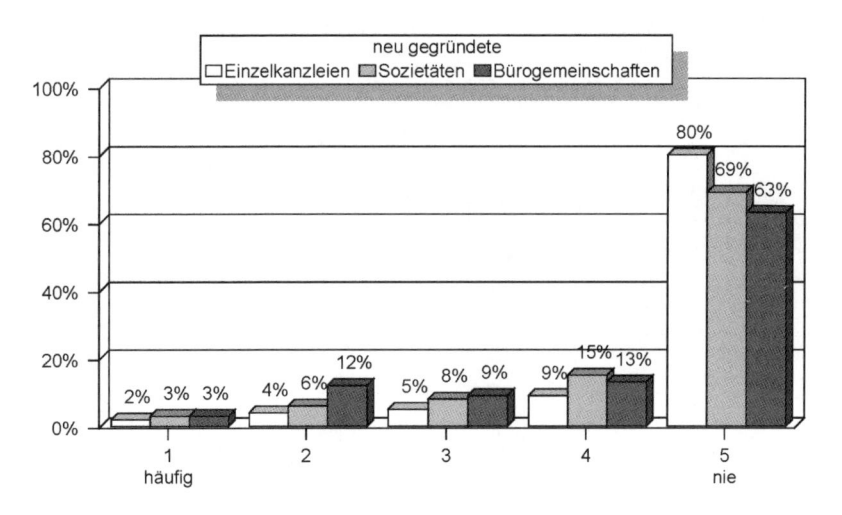

Abb. 64: Gewinnung neuer Mandanten durch Publikationen

Anhang

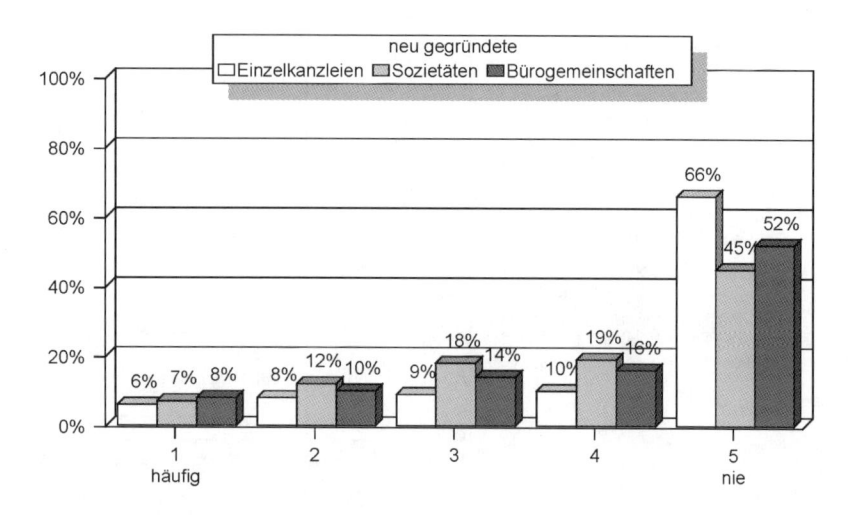

Abb. 65: Gewinnung neuer Mandanten durch Vorträge

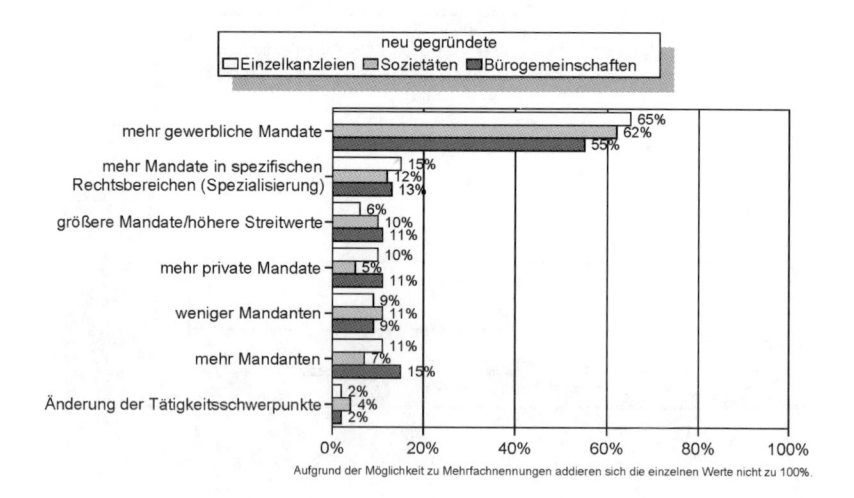

Abb. 66: Veränderungen der Mandantenstruktur

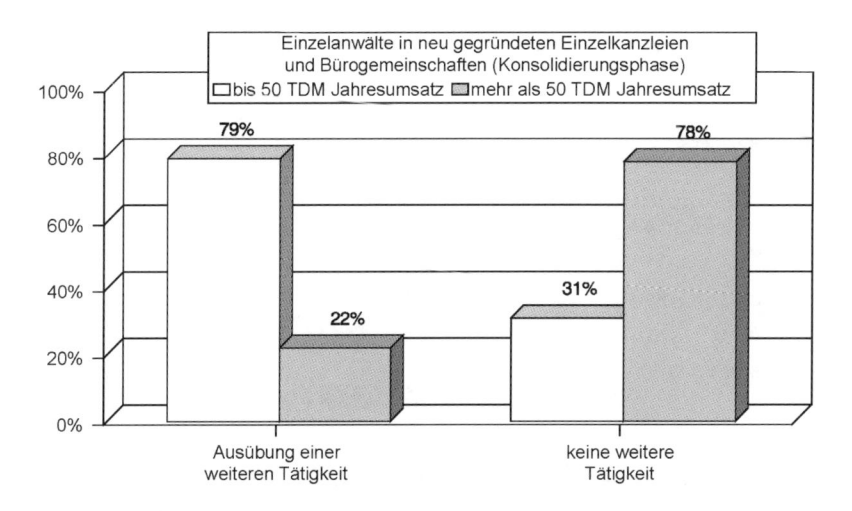

Abb. 67: Ausübung einer weiteren Tätigkeit neben der Anwaltstätigkeit nach Höhe des Jahresumsatzes (Konsolidierungsphase)

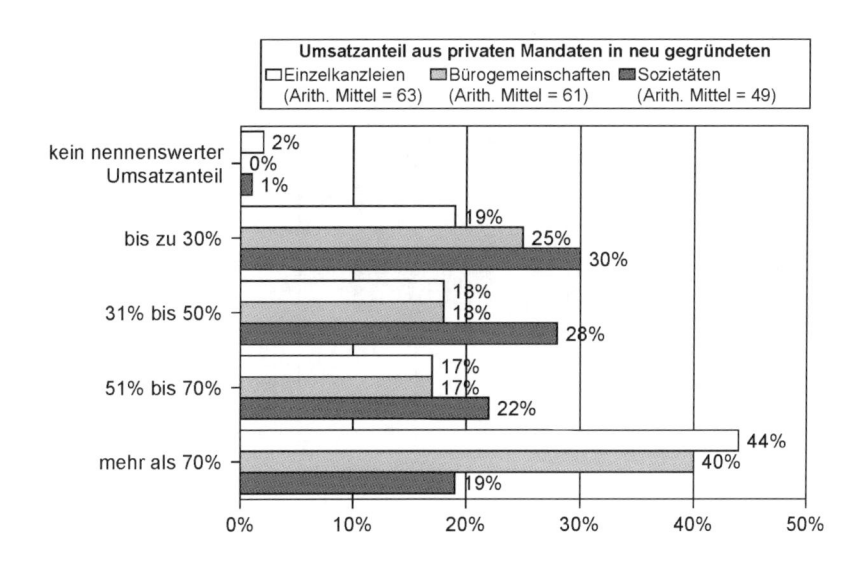

Abb. 68: Umsatzanteile aus privaten Mandaten

Anhang

Umsatzanteil aus gewerblichen Mandaten in neu gegründeten
☐ Einzelkanzleien ▨ Bürogemeinschaften ■ Sozietäten
(Arith. Mittel = 37) (Arith. Mittel = 39) (Arith. Mittel = 51)

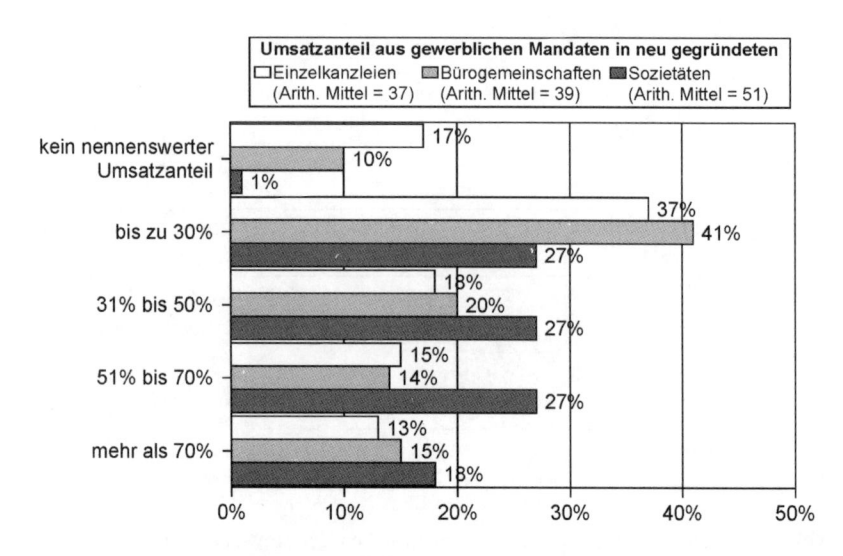

Kategorie	Einzelkanzleien	Bürogemeinschaften	Sozietäten
kein nennenswerter Umsatzanteil	17%	10%	1%
bis zu 30%	37%	41%	27%
31% bis 50%	18%	20%	27%
51% bis 70%	15%	14%	27%
mehr als 70%	13%	15%	18%

Abb. 69: Umsatzanteile aus gewerblichen Mandaten

Kategorie	Einzelkanzleien	Bürogemeinschaften	Sozietäten
kein nennenswerter Umsatzanteil	45%	45%	42%
1% bis 10%	44%	47%	51%
mehr als 10%	11%	8%	7%

neu gegründete
☐ Einzelkanzleien
▨ Bürogemeinschaften
■ Sozietäten

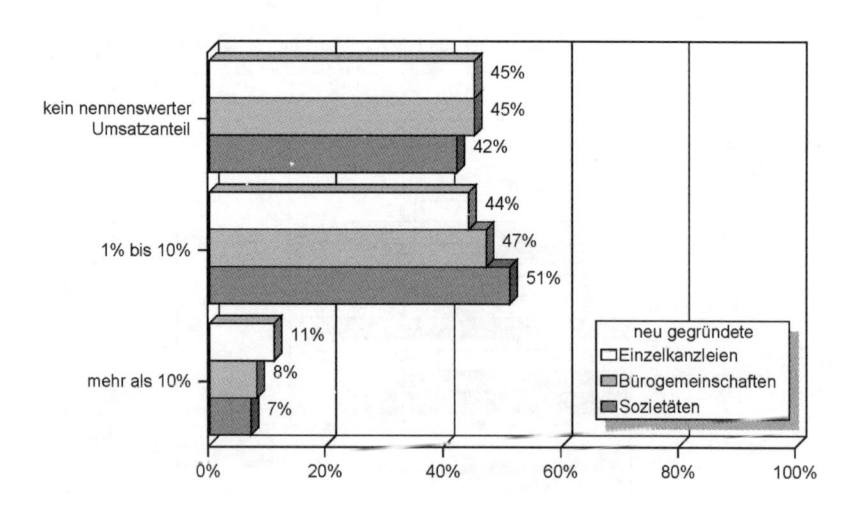

Abb. 70: Umsatzanteile aus Beratungshilfe

Abbildungen

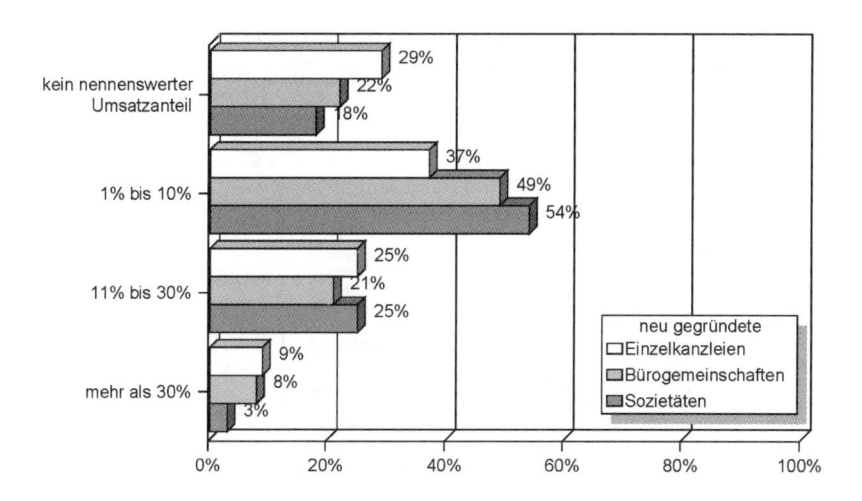

Abb. 71: Umsatzanteile aus Prozesskostenhilfe

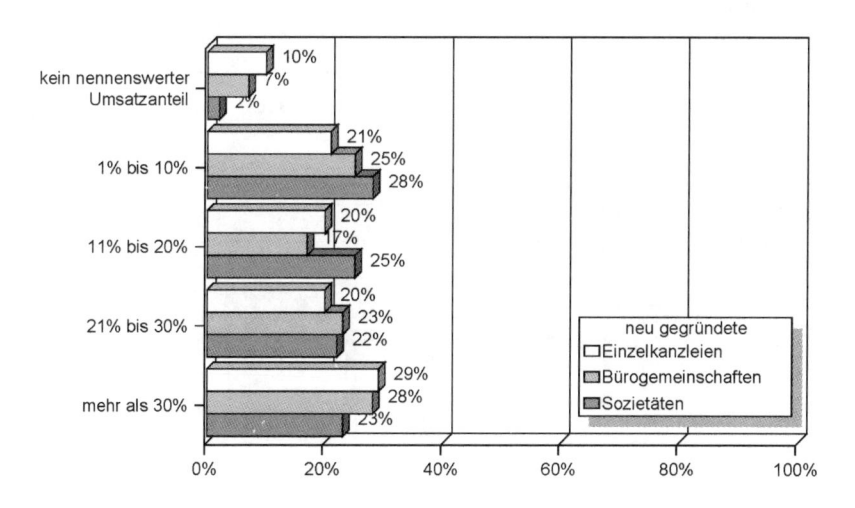

Abb. 72: Umsatzanteile aus Rechtsschutzversicherungen

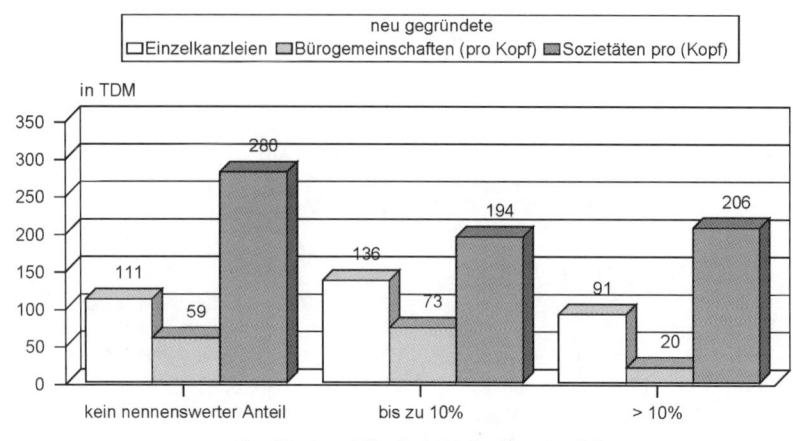

Anhang

Abb. 73: Durchschnittlicher Jahresumsatz nach Umsatzanteil, der über Beratungshilfe abgewickelt wird

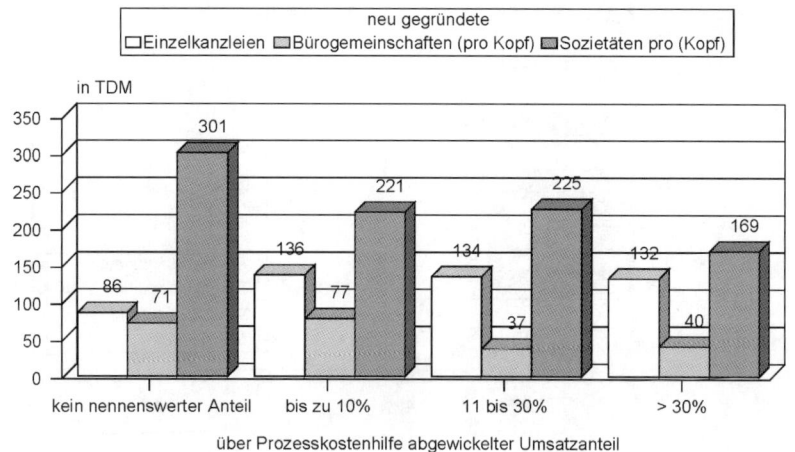

Abb. 74: Durchschnittlicher Jahresumsatz nach Umsatzanteil, der über Prozesskostenhilfe abgewickelt wird

Abbildungen

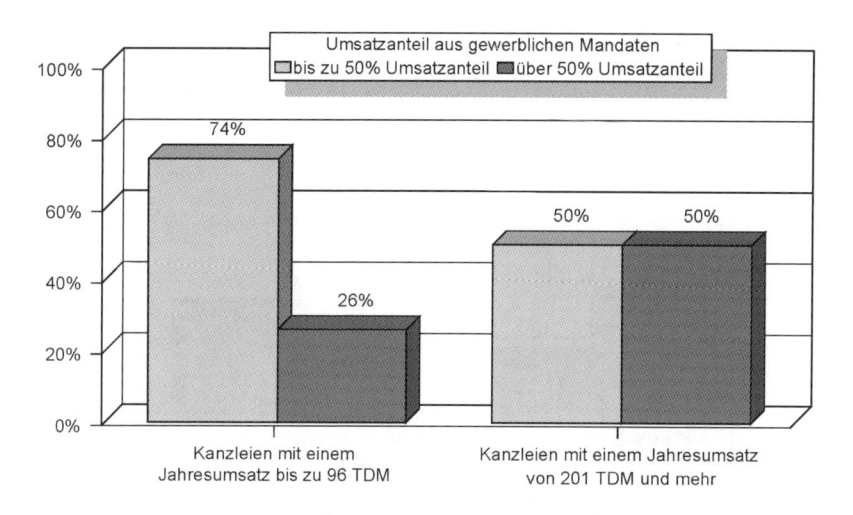

Abb. 75: Umsatzanteil aus gewerblichen Mandaten – Extremgruppenvergleich

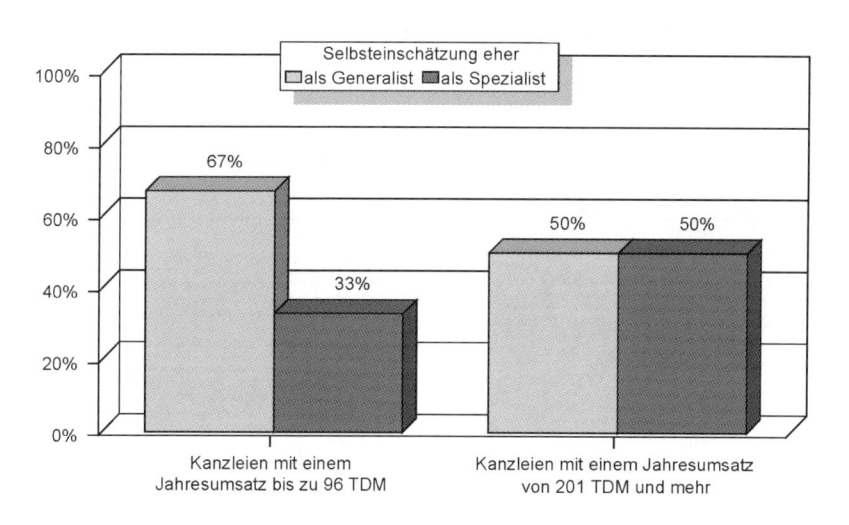

Abb. 76: Selbsteinschätzung als Generalist oder Spezialist – Extremgruppenvergleich

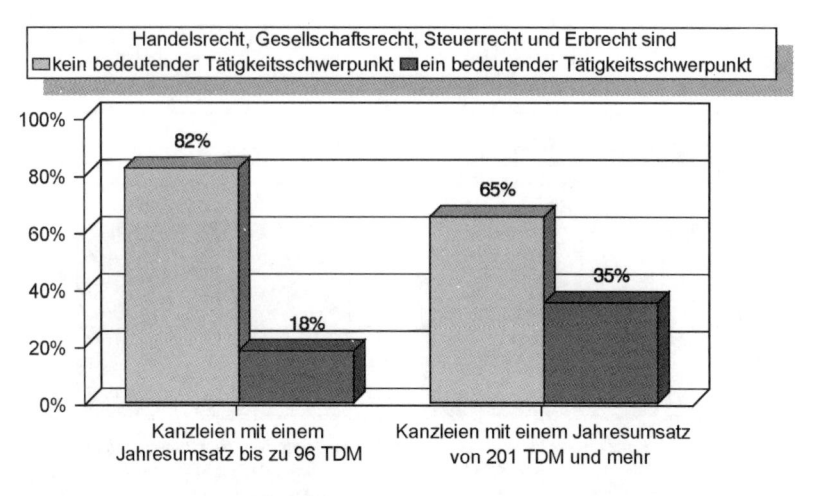

Anhang

Handelsrecht, Gesellschaftsrecht, Steuerrecht und Erbrecht sind
☐ kein bedeutender Tätigkeitsschwerpunkt ■ ein bedeutender Tätigkeitsschwerpunkt

- Kanzleien mit einem Jahresumsatz bis zu 96 TDM: 82% / 18%
- Kanzleien mit einem Jahresumsatz von 201 TDM und mehr: 65% / 35%

Wert eins und zwei auf einer 5er-Skala; eins = bedeutender Tätigkeitsschwerpunkt, fünf = unbedeutender Tätigkeitsschwerpunkt (höchstladender Faktor)

Abb. 77: Spezialisierung auf Handelsrecht, Gesellschaftsrecht, Steuerrecht und Erbrecht – Extremgruppenvergleich

Anteil der Gründer, die ausschließlich eigene finanzielle Mittel bei Gründung aufwenden

- Kanzleien mit einem Jahresumsatz bis zu 96 TDM: 57%
- Kanzleien mit einem Jahresumsatz von 201 TDM und mehr: 34%

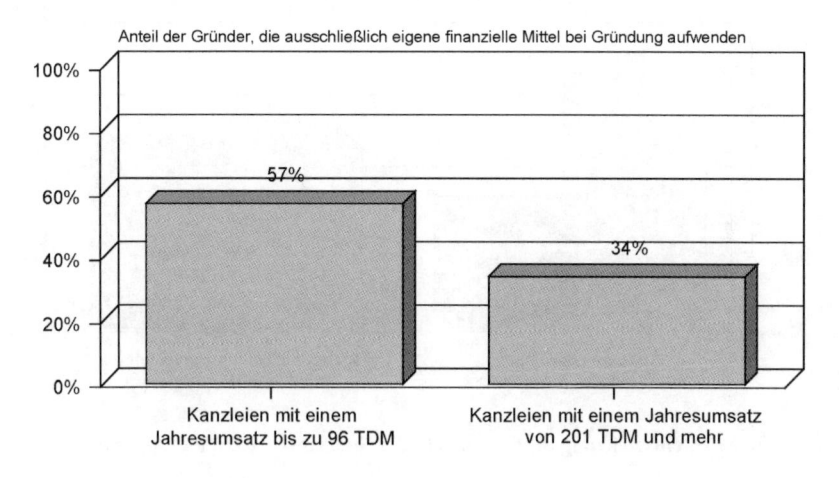

Abb. 78: Art der Gründungsfinanzierung – Extremgruppenvergleich

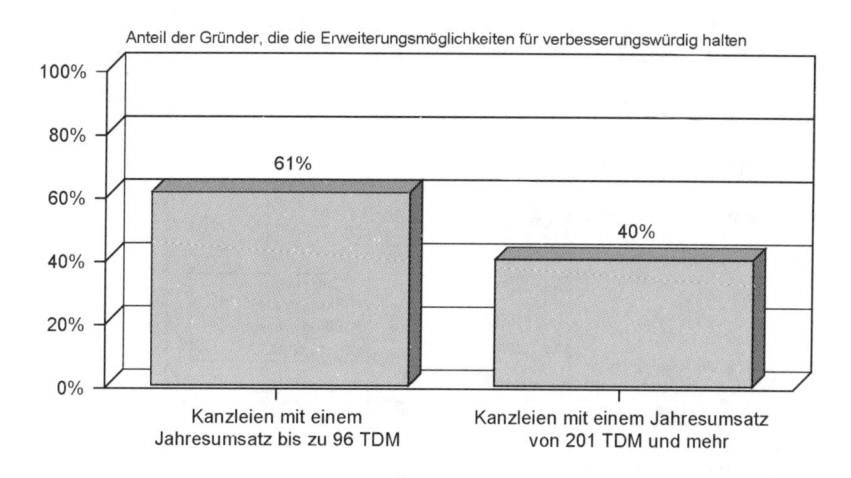

Abb. 79: Bewertung der Erweiterungsmöglichkeiten der Kanzleiräume – Extremgruppenvergleich

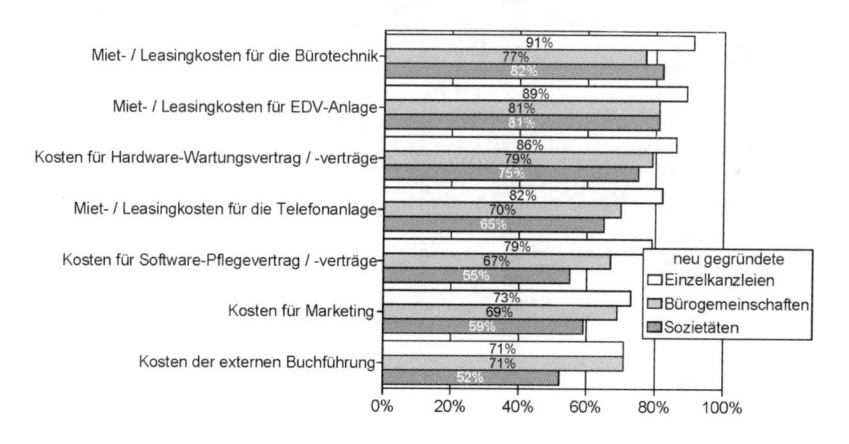

Abb. 80: Bereiche, in denen Gründer keine laufenden Kosten angeben (I)

Anhang

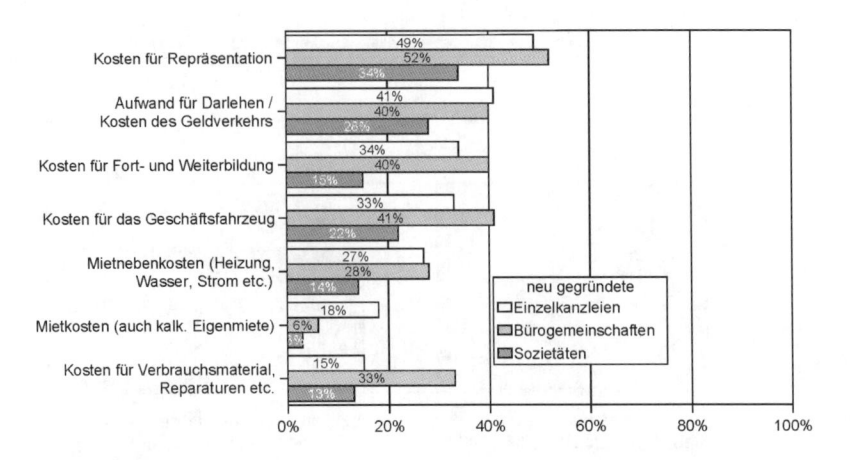

Abb. 81: Bereiche, in denen Gründer keine laufenden Kosten angeben (II)

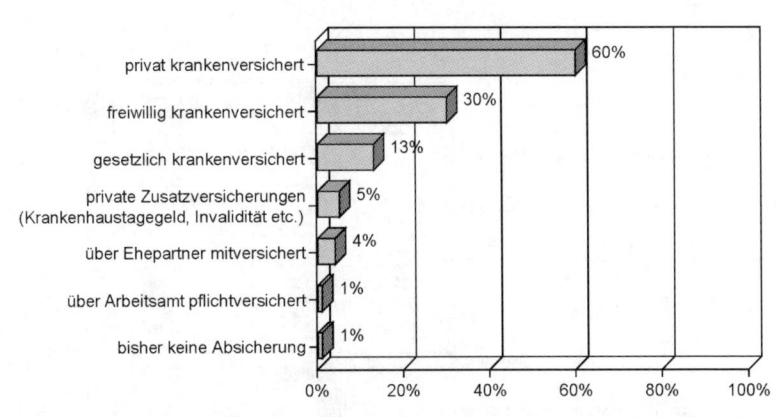

Abb. 82: Absicherung gegen Krankheitsrisiken – Gründer

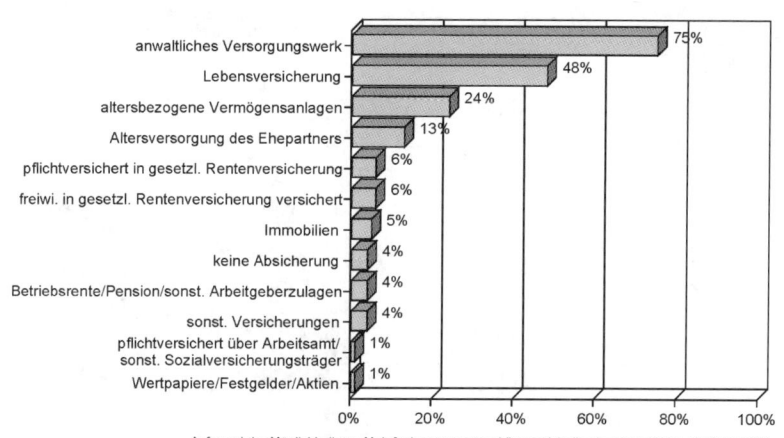

Abbildungen

Kategorie	Prozent
anwaltliches Versorgungswerk	75%
Lebensversicherung	48%
altersbezogene Vermögensanlagen	24%
Altersversorgung des Ehepartners	13%
pflichtversichert in gesetzl. Rentenversicherung	6%
freiwi. in gesetzl. Rentenversicherung versichert	6%
Immobilien	5%
keine Absicherung	4%
Betriebsrente/Pension/sonst. Arbeitgeberzulagen	4%
sonst. Versicherungen	4%
pflichtversichert über Arbeitsamt/ sonst. Sozialversicherungsträger	1%
Wertpapiere/Festgelder/Aktien	1%

Aufgrund der Möglichkeit von Mehrfachnennungen addieren sich die einzelnen Werte nicht zu 100%.

Abb. 83: Versicherung gegen Altersrisiken – Gründer

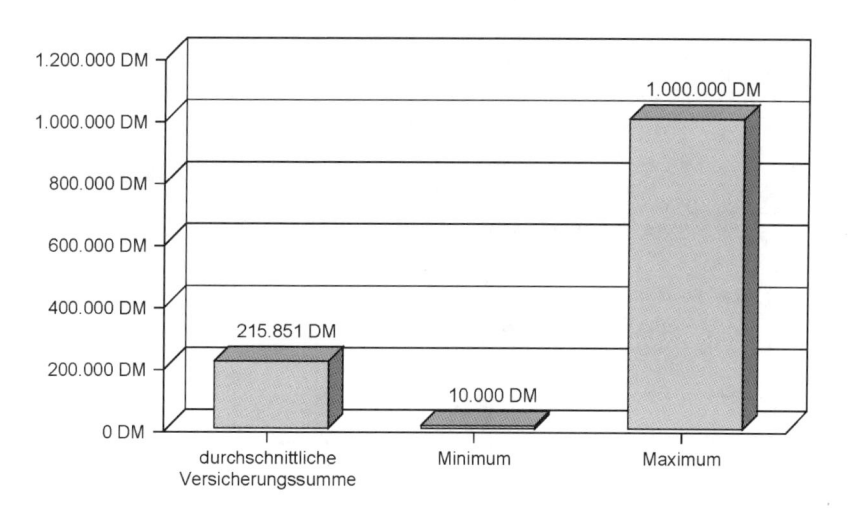

	Betrag
durchschnittliche Versicherungssumme	215.851 DM
Minimum	10.000 DM
Maximum	1.000.000 DM

Abb. 84: Höhe der Lebensversicherungen im Rahmen der Altersvorsorge von Gründern

Anhang

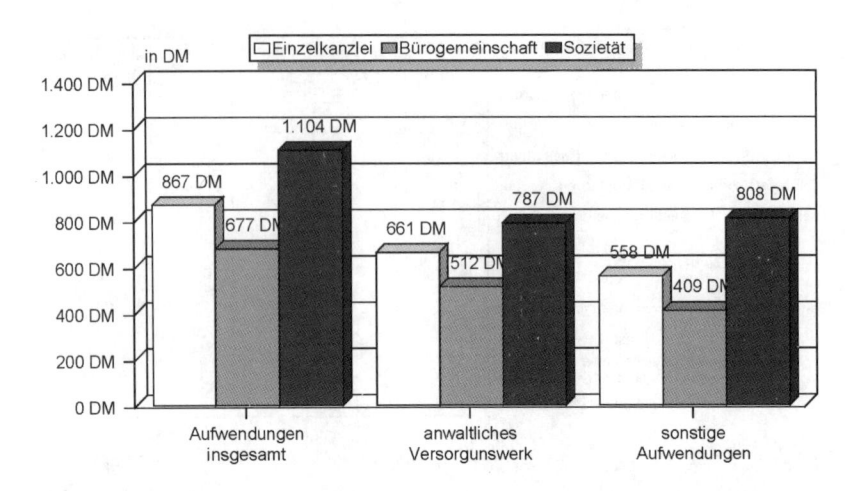

Abb. 85: Durchschnittlicher monatlicher Beitrag zur Altersvorsorge

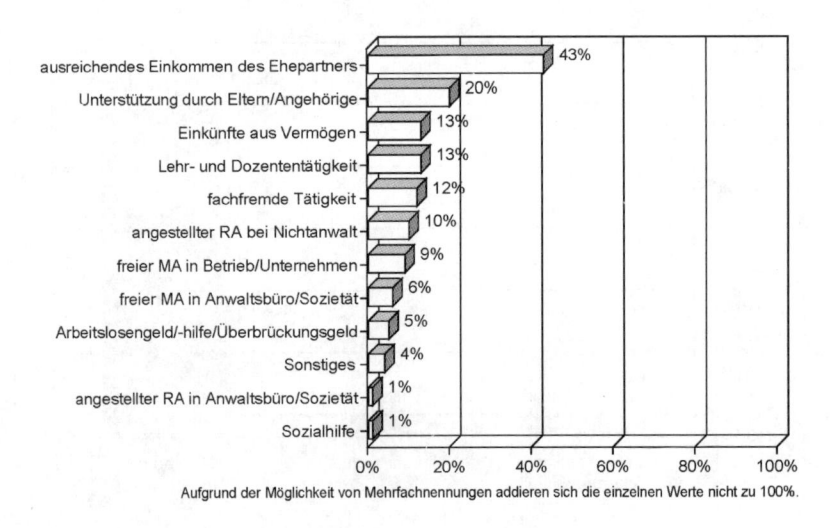

Abb. 86: Weitere Einnahmequellen der Gründer, die ihren Lebensunterhalt nicht mit der Tätigkeit in eigener Kanzlei bestreiten können

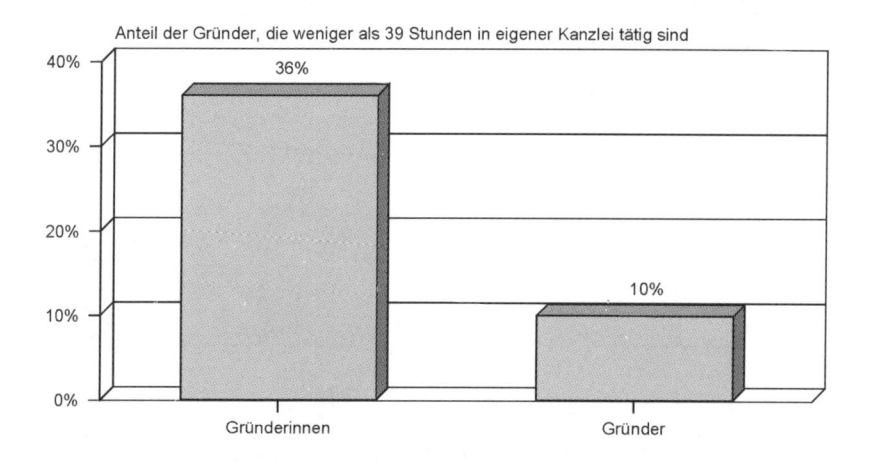

Abb. 87: Teilzeittätigkeit der Gründer nach Geschlecht

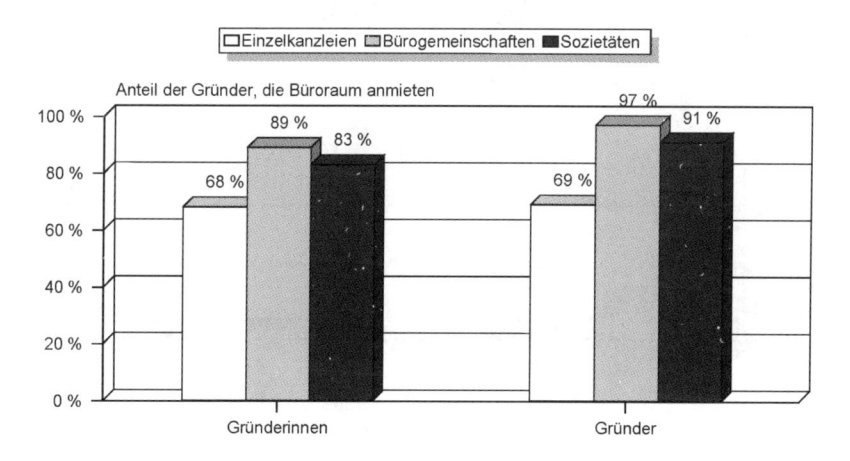

Abb. 88: Angemieteter Büroraum nach Kanzleityp und Geschlecht der Gründer (Vollzeittätigkeit)

Anhang

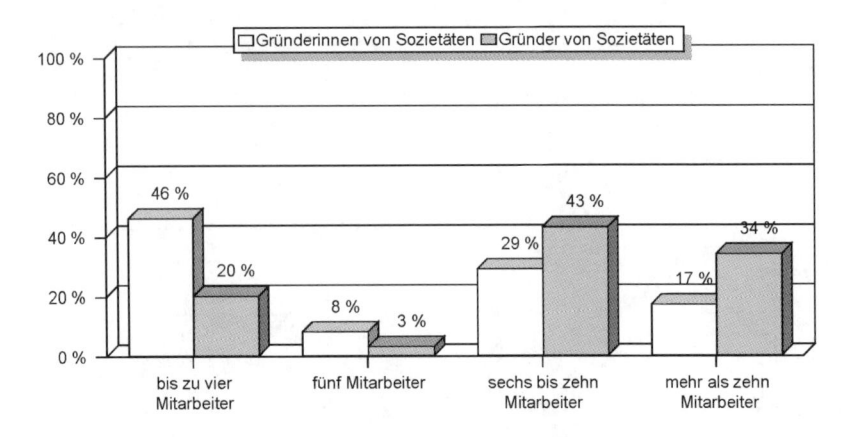

Abb. 89: Personelle Besetzung neu gegründeter Sozietäten (Vollzeittätigkeit)

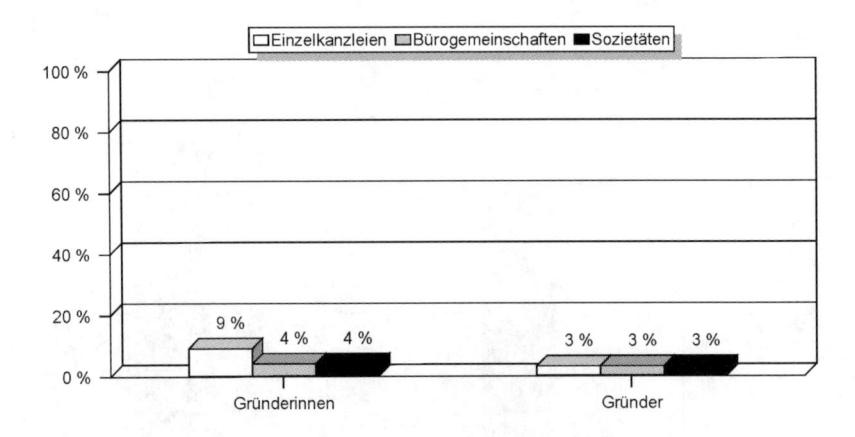

Abb. 90: Durchschnittlicher Umsatzanteil über Beratungshilfe nach Geschlecht (nur Vollzeit)

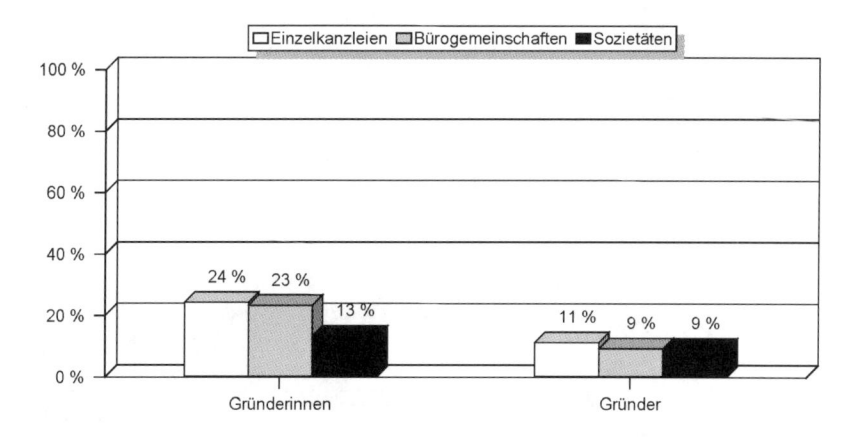

Abb. 91: Umsatzanteil über Prozesskostenhilfe nach Geschlecht (nur Vollzeit)

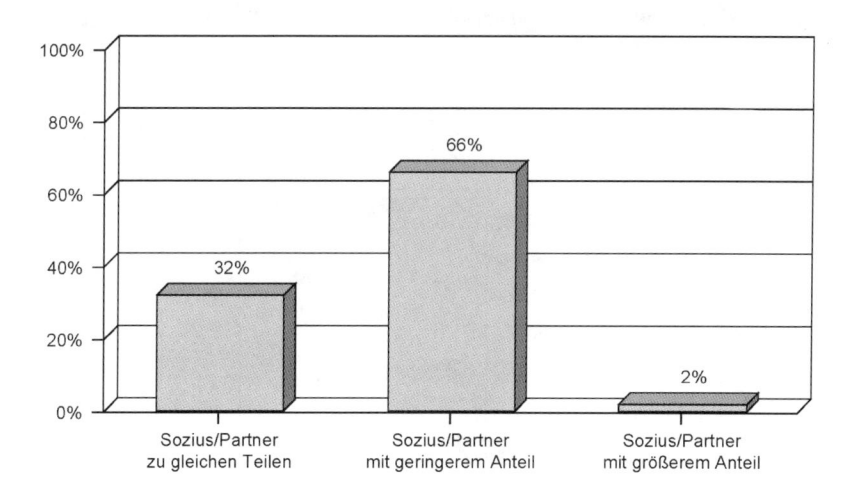

Abb. 92: Status von Einsteigern in bestehende Sozietäten

Anhang

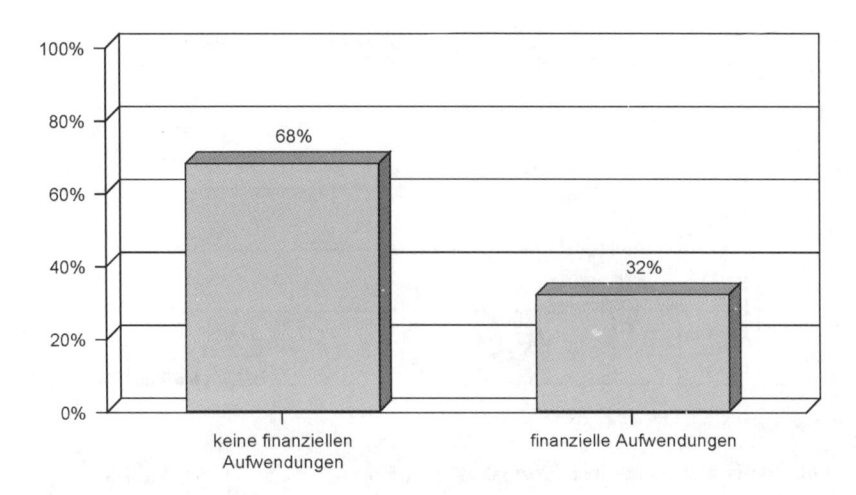

Abb. 93: Finanzielle Aufwendungen bei Aufnahme als Partner in einer bereits bestehenden Sozietät

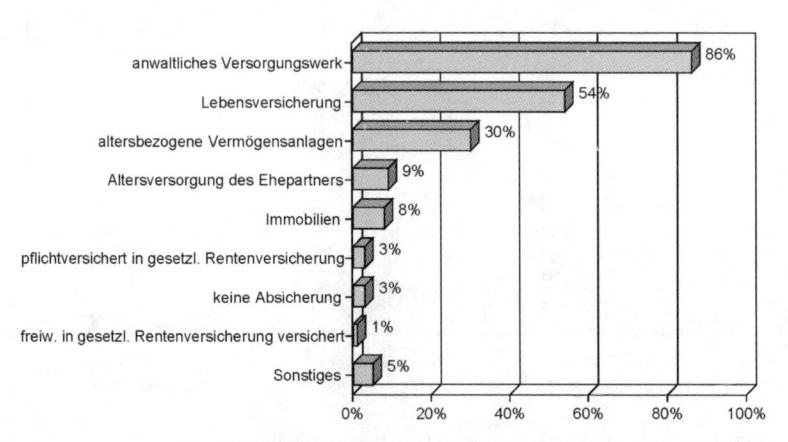

Abb. 94: Versicherung gegen Altersrisiken – Einsteiger in Sozietäten

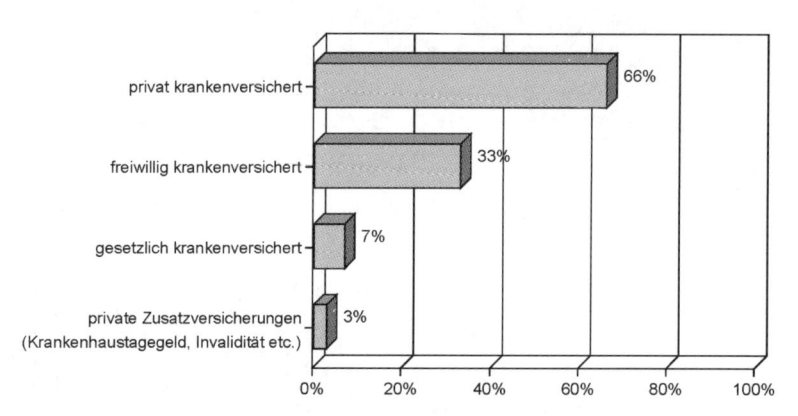

Abbildungen

- privat krankenversichert: 66%
- freiwillig krankenversichert: 33%
- gesetzlich krankenversichert: 7%
- private Zusatzversicherungen (Krankenhaustagegeld, Invalidität etc.): 3%

Aufgrund der Möglichkeit von Mehrfachnennungen addieren sich die einzelnen Werte nicht zu 100%.

Abb. 95: Absicherung gegen Krankheitsrisiken – Einsteiger in Sozietäten

in DM — ☐ Einsteiger in Sozietäten ■ Gründer von Sozietäten

	Einsteiger	Gründer
Aufwendungen insgesamt	1.546 DM	1.104 DM
anwaltliches Versorgungswerk	1.182 DM	787 DM
sonstige Aufwendungen	765 DM	808 DM

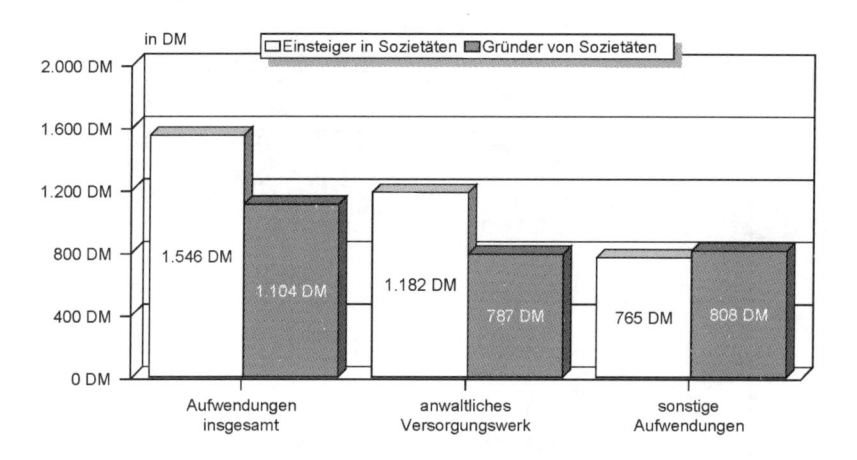

Abb. 96: Durchschnittliche Höhe monatlicher Aufwendungen zur Altersvorsorge von Sozien

Anhang

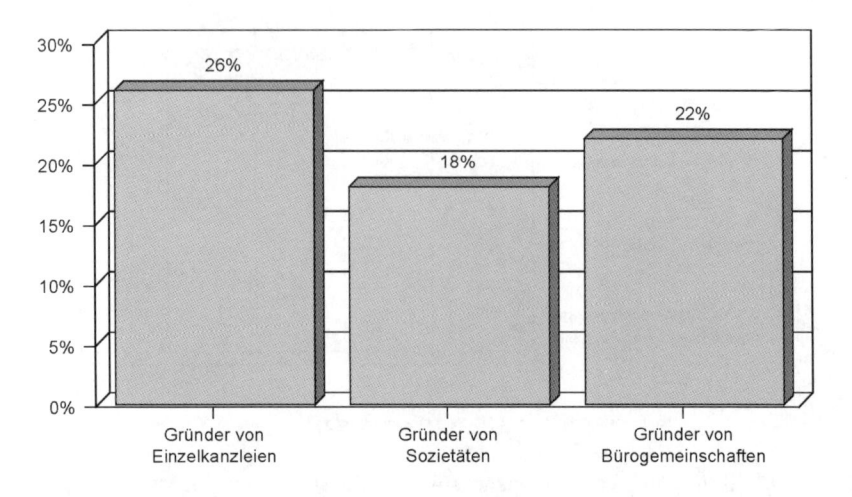

Abb. 97: Beratungsbedarf in Fragen der Organisation einer Anwaltskanzlei

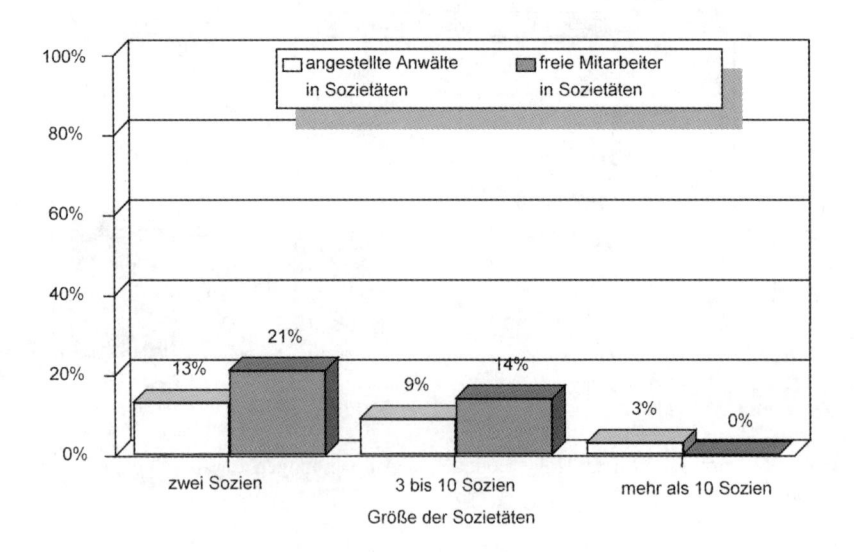

Abb. 98: Teilzeitbeschäftigung angestellter Anwälte und freier Mitarbeiter in Sozietäten (nach Größe der Sozietäten)

Abbildungen

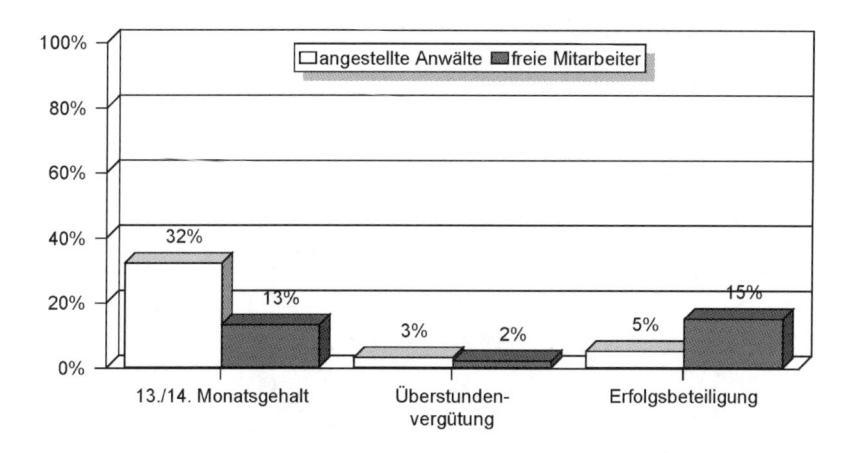

Abb. 99: Bestandteile des Gesamteinkommens teilzeittätiger angestellter Anwälte und freier Mitarbeiter

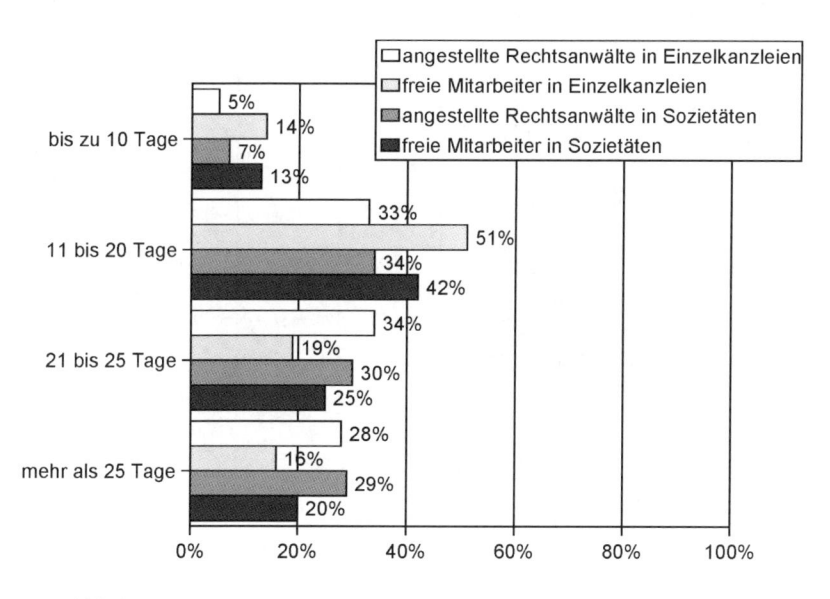

Abb. 100: Jahresurlaub angestellter Anwälte und freier Mitarbeiter

Anhang

angestellte Rechtsanwälte in Einzelkanzleien	1 Befragter
freie Mitarbeiter in Einzelkanzleien	4 Befragte
angestellte Rechtsanwälte in Sozietäten	3 Befragte
freie Mitarbeiter in Sozietäten	3 Befragte

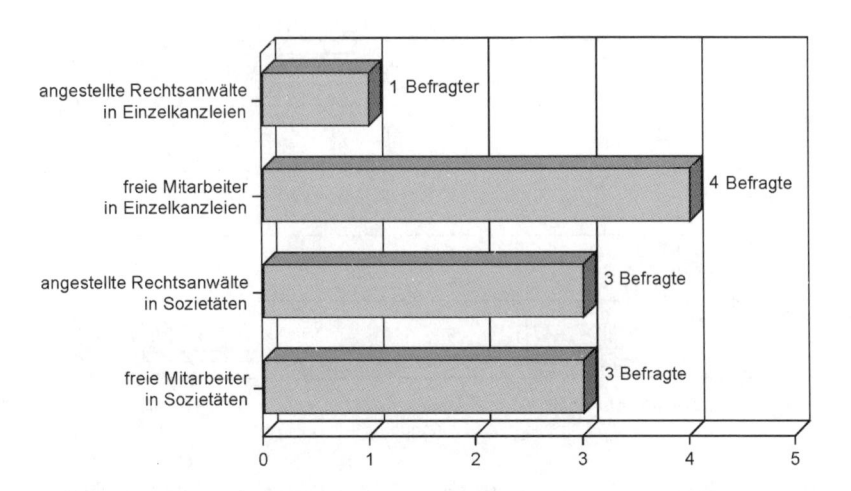

Abb. 101: Angestellte Anwälte und freie Mitarbeiter, deren Tätigkeit ein Praktikantenvertrag zugrunde liegt

angestellte Rechtsanwälte in Einzelkanzleien	6%
angestellte Rechtsanwälte in Sozietäten	2%
freie Mitarbeiter in Einzelkanzleien	19%
freie Mitarbeiter in Sozietäten	14%

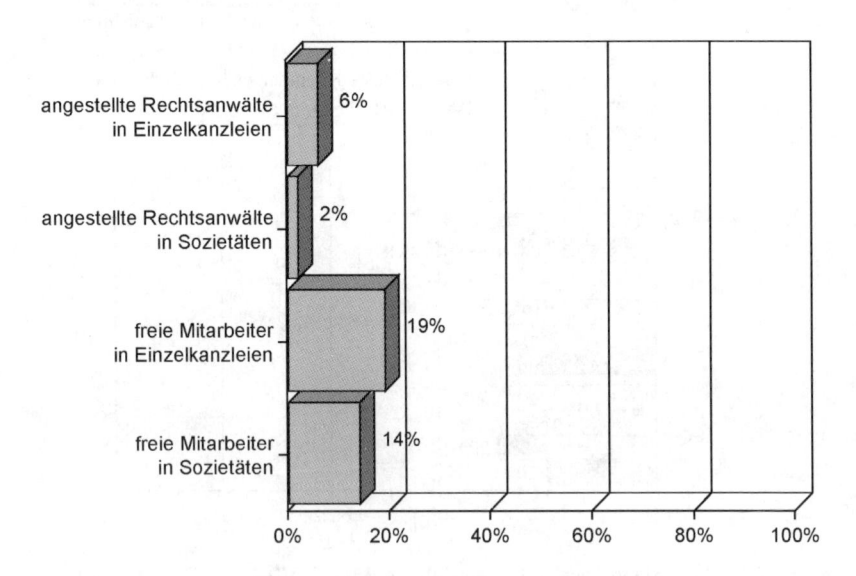

Abb. 102: Anteil der angestellten Anwälte und freien Mitarbeiter, deren Bezahlung eine Vorstellung von einem Stundenlohn zu Grunde liegt

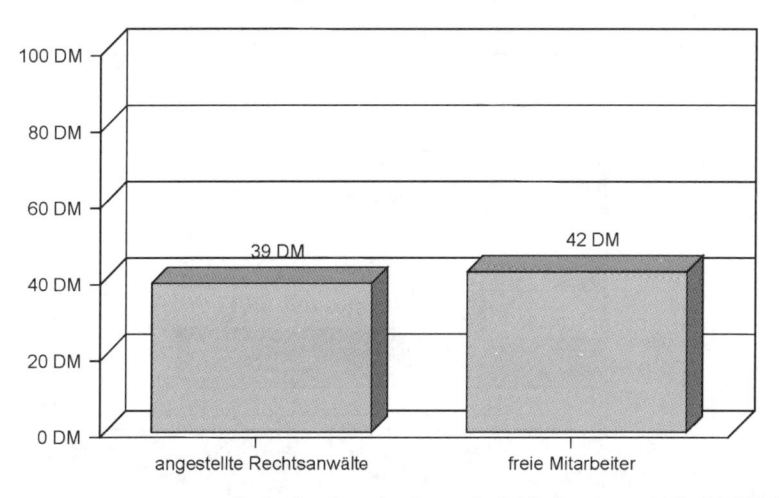

Abb. 103: Durchschnittliche Höhe des Stundenlohns angestellter Rechtsanwälte und freier Mitarbeiter

Vereinzelte extreme Angaben wurden bei der Berechnung nicht berücksichtigt.

□ Überstundenvergütung ☐ Erfolgsbeteiligung ■ 13./14. Monatsgehalt

angestellte Anwälte in Einzelkanzlei: 0%, 15%, 55%
freie Mitarbeiter in Einzelkanzleien: 0%, 14%, 12%
angestellte Anwälte in Sozietät: 1%, 12%, 53%
freie Mitarbeiter in Sozietäten: 1%, 27%, 10%

Anteil der Anwälte, deren Gesamteinkommen sich neben dem Bruttogehalt aus weiteren Einkommensbestandteilen zusammensetzt

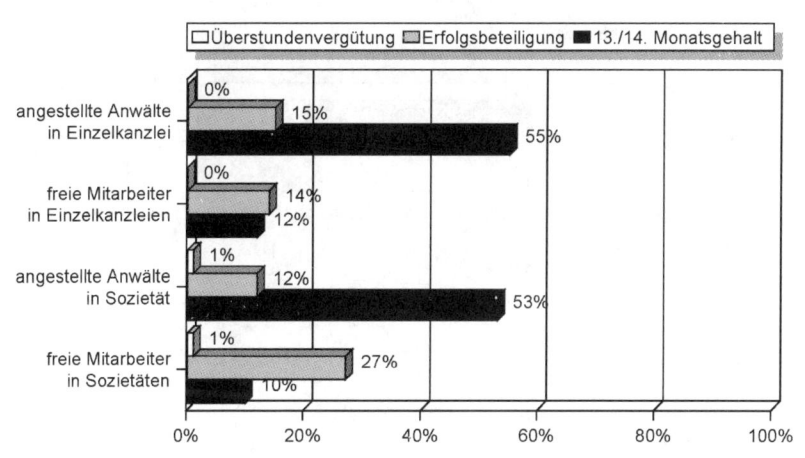

Abb. 104: Bestandteile des Einkommens angestellter Anwälte und freier Mitarbeiter (Vollzeittätigkeit)

Anhang

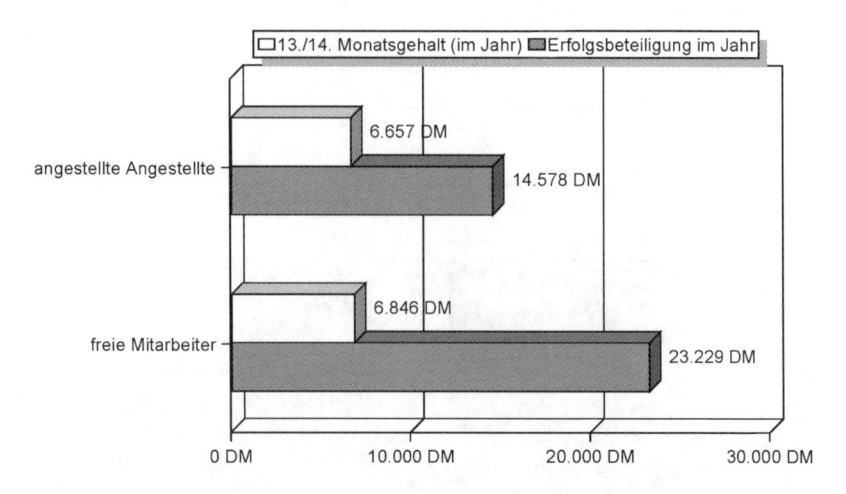

Abb. 105: Durchschnittliche Höhe zusätzlicher Einkommensbestandteile angestellter Anwälte und freier Mitarbeiter (Vollzeittätigkeit)

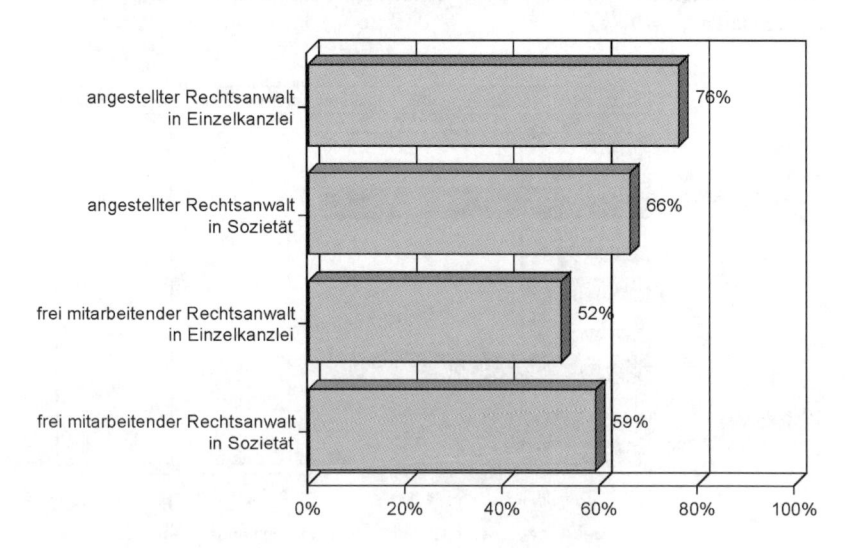

Abb. 106: Angestellte Anwälte und freie Mitarbeiter, die freiwillige betriebliche Leistungen bzw. geldwerte Vorteile erhalten (Vollzeittätigkeit)

Abbildungen

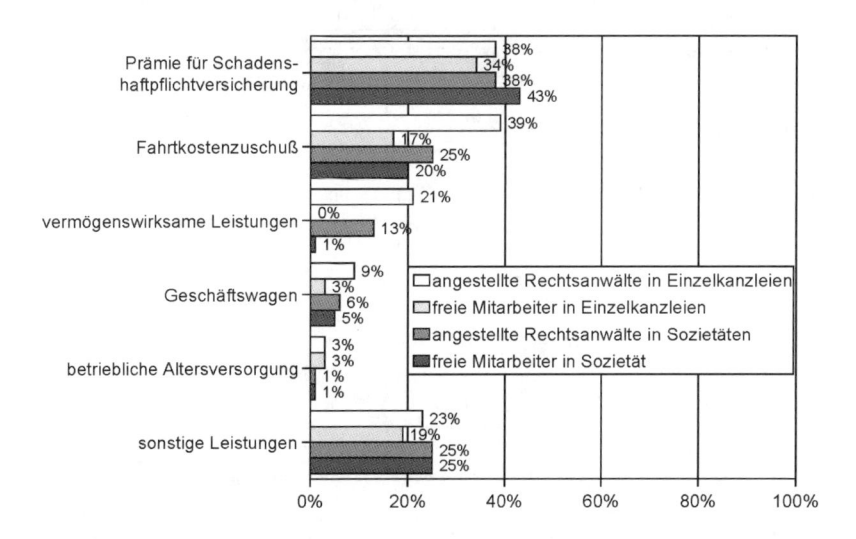

Abb. 107: Freiwillige betriebliche Leistungen bei angestellten und frei mitarbeitenden Anwälten (Vollzeittätigkeit)

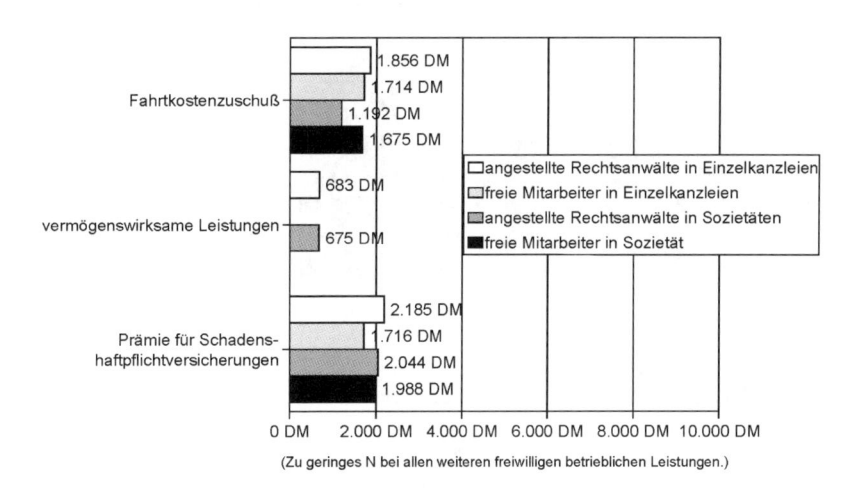

(Zu geringes N bei allen weiteren freiwilligen betrieblichen Leistungen.)

Abb. 108: Durchschnittliche Höhe freiwilliger betrieblicher Leistungen angestellter Anwälte und freier Mitarbeiter (Vollzeittätigkeit)

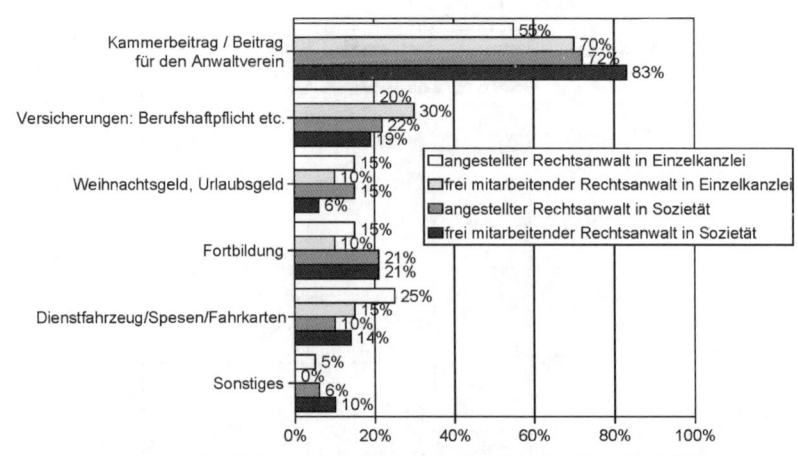

Anhang

Abb. 109: Sonstige freiwillige betriebliche Leistungen angestellter Anwälte und freier Mitarbeiter

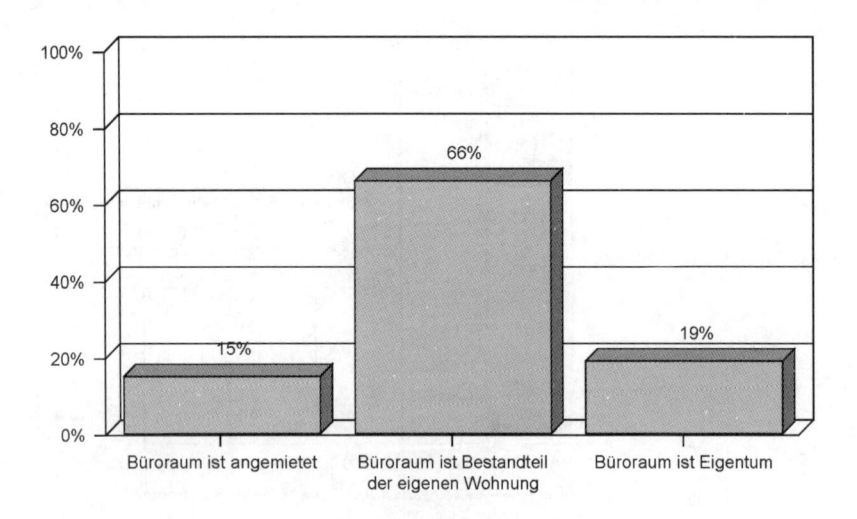

Abb. 110: Büroraum für eigene Kanzlei; Syndikusanwälte

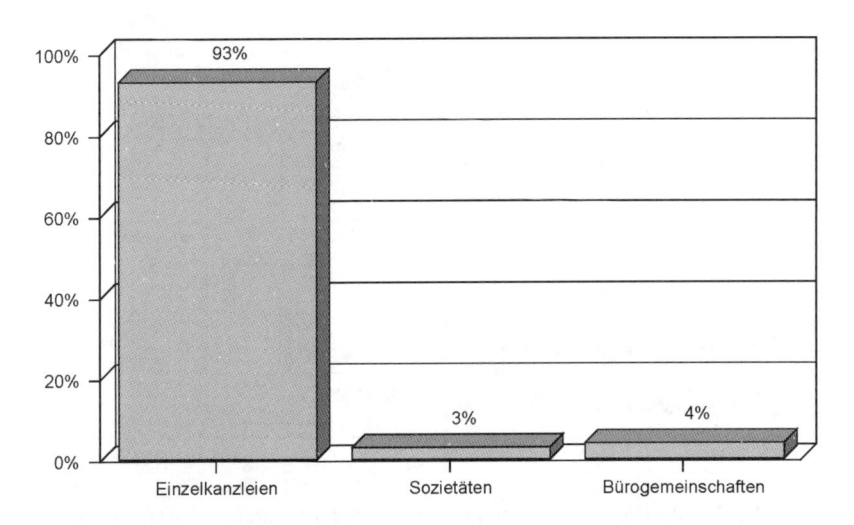

Abb. 111: Kanzleityp der von Syndici neu gegründeten Kanzleien

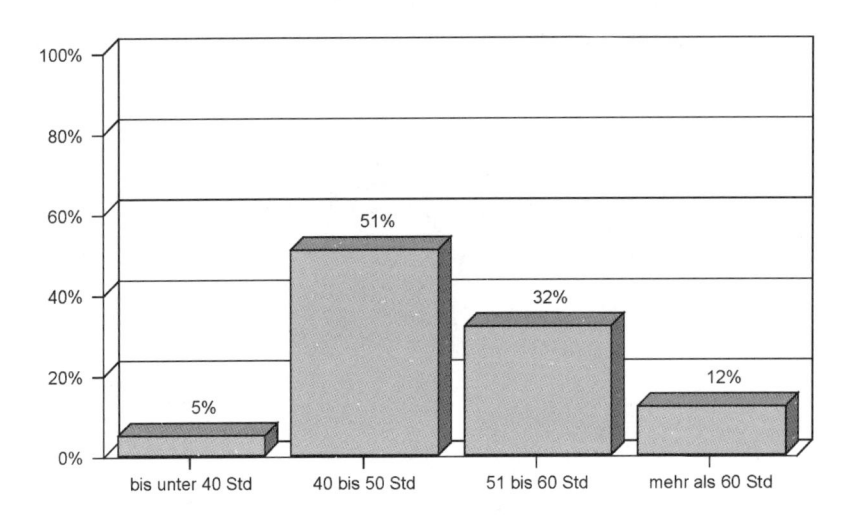

Abb. 112: Wöchentliche Arbeitszeit der jungen Syndikusanwälte

Anhang

zentrale berufliche Ziele für die Zukunft

- derzeitiges Arbeitsverhältnis beibehalten: 75%
- Rechtsanwalt bleiben, aber nicht auf anwaltliche Tätigkeit im engeren Sinne festgelegt: 27%

zentrale Hindernisse für die Verwirklichung der beruflichen Ziele

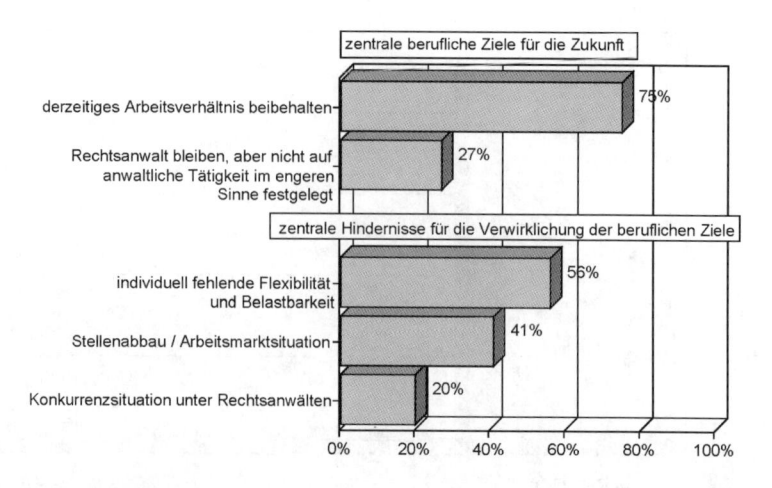

- individuell fehlende Flexibilität und Belastbarkeit: 56%
- Stellenabbau / Arbeitsmarktsituation: 41%
- Konkurrenzsituation unter Rechtsanwälten: 20%

Abb. 113: Berufsziele junger Syndikusanwälte und Hindernisse für die Verwirklichung der beruflichen Ziele

Literaturverzeichnis

Abel, R. L., The Transformation of the American Legal Profession, in: Law & Society Review 20 (1986), S. 7–17.
Arbeitsmarktinformationen, Juristinnen und Juristen, hrsg. v. der Zentralstelle für Arbeitsvermittlung der Bundesanstalt für Arbeit, 1998 (5. Aufl.).
Beck, U., Risikogesellschaft – Auf dem Weg in eine andere Moderne, Frankfurt a. M. 1986.
Beck-Gernsheim, E., Alles aus Liebe zum Kind, in: Das ganz normale Chaos der Liebe, hrsg. v. U. Beck; E. Beck-Gernsheim, Frankfurt a. M. 1990, S. 135–183.
Beck-Gernsheim, E., Die Kinderfrage. Frauen zwischen Kinderwunsch und Unabhängigkeit, München 1988.
Beck-Gernsheim, E., Anspruch und Wirklichkeit – Zu Wandel der Geschlechtsrollen in der Familie; in: Wandel der Familie, hrsg. v. Klaus A. Schneewind et al., Göttingen 1992, S. 37–47.
Bertram, H.; Borrmann-Müller, R., Von der Hausfrau zur Berufsfrau? Der Einfluß struktureller Wandlungen des Frauseins auf familiales Zusammenleben, in: Frauensituationen, Veränderungen in den letzten zwanzig Jahren, hrsg. v. U. Gerhardt; Y. Schütze, Frankfurt a. M. 1988, S. 251–272.
Bieberstein, I., Dienstleistungsmarketing, Ludwigshafen (Rhein) 1995.
Born, C.; Vollmer, Ch., Familienfreundliche Gestaltung des Arbeitslebens, Schriftenreihe des Bundesministeriums für Jugend, Familie und Gesundheit, Band 135, Stuttgart, Berlin, Köln, Mainz 1983
Borgmann, B.; Haug, P., Anwaltshaftung, 1995.
Borgmann, B., Anwaltspflichten und Haftung, in: Ratgeber für junge Rechtsanwältinnen und Rechtsanwälte, hrsg. v. Deutschen Anwaltverein; Forum Junger Rechtsanwältinnen und Rechtsanwälte im Deutschen Anwaltverein, Bonn 2000, S. 151–165.
Brieske, R., Die Berufshaftpflichtversicherung, in: Ratgeber für junge Rechtsanwältinnen und Rechtsanwälte, hrsg. v. Deutschen Anwaltverein; Forum Junger Rechtsanwältinnen und Rechtsanwälte im Deutschen Anwaltverein, Bonn 2000, S. 123–149.
Brieske, R., Berufshaftpflichtversicherung, in: AnwBl 1991, S. 485 ff.
Brieske, R., Die anwaltliche Honorarabrechnung, Neuwied 1997.
Brüning, M.; Werner, M., Organisationshandbuch für die Anwaltskanzlei. Arbeitsabläufe, Erfassungsbögen, Checklisten, Muster, Bonn 2001.
Busch, D.; Hommerich, Ch., Lebensphasen und Wechsel von Lebenswelten. Der Übergang von der Hochschule in den Beruf als krisenhafter Prozeß, in: ZSE 1/1982, S. 21–37.

Literaturverzeichnis

Deutsche Krankenversicherung AG, Die Krankenversicherung und die Pflegeversicherung des Anwalts, in: Ratgeber. Praktische Hinweise für junge Rechtsanwältinnen und Rechtsanwälte, hrsg. v. Deutscher Anwaltverein e. V., Bonn 1997 (7. Aufl.), S. 483–488.

Der Arbeitsmarkt für besonders qualifizierte Fach- und Führungskräfte, Jahresbericht 1997, ibv (Informationen für die Beratungs- und Vermittlungsdienste der Bundesanstalt für Arbeit) 26/1998.

Die zehn Gebote der Anwaltschaft im Internet (AG Informationstechnologie im DAV), in: AnwBl 8+9 / 2000, S. 503 ff.

Disterer, G., Informationstechnik in großen U.S.-Kanzleien – Reisebericht, in: BRAK-Mitt. 5/1998, S. 230 ff.

Disterer, G., Marketingaktivitäten von Anwälten im Internet, in: BRAK-Mitt. 1998, S. 27 ff., 78 ff., 131 ff.

Disterer, G., DV-Einsatz in der Anwaltskanzlei, in: Marketing- und Managementhandbuch für Rechtsanwälte, hrsg. v. Hartung, W. und Römermann, V., München 1999, S. 683–725.

Ebbing, F., Die virtuelle Anwaltskanzlei, in: Marketing- und Managementhandbuch für Rechtsanwälte, hrsg. v. Hartung, W. und Römermann, V., München 1999, S. 299–322.

Egger, U.-P.; Gronemeier, P., Existenzgründung, Wiesbaden 1996 (2. Aufl.).

Eich, A., Die Bewertung von Anwaltspraxen, Köln 1995.

Eichler, A., Technik im Büro, in: Ratgeber für junge Rechtsanwältinnen und Rechtsanwälte, hrsg. v. Deutschen Anwaltverein; Forum Junger Rechtsanwältinnen und Rechtsanwälte im Deutschen Anwaltverein, Bonn 2000, S. 335–326.

Enders, H.-R., Die BRAGO für Anfänger 1993.

Erler, G.; Jaeckel, M.; Pettinger, R.; Sass, J., Kind? Beruf? Oder Beides? Eine repräsentative Studie über die Lebenssituation und Lebensplanung junger Paare zwischen 18 und 33 Jahren in der BRD im Auftrage der Zeitschrift »Brigitte«, Hamburg 1988.

Eylmann, H., Der rechtliche Rahmen anwaltlicher Werbung, in: Marketing- und Managementhandbuch für Rechtsanwälte, hrsg. v. Hartung, W. und Römermann, V., München 1999, S. 867–884.

Finzer, P.; Mungenast, M., Personalauswahl, in: Handwörterbuch des Personalwesens, hrsg. v. E. Gaugler; W. Weber, Stuttgart 1992 (2. Aufl.), Sp. 1583 ff.

Fischedick, G., Finanzierung und Fördermittel, in: Ratgeber für junge Rechtsanwältinnen und Rechtsanwälte, hrsg. v. Deutschen Anwaltverein; Forum Junger Rechtsanwältinnen und Rechtsanwälte im Deutschen Anwaltverein, Bonn 2000, S. 303–317.

Fochem, A. R., 100000 Rechtsanwaltszulassungen in Deutschland – Ein Ausblick, in: BRAK-Mitt. 5/1999, S. 207 ff.
Frech, C., Selbständigkeit und Familie, in: Ratgeber. Praktische Hinweise für junge Rechtsanwältinnen und Rechtsanwälte, hrsg. v. Deutscher Anwaltverein, Bonn 1997 (7. Aufl.), S. 62–67.
Gleiser, S., 23 Prozent mehr Stellenangebote für Fach- und Führungskräfte, in: FAZ vom 27.01.2001.
Greißinger, G., Beratungshilfe und PKH, in: Ratgeber für junge Rechtsanwältinnen und Rechtsanwälte, hrsg. v. Deutschen Anwaltverein; Forum Junger Rechtsanwältinnen und Rechtsanwälte im Deutschen Anwaltverein, Bonn 2000, S. 541–546.
Hans Soldan GmbH, Erstausstattung einer Anwaltskanzlei, in: Ratgeber für junge Rechtsanwältinnen und Rechtsanwälte, hrsg. v. Deutschen Anwaltverein; Forum Junger Rechtsanwältinnen und Rechtsanwälte im Deutschen Anwaltverein, Bonn 2000, S. 547–553.
Hartung, W., Gründung und Unternehmensstruktur. Einführung und Übersicht, in: Marketing- und Managementhandbuch für Rechtsanwälte, hrsg. v. Hartung, W. und Römermann, V., München 1999, S. 137–141.
Hassels, A.; Hommerich, Ch., Frauen in der Justiz, Köln 1993.
Häußermann, H.; Siebel, W., Dienstleistungsgesellschaften, Frankfurt a. M. 1995.
Hebig, M., Existenzgründungsberatung, steuerliche, rechtliche und wirtschaftliche Gestaltungshinweise zur Unternehmensgründung, Bielefeld 1994 (3. Aufl.).
Heininger, E., Berufunfähigkeit und Sicherheit, in: Ratgeber. Praktische Hinweise für junge Rechtsanwältinnen und Rechtsanwälte, hrsg. v. Deutscher Anwaltverein, Bonn 1997 (7. Aufl.), S. 480–482.
Heinz, J. P.; Laumann, E. O., Chicago Lawyers. The Social Structure of the Bar, New York, Chicago 1982.
Henssler, M., Ist der Freie Mitarbeiter abgeschafft? Was nun? Der freie Mitarbeiter im Spiegel des Berufsrechts, in: AnwBl. 4/2000, S. 213 ff.
Heussen, B., Anwalt und Mandant, Köln 1999.
Hoff, A. (Hrsg.), Vereinbarkeit von Familie und Beruf – Neue Forschungsergebnisse im Dialog zwischen Wissenschaft und Praxis, Schriftenreihe des Bundesministers für Jugend, Familie, Frauen und Gesundheit, Band 230, Stuttgart, Berlin, Köln, Mainz 1987.
Hommerich, Ch., Der Diplompädagoge – ein ungeliebtes Kind der Bildungsreform, Frankfurt a. M. 1984.
Hommerich, Ch., Die Anwaltschaft unter Expansionsdruck. Eine Analyse der Berufssituation junger Rechtsanwältinnen und Rechtsanwälte, Köln, Essen 1988.

Literaturverzeichnis

Hommerich, Ch., Die Dauer der Juristenausbildung, Ergebnisse einer Repräsentativbefragung von Referendarinnen und Referendaren in Nordrhein – Westfalen, Düsseldorf 1993

Hommerich, Ch., Personalführung in der Anwaltskanzlei, in: Die moderne Anwaltskanzlei, hrsg. v. Ausschuß für Büroorganisation und -technik des Deutschen Anwaltvereins, Bonn 1997 (2. Aufl.), S. 201–279.

Hommerich, Ch.; Prütting, H., Das Berufsbild des Syndikusanwaltes, Bonn 1998.

Hommerich, Ch., Die strategische Ausrichtung der Anwaltskanzlei, in: Zukunft der Anwaltschaft, Sonderheft zu AnwBl. 2/2000, S. 17 ff.

Hommerich, Ch., Mit Strategie zum Erfolg. Anwaltskanzleien im Wettbewerb, in: Anwalt 4/2001, S. 28 ff.

Hommerich, Ch., Personal in der Anwaltskanzlei, in: Die moderne Anwaltskanzlei, hrsg. v. Brüning, M.; Abel, R., Bonn 2001, S. 165–244.

Institut für freie Berufe (Hrsg.), Berufseinstieg und Berufserfolg junger Rechtsanwältinnen und Rechtsanwälte, Nürnberg 2000.

Kaiser, H.; Wollny, P., Kauf und Bewertung einer Anwaltspraxis, Herne-Berlin 1996 (2. Aufl.).

Kindermann, E., Die Honorarvereinbarung, in: Ratgeber für junge Rechtsanwältinnen und Rechtsanwälte, hrsg. v. Deutschen Anwaltverein; Forum Junger Rechtsanwältinnen und Rechtsanwälte im Deutschen Anwaltverein, Bonn 2000, S. 529–539.

Kilger, H., Der Anwalt in der berufsständischen Versorgung, in: AnwBl. 1991, S. 515 ff.

Kilger, H., Die Geschichte der Rechtsanwaltsversorgungswerke, in: AnwBl. 8 + 9/98, S. 424 ff. und 560 ff.

Kilger, H., Rechtsanwaltsversorgungswerke, in: Ratgeber für junge Rechtsanwältinnen und Rechtsanwälte, hrsg. v. Deutschen Anwaltverein; Forum Junger Rechtsanwältinnen und Rechtsanwälte im Deutschen Anwaltverein, Bonn 2000, S. 167–188.

Kleine-Cosack, M., Das Werberecht der rechts- und steuerberatenden Berufe, Freiburg, Berlin, München 1999.

Koch, L., Anwaltliches Berufsrecht – hilfreich oder hinderlich, in: Ratgeber für junge Rechtsanwältinnen und Rechtsanwälte, hrsg. v. Deutschen Anwaltverein; Forum Junger Rechtsanwältinnen und Rechtsanwälte im Deutschen Anwaltverein, Bonn 2000, S. 75–87.

Koppelmann, U., Produktmarketing, Berlin etc. 1993 (4. Aufl.).

Literaturverzeichnis

Korn-Hornung, P., Das visuelle Erscheinungsbild als Teil der Corporate Identity, in: Die moderne Anwaltskanzlei, hrsg. v. Brüning, M.; Abel, R., Bonn 2001, S. 151–164.

Kotler, Ph.; Bliemel F., Marketing-Management, Stuttgart 1995 (8. Aufl.).

Krämer, A., Honorarpolitik, in: Marketing- und Managementhandbuch für Rechtsanwälte, hrsg. v. Hartung, W. und Römermann, V., München 1999, S. 787–817.

Kubr, Th. u. a., Planen, gründen, wachsen. Mit professionellem Businessplan zum Erfolg, Zürich 1997.

Kuner, Ch., Internet für Juristen. Zugang, Recherche, Kommunikation, Sicherheit, Informationsquellen, München 1999 (2. Aufl.).

Lapp, Th., Sichere e-mail vom Anwalt, in: BRAK-Mitt. 3/1998, S. 134 ff.

Lovelock, Ch. H. (Hrsg.), Service Marketing, 1996 (3. Aufl.).

Madert, W., Das Gebührenrecht, in: Ratgeber für junge Rechtsanwältinnen und Rechtsanwälte, hrsg. v. Deutschen Anwaltverein; Forum Junger Rechtsanwältinnen und Rechtsanwälte im Deutschen Anwaltverein, Bonn 2000, S. 521–527.

Madert, W., Die Abrechnung des Mandats, in: Die moderne Anwaltskanzlei, hrsg. v. Brüning, M.; Abel, R., Bonn 2001, S. 381–414.

Marien, M., The Two Visions of Post-Industrial Society, in: Futures, 1977, S. 415–431.

Martin, H., Berufsunfallversicherung, in: Praktische Hinweise für junge Anwälte, hrsg. vom Deutschen Anwaltverein, Bonn 1997, S. 489 f.

Mauer, R.; Krämer, A., Marketing-Strategien für Rechtsanwälte, München 1996.

Möller, R., Buchführung, Steuern und Controlling in der Anwaltskanzlei, in: Die moderne Anwaltskanzlei, hrsg. v. Brüning, M.; Abel, R., Bonn 2001, S. 415–462.

Normann, R., Service Management. Strategy and Leadership in Service Business, Chichester 1991 (2. Aufl.)

Palmer, A., Principles of Services Marketing, London 1998 (2. Aufl.).

Passenberger, J., STAR: Wirtschaftliche Folgen anwaltlicher Spezialisierung, in BRAK-Mitt. 3/1996, S. 98 ff.

Pedler, M.; Burgoyne, J.; Boydell, T., A manager's guide to self-development, London 1994.

Pepels, W., Einführung in das Dienstleistungsmarketing, München 1995.

Porter, M. E., Wettbewerbsvorteile. Spitzenleistungen erreichen und behaupten, Frankfurt a. M. 1992 (3. Aufl.).

Pott, D., Die Berufshaftpflichtversicherung – Hinweise und Überblicke für den Einstieg, in: Ratgeber. Praktische Hinweise für junge Rechtsanwältinnen und Rechtsanwälte, hrsg. v. Deutscher Anwaltverein, Bonn 1997 (7. Aufl.), S. 475–479.

Prognos/Infratest, Inanspruchnahme anwaltlicher Leistungen. Zugangsschwellen, Beratungsbedarf und Anwaltsimage, Basel, München 1986, Sonderheft Zukunft der Anwaltschaft, hrsg. vom Deutschen Anwaltverein, Bonn 1987.

Ratgeber für junge Rechtsanwältinnen und Rechtsanwälte, hrsg. v. Deutschen Anwaltverein; Forum Junger Rechtsanwältinnen und Rechtsanwälte im Deutschen Anwaltverein, Bonn 2000.

Römermann, R.; Fischedick, G., Kanzleigründung, in: Marketing- und Managementhandbuch für Rechtsanwälte, hrsg. v. Hartung, W. und Römermann, V., München 1999, S. 143–209.

Ruby, J., Aufbau und Einrichtung einer Anwaltskanzlei, in: Die moderne Anwaltskanzlei, hrsg. v. Brüning, M.; Abel, R., Bonn 2001a, S. 15–90.

Ruby, J., Internet für die Anwaltschaft, in: Die moderne Anwaltskanzlei, hrsg. v. Brüning, M.; Abel, R., Bonn 2001b, S. 545–580.

Rust, R. T.; Zahorik, A. J.; Keiningham, T. L., Service Marketing, New York 1996.

Sassenbach, H., Die Versicherung des Rechtsanwalts, der Kanzlei und der Mitarbeiter, in: Die moderne Anwaltskanzlei, hrsg. v. Brüning, M.; Abel, R., Bonn 2001, S. 481–499.

Scherf, U. J., ALexIS: Mit Siebenmeilenstiefeln zum Wettbewerbsvorteil – Schnelle Auskünfte und prägnante Informationen per Internet, in: BRAK-Mitt. 3/98, S. 108 ff.

Schmidtchen, G., Die Situation der Frau, Berlin, München 1984.

Schmitz-Krummacher, G., Die wichtigsten Versicherungen, in: Ratgeber für junge Rechtsanwältinnen und Rechtsanwälte, hrsg. v. Deutschen Anwaltverein; Forum Junger Rechtsanwältinnen und Rechtsanwälte im Deutschen Anwaltverein, Bonn 2000, S. 189–205.

Schmucker, A., Umsatz- und Einkommensentwicklung der Rechtsanwälte von 1993 bis 1998, in: BRAK-Mitt. 6/2000, S. 273 ff.

Schmucker, A.; Lechner B., STAR: Rechtsanwälte mit fachlichen Spezialisierungen und Zusatzqualifikationen im Einkommensvergleich, in: BRAK-Mitt. 3/2000, S. 118 ff.

Seer, R., Steuerliche Aspekte einer Anwaltskanzlei, in: Marketing- und Managementhandbuch für Rechtsanwälte, hrsg. v. Hartung, W. und Römermann, V., München 1999, S. 337–403.

Seidenspinner, G.; Burger, A., Mädchen 1982, Hamburg 1982.

Seiwert, L. J., Wenn Du es eilig hast, gehe langsam. Das neue Zeitmanagement in einer beschleunigten Welt, Frankfurt, New York 1998.

Semmer, N.; Udris, I., Bedeutung und Wirkung von Arbeit, in: Lehrbuch Organisationspsychologie, hrsg. v. H. Schuler, Bern u. a. 1993, S. 133–165, S. 143 ff.

Statistisches Bundesamt (Hrsg.), Im Blickpunkt: Familien heute, Stuttgart 1995.

Statistisches Bundesamt (Hrsg.), Im Blickpunkt: Frauen in Deutschland, Stuttgart 1998.

Statistisches Bundesamt, Ergebnisse für Wirtschaftsbereiche (Branchenblätter). Fachserie 18, Reihe S. 19, Wiesbaden o. J.

Steuck, J. W., Businessplan, Berlin 1999.

Stobbe, U.; Hommerich, Ch., Wettbewerb und Marketing. Junge Rechtsanwältinnen und Rechtsanwälte im Wettbewerb – Ergebnisse der Anwaltsforschung, in Ratgeber, hrsg. v. Deutscher Anwaltverein, Bonn 1997 (7. Aufl.), S. 189–196.

Stobbe, U., Die Rechtswissenschaft im Spannungsfeld zwischen dem Bildungsauftrag der Universität und den Ausbildungserwartungen der Berufspraxis – Reformüberlegungen aus anwaltlicher Sicht, in: Hochschulen und freie Berufe, hrsg. v. H. Holzhüter, Ch. Weber, Bremen 1991, S. 166–173.

Strümpel, B.; Bielenski, H., Familienfreundliche Arbeitszeitregelungen – Fakten, Wünsche, Hindernisse, in: Vereinbarkeit von Familie und Beruf – Neue Forschungsergebnisse im Dialog zwischen Wissenschaft und Praxis, hrsg. v. A. Hoff, 1987, S. 39–54.

Szyperski, N. u. a., Unternehmensgründung und Innovation, Göttingen 1983.

Theerkorn, G., Juristische Informationen aus dem Internet, in: BRAK-Mitt. 3/1998, S. 110 ff.

Trimborn v. Landenberg, D., Die erfolgreiche Bewerbung als Rechtsanwalt, Bonn 2000.

Ullrich, H., Aufbau und Errichtung einer Anwaltskanzlei, in: Die moderne Anwaltskanzlei. Gründung, Einrichtung und rationelle Organisation, hrsg. vom Ausschuß für Büroorganisation und -technik des Deutschen Anwaltvereins; Konzeption und Red.: Artur Garke, Bonn 1997 (2. Aufl.), S. 29–140.

Ullrich, H., Das Unternehmen »Anwaltsbüro«. Die Gründung einer Anwaltskanzlei – einmalige Investitionen und laufende Betriebskosten, in: Ratgeber, hrsg. v. Deutscher Anwaltverein 1997 (7.Aufl.), S. 363–372.

Volks, H., Anwaltliche Berufsrollen und anwaltliche Berufsarbeit in der Industriegesellschaft, Diss., Köln 1974.

Wagner, Ch.; Lerch, J.-A., Mandatsgeheimnis im Internet? Zur Zulässigkeit anwaltlicher E-Mail-Korrespondenz im Hinblick auf Straf- und Standesrechtlicher Vorgaben, in: NJW-CoR 6/1996, 380 ff.

Wasilewski, R. u. a., Star Umsatz- und Einkommensentwicklung der Rechtsanwälte 1992 bis 1996, in: BRAK-Mitt. 6/1998, S. 250–254.

Weitzel, G., Beschäftigungswirkungen von Existenzgründungen, München 1986.

Literaturverzeichnis

Winters, K.-P., Der Rechtsanwaltsmarkt. Chancen, Risiken und zukünftige Entwicklung, Köln 1989.
Wolf, Ch., Einführung in den Anwaltsberuf. Berufswahl, Praxisgründung, Kanzleiorganisation. Kurseinheit 2, Fernuniversität in Hagen, 1992
Wolf, Ch., Erfolg im Anwaltsberuf. Gründung und effiziente Führung einer Anwaltskanzlei, Bonn 1994.
Wollny, P., Erwerb einer Anwaltskanzlei, in: Marketing- und Managementhandbuch für Rechtsanwälte, hrsg. v. Hartung, W. und Römermann, V., München 1999, S. 211 –228.
Wollny, P., Unternehmens- und Praxisübertragungen, Ludwigshafen 1996 (4. Aufl.).
Zeithaml, V. A.; Bitner M. J., Services Marketing, New York 1996.

Anwaltsgesellschaften
Sozietät • Partnerschaft • GmbH • Bürogemeinschaft • Kooperation
Musterverträge und Erläuterungen

Die Zahl der Anwälte, die sich mit Kollegen – auch anderer Berufssparten – zusammenschließen, um mehrere Rechtsgebiete effektiv und qualifiziert abdecken zu können, nimmt ständig zu. Die geeignete Rechtsform des Zusammenschlusses ist entscheidend für den Erfolg. Der Autor erleichtert die richtige Wahl, indem er die möglichen Formen anwaltlicher Zusammenarbeit anhand des entsprechenden Vertrages erläutert. Für die jeweilige Situation wird eine moderne und sachgerechte Lösung entwickelt.
Hierbei werden u.a. folgende Rechtsformen berücksichtigt: Partnerschaft, GmbH, Bürogemeinschaft, Kooperation. Sämtliche Vertragsvorschläge können von der dem Buch beiliegenden CD-ROM direkt in die Textverarbeitung übernommen werden.

Von RA, FA für Steuerrecht und vereidigter Buchprüfer Dr. Peter Heid
1. Auflage 2000,
208 Seiten, gebunden,
CD-ROM mit Mustern
liegt bei, 46 €, 89,97 DM
ISBN 3-8240-0311-2

Kauf, Verkauf und Fusion von Anwaltskanzleien
Vertragsverhandlung • Wertermittlung • Haftung • Steuern • Muster

Die ständig steigende Anwaltsdichte legt dem „Neuanwalt" die Frage nahe: mühevolle Neugründung oder Kauf einer eingespielten Kanzlei? Darüber hinaus ist ein Trend zur Fusion von Kanzleien, aber auch ein häufiges Auseinanderbrechen von Sozietäten zu beobachten.
Das Buch versteht sich als Leitfaden für alle wesentlichen Fragestellungen, die sich im Zusammenhang mit dem Praxiserwerb ergeben, und zwar aus der Sicht des Anbieters wie auch des Nachfragers.
Vertrags- und Bewertungsmuster, repräsentative Beispielfälle, Checklisten und wichtige Adressen sowie eine Diskette mit einem voll funktionsfähigen Bewertungsprogramm sind nützlich bei der konkreten Umsetzung.

Von RA und vereidigter Buchprüfer
Dr. Reinhard Möller
1. Auflage 1998,
251 Seiten,
mit Bewertungsdiskette,
gebunden,
64 €/125,17 DM
ISBN 3-8240-0282-5

DeutscherAnwaltVerlag
Wachsbleiche 7 • 53111 Bonn • T 02 28 9 19 11-44 • F 02 28 9 19 11-23

Die moderne Anwaltskanzlei
Gründung, Einrichtung und rationelle Organisation

Schaffen Sie in Ihrer Kanzlei durch perfekte Organisation ideale Arbeitsbedingungen:
Wie wird eine Kanzlei optimal eingerichtet? – Welche Formen der Berufsausübung gibt es? – Wie kaufe ich effizient ein? – Wie mache ich die Mandanten auf meine Kanzlei aufmerksam? – Wie führe und motiviere ich meine Mitarbeiter und Angestellten? – Welche Versicherungen müssen abgeschlossen werden? – Wie halte ich Kosten möglichst niedrig? – Welche Möglichkeiten der Informationsbeschaffung gibt es?

„*...Es sollte sich jedoch auch der erfahrene Rechtsanwalt nicht scheuen, seinen Büroalltag anhand des Buches zu überprüfen. Das Buch kann jedem Rechtsanwalt oder Rechtsanwalt in spe uneingeschränkt empfohlen werden.*"

Joachim Diehm zur Vorauflage in jurmag 1999, Heft 1/2

Hrsg. von
RA Dr. Manfred Brüning
und Prof. Dr. Ralf Abel
3. Auflage 2001,
618 Seiten, broschiert,
51 €/99,75 DM
ISBN 3-8240-0424-0

Organisationshandbuch für die Anwaltskanzlei
Arbeitsabläufe • Erfassungsbögen • Checklisten • Muster

Der gute Wille zur perfekten Organisation scheitert meist an der nachhaltigen Umsetzung. Hiermit wollten sich die Autoren nicht zufrieden geben. Sie haben in mühevoller Kleinarbeit alle Arbeitsabläufe in ihrer Kanzlei in einzelne Schritte und Zuständigkeiten aufgesplittet und für jeden Ablauf eine eigene Ablaufbeschreibung entworfen. Anwälte und Kanzleimitarbeiter bedienen sich nun bei ihren Tätigkeiten der entsprechenden Ablaufbeschreibung:

- Nutzung als Checkliste: kein Arbeitsschritt wird vergessen
- permanenter Anreiz zum Nachdenken über die Zielsetzung des Handelns
- Erinnerung an erforderliche Unterlagen
- Hilfe bei Personen- und Terminkoordinierung
- Dokumentation der Informationen und Ergebnisse.

Alle Ablaufbeschreibungen können anhand der mitgelieferten CD-ROM auf Ihre speziellen Kanzleibedürfnisse hin individualisiert und in einem Organisationshandbuch zusammengefaßt werden. Die Organisation wird für sämtliche Kanzleimitarbeiter transparenter. Dank dieser Methode konnten die Autoren in ihrer Kanzlei die Effektivität ihrer eigenen Leistung und die ihrer Mitarbeiter deutlich steigern.

Von RA Dr. Manfred Brüning und
RA Dr. Marcus Werner
1. Auflage 2001,
196 Seiten, DIN A4 mit CD-ROM, broschiert,
51 €/99,75 DM
ISBN 3-8240-0293-0

Die beiden Titel sind zusammen als Paket für 81 €/158,42 DM erhältlich. ISBN 3-8240-0496-8

DeutscherAnwaltVerlag

Wachsbleiche 7 · 53111 Bonn · **T** 02 28 9 19 11-44 · **F** 02 28 9 19 11-23

Anwaltsverzeichnis 2001/2002

Alles in einem
Das Anwaltsverzeichnis 2001 beinhaltet in einem Band die aktuellen Adressen von Anwälten in Deutschland mit den vollständigen postalischen Angaben sowie Telefon und Telefax und – falls vorhanden – E-Mail- und Internetadresse.

Alle Spezialisierungen auf einen Blick
Sie finden zu jedem eingetragenen Anwalt umfassende Angaben zu Tätigkeits- und Interessenschwerpunkten (160 verschiedene Gebiete) sowie zur gegebenenfalls vorhandenen Qualifikation als Fachanwalt und darüber hinaus auch die jeweilige Korrespondenzsprache (30 Sprachen).

Auflage 2001, 1.219 Seiten, broschiert, Subskriptionspreis bis drei Monate nach Erscheinen 75,67 €/ 148 DM, danach 91 €/ 178 DM (unverbindliche Preisempfehlung), ISBN 3-8240-0440-2
für DAV-Mitglieder Subskriptionspreis bis drei Monate nach Erscheinen 39,88 €/78 DM, danach 50,11 €/98 DM (unverbindliche Preisempfehlung)
(Bestellung nur direkt beim Verlag unter Angabe der Mitgliedschaft)
ISBN 3-8240-0441-0

Alles frisch
Alle Daten wurden neu abgefragt.

Bewährt
Das Anwaltsverzeichnis ist seit Jahren das eingeführte Adresswerk der Anwaltschaft und zugleich auch offizielles Mitgliederverzeichnis des Deutschen Anwaltvereins.
Nutzen Sie die Möglichkeit, mit Hilfe von aktuellen Daten den richtigen Korrespondenzanwalt zu finden oder auch eine Markt- und Wettbewerbsanalyse durchzuführen.

„*Insgesamt ist das Anwaltsverzeichnis 2000 sehr empfehlenswert und stellt erneut ein wichtiges Informations- und Arbeitsmittel für den Rechtsanwalt dar. Insbesondere ermöglicht es durch die Angabe von Interessen- und Tätigkeitsschwerpunkten einen guten Überblick über das Tätigkeitsfeld von Kollegen*"

RA Dirk Schulz zur Vorauflage in InVo 2000, 74

CD-ROM, 34,77 €/68 DM
ISBN 3-8240-0498-4
Jetzt neu: Ab sofort können Sie alle Daten aus dem Anwaltsverzeichnis 2000 auch auf der CD-ROM recherchieren. Mit Hilfe von komfortablen Suchmöglichkeiten finden Sie schnell und sicher die gewünschte Adresse.

Deutscher**Anwalt**Verlag
Wachsbleiche 7 · 53111 Bonn · **T** 02 28 9 19 11-44 · **F** 02 28 9 19 11-23

Das Berufsbild des Syndikusanwalts
Von Prof. Dr. Christoph Hommerich und Prof. Dr. Hanns Prütting
1. Auflage 1998, 199 Seiten, broschiert, 45,– €/88,– DM
ISBN 3-8240-5190-7

Der Anteil der Syndikusanwälte an der gesamten Anwaltschaft liegt bei 6%. Die neue Untersuchung bestätigt die Notwendigkeit des Syndikusanwaltes im Unternehmen oder Verband wegen der ständigen Verfügbarkeit rechtlicher Kompetenz. Dabei ist die Anwaltfunktion des Syndikus für die große Mehrheit der Unternehmen unverzichtbar. Ausführlich wird die Einkommenssituation der Syndikusanwälte dargestell.

DeutscherAnwaltVerlag

Die erfolgreiche Bewerbung als Rechtsanwalt

Wer vorhat, sich im Anwaltsberuf zu bewerben, betritt einen unübersichtlichen Arbeitsmarkt mit eigenen Gesetzmäßigkeiten. Unter Bewerbern herrscht zuweilen eine Verunsicherung, die herkömmliche Bewerbungsratgeber kaum beheben können. Hier leistet dieses Buch praktische Hilfe für den Berufseinstieg. Sie erhalten u.a. Antworten auf folgende Fragen:

- Habe ich Chancen trotz mittelmäßiger Examensnoten?
- Wo kann ich mich weiter qualifizieren?
- Wie finde ich eine Stelle?
- Was bringt eine Internetbewerbung?
- Lohnt ein Stellengesuch und was kostet es?
- Wie komme ich in eine Großkanzlei und was erwartet mich dort?
- Worauf kommt es beim Bewerbungsschreiben an?
- Was erwartet mich bei einem Vorstellungsgespräch?
- Mit welcher Vergütung kann ich rechnen?
- Wenn ich eine Stelle gefunden habe, wie behalte ich sie?

Diese und andere wichtige Fragen werden ausschließlich aus anwaltlicher Sicht beleuchtet. Zahlreiche Übersichten und Checklisten unterstützen Sie bei der Erstellung und Durchführung Ihres individuellen Bewerbungsplans. Dazu gibt es jede Menge nützlicher Tips und Adressen, die helfen, Ihre Bewerbungsaktivitäten zügig ans Ziel zu führen.

Zum Autor:
Der Autor kennt den Arbeitsmarkt für Rechtsanwälte nicht nur aus eigener Erfahrung als ehemaliger Bewerber, sondern hat auch mehr als 150 anwaltliche Arbeitnehmer und Arbeitgeber nach Ihren Erfolgsrezepten befragt. Er ist Redakteur der Zeitschrift Advoice und hat sich dem Thema in vielen Aufsätzen, Vorträgen und Bewerbungsworkshops gewidmet.

„Insgesamt handelt es sich um einen gelungenen Leitfaden für all diejenigen, die ihre berufliche Weichenstellung vornehmen wollen"

In RechtsreferendarInfo 2001, Heft 1, S. 28

„... Der Ratgeber zeigt Wege auf, die vielen Absolventen zunächst verborgen bleiben, und vergrößert damit im günstigsten Fall die Chance, den eigenen Berufswunsch zu verwirklichen."

Dr. Peter Gril, M. A., in JuS 2000, Heft 12, XXXII

„Dieses Buch fehlt seit langem auf dem Markt...Man sollte sich nicht bewerben, ohne den Inhalt dieses Buches zu kennen!"

RA Gerlinde Fischedick in BRAK-Mitt. 2/01, 79

Von RA Dieter Trimborn
v. Landenberg
1. Auflage 2000, 147 Seiten,
broschiert, 19 €/37,16 DM
ISBN 3-8240-0422-4

DeutscherAnwaltVerlag

Wachsbleiche 7 · 53111 Bonn · T 0228 91911-44 · F 0228 91911-23

Anwaltliche Werbung von A-Z
Von Prof. Dr. Gerhard Ring
3. Auflage 1998, 258 Seiten,
gebunden, 14 €/27,38 DM
ISBN 3-8240-0235-3

Die neue Berufsordnung ermöglicht einen größeren Spielraum für anwaltliche Werbung. Die Anwaltschaft sollte von diesen neuen Möglichkeiten unbedingt Gebrauch machen. Das Buch stellt die einzelnen Werbemaßnahmen anhand der Rechtsprechung kurz und bündig von A-Z dar. Der Autor bietet damit zugleich eine Fülle von Anregungen für anwaltliches Marketing und die Erarbeitung eines individuellen Marketingkonzepts.

„... Der Leser gewinnt Sicherheit bei den schwierigen Abgrenzungsfragen zwischen zulässiger und unzulässiger Werbung. Der eine oder andere Rechtsanwalt fühlt sich darüber hinaus sicherlich sogar herausgefordert, juristisch noch nicht erschlossenes Neuland zu betreten."
RA Dr. Tobias Lenz zur Vorauflage in AnwBl 1996, 338

Zeitmanagement für Rechtsanwälte
Mehr Erfolg und Lebensqualität
Von Prof. Dr. Lothar J. Seiwert und Rechtsanwalt Hans Buschbell
3. aktualisierte Auflage 1998,
159 Seiten, gebunden,
25 €/48,90 DM
ISBN 3-8240-0279-5

Das knappe Gut Zeit ist für den Anwalt eine wichtige Ressource seiner beruflichen Tätigkeit und seines beruflichen Erfolges. Das Buch zeigt dem Anwalt Möglichkeiten, in seiner Alltagsarbeit durch effizientes Zeit- und Selbstmanagement zu mehr Erfolg und Freizeit zu kommen.

„... Das einzige, was fehlt, sind die 10.000 Ideen, die man benötigt, um die frisch gewonnene Freizeit genußvoll auszufüllen und sich in einen zeit- und planlosen Zustand zu versetzen. Erst wenn das Lob der Faulheit richtig gesungen worden ist, werden auch die letzten Skeptiker dieses Buch wirklich ernst nehmen."
RA Dr. Benno Heussen zur Vorauflage in NJW 1997, 1299

Marketing für Rechtsanwälte
Von RA Dr. Wolfgang Schiefer und RA Dipl.-Kfm. Dr. Ulrich Hocke
2. Auflage 1996, 148 Seiten,
gebunden, 30 €/58,67 DM
ISBN 3-8240-0137-3

Marketing ist eine Unternehmensphilosophie und -strategie, wobei im Zentrum des marketinggerechten Handelns des Anwalts der Mandant steht. Dieses Buch beschreibt grundlegende Ansätze des Marketings und gibt zahlreiche praktische Anregungen, um als Anwalt erfolgreich zu sein.

„... ein unverzichtbarer Ratgeber für alle auf Qualitätssicherung und Zukunftssicherung bedachte Kollegen."
RA Peter Depré in InVo 1996, Heft 7

AnwaltPlaner 2002
Bearbeitet von RA Hans Buschbell
Erfolgreich im 7. Jahrgang
Hochwertiger Ringordner mit Schreiber und 3 Registern
Format 21 x 24 cm, Inhalt im Format DIN A5, ca. 300 Seiten,
86 €/168,20 DM
ISBN 3-8240-0462-3
Bezieher des Grundwerkes erhalten die Nachlieferung für 40 €/78,23 DM
ISBN 3-8240-0463-1

„Der AnwaltPlaner umfaßt die wesentlichen organisatorischen Belange des täglichen Anwaltsdaseins und vermag hier eine nicht zu unterschätzende Erleichterung herbeizuführen."
RA Peter Bracken M.A. in MDR-Report 12/96

Deutscher**Anwalt**Verlag
Wachsbleiche 7 · 53111 Bonn · **T** 02 28 9 19 11-44 · **F** 02 28 9 19 11-23